Zivilrechtliche Schriften

Beiträge zum Wirtschafts-, Bank- und Arbeitsrecht

Herausgegeben von Arnd Arnold, Dorothee Einsele,
Jan Lieder und Hartmut Oetker

Begründet von Peter Kreutz und Dieter Reuter

Band 74

PETER LANG

Die Anforderungen an Aufsichtsräte von Kreditinstituten und Versicherungsunternehmen im Spannungsfeld vom AktG, KWG und VAG

Niklas Wiechmann

Die Anforderungen an Aufsichtsräte von Kreditinstituten und Versicherungsunternehmen im Spannungsfeld vom AktG, KWG und VAG

PETER LANG

Bibliografische Information der Deutschen Nationalbibliothek
Die Deutsche Nationalbibliothek verzeichnet diese Publikation in der Deutschen Nationalbibliografie; detaillierte bibliografische Daten sind im Internet über http://dnb.d-nb.de abrufbar.

Zugl.: Freiburg (Breisgau), Univ., Diss., 2018

D 25
ISSN 0941-147X
ISBN 978-3-631-77567-7 (Print)
E-ISBN 978-3-631-78050-3 (E-Book)
E-ISBN 978-3-631-78051-0 (ePUB)
E-ISBN 978-3-631-78052-7 (MOBI)
DOI 10.3726/b15225

Peter Lang – Berlin · Bern · Bruxelles · New York · Oxford · Warszawa · Wien

Diese Publikation wurde begutachtet.

www.peterlang.com

Für meine Familie

Vorwort

Die vorliegende Arbeit wurde im Wintersemester 2017 von der Juristischen Fakultät der Albert-Ludwigs-Universität Freiburg als Dissertation angenommen. Seitdem erschienene Literatur und Rechtsprechung konnte bis einschließlich Juli 2018 berücksichtigt werden.

Herzlichster Dank gilt meinem Doktorvater Herrn Prof. Dr. Jan Lieder, Albert-Ludwigs-Universität Freiburg, für die hervorragende Betreuung. Seine freundliche Unterstützung und beständige Bereitschaft zu fachlichen Diskussionen haben die Fertigstellung der Arbeit in vielfältiger Weise gefördert. Bedanken möchte ich mich auch bei Herrn Prof. Dr. Hanno Merkt, Albert-Ludwigs-Universität Freiburg, für die rasche Erstellung des Zweitgutachtens.

Den Herausgebern der Schriftenreihe „Zivilrechtliche Schriften – Beiträge zum Wirtschafts-, Bank- und Arbeitsrecht" danke ich für die konstruktiven Anmerkungen und die Aufnahme der Arbeit in diese.

Dank gilt meinen Freunden, insbesondere Dr. Alexander Haunschild, Dr. Max Teichert, Dr. Philipp Kölln, Lilian Krause und Leonie Ramke. Ihr moralischer Beistand und der menschliche Halt haben mir Kraft und Mut zur Anfertigung und Vollendung meiner Dissertation gegeben.

Danken möchte ich auch der Allianz SE für die freundliche Gewährung eines Druckkostenzuschusses.

Meinem Onkel Dr. Jost Wiechmann gilt mein besonderer Dank. Er hat mich unentwegt bei der Erstellung der Arbeit durch kritische Betrachtung, wie auch durch fachliche, praktische und persönliche Anregungen unterstützt.

Bedanken möchte ich mich bei meinen Eltern, Barbara und Andreas Wiechmann, die mich vorbehaltlos in meinem Werdegang liebevoll unterstützen und mir stets zur Seite standen. Sie haben auf ihre jeweils eigene Weise erheblich zum Entstehen dieser Arbeit beigetragen. Meiner Familie sei diese Arbeit gewidmet.

New York, im September 2018
Niklas Wiechmann

Inhaltsverzeichnis

Für die in dieser Arbeit verwendeten Abkürzungen wird auf *Kirchner, Hildebert (Hrsg.)*, Abkürzungsverzeichnis der Rechtssprache, 8. Aufl., Berlin, 2015 verwiesen.

§ 1 Einführung

I. Einführung und Aktualität des Themas

1. Einleitung

Am 17. Juni 2016 trat das Abschlussprüfungsreformgesetz (AReG[1]) in Kraft. Es beinhaltet durch die Neugestaltung des § 100 Abs. 5 AktG zweierlei bedeutsame Änderungen für Aufsichtsräte von Aktiengesellschaften, Kreditinstituten und Versicherungen. Einerseits werden Neuerungen hinsichtlich der Qualifikationsanforderungen etabliert. Andererseits richtet sich nun die allgemein aktienrechtliche Regelung an Aufsichtsräte von Unternehmen von öffentlichem Interesse[2]. Hierzu zählen Aktiengesellschaften, sowie bestimmte Kreditinstitute und Versicherungen. Der breite Adressatenkreis verdeutlicht, dass sich vergleichbare Fragen durch Überlagerung von öffentlichrechtlicher Regulierung[3] in allen Teilbereichen stellen. Das AReG ist Resultat der Annahme, dass ein Versagen der Aufsichtsratsarbeit mit ursächlich für die Entstehung der Finanzkrise gewesen sei[4]. Es steht pars pro toto für eine bemerkenswerte Regelungsdichte, die sich

---

1 Gesetz zur Umsetzung der prüfungsbezogenen Regelungen der Richtlinie 2014/56/EU sowie zur Ausführung der entsprechenden Vorgaben der Verordnung (EU) Nr. 537/2014 im Hinblick auf die Abschlussprüfung bei Unternehmen von öffentlichem Interesse (Abschlussprüfungsreformgesetz - AReG) vom 10.5.2016, BGBl. I, 1142.

2 Gesetzesentwurf zur Umsetzung der prüfungsbezogenen Regelungen der Richtlinie 2014/56/EU sowie zur Ausführung der entsprechenden Vorgaben der Verordnung (EU) Nr. 537/2014 im Hinblick auf die Abschlussprüfung bei Unternehmen von öffentlichem Interesse (Abschlussprüfungsreformgesetz - AReG) vom 11.1.2016, BT-Drs. 18/7219, S. 56.

3 Zum Regulierungsbegriff einführend: *Binder*, Regulierungsinstrumente, S. 36 ff.

4 Siehe hierzu: *Brandi/Gieseler*, NZG 2012, 1321; *Breuer* in Hopt/Wohlmannstetter Hdb. CG Banken, S. 518; *Ehren/Gros*, DKONZ 2011, 277 (281); *Säcker*, NJW 2008, 3313; *Säcker/Rehm*, DB 2008, 2814; kritisch: *Buschmann*, NZG 2011, 87; ebenso *Claussen*, der auf eine mögliche Verallgemeinerung der Problematik hinweist, da der Vorstand in der Regel der unmittelbare Verursacher von Schieflagen ist, AG 1996, 481 (485); zur Finanzkrise als Impulsgeber: *Hopt*, Der Kapitalanlegerschutz im Recht der Banken, S. 15 ff., 39 ff.; *Leyens* in Corporate Governance nach der Finanz- und Wirtschaftskrise, S. 8 ff.; *Lieder*, Aufsichtsrat im Wandel, S. 482 ff.: *Möschel*, Wirtschaftsrecht, S. 204 ff.; vgl. *Dreher* in FS für Boujong, S. 71 ff.; *Hasse*, VersR 2010, 18 (22).

insbesondere durch Anforderungen an Aufsichtsräte aus dem Aktienrecht, Kredit- und Versicherungsaufsichtsrecht auszeichnet[5]. Durch ein fein verästeltes Netz an Regulierungen und eine effektive Finanzaufsicht[6] sollen Risiken zukünftig möglichst eingedämmt werden[7]. Der für die Finanzwirtschaft typische[8] kriseninduzierte Regulierungsansatz birgt dabei regelmäßig die Problematik, dass durch den zumeist hastigen und zeitversetzen Erlass von Gesetzen Spannungsfelder entstehen[9]. Diese werden dabei oftmals, trotz der Gesamtheit des Regulierungsumfelds, nicht – zumindest nicht in vollem Ausmaß – erkannt[10]. Die Anforderungen, die an Aufsichtsräte aus AktG, KWG, VAG und einer Vielzahl von nationalen und supranationalen Leitlinien und Kodizes gestellt werden, bilden hierbei keine Ausnahme. Überschneidungen und Wertungswidersprüche sind der status quo. Die Aufsichtsräte sehen sich damit branchenübergreifend konfrontiert. Dies führt zu daraus resultierenden Fragestellungen, welche Anforderungen für Aufsichtsräte von Kreditinstituten und Versicherungsunternehmen gelten.

Die neuen Gesetzesänderungen geben zu erkennen, dass diese Frage nicht an Aktualität verloren hat[11]. Alle Entwicklungen um das Organ Aufsichtsrat und

---

5 Vgl. *Börsig/Löbbe*, in FS für Hoffmann-Becking, S. 126; *Hersch*, VersR 2017, 257 (258); *Leyens* in Corporate Governance nach der Finanz- und Wirtschaftskrise, S. 14; *Lieder*, Aufsichtsrat im Wandel, S. 618 ff.; *Lutter*, DB 2009, 775, der von einem „*Quantensprung*" des Rechts spricht; hinsichtlich der damit gestiegenen Haftungsrisiken: *Ehren/Gros*, DKONZ 2011, 277 (279); *Labbé*, ZCG 2009, 101; *v. Schenck* in Semler/v. Schenck Arbeitshdb. für Aufsichtsratsmitglieder, § 1 Rn. 90.

6 Unter dem Begriff der Finanzaufsicht ist, eingehend auf den Prüfungsgegenstand der Untersuchung, die Aufsicht über die Kredit- und Versicherungsbranche zu verstehen.

7 Statt vieler m.w.N.: *Binder*, ZGR 2015, 667 ff.; *Heun*, JZ 2012, 235 (242 ff.).

8 „*International banking regulation is a crisis-driven process*", *Emmenegger* in The Regulation of International Financial Markets, S. 225.

9 M.w.N.: *Bachmann* in Referate und Beschlüsse zum 68. DJT 2010, P13 P14; *Langenbucher* in FS für Hopt, Band 2, S. 2175 ff.

10 Vgl. zum hastigen Vorgehen des Gesetzgebers im Bundestagswahlkampf 2009, *Hasse*, VersR 2010, 18 (23); allgemeiner hierzu auch *Heun*, JZ 2012, 235 (240 ff.); *Hopt*: „*Der Gesetzgeber kommt bei […] Krisen regelmäßig zu spät und droht dann überzureagieren*", weiter: „*Aufsicht und Regulierung müssen den Märkten folgen, nicht umgekehrt, und diese sind heute europäisch und international. […]. Europäisch agierende Finanzinstitute können nicht mehr rein national beaufsichtigt und reguliert werden. Sonst ist „Regulierungsdumping" die Folge*", NZG 2009, 1401 (1402).

11 So zuletzt auch *Häusler*, WPg 2017, 30.

dessen Mitglieder sind ausnahmslos historisch bedingt[12]. Die Arbeit soll daher branchenübergreifend die aktien- und aufsichtsrechtlichen[13] Entwicklungen der letzten Jahre als Anlass nehmen, den verschiedenen Anforderungen im umfassenden Regelungsfeld Aufmerksamkeit zu schenken. Die nicht miteinander abgestimmten Regulierungen[14] im regelungsübergreifenden Blickfeld eröffnen eine Vielzahl an ungeklärten Fragestellungen[15]. Diese können Erkenntnisse für die Corporate Governance[16] von Aktiengesellschaften, Kreditinstituten und Versicherungsunternehmen bieten.

2. Vorgehen und Methodik der Arbeit

a) Gang der Untersuchung

Angesichts der unabgestimmten Regelungsinhalte zwischen dem Gesellschafts- und dem Aufsichtsrecht wird eine deduktive Vorgehensweise verfolgt. Zunächst erfolgt eine Darstellung der aktuellen aktien- und aufsichtsrechtlichen Anforderungen an branchenzugehörige Aufsichtsräte. Anknüpfend ist festzustellen, welche Entwicklung diese Anforderungen durchlaufen haben, sowie welche Zielsetzung und Problemfelder sich bereits innerhalb der Regulierungsfelder von Aktien- und Aufsichtsrecht ergeben. Sodann gilt es, diese

---

12 Insoweit kann auf die umfangreiche historische Aufarbeitung von *Lieder* in ihrer Gesamtheit verwiesen werden, Aufsichtsrat im Wandel; vgl. auch *Kaetzler/Hoops*, BKR 2013, 192.

13 Unter dem Begriff des Aufsichtsrechts ist in diesem Zusammenhang die Finanz- und Versicherungsdienstleistungsaufsicht gemeint. Es steht eine unternehmensbezogene und nicht finanzmarktorientierte Aufsicht im Fokus; vgl. zu den Grundstrukturen der *„Solvenz-“* und *„Marktaufsicht“*, *Wiebke*, DStR 1998, 491.

14 Vgl. *Ernst*, Rechtsstaatlichkeit im Versicherungsrecht, S. 123.

15 Vgl. auch *Winter*: *„Teilweise wird bei versicherungsaufsichtsrechlichen Instituten ein Vergleich mit bankenaufsichtsrechtlichen Regelungen vorgenommen. Das geschieht allerdings weniger häufig als zuänchst erwartet werden konnte“*, Winter VersicherungsaufsichtsR, S. 18.

16 Einführend zur Begriffsbestimmung: *Leyens* in Corporate Governance nach der Finanz- und Wirtschaftskrise, S. 6 ff.; *Ludwig*, Branchenspezifisches Wirtschaftsaufsichtsrecht, S. 40 ff., 60, 64; *Hohl*, Private Standardsetzung im Gesellschafts- und Bilanzrecht, S. 28 ff.; *v. Werder* in Hommelhoff/Hopt/v. Werder Hdb. CG, S. 4 ff.; *v. Werder* in Kommentar DCGK, Rn. 1 f.; der Begriff geht zurück auf den Comibed Code on Principles of Good Governance and Code of Best Practicing vom Mai 2000. Dieser Kodex wird als *„Mutter“* aller Kodizes gewertet und ging aus dem früheren Cadbury- und Greenbury Report hervor, *Bachmann* in Kommentar DCGK 2016, Rn. 63.

Punkte im regelungsfeldübergreifenden Kontext zu betrachten. Einführend sollen jüngste Entwicklungen der Anforderungen an Aufsichtsräte – insbesondere unter dem Schlagwort der *Professionalisierung* – betrachtet werden (§ 1). Besteht ein Überblick über das Anforderungsprofil von Aufsichtsräten aus AktG, (§ 2), KWG (§ 3) und VAG (§ 4), ist anknüpfend ein übergreifender Blick auf die Berührungspunkte der Regelungsmassen zu legen (§ 5). Dabei ist zu untersuchen, ob in methodischer Hinsicht verschiedene Regelungen Einfluss aufeinander ausüben, wie Spannungsfelder entstehen und inwieweit daraus allgemeine Rückschlüsse zu ziehen sind. Anknüpfend gilt es die Spannungsfelder, die sich durch die Anforderungen an Aufsichtsräte ergeben, zu lösen. Darauffolgend kann ein Fazit gezogen werden (§ 6). Die Feststellung einer langfristig abschließenden Lösung ist kaum möglich. Dies ist dem Umstand geschuldet, dass die Regulierungswelle bisweilen noch im Fluss ist. Zudem ist im Blickfeld der Angleichung von europäischem und nationalem Aufsichtsrecht die Entwicklung einer differenzierten und abgestimmten Regelungssystematik nicht vollendet[17]. Daher strebt die Untersuchung eine Skizzierung und Beantwortung bislang ungeklärter Fragen des status quo an, um mit den Ergebnissen einen unterstützenden Beitrag zur Bewältigung zukünftiger, noch nicht abzusehender, Fragestellungen zu leisten.

b) Untersuchungsgegenstand und grundlegende Begrifflichkeiten

Angesichts der Vielzahl von nicht aufeinander abgestimmten Regelungen ist es notwendig, den Untersuchungsgegendstand einzugrenzen. Daher werden nur Aufsichtsräte berücksichtigt, die bei Unternehmen von öffentlichem Interesse, den sogenannten *PIE* zu bilden sind[18]. Welche Unternehmen berücksichtigt werden, ist in Art. 1 Nr. 2 lit. f) der EU Richtlinie 2014/56/EU definiert[19]. Der *PIE* Begriff der Richtlinie 2006/43/EG Abs. 2 Nr. 13 beinhaltet börsennotierte[20] Unternehmen, deren übertragbare Wertpapiere zum Handel für einem geregelten Markt eines Mitgliedstaats zugelassen sind. Zweitens sind nunmehr auch

17 So auch *Binder*, ZGR 2015, 667 (672).

18 Im englischen: „*Public Interest Entities*", die hieraus resultierende Abkürzung „*PIE*" ist auch im deutschen Schrifttum beliebt, *Schüppen*, NZG 2016, 247 (249 Fn. 22).

19 Richtlinie 2014/56/EU des europäischen Parlaments und des Rates zur Änderung der Richtlinie 2006/43/EG über Abschlussprüfungen von Jahresabschlüssen und konsolidierten Abschlüssen vom 16. April 2014, ABL. L 158 vom 27.5.2014, Art 1.

20 Vgl. § 3 Abs. 2 AktG.

Kreditinstitute[21] und Versicherungsunternehmen[22] eingeschlossen. Drittens können Unternehmen *PIE* darstellen, wenn sie vom Mitgliedstaat als Unternehmen von öffentlichem Interesse bestimmt sind. § 100 Abs. 5 AktG knüpft seit Änderung durch das AReG nun auch an den Adressatenkreis der Unternehmen von öffentlichem Interesse im Rahmen der Abschlussprüferrichtlinie an[23]. Abweichend von der Abschlussprüferrichtlinie werden nach § 100 Abs. 5 AktG auch nicht kapitalmarktorientierte Unternehmen berücksichtigt[24]. Der bearbeitende Untersuchungsgegenstand soll sich jedoch nur auf kapitalmarktorientierte Unternehmen beschränken und entspricht somit dem Verständnis der EU-Abschlussprüferrichtlinie. Zudem sind nur privatrechtliche Unternehmen berücksichtigt. Anstalten öffentlichen Rechts werden nicht in die Untersuchung einbezogen. Weiterhin ist im Rahmen einer funktionalen Betrachtung der Unternehmensgegenstand und nicht die Rechtsform Anknüpfungspunkt.

Hinsichtlich des Charakters der zu untersuchenden Normen ist zwischen Gesellschaftsrecht und Aufsichtsrecht zu differenzieren[25]. Der Begriff des Aufsichtsrechts ist formal weit zu verstehen und umfasst die spezifischen Regelungen für Kreditinstitute und Versicherungsunternehmen. Er beinhaltet einerseits die branchenspezifische Rechtssetzung auf europäischer und nationaler Ebene. Andererseits ist die Beaufsichtigung und Durchsetzung des Willens des

---

21 Im Sinne des Art. 3 Abs. 1 Nr. 1 der Richtlinie 2013/36/EU mit Ausnahme der in Art. 2 jener Richtlinie genannten Kreditinstitute.

22 im Sinne des Art. 2 Abs. 1 der Richtlinie 91/674/EWG.

23 Nach § 100 Abs. 5 1. Hs. AktG sind Unternehmen von öffentlichem Interesse solche, die kapitalmarktorientiert im Sinne des § 264d des Handelsgesetzbuchs, die CRR-Kreditinstitute im Sinne des § 1 Absatz 3d Satz 1 des Kreditwesengesetzes, mit Ausnahme der in § 2 Absatz 1 Nummer 1 und 2 des Kreditwesengesetzes genannten Institute, oder die Versicherungsunternehmen im Sinne des Artikels 2 Absatz 1 der Richtlinie 91/674/EWG des Rates vom 19. Dezember 1991 über den Jahresabschluß und den konsolidierten Abschluß von Versicherungsunternehmen (ABl. L 374 vom 31.12.1991, S. 7), die zuletzt durch die Richtlinie 2006/46/EG (ABl. L 224 vom 16.8.2006, S. 1) geändert worden ist, sind; vgl. auch Gesetzesentwurf zur Umsetzung der prüfungsbezogenen Regelungen der Richtlinie 2014/56/EU sowie zur Ausführung der entsprechenden Vorgaben der Verordnung (EU) Nr. 537/2014 im Hinblick auf die Abschlussprüfung bei Unternehmen von öffentlichem Interesse (Abschlussprüfungsreformgesetz – AReG) vom 11.1.2016, BT-Drs. 18/7219, S. 56; *Nodoushani*, AG 2016, 381 (382); *Schillha*, ZIP 2016, 1316 (1317).

24 Dazu einführend: *Meyer/Mattheus*, DB 2016, 695; *Schillha*, ZIP 2016, 1316 (1317).

25 Vgl. *Wundenberg*, Compliance, S. 9 f.

Gesetzgebers[26], auch durch die Finanzaufsicht[27], gemeint. Das Gesellschaftsrecht wird branchenunabhängig als die Gesamtheit der Normen für Gesellschaften unabhängig von ihrer Rechtsform verstanden. Der Untersuchungsgegenstand beschränkt sich auf Aktiengesellschaften, insoweit werden regelmäßig selbige für diesen Begriff stehen. Ist von Aufsichtsräten die Rede, sind hiermit die Verwaltungs- und Aufsichtsorgane[28] von *PIE's* gemeint. Dabei wird zwischen dem Organ selbst und seinen Mitgliedern differenziert.

II. Aufgaben des Aufsichtsrats und Überblick über dessen Tätigkeit

1. Veränderung in der Betrachtung über die Arbeit des Aufsichtsrats

a) Überblick über die Pflichten des Aufsichtsrats

aa) Die Funktion des Aufsichtsrats als Überwachungsorgan

Wesentlicher[29] Aufgabenbereich des Aufsichtsrats ist die Überwachungspflicht. Sie umfasst die in ihrer Bedeutung steigende Beratung der Geschäftsführung[30] und definiert den funktionalen Charakter des Aufsichtsrats als Kontrollorgan. Die bereits in der Erstfassung des AktG von 1937 normierte[31] Pflicht ergibt sich aus § 111 Abs. 1 S. 1 AktG. Dabei bezog sich[32] ursprünglich der Begriff der Überwachung auf die Geschäftsführung *„in allen Zweigen der Verwaltung“*[33]. Ein solcher Umfang der Überwachung ist jedoch praktisch nicht umsetzbar[34].

---

26 Siehe hierzu *Fest*, Regulierung von Banken, S. 22; *Wundenberg*, Compliance, S. 11 f.

27 Vgl. *Heun*, JZ 2012, 235 (236 f., 239 ff.).

28 Vgl. dazu *Schwennicke* in Schwennicke/Auerbach KWG, § 25d Rn. 4; *Wolfgarten* in Boos/Fischer/Schulte-Mattler KWG, § 25d Rn. 11 f.

29 *Habersack* in MüKo AktG, § 111 Rn. 12, § 116 Rn. 20.

30 Ausführlicher Überblick über Entwicklung der letzten Jahre: *Brandt/Karg* in Hopt/Wohlmannstetter Hdb. CG Banken, S. 584; vgl. auch in Bezug auf Banken und Versicherungen: *Dreher*, ZGR 2011, 474 (475); *Lutter/Krieger/Verse*, Rechte und Pflichten des Aufsichtsrats, § 21 Rn. 1491; *Pentz* in Fleischer Hdb. Vorstandsrecht, § 16 Rn. 25 ff.

31 *Schnabel*, Der Aufsichtsrat, S. 18.

32 Bis 1937 nach § 246 HGB a.F.

33 *Koch*, Hüffer/Koch AktG, § 111 Rn. 2; *Lieder*, Aufsichtsrat im Wandel, S. 163 ff, 234 ff.

34 *Koch*, Hüffer/Koch AktG, § 111 Rn. 2; *Lutter/Krieger/Verse*, Rechte und Pflichten des Aufsichtsrats, § 3 Rn. 65; vgl. dazu ausführlich *Hopt/Roth* in Großkomm AktG,

Daher ist der Begriff enger auszulegen. Er ist so zu verstehen, dass sich die Überwachung lediglich auf Leitungsmaßnahmen des Vorstands[35] beschränkt[36]. Unter historischen Gesichtspunkten spricht hierfür die Streichung des Zusatzes *„in allen Zweigen der Verwaltung“* des § 246 HGB a.F.[37]. Die Überwachungspflicht umfasst die vergangenheitsorientierte und die zukunftsorientierte Kontrolle[38] bzw. Beratung[39] des Vorstands. Besonders die zukunftsorientierte Kontrolle erweist sich als Dreh- und Angelpunkt für einen Funktionswandel des Aufsichtsrats. Durch sie ist eine immer intensivere Einbindung des Aufsichtsrats in die unternehmerische Planung des Vorstands zu erkennen. Als Folge ist eine klare Trennung der Aufgabenzuordnung der Organe erschwert[40]. Die Kontrolle bedeutender Geschäfte kann, abhängig von ihrem Umfang, zu einer Intensivierung der Kontroll- und Überwachungspflicht führen[41]. Dabei muss der Aufsichtsrat die Einhaltung der wesentlichen Grundsätze der Vorstandstätigkeit, namentlich

---

§ 111 Rn. 159 ff.; *v. Schenck* in Semler/v. Schenck Arbeitshdb. für Aufsichtsratsmitglieder, § 1 Rn. 87.

35 Vgl. dazu *Breuer/Fraune* in Heidel AktG, § 111 Rn. 5, nach deren Ansicht es nicht zwingend erforderlich sei, dass die Maßnahme vom Vorstand selbst ergriffen worden ist. Daher erstrecke sich der Überwachungsgegenstand auch auf Tätigkeiten nachgeordneter Ebenen; *Lutter/Krieger/Verse*, Rechte und Pflichten des Aufsichtsrats, § 3 Rn. 68 f.

36 *Koch*, Hüffer/Koch AktG, § 111 Rn. 2.; ebenso *Schiedermair/Kolb* in Beck AG Handbuch, S. 574 Rn. 70; a.A. *Geßler/Käpplinger* in Geßler AktG, § 111 Rn. 2, die die gesamte Geschäftsführung als Überwachungsgegenstand anerkennen und dabei eine Einschränkung, ggf. über Art und Umfang der Gesellschaft vornehmen; vgl. *v. Schenck* in Semler/v. Schenck Arbeitshdb. für Aufsichtsratsmitglieder, § 1 Rn. 75.

37 *Schnabel*, Der Aufsichtsrat, S. 19.

38 BGHZ 114, 127, (130); *Koch*, Hüffer/Koch AktG, § 90 Rn. 4.

39 *Habersack* in MüKo AktG, § 111 Rn. 12, 39 ff.; *Koch*, Hüffer/Koch AktG, § 111 Rn. 33; *Pentz* in Fleischer Hdb. Vorstandsrecht, § 16 Rn. 38; *Schick* in Wachter AktG, § 111 Rn. 4.

40 *Habersack* in MüKo AktG, Vorbemerkungen §§ 95–116 Rn. 1; *Hopt/Roth* in Großkomm AktG, § 111 Rn. 58; ebenso *Kremer* in Kommentar DCGK, Rn. 849; *Säcker/Rehm*, DB 2008, 2814 ff.; *Schneider/Schneider*, AG 2015, 621 (622); vgl. *Pentz* in Fleischer Hdb. Vorstandsrecht, § 16 Rn. 38 ff.; *v. Schenck* in Semler/v. Schenck Arbeitshdb. für Aufsichtsratsmitglieder, § 1 Rn. 79.

41 OLG Düsseldorf, AG 2013, 171 (173); OLG Stuttgart, AG 2012, 298 (300 f.); *Pentz* in Fleischer Hdb. Vorstandsrecht, § 16 Rn. 48 ff.; *v. Schenck* in Semler/v. Schenck Arbeitshdb. für Aufsichtsratsmitglieder, § 7 Rn. 359.; m. w. N. *Habersack* in MüKo AktG, § 111 Rn. 45 ff.; *Koch*, Hüffer/Koch AktG, § 111 Rn. 15.

der Rechtsmäßigkeit, der Ordnungsmäßigkeit, der Zweckmäßigkeit und der Wirtschaftlichkeit überwachen[42].

Der für die effiziente Ausführung der Kontrolltätigkeit notwendige Informationsaustausch zwischen Vorstand und Aufsichtsrat wurde durch das Gesetz zur Kontrolle und Transparenz im Unternehmensbereich (KonTraG[43]) gefördert[44]. Dabei wurden Berichtspflichten des Vorstands nach § 90 AktG für Geschäfte und Maßnahmen, welche zu Überwachungsgegenständen des Aufsichtsrats zählen, erweitert[45]. Die Berichtspflicht des Vorstands nach § 90 Abs. 1 Nr. 1 AktG, wurde gemäß Art. 1 Nr. 8 KonTraG mit dem Punkt der Unternehmensplanung ergänzt. Als Folge wird die Unternehmensplanung faktisch zur *„gemeinsamen Aufgabe von Vorstand und Aufsichtsrat erhoben"*[46].

Auch mit der Pflicht zur Einführung eines Risikoüberwachungssystems durch den Vorstand nach § 91 Abs. 2 AktG wurde ein zusätzlicher Überwachungsgegenstand für den Aufsichtsrat normiert[47]. Das Risikoüberwachungssystem hat der Aufsichtsrat auch ohne konkrete Verdachtsmomente regelmäßig[48] zu prüfen[49]. Ziel ist es, die Stärkung des Risikobewusstseins sowie eine Verbesserung von Informations- und Kontrollmechanismen zwischen von Vorstand und Aufsichtsrat herbeizuführen[50].

---

42 *Köstler/Müller/Sick*, Aufsichtsratspraxis, S. 326 Rn. 615 ff.; *Spindler* in Spindler/Stilz AktG, § 111 Rn. 14.

43 Gesetz zur Kontrolle und Transparenz im Unternehmensbereich (KonTraG) vom 27.4.1998, BGBl. I, 786.

44 Einleitend *Hopt/Roth* in Großkomm AktG, § 100 Rn. 4 ff.; vgl. zum Einfluss auf Corporate Governance Ebene: Regierungskommission DCGK, DCGK vom 7.2.2017, Ziff. 3 ff.; *Kremer* in Kommentar DCGK, Rn. 850 f.

45 *Grigoleit/ Tomasic* in Grigoleit AktG, § 111 Rn. 4; vgl. dazu auch *Dreher*, ZGR 2011, 471 (475).

46 *Ehren/Gros*, DKONZ 2011, 277 (279); *Lutter*, DB 2009, 775.

47 Eingehend *Lieder*, Aufsichtsrat im Wandel, S. 515 ff.; *Schneider/Schneider,* AG 2015, 621 (623).

48 Die Anzahl solcher Prüfungen orientiert sich dabei an einer unternehmensspezifischen Betrachtungsweise und ist von der Lage der Gesellschaft abhängig, vgl. *Habersack* in MüKo AktG, § 111 Rn. 44 ff.; dabei muss der Vorstand gewissenhafte und getreue Rechenschaft ablegen, also rechtzeitig die bestmöglichste Informationsgrundlage zur Verfügung stellen, *Grigoleit/ Tomasic* in Grigoleit AktG, § 90 Rn. 8.

49 *Drygala* in Schmidt/Lutter AktG, §111 Rn. 9; *Habersack* in MüKo AktG, § 116 Rn. 20; Vgl. dazu im Einzelnen § 5 II. 1. lit a).

50 Entwurf eines Gesetzes zur Kontrolle und Transparenz im Unternehmensbereich (KonTraG) vom 28.1.1998, BT-Drs. 13/9712, S. 11.

Im Rahmen der Überwachungsfunktion gewinnt zudem, angetrieben durch die stetig steigende Haftungsbedeutung[51], die sog. *Legalitätskontrolle*[52] oder *Compliance*, die Kontrolle der Rechtmäßigkeit des Vorstandshandelns, zunehmend Bedeutung[53].

Diese stetig ausgeprägte Überwachungsfunktion geht mit einem gesteigterten Zeitaufwand einher[54].

bb) Die Personalkompetenz des Aufsichtsrats

Eine weitere wesentliche[55] Funktion des Aufsichtsrats ist die Personalkompetenz. Sie beinhaltet die Bestellung und Abberufung des Vorstands nach § 84 AktG und stellt einen wichtigen Einflussfaktor des Aufsichtsrats auf die Unternehmensführung dar[56]. Im Rahmen der sich anschließenden Vergütungskompetenz nach § 87 AktG ergeben sich praktische Schwierigkeiten. Verträge mit Vorstandsmitgliedern, für deren Inhalt der Aufsichtsrat zuständig ist, werden aufgrund eines stetigen Anpassungserfordernisses an Rechtsprechung und neue rechtliche Entwicklungen immer komplexer[57]. Zudem müssen individuell mit jedem Vorstandsanwärter Vergütungsbestandteile wie Gehalt, Erfolgsbeteiligung oder Pensionsansprüche ausgehandelt werden[58].

cc) Zustimmungsvorbehalte

Zustimmungsvorbehalte sind nach § 111 Abs. 4 S. 2 AktG der zukunftsbezogenen Überwachung zuzuordnen[59]. Der Aufsichtsrat wird nur Vorstandsentscheidungen zustimmen, die er selbst überprüft hat. Sonst würde er seiner

---

51 Vgl. zum gesteigerten Haftungsrisiko § 1 II. 3.

52 *Fleischer* in Spindler/Stilz AktG, § 93 Rn. 14 ff.; *Habersack* in Festschrift für U. H. Schneider, S. 429 ff.; *Hopt/Roth* in Großkomm AktG, § 93 Rn. 98; *Koch*, Hüffer/Koch AktG, § 93 Rn. 6.

53 *Lutter/Krieger/Verse*, Rechte und Pflichten des Aufsichtsrats, § 21 Rn. 1492 ff.

54 Vgl. *Breuer* in Hopt/Wohlmannstetter Hdb. CG Banken, S. 525; *Ehren/Gros*, DKONZ 2011, 277 (279); *Labbé*, ZCG 2009, 101; *Lutter*, DB 2009, 775 (778); *v. Schenck* in Semler/v. Schenck Arbeitshdb. für Aufsichtsratsmitglieder, § 1 Rn. 90.

55 *Habersack* in MüKo AktG, § 111 Rn. 12.

56 So *Grigoleit/Tomasic* in Grigoleit AktG, § 111 Rn. 39; *Habersack* in MüKo AktG, § 111 Rn. 100; diese hohe Bedeutung wird zudem durch § 107 Abs. 3 S. 3 AktG betont, welcher eine Ausgliederung der Beschlussfassung einer Bestellung nach § 84 Abs.1 S. 1, 3 AktG an Personalausschlüsse untersagt.

57 *Lutter*, DB 2009, 775 (776).

58 *Lutter*, DB 2009, 775 (776).

59 *Grigoleit/Tomasic* in Grigoleit AktG, § 111 Rn. 41.

Sorgfaltspflicht nach §§ 116 S. 1, 93 Abs. 1 S. 1 AktG nicht nachkommen. Die Möglichkeit Zustimmungsvorbehalte zu erlassen und das damit einhergehende faktische Vetorecht[60] des Aufsichtsrats, tragen ein eigenständiges und aktiv die Geschäftsführung[61] beeinflussendes Gestaltungselement in sich. Dies hat zur Folge, dass vergleichbar wie bei der Überwachung und der Personalkompetenz auch im Rahmen der Zustimmungsvorbehalte der Aufsichtsrat zunehmend in die Geschäftsführung mit eingebunden wird[62]. Durch das 2002 erlassene Transparenz- und Publizitätsgesetz (TransPuG)[63] wurde der Aufsichtsrat oder die Hauptversammlung durch Satzungsbeschluss[64] nach § 111 Abs. 4 S. 2 AktG verpflichtet, zustimmungspflichtige Geschäfte festzulegen, während vor der Gesetzesänderung diese einer Ermessensentscheidung zugrunde lagen. Der Gesetzgeber beabsichtigte hierbei, dass der Aufsichtsrat in *„grundlegende Entscheidungen auch eingebunden“*[65] wird. Ein solch aktives Element, das zumindest teilweise als Widerspruch – oder Begrenzung der weitreichenden Kompetenz und Unabhängigkeit des Vorstands – zu §§ 76 Abs. 1, 111 Abs. 4 S. 1 AktG gewertet werden kann, sieht der Gesetzgeber als geboten an, um die Kontrollfunktion zu gewährleisten[66].

dd) Pflichten des Aufsichtsrats gegenüber den Gesellschaftern

Gegenüber den Aktionären treffen den Aufsichtsrat weiterführende Pflichten. Diesen Vorgaben ist bei steigender Größe der Gesellschaft stetig wachsende Bedeutung zuzumessen, da die Anteilseigentümer bei weiterer Aktienstreuung keine praktische Möglichkeit haben, ihre Interessen gegenüber der Geschäftsleitung

---

60 Vgl. dazu *Grigoleit/Tomasic* in Grigoleit AktG, § 111 Rn. 41.

61 So auch *Koch*, Hüffer/Koch AktG, § 111 Rn. 33; *Schneider/Schneider*, AG 2015, 621 (624).

62 Vgl. *Lieder*, 10 German Law Journal, 115 (127 ff.); *Säcker/Rehm*, DB 2008, 2814 f.

63 Gesetz zur weiteren Reform des Aktien- und Bilanzrechts, zur Transparenz und Publizität (Transparenz- und Publizitätsgesetz) vom 19.7.2002, BGBl. I, S. 2681.

64 Siehe dazu auch *Vetter* in Marsch-Barner/Schäfer Hdb. börsennotierte AG, § 26 Rn. 26, der auf das Defizit der Unflexibilität bei Beschluss durch Satzung hinweist.

65 Entwurf eines Gesetzes zur weiteren Reform des Aktien- und Bilanzrechs, zu Transparenz und Publizität (Transparenz- und Publizitätsgesetz) vom 11.4.2002, BT-Dr. 14/8769, S. 17; vgl. dazu *Schiedermair/Kolb* in Beck AG Handbuch, S. 576 Rn. 81.

66 Entwurf eines Gesetzes zur weiteren Reform des Aktien- und Bilanzrechts, zu Transparenz und Publizität (Transparenz- und Publizitätsgesetz) vom 11.4.2002, BT-Dr. 14/8769, S. 17; vgl. dazu kritisch *Hopt/Roth* in Großkomm AktG, § 111 Rn. 55.

darzustellen[67]. Kernelement ist die Vertretung der Gesellschaft gegenüber dem Vorstand nach § 112 AktG[68]. Der Aufsichtsrat muss die Abschlüsse prüfen (§ 171 Abs. 1 S. 1 AktG) und der Hauptversammlung darüber gemäß § 171 Abs. 2 S. 1 AktG Bericht erstatten. Er ist verpflichtet nach § 171 Abs. 2 S. 2 AktG der Hauptversammlung mitzuteilen, ob und welche Ausschüsse mit welchen Aufgaben er gebildet hat[69]. Mit dem Art. 1 Nr. 16 TransPuG[70] hat der Gesetzgeber durch Einführung des § 161 AktG dem Aufsichtsrat und Vorstand börsennotierter Gesellschaften die Pflicht auferlegt eine jährliche Entsprechenserklärung nach dem DCGK[71] abzugeben[72]. Die Erklärung muss dabei gemäß § 161 Abs. 2 AktG den Aktionären dauerhaft zugänglich gemacht werden. Dieser Umstand stellt einen bedeutungsvollen Faktor im Aufgabenfeld des Aufsichtsrats dar[73]. Einerseits ist er somit praktisch neben dem Vorstand auch für die Einhaltung der Corporate Governance im Unternehmen verantwortlich[74], andererseits muss er sich mit einer Vielzahl von Empfehlungen aus dem DCGK[75] für Aufsichtsräte auseinandersetzen.

---

67 Vgl. hierzu *Roe*, 91 Columbia Law Review, 10 (12): „*The problem is not solely the separation of shareholders from managers or […] the "massive dissociation of wealth from active management." The problem is atomization. Most public companies are held by thousands of shareholders, each with only a small stake. As a result, an active shareholder cannot capture all of the gains from monitoring managers*".

68 Statt vieler einen Überblick gebend, *Pentz* in Fleischer Hdb. Vorstandsrecht, § 16 Rn. 120 ff.

69 Weitere erweiterte Pflichten gegenüber der Hauptversammlung, ergeben sich durch die intensivierte Pflicht zur Zusammenarbeit mit dem Abschlussprüfer, *Lutter*, DB 2009, 775.

70 Gesetz zur weiteren Reform des Aktien- und Bilanzrechts, zu Transparenz und Publizität (Transparenz- und Publizitätsgesetz – TransPuG) vom 19.7.2002, BGBl. I, S. 2681.

71 Regierungskommission DCGK, DCGK vom 7.2.2017.

72 Vgl. *Ehren/Gros*, DKONZ 2011, 277 (279); *Habersack* in MüKo AktG, § 161 Rn. 67, 69; *Labbé*, ZCG 2009, 101; *v. Schenck* in Semler/v. Schenck Arbeitshdb. für Aufsichtsratsmitglieder, § 1 Rn. 94 ff.; *Viciano-Gofferje*, Unabhängigkeit als persönliche Voraussetzung für Aufsichtsratsmitglieder, S. 82 ff.

73 So können fehlerhafte Entsprechenserklärungen erheblich belastende Rechtsfolgen mit sich bringen, vgl. BGH, NZG 2009, 342 (345); BGHZ 182, 272 (280 f.)= DStR 2009, 2207 (2209); *Wilsing/von der Linden*, DStR 2015, 1980.

74 *Lutter*, DB 2009, 775 (776); vgl. dazu auch *Habersack* in MüKo AktG, § 116 Rn. 18, der zudem eine wesentliche Bedeutung diesbezüglich durch die Beauftragung des Abschlussprüfers nach § 111 Abs. 2 S. 3 AktG erkennt.

75 Siehe Regierungskommission DCGK, DCGK vom 7.2.2017, Ziff. 5 ff.

b) *Die Sorgfaltspflicht von Aufsichtsräten*

Die Sorgfaltspflicht von Aufsichtsratsmitgliedern ergibt sich aus § 116 S. 1 AktG i.V.m. § 93 Abs. 1 AktG. Sie verlangt inhaltlich die Einhaltung der „*Sorgfalt eines ordentlichen und gewissenhaften Überwachers und Beraters*"[76]. Der Sorgfaltsmaßstab wird durch die Aufgaben des Aufsichtsrats und dessen Nebenamtscharakterschaft konkretisiert[77]. Änderungen des für den Vorstand geltenden § 93 AktG wirken sich nach § 116 S. 1 AktG indirekt auf die Sorgfaltspflichten von Aufsichtsratsmitgliedern aus[78]. So kommt die durch das UMAG[79] eingeführte *Business Judgement Rule* auch Aufsichtsräten zugute[80].

2. Zunehmende Professionalisierung der Tätigkeit des Kontrollorgans

Um den Risiken einer Unternehmensgefährdung, beispielhaft Finanzkrisen, gerecht zu werden, wird als Antwort die *Professionalisierung*[81] von Aufsichtsräten angeführt. Obwohl der Begriff seit 20 Jahren Verwendung findet[82], ist er bislang methodisch nicht einheitlich definiert.

Im Grundsatz sind zwei Ansätze hervorzuheben. Während *Rubner* und *Fischer* den Professionalisierungsbegriff als „*Sammelbegriff für alle erdenklichen Überlegungen zur Neuausrichtung der Aufsichtsratstätigkeit*" sehen[83], ordnet *Koch* die Professionalisierung dem Bemühen der Effektivitätssteigerung unter[84]. Zusammenfassend besteht jedenfalls die Tendenz der Verlagerung von Aufgaben

---

76 *Habersack* in MüKo AktG, § 116 Rn. 2.

77 *Doralt/Doralt* in Semler/v. Schenck Arbeitshdb. für Aufsichtsratsmitglieder, § 14 Rn. 67 f.; *Habersack* in MüKo AktG, § 116 Rn. 2; *Koch*, Hüffer/Koch AktG, § 116 Rn. 1.

78 Vgl. auch *Ehren/Gros*, DKONZ 2011, 277 (279).

79 Art. 1 Nr. 1 lit. a) des Gesetzes zur Unternehmensintegrität und Modernisierung des Anfechtungsrechts (UMAG) vom 22.9.2005, BGBl. I, S. 2802.

80 *Habersack* in MüKo AktG, § 116 Rn. 3, 39 f.; *Hopt*, ZIP 2013, 1793 (1797 ff.).

81 Vgl. dazu u.a. *Apfelbacher/Metzner*, AG 2013, 773 (776); *Habersack* in MüKo AktG, § 100 Rn. 8, § 116 Rn. 24; *Koch*, Hüffer/Koch AktG, § 95 Rn. 1; *Kremer* in Kommentar DCGK, Rn. 967; *Labbé*, ZCG 2009, 101; *Lieder*, 10 German Law Journal, 115; *Lutter*, DB 2009, 775 ff.; *Lutter*, NJW 1995, 1133 ff.; *Mense/Klie*, GWR 2015, 92ff.; *Rubner/Fischer*, NZG 2015, 782 ff.; *Schneider/Schneider*, NZG 2016, 41 (42).

82 Vgl. statt vieler schon *Claussen*, AG 1996, 481 (484 ff.); *Lutter*, NJW 1995, 1133.

83 *Rubner/Fischer*, NZG 2015, 782.

84 *Koch*, Hüffer/Koch AktG, § 95 Rn. 1.

aus dem nebenberuflichen[85] in den hauptberuflichen[86] Bereich. Durch steigende Anforderungen in fachlicher, persönlicher und zeitlicher Hinsicht werden höhere Qualifikationen und Kompetenzen vorausgesetzt[87]. Diese Festsetzung geht mit der tatsächlichen Betrachtung einher, dass sich das ursprüngliche Idealbild der Aufsichtsratstätigkeit als Nebenberuf in eine immer weiter ausgeprägte hauptberufliche Tätigkeit wandelt[88].

Ansätze der Professionalisierung sind in organisatorische und persönliche Anforderungen unterteilbar, welche im Wege der Gesetzgebung oder durch nicht unmittelbar verbindliche Rechtssätze, z.B. den DCGK, an die Aufsichtsräte herangetragen werden[89].

a) Ansätze zur Professionalisierung der Arbeit des Aufsichtsrats auf organisatorischer Ebene

Einer der zentralen organisatorischen[90] Punkte, die zur Förderung der Effizienz und Kompetenz angeführt werden, ist die Möglichkeit nach § 107 Abs. 3 S. 1 und S. 2 AktG, Aufgaben fachgerecht, effizienter und gleichmäßiger auf Ausschüsse zu verteilen. Dem diffizilen Aufgabenspektrum können zum einen das Gesamtorgan und zum anderen eine einzelne Person in der Regel regelmäßig nicht gerecht werden[91]. Diesbezüglich widmet die Kodexkommission der Bildung von Ausschüssen in Ziff. 5.3 des DCGK[92] einen ganzen Unterpunkt, indem sie nach Ziff. 5.3.2 DCGK die Einrichtung eines Prüfungsausschusses empfiehlt. Das gestiegene Anforderungspensum des Aufsichtsrats gebietet den Rückgriff auf externe Hilfe. Dies ist gemäß § 109 Abs. 1 S. 2 AktG ausdrücklich zugelassen[93].

---

85 Vgl. *Breuer* in Hopt/Wohlmannstetter Hdb. CG Banken, S. 525; zum Aufsichtsrat als Nebenamt: *Doralt/Doralt* in Semler/v. Schenck Arbeitshdb. für Aufsichtsratsmitglieder, § 14 Rn. 67 f.; *Grigoleit/Tomasic* in Grigoleit AktG, § 101 Rn. 27; *Habersack* in MüKo AktG, § 100 Rn. 75; *Schnabel*, Der Aufsichtsrat, S. 18.

86 So auch *Claussen*: *„Festlegung von beruflicher Sachqualifikation"*, AG 1996, 481 (485).

87 Ebenso *Börsig/Löbbe* in FS für Hoffmann-Becking, S. 144.

88 Vgl. *Wolff* in Henn Handbuch AktG, S. 407 Rn. 1.

89 Einen einführenden Überblick in die Entstehung der nationalen Corporate Governance gebend, *Pfitzer/Oser*, Hdb. DCGK, S. 16 ff.; *Raiser/Veil*, Kapitalgesellschaften, § 13 Rn. 29 ff.

90 Hierzu *Lieder*, 10 German Law Journal, 115 (120).

91 So auch *Drygala* in Schmidt/Lutter AktG, § 116 Rn. 5.

92 Regierungskommission DCGK, DCGK vom 7.2.2017.

93 Eine regelmäßige Teilnahme des Beraters ist unzulässig, widerspricht dem Zweck der Bestimmung und ist daher ausgeschlossen; *Breuer/Fraune* in Heidel AktG, § 109 Rn. 7; *Hopt/Roth* in Großkomm AktG, § 109 Rn. 41.

Um die Effektivität der Aufsichtsratsarbeit zu steigern, soll die Zusammenarbeit – unter quantitativen wie qualitativen[94] Gesichtspunkten – mit dem Vorstand intensiviert werden. Dieser Ansatz wird durch die Einbindung des Aufsichtsrats durch Zustimmungsvorbehalte in die Geschäftsfelder des Vorstands nach § 111 Abs. 4 S. 2 AktG gefördert[95]. Auch der DCGK empfiehlt in Ziff. 5.2 ff[96] vermehrt ein solches Handeln. Zudem wird von der Kodexkommission ein Dialog mit Investoren und dem Aufsichtsratsvorsitzenden über aufsichtsratsspezifische Themen empfohlen[97]. Aufsichtsratsspezifische Themen sind Gegenstände, für die der Aufsichtsrat allein verantwortlich ist und die von ihm allein zu entscheiden sind[98].

Dem Aufsichtsratsvorsitzenden kommt nicht nur hinsichtlich eines Informationsflusses zwischen Vorstand und Aufsichtsrat Bedeutung zu, ihn treffen auch organisatorische Aufgaben[99]. Zudem werden im Rahmen der Debatte über die Professionalisierung Diskussionen über organisatorische[100], über aufsichtsratsverfassungsrechtliche Aspekte, über die Größe des Aufsichtsrats und ebenso zur Notwendigkeit verschiedener Regelungen geführt[101]. Leitgedanken sind zum einen, dass der Aufsichtsrat bzw. der Ausschuss[102] ab einer gewissen Größe schwerfällig wird[103], zum anderen jedoch ein Mindestmaß an verschiedenen Mitgliedern als Impulsgebern und Prüfungsinstanzen notwendig ist. Erforderlich erscheint es deshalb, den Blickwinkel auf die Qualitätsanforderungen des Aufsichtsorgans zu richten[104]. Dabei besteht mehr Raum für flexible Regelungsansätze. Statische

---

94 *Breuer* in Hopt/Wohlmannstetter Hdb. CG Banken, S. 522; *Säcker/Rehm*, DB 2008, 2814 (2815).

95 Siehe hierzu schon oben § 1 II. 1. lit. a) cc).

96 Regierungskommission DCGK, DCGK vom 7.2.2017.

97 Regierungskommission DCGK, DCGK vom 7.2.2017, Ziff. 5.2.

98 Siehe hierzu Regierungskommission DCGK, Pressemitteilung vom 17.2.2017, S. 4.

99 Insbesondere müssen mit dem Vorstandsvorsitzenden zwischen Aufsichtsratssitzungen Fragen der Geschäftsentwicklung, Risikolage oder Compliance erörtert werden, *Börsig*/Löbbe in FS für Hoffmann-Becking, S. 144.

100 *Lutter*, DB 2009, 770 (777 f.).

101 *Habersack* in MüKo AktG, § 100 Rn. 8, § 95 Rn. 4.

102 Vgl. BGHZ 65, 190 (191 f.), wonach Ausschüsse aus Mindestens drei Mitgliedern bestehen müssen.

103 *Koch*, Hüffer/Koch AktG, § 95 Rn. 1, 2; vgl. *Lieder*, Aufsichtsrat im Wandel, S. 674 ff.

104 Vgl. zur Selbstevaluierung des Aufsichtsrats: *Breuer* in Hopt/Wohlmannstetter Hdb. CG Banken, S. 520 ff.; *Lieder*, Aufsichtsrat im Wandel, S. 938 ff.

Regelungen wie eine festgesetzte Höchstzahl werden einem vorherrschenden diversifizierten Spektrum an Aufsichtsräten nicht gerecht.

Daneben werden Bestrebungen, die Zugehörigkeitsdauer von Mandatsträgern schärfer zu regulieren, zunehmend verfolgt. Neu sind Regelungsansätze im Bereich der Kodex-Empfehlungen wonach sich die am 5. Mai 2015 erlassene Fassung des DCGK erstmals in Ziffer 5. 4. 1. Abs. 2 damit befasst, dass der Aufsichtsrat eine festzulegende Obergrenze für die Zugehörigkeitsdauer seiner Mitglieder beachten soll[105]. Die Empfehlung ist aufgrund ihrer Ungenauigkeit auf Kritik gestoßen, da sie als zu unflexibel und daher als zu unpraktikabel gewertet wurde[106].

b) Professionalisierung im Rahmen persönlicher Anforderungen

aa) Gesteigerte Fachkenntnis des Aufsichtsorgans und dessen Mitgliedern

Ein Ansatz die Effizienz der Aufsichtsratsarbeit zu steigern, ist die Anforderungen an die fachlichen Kenntnisse von Aufsichtsratsmitgliedern zu erhöhen. Gesetzlich normiert sind hierzu bisher nur variable Anforderungsprofile. Zwar ist eine besondere Sachkundevoraussetzung keine Voraussetzung für die wirksame Ausübung des Amts nach dem AktG[107], einen flexiblen Rahmen als Ansatzpunkt hierfür bildet jedoch der Sorgfaltsmaßstab nach §§ 116 S. 1, 93 Abs. 1 AktG, dessen Mindestniveau sich unter anderem indirekt durch Grundsatzentscheidungen der Rechtsprechung[108] ergibt[109]. § 100 Abs. 5 AktG normiert daneben für Mitglieder des Prüfungsausschusses von Aktiengesellschaften, Kreditinstituten und Versicherungsunternehmen weitergehende spezielle Anforderungen. Weiterhin wurden für den Finanzsektor auf gesetzgeberischer Ebene weitere Anforderungen an Aufsichtsräte von Kreditinstituten und Versicherungsunternehmen

105 Regierungskommission DCGK, DCGK vom 5.5.2015

106 Handelsrechtsausschuss DAV, NZG 2015, 508 (509); *Rubner/Fischer*, NZG 2015, 782 (784); in praktischer Hinsicht geht es um die Frage – genau wie bei der „*cooling-off*" Periode nach § 100 Abs. 2 S. 1 Nr. 4 AktG – wie das Interessen an branchen- und unternehmensspezifischer Fachkenntnis gegen ein Unabhängigkeitsrisiko abgewogen werden soll; zu weiteren praktischen Bedenken vgl. *Habersack* in MüKo AktG, § 116 Rn. 24; *Lutter*, DB 2009, 775 (778); in diesem Sinne auch zur sog. *Frauenquote*, *Mense/Klie*, GWR 2015, 92 (93).

107 *Hopt/Roth* in Großkomm AktG, § 100 Rn. 20.

108 Vgl. „*ARAG/Garmenbeck*", BGHZ 135, 244 (254 f.); „*Hertie-Rechtsprechung*", BGHZ 85, 293 (295 f.); *Dreher* in FS für Boujong, S. 71.

109 So auch *Habersack* in MüKo AktG, § 116 Rn. 24.

durch das Gesetz zur Stärkung der Finanzmarkt- und Versicherungsaufsicht[110] gesetzt. Diese Anforderungen werden durch Merkblätter der Bundesanstalt für Finanzdienstleistungsaufsicht[111] präzisiert[112]. Hinzu kommen Vorschläge bezüglich der persönlichen Eignung auf Ebene der Corporate Governance. So soll nach Ziff. 5. 4. 1. des DCGK der Aufsichtsrat einer börsennotierten AG unter anderem über *„fachliche Erfahrungen"* verfügen[113].

bb) Regelung der Zugehörigkeitsdauer und zeitlicher Verfügbarkeit von Aufsichtsräten

Die Berücksichtigung der zeitlichen Verfügbarkeit von Aufsichtsratsmitgliedern findet beispielhaft in § 100 Abs. 2 S. 1 AktG oder § 25d KWG Anklang. Zudem ergibt sich bereits aus §§ 116 S. 1, 93 Abs. 1 S. 1 AktG die Pflicht, der Wahrnehmung der Aufsichtsratstätigkeit ausreichend Zeit zu widmen[114]. Weiterhin soll nach Ziffer 5. 4. 1. Abs. 4 DCGK der Aufsichtsrat bei Vorschlägen zu der Wahl von Aufsichtsratsmitgliedern durch die Hauptversammlung darauf achten, dass zukünftige Mandatsträger den erwarteten Zeitaufwand leisten können. Dem ist entgegenzuhalten, dass es in der Regel für das zu wählende Aufsichtsratsmitglied und den Aufsichtsrat schwierig ist, den Zeitaufwand zu bestimmen. Zwar kann der Arbeitsaufwand für die vorgesehenen vier Sitzungen pro Jahr nach § 111 Abs. 3 AktG, sowie die Teilnahme an der Hauptversammlung und Ausschüssen bestimmt werden. Die Überwachungstätigkeit ist an die Lage der Gesellschaft anzupassen[115]. Durch unvorhersehbare Umstände kann sich daher das Arbeitspensum des Aufsichtsrats kurzfristig erhöhen. Auch erschweren individuelle Unterschiede, wie beispielhaft vorhandene Erfahrung bei Mitgliedern eine Prognose. In der Folge ist es schwer, den aufzubringenden Zeitrahmen eines potentiellen, zukünftigen Aufsichtsratsmitglieds abzusehen. Angesichts dessen

---

110 Gesetz zur Stärkung der Finanzmarkt- und Versicherungsaufsicht vom 29.7.2009, BGBl I, S. 2305.

111 Im Folgenden BaFin.

112 Im Einzelnen zu dem Rundschreiben der BaFin, siehe § 3 III. und § 4 IV.

113 Regierungskommission DCGK, DCGK vom 7.2.2017.

114 *Rubner/Fischer*, NZG 2015, 782 (787); vgl. auch *Habersack* in MüKo AktG, § 116 Rn. 36 f.

115 *Habersack* in MüKo AktG, § 116 Rn. 37, § 111 Rn. 19; vgl. *Breuer* in Hopt/Wohlmannstetter Hdb. CG Banken, S. 525 f.; *Ehren/Gros*, DKONZ 2011, 277 (279); *Labbé*, ZCG 2009, 101; *v. Schenck* in Semler/v. Schenck Arbeitshdb. für Aufsichtsratsmitglieder, § 1 Rn. 92.

ist zu hinterfragen, ob weitere Regelungsbestreben sinnvoll und notwendig erscheinen[116]. Der Konflikt ist der Regierungskommission des DCGK bewusst[117]. Ein Lösungsansatz wurde bislang nicht aufgeführt. Lediglich wird als rechtfertigende Grundlage für die Kodexempfehlung auf das gestiegene Arbeitspensum von Aufsichtsräten verwiesen.

cc) Anforderungen an die Geschlechterverteilung im Aufsichtsorgan

Für börsennotierte und den paritätischen Mitbestimmungsregelungen unterfallende Unternehmen gibt § 96 Abs. 2 AktG vor, dass der Aufsichtsrat aus mindestens jeweils 30 Prozent Frauen und Männern zusammengesetzt sein muss[118]. Die 2015 eingeführte[119] Norm soll die gleichberechtigte Teilhabe von Frauen etablieren und dabei Maßstäbe für die Privatwirtschaft setzen[120]. Mit einhergehen die Empfehlungen der Kodexkommission, die in Ziff. 5.4.1. des DCGK dieselbe Quotenregelung empfehlen[121]. Gleichsam wird auf europäischer Ebene seit längerem die Anpassung des Frauenanteils in Führungspositionen angestrebt[122]. Die Regelung hat dabei – nicht wie für den Großteil der Professionalisierungsansätze üblich – keinen kriseninduzierten, sondern einen für das Gesellschaftsrecht

116 So auch Handelsrechtsausschuss DAV, NZG 2015, 508 (509).

117 Regierungskommission DCGK, Pressemitteilung vom 11.5.2015, S. 2.

118 Hierzu statt vieler: *Gittermann* in Semler/v. Schenck Aufsichtsrat, § 96 Rn. 60 ff.; *Hennsler* in Hennsler/Strohn GesellschaftsR, § 96 AktG Rn. 10; *Koch*, Hüffer/Koch AktG, § 96 Rn. 13 ff.; *Mertens/Cahn* in KK-AktG, Vorb. § 95 Rn 23; *Spindler* in Spindler/Stilz AktG, § 96 Rn. 31 ff.; zu verfassungsrechtlichen Aspekten: *Papier/Heidebach*, ZGR 2011, 305 (313 ff.); befürwortend: *Bachmann*, ZIP 2011, 1131 (1132 f.); *Langenbucher*, ZGR 2012, 314 (327 ff.).

119 Durch das Gesetz für die gleichberechtigte Teilhabe von Frauen und Männern an Führungspositionen in der Privatwirtschaft und im öffentlichen Dienst vom 24.4.2015, BGBl. 642.

120 Gesetzesentwurf eines Gesetzes für die gleichberechtigte Teilhabe von Frauen und Männern an Führungspositionen in der Privatwirtschaft und im öffentlichen Dienst vom 20.1.2015, BT-Drs. 18/3784, S. 120.

121 Regierungskommission DCGK, DCGK vom 7.2.2017; kritisch: *Hoffmann-Becking*, ZIP 2011, 1173 (1176); *Peltzer*, NZG 2011, 281 (283).

122 Siehe: Europäische Kommission, Richtlinienvorschlag zur Gewährleistung einer ausgewogeneren Vertretung von Frauen und Männern (COM (2012) 614) vom 14.11.2012; Europäische Kommission, Grünbuch europäischer Corporate Governance Rahmen (KOM (2011) 164) vom 5.4.2011, Ziff. 1.1.3; kritisch dazu *Stöbener/Böhm*, EuZW 2013, 371.

unüblichen sozialpolitischen Charakter[123]. Unter anderem deshalb sieht sich die Frauenquote berechtigterweise erheblicher Kritik ausgesetzt[124].

3. Haftungsfragen

a) Allgemeine Vorschriften

Neben einer Außenhaftung nach § 31 BGB[125] haftet der Aufsichtsrat vor allem für pflichtwidriges Verhalten gegenüber der Gesellschaft aus §§ 116 S. 1, 93 Abs. 2 AktG. Verstöße hierbei werden regelmäßig auf Überwachungspflichtverstöße zurückzuführen sein. Die Überwachungsfunktion beinhaltet die Pflicht eines jeden Aufsichtsratsmitglieds bei Kenntnisnahme von Anhaltspunkten, die auf Rechtsverstöße des Vorstands hindeuten, umgehend den Aufsichtsrat oder den zuständigen Ausschuss, insbesondere auch den Aufsichtsratsvorsitzenden, in Kenntnis zu setzen. Der Rechtsverstoß ist zu thematisieren, dann ist gegen ihn vorzugehen[126]. Es muss zumindest faktisch auf den Vorstand aktiv eingewirkt werden, um den Pflichtverstoß zu verhindern[127]. Bei der Bewertung eines Rechtsverstoßes kann, soweit das Organmitglied mit erheblicher Rechtsunsicherheit konfrontiert ist, gemäß § 116 S. 1 AktG auch die *Business Judgement Rule* Anwendung finden[128]. Sie ist nur auf zunkunftsbezogene unternehmerische

123 Siehe *Koch*, ZHR 175 (2011), S. 827 (830 ff., 846).

124 *Drygala*, NZG 2015, 1129; *Fleischer*, ZGR 2011, 155 (157); *Habersack* in Gutachten zum 69. DJT 2012, E9 E33 ff.; *Hoffmann-Becking*, ZIP 2011, 1173 (1176); *Koch*, ZHR 175 (2011), S. 827 (846 ff.): *„[es bleibt] die kausale Verknüpfung zwischen Unternehmenserfolg und weiblicher Besetzung unsicher"*; *Mertens/Cahn* in KK-AktG, Vorb. § 95 Rn 6; *Mutter* in Semler/v. Schenck Aufsichtsrat, § 100 Rn. 108: *„gestrig binäres Denken [...], das ausblendet, dass Geschlechtergrenzen nur konstruiert sind"*; *Peltzer*, NZG 2011, 281 (283); hinsichtlich einer starren Quotenregelung: Handelsrechtsausschuss DAV, NZG 2014, 1214.

125 *Habersack* in MüKo AktG, § 116 Rn. 81; *Hopt/Roth* in Großkomm AktG, § 116 Rn. 320.

126 *Drygala*, in Schmidt/Lutter AktG, § 111 Rn. 16 f.; *Grunewald*, NZG 2013, 841 (845); *Habersack* in MüKo AktG, § 116 Rn. 33; *Koch*, Hüffer/Koch AktG, § 116 Rn. 15; *Mertens/Cahn* in KK-AktG, § 116 Rn. 16; *Spindler* in Spindler/Stilz AktG, § 111 Rn 15.

127 Etwa im Wege der Einberufung einer Aufsichtsratssitzung nach § 110 AktG, um per Beschluss gemäß § 108 Abs. 1 AktG auf den Vorstand einzuwirken, OLG Braunschweig, NJW 2012, 3798 (3800).

128 *Raiser/Veil*, Kapitalgesellschaften, § 14 Rn. 81; *Spindler* in MüKo AktG, § 93 Rn. 75.

Entscheidungen anwendbar[129], dabei ist die Abgrenzung zu vergangenheitsbezogenen Sachverhalten schwierig[130].

b) Das gesteigerte Haftungsrisiko für Aufsichtsräte

Erkennbar ist, dass die Bedeutung der Haftung und deren Risiken für Aufsichtsratsmitglieder beständig zunehmen. Gründe hierfür sind, dass im Rahmen der Rechtsprechung die Nachforschungspflichten hinsichtlich der Überwachungsfunktion erweitert wurden[131]. Als Folge steigt das Haftungsrisikopotential erheblich[132]. Ein weiterer Grund für die Zunahme der Haftungsrisiken sind die von der Rechtsprechung der *ARAG/Garmenbeck* Entscheidung festgesetzten Grundsätze[133]. Danach ist die eigenständige Prüfung von Ersatzansprüchen der Gesellschaft gegen die Vorstandsmitglieder Teil der vergangenheitsbezogenen Kontrolle. Während ursprünglich, zur Wahrung der Außendarstellung und Vermeidung von Reputationsschäden, eine Regressnahme des Vorstands durch den Aufsichtsrat selten war[134], hat sich ein solches Verhalten heutzutage als Folge der *ARAG/Garmenbeck* Rechtsprechung etabliert. Der Aufsichtsrat muss zunächst Nachteile, die durch Vorstandshandeln entstanden sind, hinsichtlich einer möglichen Schadensersatzpflicht überprüfen. Hierbei besteht die Schwierigkeit festzustellen, ab wann der Aufsichtsrat selbst aktiv handeln muss. Die Schwelle ist fließend. Maßgeblich ist, wie konkret der Verdacht der Pflichtverletzung ist[135]. Da Rechtsunsicherheit regelmäßig die Folge ist, wird im Zweifel der Anreiz für den Aufsichtsrat höher, eine Pflichtverletzung zu prüfen und gegebenenfalls zu verfolgen. Besteht ein Anspruch der Gesellschaft, muss der Aufsichtsrat eine Abwägung treffen. Er ist verpflichtet, die Ansprüche geltend zu machen, soweit nicht ihre Geltendmachung ausgeschlossen ist oder keine gleichgewichtigen oder höheren Gründe des Gesellschaftswohls entgegenstehen. Auch bei dieser

---

129 *Kropff* in FS für Raiser, S. 225 ff.

130 Vgl. *Koch*, Hüffer/Koch AktG, § 116 Rn. 5.

131 *Hopt/Roth* in Großkomm AktG, § 116 Rn. 21 f.; *Koch*, Hüffer/Koch AktG, § 116 Rn. 13.; *Rother*, NJ 2012, 14; vgl. auch den Überblick über die Zunahme der Bedeutung der Haftung von Vorstand und Aufsichtsrat in der Rechtsprechung und Literatur: *Loritz/Wagner*, DStR 2012, 2189; eine Rechtssprechungsübersicht gebend: *Habersack* in MüKo AktG, § 116 Rn. 7 Fn. 25.

132 *Grunewald*, NZG 2013, 841 (845); vgl. *OLG Düsseldorf*, AG 2013, 171= BeckRS 2012, 21503.

133 BGHZ 135, 244 (254 f.); dazu statt vieler *Habersack* in MüKo AktG, § 116 Rn. 7.

134 *Baums*, CG und Anlegerschutz, S. 638.

135 *Koch*, Hüffer/Koch AktG, § 111 Rn. 8 AktG.

Abwägung besteht die Schwierigkeit für den Aufsichtsrat einzuschätzen, was für das Unternehmen das Beste ist. In dieser Beziehung ist fraglich, ob das entscheidende Gericht als externer Beobachter, unter anderem mangels spezifischer Sachkenntnis, ebenfalls geeigneter Entschlussträger ist.

c) Weitere haftungsrechtliche Problemstellungen

Fortwährend besteht der Konflikt, dass der Vorstand seiner Verpflichtung, Ansprüche gegen den Aufsichtsrat zu verfolgen und durchzusetzen, nach § 78 Abs. 1 S. 1 AktG nicht regelmäßig nachkommt[136]. Dies kann zum einen durch eine persönliche Verbundenheit von Aufsichtsrats- und Vorstandsmitgliedern zurückzuführen sein. Dabei wird von einer sog. „*Beißhemmung*" gesprochen[137]. Noch erheblicher sind Bedenken bezüglich der Gefahr einer Selbstbelastung des Vorstands, wenn ein Überwachungsverschulden des Aufsichtsrats zu verfolgen ist, welches wiederum ein vorangegangenes Fehlverhalten von Vorstandsmitgliedern aufdeckt. So kann den Vorstand die Schuld treffen, an unsorgfältigen Entscheidungen selbst aktiv beteiligt gewesen zu sein. Entgegengesetzt wird der Aufsichtsrat gegebenenfalls zögern, ein nach § 84 Abs. 1 S. 1 AktG durch ihn selbst ausgesuchtes und bestelltes Vorstandsmitglied wegen Schadensersatz zu verfolgen oder durch solch ein Handeln ein etwaiges Überwachungsverschulden seinerseits aufzudecken. Haftungsrechtliche Probleme ergeben sich auch hinsichtlich der DCGK Entsprechenserklärung nach § 161 Abs. 1 AktG. Dabei steht die Frage im Raum, ob das Nichtbeachten von DCGK Empfehlungen haftungsrechtliche Folgen für den Aufsichtsrat bedeutet[138]. Da die Kodexempfehlungen nicht bindende Verhaltensmaßstäbe[139] und keine staatlichen Normen mit

---

136 *Habersack* in MüKo AktG, § 116 Rn. 8; *Habersack*, ZHR 173 (2013), 782 (785 f.); *Thümmel*, DB 1999, 885 (887 f.); *Trescher* DB 1995, 661 ff.; *Vetter* in Marsch-Barner/Schäfer Hdb. börsennotierte AG, § 29 Rn. 69.

137 *Baums*, CG und Anlegerschutz, S. 638 f.

138 Vertreten wird, dass eine Nichtbeachtung der Empfehlungen einen vorwerfbaren Verstoß gegen die Sorgfaltspflicht darstellt. Dazu *Kort* in FS für K. Schmidt, S. 945, 949, 959; *Schüppen*, ZIP 2002, 1269 (1271); *Ulmer*, ZHR, 166 (2002), 150 (166 f.); vgl. auch sich auf Indizwirkung beschränkend *Lutter*, ZHR 166 (2002), 523 (540 ff.); a.A.: *Bachmann*, WM 2002, 2137 ff.; *Ettinger/Grützediek*, AG 2003, 353, (355 f.); *Goette* in MüKo AktG, § 161 Rn. 99; *Hennsler* in Hennsler/Strohn GesellschaftsR, § 161 Rn. 7; *Koch*, Hüffer/Koch AktG, § 161 Rn. 26 f.; *Tödtmann/Schauer*, ZIP 2009, 995 (998).

139 *Kiethe*, NZG 2003, 559.

Rechtsetzungscharakter sind, ist eine verbindliche Haftung verfassungsrechtlich bedenklich[140]. Zudem wäre bei Annahme eines Pflichtverstoßes, der Grundsatz der freiwilligen Selbstregulierung *comply or explain* hinfällig. Der Konflikt zeigt exemplarisch, wie erheblich die Bedeutung des DCGK, dessen Befolgen und das damit einhergehende Pflichtenverständnis für Aufsichtsräte gestiegen ist[141]. Zuletzt ist unter haftungsrechtlichen Gesichtspunkten die Verlängerung der Verjährungsfrist für Sorgfaltspflichtsverletzungen nach §§ 116 S. 1, 93 Abs. 6 AktG zu erwähnen. So wurde 2010 die Verjährungsfrist von fünf auf zehn Jahre erhöht, um die Durchsetzung von Organhaftungsansprüchen zu optimieren[142]. Ausschlaggebend dafür war die geringe Anzahl der Verfolgung derartiger Haftungsansprüche[143].

Es ist festzustellen, dass sich die Haftung von Aufsichtsräten aufgrund gestiegener Haftungsrisiken, dem Haftungsanspruch von Vorständen annähert. Inwieweit diese Entwicklung der funktionalen Organtrennung von Vorstand und Aufsichtsrat sowie der historischen Ausprägung des Aufsichtsrats als Nebenamt gerecht wird, ist kritisch zu bewerten. Der Aufsichtsrat haftet wie der Vorstand, kann und soll aber nicht über vergleichbare Befugnisse verfügen. Er erhält eine geringere Vergütung[144] und ist personell und sachlich geringer ausgestattet[145]. Zudem unterliegt er einem zeitlichen Informationsdefizit und ist, im Gegensatz zur Geschäftsführung, nicht unmittelbar an den Geschäftsabläufen beteiligt.

---

140 Die DCGK Regierungskommission unterliegt nicht der parlamentarischen Kontrolle wie bei einem Gesetzgebungsverfahren auf Bundesebene. Die Annahme einer grundsätzlichen Haftung führt faktisch zur Gleichstellung der DCGK Empfehlungen bei einem Verstoß mit einer formell gesetzlich normierten Pflicht; so auch *Ettinger/Grützediek*, AG 2003, 353 (355).

141 Vgl. auch *Kiethe*, NZG 2003, 559.

142 Durch das Gesetz zur Restrukturierung und geordneten Abwicklung von Kreditinstituten, zur Errichtung eines Restrukturierungsfonds für Kreditinstitute und zur Verlängerung der Verjährungsfrist der aktienrechtlichen Organhaftung (Restrukturierungsgesetz) vom 9.12.2010, BGBl. I, S. 1900, 1930; dieselbe Verjährungsdauer gilt sektorenspezifisch gemäß § 52a Abs. 1 KWG auch bei Ansprüchen von Kreditinstituten gegen Geschäftsleiter und Mitglieder des Aufsichts- oder Verwaltungsorgans aus dem Organ- und Anstellungsverhältnis wegen der Verletzung von Sorgfaltspflichten.

143 *Habarth/Jaspers*, NZG 2011, 368 (371).

144 *Wirth*, ZGR 2005, 327 (330).

145 *Börsig/Löbbe* in FS für Hoffmann-Becking, S. 145 f.

4. Besonderheiten des „Two-Tier“ Board Systems

Das für das deutsche[146] Gesellschaftsrecht typische dualistische System[147], welches sich durch eine funktionale Trennung von Geschäftsführungs- und Aufsichtsorgan auszeichnet[148], wurde im Rahmen wirtschaftlicher Krisen stets hinterfragt und kritisiert. Dabei reichten die Vorschläge hin bis zu einem Übergang auf das angelsächsische monistische Board System[149]. Vor- und Nachteile der jeweiligen Systeme wurden vielfacht erörtert und gegeneinander abgewogen[150]. Ein empirischer Beweis für die Überlegenheit eines der beiden Systeme konnte gleichwohl nicht erbracht werden[151]. Als Grund für die Beibehaltung des dualistischen Systems im deutschen Raum wird dabei vor allem die Möglichkeit der unternehmerischen Mitbestimmung im Aufsichtsrat aufgeführt[152]. Zudem werden als Vorteile des Aufsichtsrats die Entlastung der Aktionäre, die Kanalisierung von

146 Duale Verwaltungsstrukturen sind daneben in den Niederlanden, Österreich, Portugal, Polen, China und einigen weiteren Ländern aufzufinden, *Hopt*, ZHR, 175 (2011), 444 (466).

147 Siehe hierzu statt vieler *Kort* in Großkomm AktG, Vor § 76 Rn. 2 ff.; *Langenbucher*, Aktien- und Kapitalmarktrecht, § 5, Rn. 1.

148 Zwar ist eine funktionale Trennung im monistischen Organisationssystem nicht vorgesehen. Jedoch wird auch diesbezüglich, unter anderem in dem für das monistische System richtungsweisenden, *Combined Code* eine Doppelfunktion des Boards, aufgeteilt in Leitungs- und Kontrollaufgabe, empfohlen, vgl. Financial Reporting Counsil, The UK Corporate Governance Code vom 9.2014, Principle A.4; eingehend: *Davies*, ZGR 2001, 268 (275); *Paefgen* in KK-AktG, Art. 38 SE-VO Rn. 25 ff.

149 Einen Überblick gebend: *Baums*, CG und Anlegerschutz, S.549 ff.; *Lutter* in Bayer/Habersack Aktienrecht im Wandel, Band 2, S. 420.

150 *Böckli* in Hommelhoff/Hopt/v. Werder Hdb. CG, S. 267 ff.; *Reichert/Brandes*, MüKo AktG, SE-VO Art. 38, Rn. 18 ff.; *Teichmann,* ZGR 2001, 645; sich für ein Wahlrecht aussprechend: *Lieder*, 10 German Law Journal, 115 (155 ff.).

151 *Börsig/Löbbe* in FS für Hoffmann-Becking, S. 132; *Breuer* in Hopt/Wohlmannstetter Hdb. CG Banken, S. 526; *Henssler/Wiedemann* in Bayer/Habersack Aktienrecht im Wandel, Band 2, S. 11 f.; *Hopt*, ZHR, 175 (2011), 444 (466 ff.); vgl. auch die Ausführungen in den OECD-Principles of Corporate Governance, die keinem System den Vorzug geben, abgedruckt in *Seibert*, AG 1999, 337 (340). Die aktuelle Fassung der OECD-Principles ist abrufbar unter http://www.oecd.org/dataoecd/32/18/31557724.pdf (zuletzt abgerufen am 20.3.2017).

152 *Hopt*, ZHR, 175 (2011), 444 (467); einen Überblick zu den Mitbestimmungsvorschriften gebend: *Hopt/Roth* in Großkomm AktG, § 96 Rn. 7 ff.; siehe auch: *Lieder*, Aufsichtsrat im Wandel, S. 419; *Raiser/Veil* zur Mitbestimmung: „*Eigenart des deutschen Rechts*“, Kapitalgesellschaften § 13 Rn. 16 ff.; *Rittner/Dreher*, Europäisches und Deutsches WirtschaftsR, § 10 Rn. 1 ff.

Unternehmensinteressen durch den Aufsichtsrat[153], professionelle Kontrolleure, die autonome Geschäftsführung des Vorstands und präzise Kontrolle[154] durch die Festlegung zustimmungsbedürftiger Geschäfte aufgeführt[155]. Die letzten drei aufgeführten Punkte sind kritisch zu bewerten. Das Voraussetzen professioneller Kontrolleure entspricht mitunter der rechtstatsächlichen Entwicklung. Jedoch widerspricht dies dem ursprünglich im dualen System angeordneten Charakter des Aufsichtsrats als Nebenamt. Obwohl die Anforderungen mit der Zeit durch diverse Einflüsse gestiegen sind[156], war diese professionalisierte Kontrolle ursprünglich nicht vorgesehen[157]. Sonst hätte der Gesetzgeber bereits früher höhere Anforderungen hinsichtlich der Professionalität gestellt. Ob ferner die autonome Geschäftsführung des Vorstands ein Vorteil des dualistischen Systems gegenüber dem monistischen darstellt, ist fraglich. Dagegen kann das Bedürfnis einer erheblichen Annäherung und Eingliederung der Aufsichtsratsarbeit in die Leitung der Gesellschaft innerhalb der letzten Jahre angeführt werden[158]. Aus demselben Grund ist das Heranziehen des Erfordernisses von Zustimmungsvorbehalten nach § 111 Abs. 4 S. 2 AktG als Vorteil des dualistischen Systems nicht vollends überzeugend. So bricht diese Norm die klassische funktionale Trennung der Leitungs- und Aufsichtsorgane[159].

Feststellbar ist, dass die funktionale Abgrenzung der beiden Systeme gegenseitigen Adaptionen nicht im Wege steht[160]. So fanden die auf Grundlage des monistischen Boards entwickelten *Best Practice* Regeln etwa im Rahmen der

---

153 *Hölters/Buchta*, DStR 2003, 79 (81 f.); zur Frage ob über das Unternehmensinteresse hinaus auch die Belange der Marktteilnehmer durch den Aufsichtsrat berücksichtigt werden müssen vgl. *Nodoushani*, AG 2016, 381 (384); *Nodoushani*, NZG 2015, 1186.

154 *Kort* in Großkomm AktG, Vor § 76 Rn. 3; *Lieder*, Aufsichtsrat im Wandel, S. 419; *Wiesner* in MHdB AG, § 19 Rn 2.

155 *Henssler/Wiedemann* in Bayer/Habersack Aktienrecht im Wandel, Band 2, S. 12 f.

156 Vgl. dazu oben § 1 II. 2.

157 Vgl. *Schnabel*, Der Aufsichtsrat, S. 14 f.

158 Siehe oben,§ 1 II 1. lit. a) aa).

159 Siehe oben,§ 1 II 1. lit a) cc); dieser Ansatz, welcher einen Informationsfluss und die Sachnähe des Aufsichtsorgans befördert, wird mitunter als Vorteil des monistischen Systems angeführt, *Davies*, ZGR 2001, 268 (284 f.); *Reichert/Brandes*, MüKo AktG, SE-VO Art. 38, Rn 19.

160 Vgl. *Paefgen* in KK-AktG, Art. 38 SE-VO Rn. 30; zur Angleichung der beiden Systeme: *Dillmann* in Corporate Governance nach der Finanz- und Wirtschaftskrise, S. 35; *Hopt*, ZGR 2000, 779 (784).

Einführung von Unabhängigkeitskriterien[161] durch das AktG und DCGK und die vermehrte Ausschussbildung[162] Zugang in das duale System[163]. Bei Betrachtung des Gleichaufs beider Organisationssysteme ist davon auszugehen, dass die Defizite, welche zu internationalen Finanzkrisen führen, nicht auf national beschränkte Verwaltungsorganisationsebene zurückzuführen sind. Vielmehr werden die wirtschaftlichen Krisen durch Folgen von Fehlverhalten von Mandatsträgern hergeleitet sein[164]. Insoweit ist der Ansatz, auf individueller Ebene die Professionalisierung voranzutreiben, vorzugswürdig.

---

161 Siehe oben,§ 2 II. 3. lit. b); vgl. zur Unabhängigkeitsanforderungen in beiden Systemen, *Hopt*, EuZW 2016, 201 f.

162 Siehe oben,§ 1 II. 2. lit a).

163 *Börsig/Löbbe* in FS für Hoffmann-Becking, S. 132 f.; vgl. zum Finanzsektor *Kaetzler/Hoops*, BKR 2013, 192.

164 So auch *Lutter* in Bayer/Habersack Aktienrecht im Wandel, Band 2, S. 420.

§ 2 Anforderungen an Aufsichtsratsmitglieder im Aktiengesetz (AktG)

I. Einführung

1. Einführender Überblick der Normen §§ 100, 105 AktG

Die persönlichen Anforderungen an Aufsichtsratsmitglieder nach dem AktG[165] ergeben sich aus den Normen §§ 100, 105 AktG. Primäres Regelungsziel ist die Sicherstellung der Effizienz der Unternehmenskontrolle und Vermeidung einer Konzentration von Mandaten[166]. Hiermit geht wiederum der Schutz der Gläubiger, Minderheitsgesellschafter und Anleger einher[167]. Während § 100 Abs. 1 AktG nur wenig materielle Vorausetzungen festlegt, bildet § 100 Abs. 2 AktG mit Hinderungsgründen für die Aufsichtsratstätigkeit den Regelungsschwerpunkt[168]. § 100 Abs. 3 AktG hat die klarstellende Funktion, dass die mitbestimmungsrechtlichen Anforderungen für Arbeitnehmer zu berücksichtigen sind. Weiterhin sind die Regelungen nicht abschließend; so können nach § 100 Abs. 4 AktG unter bestimmten Voraussetzungen weitere persönliche Anforderungen an Aufsichtsratsmitglieder in der Satzung festgesetzt werden. Die normierten Anforderungen sind jedoch infolge des Grundsatzes der Satzungsstrenge nach § 23 Abs. 5 S. 1 AktG nicht dispositiv. Sie bilden mithin die Mindestvoraussetzungen. Von der gemäß § 23 Abs. 5 S. 2 AktG möglichen Festsetzung ergänzender Anforderungen wurde in der Praxis bisher kaum Gebrauch gemacht[169]. Der zuletzt durch das BilMoG[170]eingeführte und durch das AReG[171] geänderte § 100 Abs. 5 AktG

---

165 Gemeint sind Aktiengesellschaften, bzw. Unternehmen, die diese Regelungen zu beachten haben.

166 Statt vieler: *Grigoleit/Tomasic* in Grigoleit AktG, § 100 Rn. 1; *Habersack* in MüKo AktG, § 100 Rn. 1; *Koch*, Hüffer/Koch AktG, § 100 Rn. 1; vgl. ausführlich zur allgemeinen aktienrechtlichen Zielsetzung, *Fleischer* in Fleischer Hdb. Vorstandsrechts, § 1 Rn. 18 ff.

167 *Weber-Rey*, ZGR 2010, 543 (545).

168 *Koch*, Hüffer/Koch AktG, § 100 Rn. 1.

169 *Wirth*, ZGR 2005, 327 (332).

170 Gesetz zur Modernisierung des Bilanzrechts (Bilanzrechtsmodernisierungsgesetz – BilMoG) vom 25.5.2009, BGBl. I, S. 1102.

171 Gesetz zur Umsetzung der prüfungsbezogenen Regelungen der Richtlinie 2014/56/EU sowie zur Ausführung der entsprechenden Vorgaben der Verordnung (EU)

normiert besondere Voraussetzungen für Aufsichtsräte von Unternehmen von öffentlichen Interesse. Der in § 105 AktG vorgegebene Hinderungsgrund für Aufsichtsräte steht sinnbildlich für die funktionale Organtrennung im dualistischen System.

2. Hintergrund und Entstehungsgeschichte der §§ 100, 105 AktG

Mit der Forderung nach der Effizienzsteigerung der Arbeit des Aufsichtsrats ist regelmäßig die Vorschrift des § 100 AktG Teil von Reformüberlegungen gewesen[172]. Zuletzt lieferten die Finanzkrise[173], das Aufsichtsratsversagen und die große Anzahl von Bankvertretern in Aufsichtsräten hierzu Anlass[174]. Seit ihrer Einführung wurde die Norm durch die Aktienrechtsnovelle aus dem Jahr 1965 durch eine positive Benennung der persönlichen Voraussetzungen verschärft[175]. Nach 1965 erfolgten weitere Veränderungen von denen unter anderem

---

Nr. 537/2014 im Hinblick auf die Abschlussprüfung bei Unternehmen von öffentlichem Interesse (Abschlussprüfungsreformgesetz – AReG) vom 10.5.2016, BGBl. I, 1142.

172 *Habersack* in MüKo AktG, § 100 Rn. 2; *Hopt/Roth* in Großkomm AktG, § 100 Rn. 4; vgl. auch ausführlich zu Reformüberlegungen hinsichtlich der Corporate Governance von Aufsichtsräten, *Berrar*, NZG 2001, 1113; siehe auch *Kaetzler/Hoops*, BKR 2013, 192 f.

173 Instruktiv zur Ausgangslage der Finanzkrise 2008, The Financial Inquiry Commission, The financial Crisis Inquiry Report, Final Report of the National Commission on the Causes of the Financial and Economic Crisis in the United States vom 1.2011; *Möschel*, ZRP 2009, 129 ff.; *Winterfeld/Rümker* in Schimansky/Bunte/Lwowski Hdb. Bankrecht, § 124a Rn. 1 f.; Wissenschaftlicher Beirat beim Bundesministerium für Wirtschaft und Technologie, Gutachten „Reform von Bankenregulierung und Bankenaufsicht nach der Finanzkrise“ vom April 2010, S. 7 ff.

174 *Hopt/Roth* in Großkomm AktG, § 100 Rn. 4; vgl. Europäische Kommission, Grünbuch Corporate Governance in Finanzinstituten und Vergütungspolitik (KOM (2010) 284) vom 2.6.2010, Ziff. 3.3.; *Kaetzler/Hoops*, BKR 2013, 192; *„Die Finanzkrise hat deutlich belegt, dass Verwaltungsräte der Finanzinstitute ihre Schlüsselrolle als Machtzentrum nicht wahrgenommen haben. Deshalb waren sie nicht in der Lage die Geschäftsführung wirksam zu kontrollieren…“*; *Maltschew* in Bayer/Habersack Aktienrecht im Wandel, Band 1, S. 591; vgl. kritisch zur kriseninduzierten Regulierung *Thaten*, Ausstrahlung des Aufsichts- auf das Aktienrecht, S. 189.

175 *Habersack* in MüKo AktG, § 100 Rn. 2; *Mutter* in Semler/v. Schenck Aufsichtsrat, § 100 Rn. 3 ff.

die Einführung der Doppelanrechnung nach § 100 Abs. 2 S. 2 AktG durch das KonTraG[176] und die Ergänzung um den § 100 Abs. 5 AktG durch das BilMoG wegen ihrer Bedeutsamkeit für die persönlichen Anforderungen von Aufsichtsräten hervorzuheben sind.

II. Persönliche Anforderungen aus §§ 100, 105 AktG

Aus § 100 Abs. 1 S. 1 AktG geht hervor, dass die materiellen Voraussetzungen für eine Mitgliedschaft im Aufsichtsrat sich auf das Erfordernis beschränken, eine natürliche und unbeschränkt geschäftsfähige Person (§ 2 BGB) zu sein. Leitgedanke dieser Regelung ist, wie auch in § 111 Abs. 5 AktG angedeutet, die persönliche Tätigkeit des verantwortlichen Mandatsträgers[177]. Mitglied kann nach § 100 Abs. 1 S. 2 AktG nicht sein, wer als Betreuter bei der Besorgung seiner Vermögensangelegenheiten ganz oder teilweise einem Einwilligungsvorbehalt nach § 1903 BGB unterliegt. Weitere positive Voraussetzungen, mit der Ausnahme des Sachverstands bei einem Mitglied auf dem Gebiet der Rechnungslegung oder der Abschlussprüfung bei kapitalmarktorientierten Gesellschaften nach § 100 Abs. 5 AktG, sind im Rahmen des AktG nicht normiert[178]. Vereinzelt wird davon ausgegangen, dass insbesondere aus dem mit dem KonTraG verfolgten Ziel der Professionalisierung des Aufsichtsrats[179] indirekt ein durch die gesetzliche Aufgabenstellung vorgegebenes erhöhtes Anforderungsprofil abzuleiten ist[180]. Dieses hätte zur Folge, dass unter anderem betriebswirtschaftliche und rechtliche Grundkenntnisse „*unabdingbar erscheinen*"[181]. Dem

---

176 Gesetz zur Kontrolle und Transparenz im Unternehmensbereich (KonTraG) vom 27.4.1998, BGBl. I, 786.

177 *Hopt/Roth* in GroßkommAktG, § 100 Rn. 17; *Kropff*, RegBegr. AktG 1965, S. 135; a.A. *Koch*, Hüffer/Koch AktG, § 100 Rn. 2, der von der persönlichen Verantwortlichkeit als Zielsetzung ausgeht.

178 Vgl. *Pikó/Redenius-Hövermann*, Aufsichtsrat 2015, 170.

179 Vgl. *Hopt/Roth* in Großkomm AktG, § 100 Rn. 4; siehe dazu oben § 1 II 2.

180 *Breuer/Fraune* in Heidel AktG, § 109 Rn. 2a.

181 *Breuer/Fraune* in Heidel AktG, § 109 Rn. 2a; vgl. hierzu auch nicht festlegend *Habersack* in MüKo AktG, § 116 Rn. 24 ff.: „*Die Frage der erforderlichen Qualifikation des Aufsichtsratsmitglieds ist vor dem Hintergrund einer im Vorfeld des KonTraG einsetzenden Entwicklung zu sehen, die zwar einerseits den Charakter der Aufsichtsratstätigkeit als Nebenamt akzeptiert, andererseits aber doch eine gewisse Professionalisierung dieser Tätigkeit verlangt*"; in diese Richtung auch *Semler* in FS für K. Schmidt, S. 1501; a.A. wohl *Mertens/Cahn* in KK-AktG: „*Von diesen [...] Grundvoraussetzungen abgesehen, haben Aufsichtsratsmitglieder nur für die Fähigkeiten und Kenntnisse einzustehen, die*

steht entgegen, dass die Aufsichtsratstätigkeit zumindest dogmatisch noch ein Nebenamt[182] darstellt. Eine spezielle Professionalität diesbezüglich auf materieller Ebene ist nicht vorausgesetzt und erscheint auch nicht zweckdienlich, denn bei einem hauptamtlichen Aufsichtsratsmitglied kann regelmäßig eine mit dem Unternehmen verbundene Befangenheit einhergehen, da eine finanzielle Abhängigkeit entstehen kann[183]. Die Zusammensetzung des Aufsichtsrats wird von dem Grundgedanken getragen, dass bezüglich der Intensität und Vielfalt von Fachkenntnis ein diversifiziertes Profil erwünscht ist[184]. Hierfür kann auch die gesetzlich vorgeschriebene Arbeitnehmervertretung im Aufsichtsrat angeführt werden. Diese Mitglieder werden nicht zwingend rechtliche oder betriebswirtschaftliche Grundkenntnisse aufweisen können. Es ist nicht von der Hand zu weisen, dass faktisch eine hohe fachliche Qualifikation notwendig sein wird, um das Pflichtenprofil des Aufsichtsratsmandats kompetent wahrnehmen zu können[185]. Hieraus gleichwohl methodisch mittels eines Rückschlusses ein allgemein geltendes gesetzliches Anforderungsprofil abzuleiten, ist zu weitgehend. Reformvorschläge bezüglich weiterer Voraussetzungen, wie zum Beispiel die Einführung einer Altersgrenze[186] oder eine Regelung gemäß § 76 Abs. 3 Nr. 2, 3 AktG für Aufsichtsräte, konnten sich darüber hinaus auch nicht durchsetzen[187].

Daneben untersagt § 105 AktG die gleichzeitige Zugehörigkeit des Mandatsträgers zu Vorstand und Aufsichtsrat. Eine Ausnahme davon normiert § 105 Abs. 2 AktG wenn ein Vorstandsmitglied verhindert ist, die Bestellungsdauer zeitlich begrenzt ist und bei zulässiger wiederholter Bestellung die Dauer von einem Jahr nicht überstiegen wird.

---

man in Anbetracht ihrer Vorbildung und der in ihr angelegten Entwicklungsmöglichkeiten billigerweise erwarten kann". Gleichzeitig soll aber auch „*in gewissen Grenzen eine besondere Expertise*" zu stellen sein, § 116 Rn. 7.

182 Siehe oben, § 1 I. 2. lit. b).

183 *Dillmann* in Corporate Governance nach der Finanz- und Wirtschaftskrise, S. 36.

184 Vgl. hierzu auch *Hopt/Roth* in Großkomm AktG, § 100 Rn. 24.

185 *v. Werder/Wieczorek*, DB, 2007, 297 f.; vgl. auch *Grigoleit/Tomasic* in Grigoleit AktG, § 100 Rn. 16.

186 *Hopt/Roth* in Großkomm AktG, § 100 Rn. 6.

187 Statt vieler: *Hopt/Roth* in Großkomm AktG, § 100 Rn. 19; *Wirth*, ZGR 2005, 327 (331); vgl. *Habersack* in Gutachten zum 69. DJT 2012, E9 E83 f.; *Mutter* in Semler/v. Schenck Aufsichtsrat, § 100 Rn. 60; im Ergebnis auch *Hersch*, Geschäftsleiter und Aufsichtsräte von Versicherungsunternehmen, S. 201 f.

1. Sachkunde

a) Allgemeine Anforderungen

Obwohl die Sachkunde als Voraussetzung für das Aufsichtsratsmandat nach dem AktG nicht ausdrücklich normiert ist[188], ist sie immer wieder in der Diskussion[189]. So geht mit der Debatte auch die Frage nach der allgemeinen, gesetzlich nicht geregelten Fachqualifikation einher. Diesbezüglich hat der BGH 1982 in seiner „*Hertie*"-Entscheidung festgelegt, dass jedes Aufsichtsratsmitglied „*diejenigen Mindestkenntnisse und -fähigkeiten besitzen oder sich aneignen müsse, die es braucht, um alle normalerweise anfallenden Geschäftsvorgänge auch ohne fremde Hilfe verstehen und sachgerecht beurteilen zu können*"[190]. Das fachliche Mindestmaß ist somit definiert. Diese Anforderung gilt für alle Mitglieder des Aufsichtsrats, auch für die Arbeitnehmerseite[191]. Höhere oder speziellere Ansprüche können daneben nur noch aus der Sorgfaltspflicht für Aufsichtsratsmitglieder im Einzelnen hergeleitet werden[192]. Dies führt dazu, dass obwohl die Sachkunde von Beginn der Aufsichtsratstätigkeit nicht notwendig ist[193], sie im Einzelfall bei Bestellung zeitnah angeeignet und aufrecht erhalten werden muss[194]. Nur so kann einem Übernahmeverschulden oder einer darauf folgenden Sorgfaltspflichtverletzung nach §§ 116 S. 1, 93 Abs. 1 S. 1 AktG entgangen werden[195]. Zudem kann auch im Einzelfall die Sorgfaltspflicht unterschiedliche Maßstäbe für verschiedene Aufsichtsratsmitglieder definieren. So werden für Ausschussmitglieder oder dem Aufsichtsratsvorsitzenden im Einzelfall situationsabhängig

---

188 *Dreher* in FS für Boujong, S. 71, 73; *Hopt/Roth* in Großkomm AktG, § 100 Rn. 20; *Koch*, Hüffer/Koch AktG, § 100 Rn. 2; *Schick* in Wachter AktG, § 100 Rn. 3.

189 Vgl. statt vieler *Säcker*, AG 2004, 180 ff.; *Habersack* in MüKo AktG, § 116 Rn. 7.

190 BGHZ 85, 293 (295 f.).

191 *Habersack* in MüKo AktG, § 116 Rn. 23; *Hasse*, VersR 2010, 18 (23); *Koch*, Hüffer/Koch AktG, § 116 Rn. 3; einleitend zu den Mitbestimmungsmodellen statt vieler, *Hopt/Roth* in Großkomm AktG, § 96 Rn. 7 ff.; vgl. zur Auswirkung der fachlichen Voraussetzungen auf die Arbeitnehmermitbestimmung *Säcker*, AG 2004, 180 (185 f.).

192 Vgl. *Dreher* in FS für Hoffmann-Becking, S. 313.

193 BGHZ 85, 293 (295f.); *Habersack* in MüKo AktG, § 116 Rn. 22; *Leyendecker-Langner/Huthmacher*, NZG 2012, 1415.

194 BGHZ 85, 293 (295 f.); *Koch*, Hüffer/Koch AktG, § 116 Rn. 3.

195 *Dreher* in FS für Boujong, S. 71, 76; zudem kann die anderen Aufsichtsratsmitglieder im Fall von § 124 Abs. 3 AktG eine „*Vorschlagsverantwortung*" treffen, *Habersack* in MüKo AktG, 116 Rn. 22.

unterschiedliche Sorgfaltsmaßstäbe gelten[196]. Aus dem Prinzip des arbeitsteiligen Zusammenwirkens wird dabei geschlussfolgert, dass branchenspezifische Spezialkenntnisse nur von einzelnen Mitgliedern erwartet werden können[197]. Bei Unternehmen von öffentlichem Interesse nach § 100 Abs. 5 1. Hs. AktG[198] muss zudem ein Mitglied des Aufsichtsrats über Sachverstand auf den Gebieten der Rechnungslegung und Abschlussprüfung verfügen.

b) Höherer Sorgfaltsmaßstab bei gesteigerter Sachkunde?

Von diesem Punkt ist die Frage abzugrenzen, ob individuelle, durch das Aufsichtsratsmitglied selbst miteingebrachte, gesteigerte Sachkunde einen höheren Sorgfaltsmaßstab begründet und somit auch einen höheren Haftungsmaßstab auslöst. Obwohl dagegen vorgebracht werden kann, dass ein solcher Maßstab gesetzlich nicht normiert ist und zivilrechtlich sich die Haftung grundsätzlich nach einem objektiven Maßstab bemisst und nicht auf individuelle Fähigkeiten stützt[199], ist eine Haftung vor allem unter dem Gesichtspunkt zu bejahen, dass in der Regel das Aufsichtsratsmitglied gerade wegen seiner höheren Sachkunde ins Amt gewählt wird[200]. Für einen solchen Haftungsmaßstab spricht auch, dass das Aufsichtsratsmitglied wegen seiner allgemeinen Sorgfaltspflicht angehalten ist, im Unternehmensinteresse[201] zu handeln[202].

---

196 So auch *Hopt/Roth* in Großkomm AktG, § 100 Rn. 31; *Koch*, Hüffer/Koch AktG, § 116 Rn. 4.

197 *Hingst/Himmelreich/Krawinkel*, WM 2009, 2016 f.; ausführlich zur Gesamtqualifikation, *Dreher* in FS für Hoffmann-Becking, S. 313 ff.

198 Siehe oben,§ 1 I. 2 lit. b).

199 Auf die Möglichkeit der Haftung wegen Vorsatz verweisend: *Wirth*, ZGR 2005, 327 (335); ablehnend auch *Hopt/Roth* in Großkomm AktG, § 116 Rn. 51 f.

200 BGH, NZG 2011, 1271= NJW-RR 2011, 1670; *Binder*, ZGR 2012, 757 (772f.); *Dreher* in FS für Hoffmann-Becking, S. 314; *Hopt*, ZGR 2000, 779 (786); *Koch*, Hüffer/Koch AktG, § 116 Rn. 4.

201 Vgl. zur Verpflichtung des Aufsichtsrats im Unternehmensinteresse zu handeln, BGH, NJW 1975, 1424; *Spindler* in Spindler/Stilz AktG, § 116 Rn. 22 f., Rn. 29; *v. Schenck* in Semler/v. Schenck Arbeitshdb. für Aufsichtsratsmitglieder, § 1 Rn. 271; Regierungskommission DCGK, DCGK vom 7.2.2017, Ziff. 3.1; *v. Werder* in Kommentar DCGK, Rn. 1452 f.; zu der streitigen Frage, ob auch Belange von Marktteilnehmern zu berücksichtigen sind vgl. *Nodoushani*, AG 2016, 381 (384); *Nodoushani*, NZG 2015, 1186.

202 *Dreher* in FS für Boujong, S. 71, 78 f.; vgl. auch die „*Ision*"-Rechtsprechung zur Haftung des Aufsichtsratsmitglieds: BGH, NJW-RR 2011, 1670 (1673)= BGH, DStR 2011, 2362 (2363).

2. Sektorenkenntnis

a) Anforderungsrahmen der Norm

Mit der Umsetzung der Abschlussprüferrichtlinie hat der Gesetzeber zur Mitte des Jahres 2016 das Kriterium der Sektorenkenntnis in § 100 Abs. 5 2. Hs. AktG für Aufsichtsratsmitglieder eingeführt. So müssen bei – zusammengefasst – kapitalmarktorientierten Gesellschaften, Kreditinstituten und Versicherungsunternehmen die Aufsichtsratsmitglieder in ihrer Gesamtheit mit dem Sektor, in dem die Gesellschaft tätig ist, vertraut sein. Wie genau der Sektorenbegriff bzw. dessen Anwendungsbereich inhaltlich zu verstehen ist, ist noch nicht einheitlich geklärt[203]. Zumindest wird hierunter mindestens ein gleichsames Verständnis wie mit dem Begriff der *Branche* zu verstehen sein, da der Gesetzgeber hinsichtlich des Sektors Vertrauen im „*Geschäftsfeld der Gesellschaft*" anstrebt[204], welches zwingendermaßen Branchenaspekte beinhaltet. Die Regelung richtet sich generell an Unternehmen von öffentlichem Interesse[205] und nicht, wie ursprünglich § 100 Abs. 5 AktG a.F., ausschließlich an kapitalmarktorientierte Unternehmen. Hierunter zählen grundsätzlich auch Kreditinstitute und Versicherungsunternehmen. Die Regelung stellt somit eine Schnittstelle von Aktien- und Aufsichtsrecht dar.[206]. Die Norm gilt dabei nur beschränkt für Aufsichtsräte von Unternehmen im öffentlichen Interesse im Sinne des § 100 Abs. 5 AktG[207] und nicht für Aufsichtsräte im Allgemeinen. Dies ergibt sich zum einen daraus, dass die Norm die nur für Abschlussprüfer vorgesehenen EU-Richtlinienvorgaben umsetzt[208]. Zum anderen widerspräche ein gegenteiliges Verständnis den Bemühungen,

203 *Hersch*, VersR 2017, 276 (262); *Nodoushani*, AG 2016, 381 (386 ff.); von einem weitergehenden Verständnis als dem Branchenbegriff ausgehend: *Schillha*, ZIP 2016, 1316 (1321).

204 Gesetzesentwurf zur Umsetzung der prüfungsbezogenen Regelungen der Richtlinie 2014/56/EU sowie zur Ausführung der entsprechenden Vorgaben der Verordnung (EU) Nr. 537/2014 im Hinblick auf die Abschlussprüfung bei Unternehmen von öffentlichem Interesse (Abschlussprüfungsreformgesetz – AReG) vom 11.1.2016, BT-Drs. 18/7219, S. 56; so auch *Hersch*, VersR 2017, 276 (262).

205 Siehe oben,§ 1 I. 2 lit. b).

206 Bezüglich der Versicherungsunternehmen siehe *Hersch*, VersR 2017, 257 (261).

207 A.A.: *Schillha*, ZIP 2016, 1316 (1320).

208 Art. 39 Abs. 1 der Richtlinie 2014/56/EU des europäischen Parlaments und des Rates zur Änderung der Richtlinie 2006/43/EG über Abschlussprüfungen von Jahresabschlüssen und konsolidierten Abschlüssen vom 16. April 2014, ABL. L 158 vom 27.5.2014; *Nodoushani*, AG 2016, 381 (385).

die Diversity in Aufsichtsräten zu fördern und würde den Nebenamtscharakter des Aufsichtsratsmandats verkennen.

Hinsichtlich der inhaltlichen Ausgestaltung der Sektorenkenntnis gibt die Vorgabe der EU-Abschlussprüferrichtlinie vor: „*Die Ausschussmitglieder zusammen müssen mit dem Sektor, in dem das geprüfte Unternehmen tätig ist, vertraut sein*“[209]. Diese Vorgabe ähnelt der bereits durch die „*Hertie*“ Rechtsprechung festgesetzten Mindestanforderungen für Aufsichtsräte[210], jedoch mit der Besonderheit, dass neben den normalerweise anfallenden Geschäftsvorgängen nun auch der Sektor vertraut sein soll, in dem selbige abgewickelt werden[211]. Eine solche Vertrautheit ist als vertiefte Kenntnis zu verstehen und muss nicht bereits vor Antritt des Mandats bestehen, sondern kann durch theoretische oder praktische Erfahrung erlangt werden[212].

b) Umfang des Adressatenkreises

Unklarheiten ergeben sich hinsichtlich der Vorgabe, dass Aufsichtsratsmitglieder in ihrer Gesamtheit Sektorenkenntnis aufweisen sollen. Die Gesetzesbegründung zum AReG führt aus, dass es hinsichtlich der Sektorenkenntnis nicht erforderlich sei, dass *jedes* Mitglied des Aufsichtsrats im Vorfeld seiner Besetzung praktische Erfahrung oder Kenntnisse in dem Sektor gesammelt habe[213]. Aus dieser Formulierung könnte geschlossen werden, dass folglich auch *jedes*

209 Art. 39 Abs. 1 der Richtlinie 2014/56/EU des europäischen Parlaments und des Rates zur Änderung der Richtlinie 2006/43/EG über Abschlussprüfungen von Jahresabschlüssen und konsolidierten Abschlüssen vom 16. April 2014, ABL. L 158 vom 27.5.2014.

210 Siehe oben,§ 2 II. 1 lit. a).

211 So auch *Nodoushani*, AG 2016, 381 (384); ähnlich auch *Schüppen*,NZG 2016, 247 (254).

212 Gesetzesentwurf zur Umsetzung der prüfungsbezogenen Regelungen der Richtlinie 2014/56/EU sowie zur Ausführung der entsprechenden Vorgaben der Verordnung (EU) Nr. 537/2014 im Hinblick auf die Abschlussprüfung bei Unternehmen von öffentlichem Interesse (Abschlussprüfungsreformgesetz – AReG) vom 11.1.2016, BT-Drs. 18/7219, S. 56; *Hersch*, VersR 2017, 276 (262); *Schillha*, ZIP 2016, 1316 (1321).

213 Gesetzesentwurf zur Umsetzung der prüfungsbezogenen Regelungen der Richtlinie 2014/56/EU sowie zur Ausführung der entsprechenden Vorgaben der Verordnung (EU) Nr. 537/2014 im Hinblick auf die Abschlussprüfung bei Unternehmen von öffentlichem Interesse (Abschlussprüfungsreformgesetz – AReG) vom 11.1.2016, BT-Drs. 18/7219, S. 56.

Mitglied jeweils mit dem einschlägigen Sektor vertraut sein muss. Ein solches Verständnis widerspricht jedoch dem im Gesellschaftsrecht etablierten Konzept der Gesamtqualifikation des Aufsichtsrats, das davon ausgeht, dass sich die Gesamtqualifikation des Kollegialorgans in Einzelschau ihrer Mitglieder ergibt[214]. In systematischer Hinsicht findet dieses Modell auch im Rahmen des § 25d Abs. 2 S. 1 KWG Anwendung[215]. Folglich kann angenommen werden, dass Gleiches in der Rechtsform der AG auch für § 100 Abs. 5 AktG gelten soll, der ebenso in diesem Zusammenhang Aufsichtsräte von Kreditinstituten in der Rechtsform der Aktiengesellschaft reguliert. Zudem spricht hiergegen auch der Grundgedanke, dass nur ein diversifiziertes Gremium eine effektive Kontrolle gewährleisten kann[216] und der Aufsichtsrat in historischer Hinsicht dogmatisch als Nebenamt ausgestaltet ist. Zuletzt kann angeführt werden, dass eine anderweitige Auslegung in praktischer Hinsicht den bereits schon beschnittenen Kreis potenziell qualifizierter Aufsichtsratsmitglieder weiter verengt[217] und die vom Gesetzgeber verfolgte Etablierung von Arbeitnehmervertretern im Kontrollorgan erschwert[218].

3. Unabhängigkeit von Aufsichtsratsmitgliedern nach dem AktG

a) Unabhängigkeit im AktG

Ein allgemein für Aufsichtsratsmitglieder geltendes Unabhängigkeitserfordernis ist im AktG nicht explizit geregelt[219]. Teilweise wird vertreten, dass das Aufsichtsratsmitglied im Rahmen seiner organschaftlichen Treuepflicht angehalten

---

214 Siehe oben,§ 2 II. 1 lit. a); so auch *Hersch*, VersR 2017, 276 (263); *Nodoushani*, AG 2016, 381 (385); *Schillha*, ZIP 2016, 1316 (1322); vgl. auch Handelsrechtsausschuss DAV, NZG 2015, 752; *Merkt*, ZHR 179 (2015), 601 (619); wohl a.A: *Behme/Zickgraf*, AG 2016, R 132 (R 134 f.); *Velte*, WPg 2015, 482 (488).

215 *Nodoushani*, AG 2016, 381 (385); *Scholz* in Luz/Neus/Schaber/Schneider/Wagner/Weber KWG, § 25d Rn. 11; *Schwennicke* in Schwennicke/Auerbach KWG, § 25d Rn. 11.

216 So auch *Koch*, Hüffer/Koch AktG, § 100 Rn. 25b.

217 *Meyer/Mattheus*, DB 2016, 695.

218 A.A. *Behme/Zickgraf*, AG 2016, R 132 (R 134); vgl. hierzu bezüglich des Unabhängigkeitserfordernis *Koch*, Hüffer/Koch AktG, § 100 Rn. 25b; *Nodoushani*, AG 2016, 381 (383 f.).

219 Vgl. *Meder*, Persönliche Unabhängigkeit des Aufsichtsrats, S. 97 ff.; *v. Schenck* in Semler/v. Schenck Arbeitshdb. für Aufsichtsratsmitglieder, §5 Rn. 11; kritisch, *Jaspers*, AG, 2009, 607 (608); daneben gelten die allgemeinen Unabhängigkeitsregelungen wie u.a. § 181 BGB.

sei, gegenüber dem Unternehmen zu dessen Wohle gemäß §§ 93 Abs. 1 S. 1 und 2, 116 S. 1 AktG, ohne die Beeinflussung einer Interessenkollision, zu handeln[220]. Das Fehlen einer ausdrücklichen Regelung bedeutet indes nicht, dass sich der Gesetzgeber gegenüber dem Problemfeld der Interessenkollision verschlossen hätte. An mehreren Stellen des Gesetzes wird versucht, Lebenssachverhalte mit Gefahr für Interessenkollisionen von Aufsichtsratsträgern vorverlagert zu umgehen. Dabei wird eine spätere abstrakte Unabhängigkeit impliziert, indem bestimmte Konfliktsituationen tatbestandlich-kasuistisch umschrieben werden[221]. Als Beispiel hierfür steht zunächst § 105 AktG. Der Gesetzgeber gibt zu erkennen, mit Hilfe dieser Norm eine mögliche Interessenkollision des Aufsichtsrats bei der Überwachung des Vorstands mit eigenen Interessen von vornherein auszuschließen. Weiterhin soll das Zustandekommen einer solchen Interessenkollision durch die Ausschlussgründe des § 100 Abs. 2 Nr. 2–4 AktG verhindert werden. Zudem wird der Gefahr eines Abhängigkeitsverhältnisses zwischen Aufsichtsratsmitglied und Vorstand durch eine Vergütungsfestsetzung durch die Aktionäre nach § 113 AktG und bei Abschluss eines externen Beratervertrages durch die nach § 114 AktG gegebene Transparenz Rechnung getragen. Ein ähnliches Gefährdungspotential birgt die Kreditgewährung der Gesellschaft an Aufsichtsratsmitglieder, deshalb ist diese nach § 115 AktG an die Einwilligung des gesamten Aufsichtsrats gebunden. Außerdem ist, um einer möglichen Interessenkollision früh zu begegnen und jene offenzulegen, die Gesellschaft nach § 125 Abs. 1 S. 5 AktG verpflichtet, Angaben zu der Mitgliedschaft des vorgeschlagenen Aufsichtsratskandidaten in gesetzlich zu bildenden Aufsichtsräten zu machen. Zwar nicht im AktG geregelt, jedoch auch auf die Gefahr des Interessenkonflikts eingehend, normiert § 34 BGB analog[222] für Aufsichtsratsmitglieder eine Untersagung der Stimmenberechtigung bei Beschlussfassungen von Rechtsgeschäften, welche ein Rechtsgeschäft oder Rechtsstreit zwischen ihnen und der Gesellschaft betreffen[223].

---

220 *Hopt*, ZGR 2004, 1 (4); *Hopt/Roth* in Großkomm AktG, § 111 Rn. 103; *v. Schenck* in Semler/v. Schenck Arbeitshdb. für Aufsichtsratsmitglieder, §5 Rn. 11; *Weber-Rey*, ZGR 2010, 543 (572); a.A. *Köstler/Müller/Sick*, Aufsichtsratspraxis, S. 323 Rn. 610 ff.

221 *Koch*, ZGR 2014, 697 (698); kritisch *Hoffmann-Becking*, NZG 2014, 801 (802).

222 Vgl. zu den Analogievoraussetzungen im Einzelnen, § 5 I. 3 lit. b) aa) (1).

223 *Koch*, ZGR 2014, 697 (710); *Scholderer*, NZG 2012, 168 (169); *Viciano-Gofferje*, Unabhängigkeit als persönliche Voraussetzung für Aufsichtsratsmitglieder, S. 112 f.

b) *Rechtspolitische Bewertung der neueren Entwicklungen hinsichtlich der Unabhängigkeit*

aa) *Bewertung der Abkehr vom Unabhängigkeitserfordenis nach § 100 Abs. 5 AktG a.F.*

(1) Kritik an der ursprünglichen Regelung

Erstmals normierte der Gesetzgeber in den durch das BilMoG[224] eingeführten § 100 Abs. 5 AktG und § 107 Abs. 4 AktG die Unabhängigkeit positiv, bzw. nahm in § 107 Abs. 4 AktG auf die Unabhängigkeit Bezug. Sieben Jahre später wurde durch das AReG[225] das viel diskutierte Kriterium wieder gestrichen. Die Abkehr von einem ausdrücklichen Unabhängigkeitserfordernis für mindestens ein Aufsichtsratsmitglied, der sogenannte „*unabhängige Finanzexperte*"[226] von kapitalmarktorientierten Gesellschaften, wurde in der Literatur gespalten aufgenommen. Um die Entscheidung des Gesetzgebers nachvollziehen zu können, ist es notwendig, zunächst den Blick auf die bis vor kurzem geltende Norm und die damit verbundene Kritik zu richten. Erst dann ist im Vergleich zu der aktuellen Rechtslage eine Wertung möglich.

2009 sah sich der Gesetzgeber durch die politische Diskussion und damit einhergehende EU-Vorgaben veranlasst[227], ein Unabhängigkeitserfordernis in § 100 Abs. 5 AktG zu normieren. Auf eine Legaldefinition wurde dabei jedoch verzichtet. Es wurde lediglich erklärt, dass der normierte Unabhängigkeitsbegriff über die ohnehin in der deutschen Aktiengesellschaft geltende funktionale Organtrennung hinausging[228]. Zudem wurde in der Gesetzesbegründung[229] zum

224 Gesetz zur Modernisierung des Bilanzrechts (Bilanzrechtsmodernisierungsgesetz – BilMoG) vom 25.5.2009, BGBl. I, S. 1102.

225 Gesetz zur Umsetzung der prüfungsbezogenen Regelungen der Richtlinie 2014/56/EU sowie zur Ausführung der entsprechenden Vorgaben der Verordnung (EU) Nr. 537/2014 im Hinblick auf die Abschlussprüfung bei Unternehmen von öffentlichem Interesse (Abschlussprüfungsreformgesetz – AReG) vom 10.5.2016, BGBl. I, 1142.

226 *Nodoushani*, AG 2016, 381 (383); *Schillha*, ZIP 2016, 1316 (1317); monographisch hierzu *Meyer*, Der unabhängige Finanzexperte, S. 272 ff.

227 Vgl. *Hoffmann-Becking*, NZG 2014, 801 (805 f.); *Koch*, ZGR 2014, 697 (699); *Maul/Lanfermann*, DB 2004, 2407 (2409); *Staake*, NZG 2016, 853.

228 Gesetzesentwurf eines Gesetzes zur Modernisierung des Bilanzrechts (Bilanzrechtsmodernisierungsgesetz – BilMoG) vom 30.7.2008, BT-Drs. 16/10067, S. 101 f.; *Spindler* in Spindler/Stilz AktG, § 100 Rn. 54.

229 Gesetzesentwurf eines Gesetzes zur Modernisierung des Bilanzrechts (Bilanzrechtsmodernisierungsgesetz – BilMoG) vom 30.7.2008, BT-Drs. 16/10067, S. 101 f.

BilMoG auf die Empfehlungen der EU-Kommission von 15.2.2005[230] und die der Ziff. 5.4.2. S. 2 DCGK in der Fassung vom 14.7.2007[231] verwiesen[232]. Dieser Rückgriff bildete dabei die Grundlage für erhebliche Kritik an der Normierung. Als erstes wurde der Regelung und den Ausführungen des Gesetzgebers vorgeworfen, dass ohne eine Legaldefinition und das Fehlen abgrenzender Erörterungen eine erhebliche Rechtsunsicherheit für Aufsichtsräte bestünde, da nicht einheitlich feststellbar sei, wann eine Abhängigkeit gegeben war[233]. Zum anderen wurde aufgeführt, dass diesbezüglich ein Verweis auf unverbindliche Kodexempfehlungen gesellschafts- und verfassungsrechtliche Bedenken mit sich bringen würde[234]. Indem auf unverbindliche Empfehlungen verwiesen wurde, würden letztlich auch unverbindliche Regelungen verbindlich. Denn durch die gesetzliche Verankerung[235] von mittelbar geltendem Recht, erlangte dieses faktisch verbindliche Rechtswirkung[236]. Mit welcher Intensität dies geschah, hing letztlich davon ab, wie die Bezugnahme auf die Empfehlungen verstanden wurde. Der Gesetzgeber erklärte, dass es Sinn des Verweises war, eine flexible Regelung zu treffen[237]. Primär sollten „*möglicherweise bestehende Risiken für die Unabhängigkeit bei Besetzung angesprochen und geklärt werden*“[238]. Gleichwohl war es eine Umgehung der Problemstellung. Konsequenterweise mussten sich Rechtsanwender bei Zweifeln

---

230 Europäische Kommission, Empfehlung der Kommission vom 15. Februar 2005 zu den Aufgaben von nicht geschäftsführenden Direktoren/Aufsichtsratsmitgliedern/börsennotierter Gesellschaften sowie zu den Ausschüssen des Verwaltungs-/Aufsichtsrats (2005/162/EG) ABl. L 52 vom 25.2.2005.

231 Regierungskommission DCGK, DCGK vom 14.7.2007.

232 Siehe hierzu einen Überblick gebend *Maul/Lanfermann*, BB 2004, 1861 ff.; vgl. *Nodoushani*, AG 2016, 381 (383); vgl. auch *Meder*, Persönliche Unabhängigkeit des Aufsichtsrats, S. 99 ff.; *Viciano-Gofferje*, Unabhängigkeit als persönliche Voraussetzung für Aufsichtsratsmitglieder, S. 79 ff.

233 So auch *Hersch*, VersR 2017, 257 (262); *Schillha*, ZIP 2016, 1316 (1318); *Staake*, NZG 2016, 853.

234 Ebenso *Schillha*, ZIP 2016, 1316 (1318); vgl. *Israel* in Bürgers/Körber AktG, § 100 Rn. 11b.

235 *Scholderer*, NZG 2012, 168 (171).

236 So auch *Hoffmann-Becking*, NZG 2014, 801 (806 f.), der von einer „*faktischen Bindung*“ spricht; a.A. wohl *Habersack* in Gutachten zum 69. DJT 2012, E 9 E72 ff.; *Hopt* in FS für Hoffmann-Becking, S. 569 ff. 575 ff.

237 Vgl. zum *Soft-Law* als Alternative: *Fleischer*, ZGR 2012, 160 (175 ff.); *Hopt* in FS für Hoffmann-Becking, S. 565 f.; *Pfitzer/Oser*, Hdb. DCGK, S. 20, 33; *Weber-Rey*, ZGR 2010, 543 (554 f.).

238 Gesetzesentwurf eines Gesetzes zur Modernisierung des Bilanzrechts (Bilanzrechtsmodernisierungsgesetz – BilMoG) vom 30.7.2008, BT-Drs. 16/10067, S. 102.

an die Empfehlungen des DCGK und der EU-Kommission halten[239]. Solchen Bedenken wurde teilweise entgegengehalten, dass eine schematische Anwendung der Empfehlungen mit Blick auf die dualistische Organisation der Aktiengesellschaft übermäßig sei[240]. Dagegen sprach jedoch die Regierungsbegründung des BilMoG, die die Empfehlungen der EU-Kommission und des DCGK als „*weitere Hinweise für Aspekte, die für die Beurteilung [...] eine Rolle spielen können*" einordnete[241]. So war die explizite Nennung der Empfehlungen als Hinweis für einen schematischen Rückgriff zu verstehen. Daneben konnte gegen eine Auslegung des Unabhängigkeitsbegriffes durch Bezugnahme auf die Kommissionsempfehlungen die historische Herleitung der europäischen Kodexgrundsätze entgegen gehalten werden. Sie entwickelten sich ursprünglich aus dem englischen *combined code*, der sich auf das monistische System bezieht[242]. Dort ist eine Trennung zwischen dem mit dem Aufsichtsrat vergleichbaren *audit committee* und dem Leitungsorgan, dem *board of directors,* nicht vorgesehen[243]. Im deutschen AktG klingt eine solche Abtrennung schon an mehreren Stellen an[244]. Zudem haben neben dem Regelungsansatz des § 100 Abs. 5 AktG a.F. die Empfehlungen des DCGK, durch die in § 161 AktG implementierte Auseinandersetzung der Unternehmen mit dem Kodex, eine eigenständige transparenzsteigernde Wirkung, deren Bedeutsamkeit nicht unterschätzt werden kann.

(2) Aspekte für den Verzicht eines Unabhängigkeitserfordernisses

Die Grundlage für derartige Kritik besteht seit der Abschaffung des Unabhängigkeitskriteriums durch den Gesetzgeber nicht mehr[245]. Innerhalb des Gesetzgebungsprozesses wurde von einem der Gemeinschaftsebene eingeräumtem

---

239 In diesem Sinne auch *Calliess* nach dem die Kommissionsempfehlugen „*psychologisch-politische-Wirkung*" entfalten, *Calliess* in Calliess/Ruffert AEUV, Art. 288 Rn. 95; *Raiser/Veil*, Kapitalgesellschaften, § 7 Rn.7; *Schweitzer/Hummer/Obwexer,* Europarecht, Rn. 312.

240 *Grubner*, NZG 2008, 12 (13 f.).

241 Gesetzesentwurf eines Gesetzes zur Modernisierung des Bilanzrechts (Bilanzrechtsmodernisierungsgesetz – BilMoG) vom 30.7.2008, BT-Drs. 16/10067, S. 102.

242 Vgl. *Hopt* in FS für Hoffmann-Becking, S. 567 f.; *Lieder*, Aufsichtsrat im Wandel, S. 701 ff.; *Viciano-Gofferje*, Unabhängigkeit als persönliche Voraussetzung für Aufsichtsratsmitglieder, S. 86 f.

243 *Hoffmann-Becking*, NZG 2014, 801 (805); *Lieder*, NZG, 2005, 569 (570).

244 Vgl. oben § 1 II. 4.

245 Dieses Vorgehen begrüßend: *Bürkle*, VersR 2016, 1145 (1147 f.); Handelsrechtsausschuss DAV, NZG 2015, 752; *Schillha*, ZIP 2016, 1316 (1319); *Schüppen*, NZG 2016, 247 (253 f.).

Wahlrecht nach Art. 39 V der mittlerweile überarbeiteten Abschlussprüferrichtlinie Gebrauch gemacht[246]. Ohne weitere (notwendige) Ausführungen begründet der Gesetzgeber seine Entscheidung damit, dass aufgrund der funktionalen Organtrennung bereits in ausreichendem Umfang die Unabhängigkeit sichergestellt sei[247]. Ein maßgeblicher Aspekt dieser Entscheidung dürfte jedoch auch die Berücksichtigung von Arbeitnehmervertretern gewesen sein, die üblicherweise Interessen der Arbeitnehmer vertreten und finanziell von der Gesellschaft abhängig sind[248]. Daneben sprechen auch andere vom Gesetzgeber nicht aufgeführte Aspekte für die Obsoleszens eines normierten Unabhängigkeitskriteriums. Zum Beispiel, wenn berücksichtigt wird, dass das Aufsichtsratsmitglied nach seinen Sorgfaltspflichten aus §§ 116 S. 1, 93 Abs. 1 AktG im Unternehmensinteresse[249] handeln muss[250]. Es ist sorgfaltswidrig, wenn ein betroffenes Aufsichtsratsmitglied einen Interessenkonflikt erkennt und diesen nicht meldet[251]. Die gesteigerte Haftungsgefahr als Unabhängigkeitsgarant fungiert dabei als Druckmittel für Zweifel an der Effizienz der allgemeinen Sorgfaltspflicht.

(3) Stellungnahme

Insoweit spricht vieles dafür, die Entscheidung des Gesetzgebers, von einem Unabhängigkeitstatbestand abzukehren, zu begrüßen. Gleichzeitig wird sich der Gesetzgeber mit dieser Entscheidung weiterhin bestehender Kritik stellen müssen[252]. Als erstes ist die Begründung des Gesetzgebers für die Abkehr einer expliziten Normierung, wegen einer bereits vorherrschenden funktionalen

246 Richtlinie 2014/56/EU des europäischen Parlaments und des Rates zur Änderung der Richtlinie 2006/43/EG über Abschlussprüfungen von Jahresabschlüssen und konsolidierten Abschlüssen vom 16. April 2014, ABL. L 158 vom 27.5.2014.

247 Gesetzesentwurf zur Umsetzung der prüfungsbezogenen Regelungen der Richtlinie 2014/56/EU sowie zur Ausführung der entsprechenden Vorgaben der Verordnung (EU) Nr. 537/2014 im Hinblick auf die Abschlussprüfung bei Unternehmen von öffentlichem Interesse (Abschlussprüfungsreformgesetz – AReG) vom 11.1.2016, BT-Drs. 18/7219, S. 56.

248 *Koch*, Hüffer/Koch AktG, § 100 Rn. 25; *Nodoushani*, AG 2016, 381 (383 f.).

249 Vgl. BGH, NJW 1975, 1412.

250 Zum eigenen Interesse des Aufsichtsratsmitglieds einer Haftung durch ausreichende Qualifikation zu entgehen, vgl. *Hasse*, VersR 2010, 18 (23).

251 *Diekmann/Bidmon*, NZG 2009, 1087 (1090); vgl. auch *Grigoleit/Tomasic* in Grigoleit AktG, § 100 Rn. 17.

252 Vgl. *Drygala* in Schmidt/Lutter AktG, § 100 Rn. 40; *Meyer/Mattheus*, DB 2016, 695; *Strenger*, WPg 2016, 313; *Velte*, WPg 2015, 482 (489, 491); *Viciano-Gofferje*, Unabhängigkeit als persönliche Voraussetzung für Aufsichtsratsmitglieder, S. 89 ff.

Organtrennung die Unabhängigkeit bereits gewahrt[253], widersprüchlich. Denselben Grund hatte der Gesetzgeber bereits aufgeführt, als er im Rahmen des BilMoG die Unabhängigkeit einführte, indem er ausführte, dass der normierte Unabhängigkeitsbegriff über die ohnehin in der deutschen Aktiengesellschaft geltende funktionale Organtrennung hinausging[254]. Dem ursprünglichen Standpunkt ist dabei zuzustimmen. Abhängigkeit kann sich nicht nur aus dem Verhältnis zum Vorstand, sondern auch aus anderen Umständen ergeben[255]. Zudem ist durch die Streichung das Problem des abhängigen Aufsichtsratsmitglieds nicht gelöst[256]. Die Rechtsunsicherheit diesbezüglich wird fortbestehen. Weitergehend ist zu befürchten, dass mit einer Abkehr vom normierten Unabhängigkeitserfordenis einer methodischen Annäherung und Auseinandersetzung mit dem Problemfeld der Boden entzogen wurde.

Letztlich ist damit auch der nun eingeschlagene Weg nicht vollumfänglich befriedigend. Eine allumfassend gerecht werdende Lösung wird es wohl nicht geben[257]. Festzustellen bleibt aber, dass eine normierte Regelung, trotz dualistischer Funktionstrennung, nicht grundsätzlich obsolet ist. So ist an der Zielsetzung der Unabhängigkeit, effiziente Entscheidungen von Aufsichtsratsmitgliedern herbeizuführen, die nicht von ineffizienten anderen Interessen konterkariert werden, nichts auszusetzen. Dabei sollte als Ziel zwischen der Handlungsfreiheit und der Prävention von Interessenkonflikten grundsätzlich ein guter „*Mix*“[258] angestrebt werden.

---

253 Gesetzesentwurf zur Umsetzung der prüfungsbezogenen Regelungen der Richtlinie 2014/56/EU sowie zur Ausführung der entsprechenden Vorgaben der Verordnung (EU) Nr. 537/2014 im Hinblick auf die Abschlussprüfung bei Unternehmen von öffentlichem Interesse (Abschlussprüfungsreformgesetz – AReG) vom 11.1.2016, BT-Drs. 18/7219, S. 56.

254 Gesetzesentwurf eines Gesetzes zur Modernisierung des Bilanzrechts (Bilanzrechtsmodernisierungsgesetz – BilMoG) vom 30.7.2008, BT-Drs. 16/10067, S. 101 f.; dazu *Nodoushani*, AG 2016, 381 (383 f.); *Spindler* in Spindler/Stilz AktG, § 100 Rn. 34.

255 *Nodoushani*, Aufsichtsrat 2016, 69 (70).

256 Vgl. *Schillha*, ZIP 2016, 1316 (1318); *Staake*, NZG 2016, 853 f.

257 Vgl. *Leyens*: „*Die weitere Bewusstseinsbildung für die Unabhängigkeit im Aufsichtsrat […] bleibt deshalb Herausforderung für eine moderne interne Unternehmensüberwachung*“ in Corporate Governance nach der Finanz- und Wirtschaftskrise, S. 14, 15 ff.; *Lieder*: „*Die Frage der Objektivität der Aufsichtsratsmitglieder ist […] eine Frage der Eigenarten, der besonderen Verhältnisse und der wirtschaftlichen Lage*“, Aufsichtsrat im Wandel, S. 703; in diesem Sinne auch *Staake* der von „*mannigfaltigen Abhängigkeiten*“ spricht, NZG 2016, 853 (854).

258 *Bayer*, NZG 2013, 1 (10); vgl. hierzu über die Abkehr des Grundsatzes eines systemkonformes Rechts hin zu einer *Soft-Law* Praxis, *Weber-Rey*, ZGR 2010, 543 (589 f.).

bb) Die Abhängigkeit des Aufsichtsratsmitglieds aufgrund Beziehung zum Mehrheitsaktionär

Seit Abschaffung eines Unabhängigkeitskriteriums gab es keine Veränderung der Relevanz und der damit einhergehenden Problemstellungen[259]. Weiterhin werden die Unabhängigkeit und deren Ausgestaltung im DCGK aufgeführt. Zuletzt hat der Gesetzgeber die Bedeutsamkeit der Empfehlungen in seiner Gesetzbegründung zum AReG hervorgehoben, indem er auf das Bestehen der DCGK Empfehlungen hierzu verweist[260]. Der Verweis zeigt auf, dass der Gesetzgeber sich nicht, wie augenscheinlich anzunehmen ist, durch Verzicht des unbestimmten Tatbestandsmerkmals der Unabhängigkeit vollends von einem prinzipienorientierten Regelungsmodell abgewendet hat.

Die Kodexempfehlungen sehen sich seit jeher weitläufiger Kritik[261] ausgesetzt. Ein Grund hierfür ist Ziffer 5.4.2. des DCGK[262], der vorgibt, dass ein Aufsichtsratsmitglied nicht in Beziehung zu einem kontrollierenden Aktionär stehen soll, wenn dadurch ein nicht nur vorübergehender und wesentlicher Interessenkonflikt begründet werden könnte. Diese Empfehlung wurde 2012 in den DCGK[263] aufgenommen, um einer entsprechenden Empfehlung der EU-Kommission nachzukommen[264]. Eine solche Regulierung widerspricht dem Bild des Aufsichtsrats als Aktionärsvertretung[265]. Zwar gab es historisch wiederkehrend Vorschläge, dem Minderheitsaktionär mehr Bestimmungsrecht zukommen zu

---

259 Vgl. *Staake*, NZG 2016, 853.

260 Gesetzesentwurf zur Umsetzung der prüfungsbezogenen Regelungen der Richtlinie 2014/56/EU sowie zur Ausführung der entsprechenden Vorgaben der Verordnung (EU) Nr. 537/2014 im Hinblick auf die Abschlussprüfung bei Unternehmen von öffentlichem Interesse (Abschlussprüfungsreformgesetz – AReG) vom 11.1.2016, BT-Drs. 18/7219, S. 46; dazu auch *Staake*, NZG 2016, 853.

261 Vgl. auch Arbeitsgruppe Europäisches Gesellschaftsrecht, ZIP 2003, 863 (869); *Bayer*, BB 2004, 1 (7); BDI/bankenverband/DAI/DIHK/GDV, NZG 2004, 1052; *Habersack* in MüKo AktG, Vor § 95 Rn. 12; *Habersack*, ZHR 168 (2004), 373 (375ff.); *Hoffmann-Becking*, ZGR 2004, 355 (359 f.); *Hommelhoff*, ZIP 2013, 953; *Schillha*, ZIP 2016, 1316 (1319); *Silja/Lanfermann*, BB 2004, 1861 (1867 f.).

262 Regierungskommission DCGK, DCGK vom 7.2.2017.

263 Regierungskommission DCGK, DCGK vom 5.5.2012.

264 Ein Abwägung aufgrund der ehemals divergierenden EU-Kommissionsempfehlungen und dem DCGK vom 14.7.2007 über die Berücksichtigung einer solchen Beziehung ist somit obsolet; vgl. zu dem ursprünglichen Streitstand *Gesell*, ZGR 2011, 361 (384 ff.).

265 *Diekmann/Bidmon*, NZG 2009, 1087 (1090); *Wilsing/von der Linden*, DStR 2012, 1391 (1392 f.).

lassen. Dem Ansatz wurde zu Recht stetig entgegen gehalten, dass in der kapitalistischen Organisationsstruktur der AG die Mehrheit aller Aktionäre entscheidet[266]. Ein solcher Ansatz widerspricht zudem der Eigentumsgarantie des Aktionärs nach Art. 14 GG. Der Hauptaktionär hat ein berechtigtes Interesse an der Überwachung des Managements, welches über sein zugeführtes Risikokapital entscheidet[267]. Zudem widerspricht eine solche Annahme den Grundsätzen des Konzernrechts, welches sich gerade über den Einfluss im Aufsichtsrat der kontrollierenden, bzw. herrschenden Großaktionäre definiert[268]. Des Weiteren wird mit dem normierten Unabhängigkeitsverständnis die Systematik der Arbeitnehmervertretung nur schwer in Einklang gebracht werden können[269]. Diesen Bedenken ist zum einen die Notwendigkeit, bzw. der angestrebte positive Effekt der Unabhängigkeit, die Effizienzsteigerung der Qualität der Aufsichtsratsarbeit, entgegenzuhalten. Zum anderen ist auf die unverbindliche Wirkung der Kodex-Empfehlungen hinzuweisen. Diese Punkte vermögen gleichwohl bei Gegenüberstellung zu den angeführten Kritikpunkten nicht zu überzeugen[270]. Von einer Abhängigkeit des Aufsichtsratsmitglieds sollte demnach bei einer Beziehung zum Mehrheitsaktionär, nur aufgrund der Kodexempfehlungen, nicht ausgegangen werden. Es erscheint daher sinnvoll, den DCGK Empfehlungen diesbezüglich keine Bedeutung zuzumessen. Die Kritik an der Empfehlung der europäischen und der deutschen Kodexkomission ist gerechtfertigt.

III. Inhabilitätsgründe

Neben den in § 100 Abs. 1 AktG normierten persönlichen Voraussetzungen sind ebenfalls Hinderungsgründe in § 100 Abs. 2 AktG geregelt. Sie bilden den Regelungsschwerpunkt der Norm[271]. Eine Missachtung der Vorschrift führt zu einer Nichtigkeit der Wahl des Aufsichtsratsmitglieds gemäß § 250 Abs. 1 Nr. 1 AktG[272].

---

266 *Hommelhoff*, ZIP, 2013, 953 (960 f.).

267 *Diekmann/Bidmon*, NZG 2009, 1087 (1090); *Lieder*, Aufsichtsrat im Wandel, S. 706 f.

268 Siehe ausführlich *Hoffmann-Becking*, NZG 2014, 801 (806); *Mertens/Cahn* in KK-AktG, § 100 Rn. 67 f.; vgl. auch DAV, NZG 2003, 1008 (1010 f.); *Habersack* in MüKo AktG, § 100 Rn. 21, m.w.N., 78; a.A.: *Bayer*, NZG 2013, 1 (10 f.); *Hoffmann-Becking*, ZGR 2004, 355 (360).

269 *Bayer*, BB 2004, 1 (7).

270 So auch *Lieder*, 10 German Law Journal, 115 (132 f.).

271 *Koch*, Hüffer/Koch AktG, § 100 Rn. 1.

272 *Hopt/Roth* in Großkomm AktG, S. 100 Rn. 108 ff.; *Habersack* in Müko AktG, § 100 Rn. 60; *Mutter* in Semler/v. Schenck Aufsichtsrat, § 100 Rn. 106 ff.; *Spindler* in Spindler/Stilz AktG, § 100 Rn. 69.

1. Die Beschränkung und Privilegierung von Aufsichtsratsmandaten nach § 100 Abs. 2 S. 1 Nr. 1, S. 2 AktG

a) Hintergrund der Begrenzung nach § 100 Abs. 2 S. 1 Nr. 1 AktG

Nach § 100 Abs. 2 S. 1 Nr. 1 AktG[273] kann nicht Aufsichtsratsmitglied sein, wer bei Amtsantritt bereits zehn Aufsichtsratsmandate in Handelsgesellschaften, die gesetzlich einen Aufsichtstrat zu bilden haben, innehat[274]. Folglich werden Mandate in Versicherungsvereinen auf Gegenseitigkeit, Stiftungen und Genossenschaften nicht berücksichtigt. Von welcher Bedeutsamkeit diese sind, ist ihm Rahmen des § 100 Abs. 2 S. 2 Nr. 1 AktG unerheblich[275]. Zielsetzung der Vorschrift ist zum einen die Gewährleistung eines angemessenen Zeitaufwandes bei der Ausübung der Organtätigkeit und zum anderen die Vermeidung von Mandatskonzentrationen auf einen kleinen Personenkreis. Die übermäßige Einflussnahme von einzelnen Personen soll unterbunden werden[276]. Dabei werden Vorsitzmandate durch den im Rahmen des KonTraG[277] eingeführten § 100 Abs. 2 S. 3 AktG doppelt angerechnet, um der höheren Arbeitsbelastung und Verantwortung eines Vorsitzenden gerecht zu werden[278].

b) Das Konzernprivileg nach § 100 Abs. 2 S. 2 AktG

Eine Ausnahme zur Begrenzung des § 100 Abs. 2 S. 1 Nr. 1 AktG ist in § 100 Abs. 2 S. 2 AktG normiert. Das sog. *Konzernprivileg* sieht vor, dass bis zu fünf Aufsichtsratsmandate nicht anzurechnen sind, welche ein gesetzlicher Vertreter

---

273 Die Regelung der Mandatsbeschränkung wurde als „*lex Abs*“ nach dem Bankier Hermann Josef Abs benannt, da sie zum Zeitpunkt ihres Erlasses 1965 ungemein auf seine Person abzielte, *Gall*, Der Bankier Hermann Josef Abs – Eine Biografie, S. 336; m.w.N. *Lieder*, Aufsichtsrat im Wandel, S. 435.

274 Hierzu zählen unter anderen Aktiengesellschaften, Komamanditgesellschaften auf Aktien (KGaA), Gesellschaften mit beschränkter Haftung, solche die nach den Mitbestimmungsvorschriften einen Aufsichtsrat zu bilden habe und die dualistisch ausgestaltete SE; *Koch*, Hüffer/Koch AktG, § 100 Rn. 9; siehe auch *Hersch*, Geschäftsleiter und Aufsichtsräte von Versicherungsunternehmen, S. 293.

275 Vgl. *Jaspers*, AG 2011, 154 (155).

276 *Habersack* in MüKo AktG, § 100 Rn. 17; *Lieder*, Aufsichtsrat im Wandel, S. 432 ff.; *Peltzer*, NZG 2011, 961 (963); da die Regelung mehrere Mandate gleichzeitig zulässt, ist sie zudem ein Indikator für die Charaktereigenschaft des Aufsichtsrats als Nebenamt, *Habersack* in MüKo AktG, § 100 Rn. 17.

277 Gesetz zur Kontrolle und Transparenz im Unternehmensbereich (KonTraG) vom 27.4.1998, BGBl. I, 786.

278 *Mutter* in Semler/v. Schenck Aufsichtsrat, § 100 Rn. 33 f.

des herrschenden Unternehmens in zum Konzern gehörenden Handelsgesellschaften mit obligatorischem Aufsichtsrat inne hat[279]. Dabei werden auch Aufsichtsratsvorsitzendenmandate privilegiert. Eine Doppelanrechnung gemäß § 100 Abs. 2 S. 3 AktG findet nicht statt[280]. Die Ausnahmeregelung berücksichtigt dabei den praktischen Aspekt, dass in der Regel das Vertretungsorgan des herrschenden Unternehmens Konzernaufsichtsratsmandate wahrnimmt, um eine konzerninterne Leitung zu ermöglichen. Somit wird die Konzernleitung im Kern über den Aufsichtsrat umgesetzt[281]. Infolgedessen soll unterbunden werden, dass Konzernmandate aufgrund einer Höchstbegrenzung auf eine zusätzliche zweite Leitungsebene ausgelagert werden[282].

c) Einbeziehung ausländischer Aufsichtsratsmandate

Ob bei Berechnung der Mandatsbegrenzung auch ausländische, mit dem des Aufsichtsrats vergleichbare Mandate, einbezogen werden sollen, lässt die Regelung nicht erkennen[283]. Dafür wird der Sinn und Zweck der Regelung, die Effektivität der Überwachungstätigkeit zu gewährleisen, angeführt[284]. Zudem sei hinsichtlich einer fortwährend voranschreitenden Globalisierung des Wirtschaftsrechts ein starrer Blickwinkel auf nationale Mandate nicht tragbar. Bei der Berücksichtigung der Auslandsmandate würde es, bezogen auf die zeitliche Inanspruchnahme, keinen Unterschied machen, in welchem Land das Mandat wahrgenommen

---

279 Strittig ist, ob das Privileg auch für die gesetzlichen Vertreter eines abhängigen Unternehmens gilt, welches weitere Konzerngesellschaften beherrscht. Dagegen spricht der Wortlaut der Regelung und die Gefahr, dass auf Unterebenen übermäßig viele Mandate zusammengefasst werden; so *Hopt Roth* in Großkomm AktG, § 100 Rn. 44; *Habersack* in Müko AktG, § 100 Rn. 23; a.A.: *Spindler* in Spindler/Stilz AktG, § 100 Rn. 20; *Mertens/Cahn* in KK-AktG, § 100 Rn. 30.

280 Entwurf eines Gesetzes zur Kontrolle und Transparenz im Unternehmensbereich (KonTraG) vom 28.1.1998, BT-Drs. 13/9712, S. 16.

281 *Habersack* in MüKo AktG, § 100 Rn. 21; *Hersch*, Geschäftsleiter und Aufsichtsräte von Versicherungsunternehmen, S. 263 f.

282 Vgl. Entwurf eines Gesetzes zur Kontrolle und Transparenz im Unternehmensbereich (KonTraG) vom 28.1.1998, BT-Drs. 13/9712, S. 16; *Habersack* in MüKo AktG, § 100 Rn. 21; *Hopt/Roth* in Großkomm AktG, § 100 Rn. 40 f.; *Koch*, Hüffer/Koch AktG, § 100 Rn. 11; *Mertens/Cahn* in KK-AktG, § 100 Rn. 30.

283 Einen Überblick statt vieler über den Streitstand gebend: *Mader*, ZGR 2014, 430 (444 ff.).

284 *Habersack* in MüKo AktG, § 100 Rn. 19; *Hopt/Roth* in Großkomm AktG, § 100 Rn. 37; *Jaspers*, AG 2011, 154; *Weller*, ZGR 2010, 679 (707); vgl. befürwortend auch für Geschäftsleiter von Versicherungsunternehmen *Hasse*, VersR 2010, 18 (20).

wird[285]. Weiterhin wird vorgebracht, dass es in Bezug auf die europäische Gesellschaft SE – monistisch[286] oder dualistisch organisiert – keine Bedenken gäbe, da sie gemäß Art 10 SE-VO unter die Regelung des § 100 Abs. 2 AktG falle[287]. Der Wortlaut der Norm schließe nicht die Berücksichtigung ausländischer Mandate aus[288]. Weiterhin wird als Argument für eine Anrechnung ausländischer Mandate die Absage des europäischen Gerichtshofs (EuGH) zur Sitztheorie angeführt[289]. Die Abkehr von der Sitztheorie impliziere, dass das deutsche Recht in Bezug auf die Mandatsanrechnung bei einer in Deutschland gegründeten AG Vorrang gegenüber der Geltung ausländischen Gesellschaftsrechts habe. Der Heranziehung der EuGH-Rechtsprechung für eine Auslandsanrechnung wird entgegengehalten, dass sie sich lediglich auf die Verhinderung der Diskriminierung ausländischer Gesellschaften bezieht. Daher ist sie auf die konkrete Fragestellung mit Mandatsbezug nicht anwendbar[290]. Zudem müsse der Sinn und Zweck der Regelung, die Gewährleistung ausreichender Arbeitszeit, als Argument nicht zwingend gelten. Hiergegen spreche der Wille des Gesetzgebers. Dieser hätte sonst auch de lege lata Mandate in Genossenschaften und VVaG oder ähnlichen Beiräten mit einbezogen. Die Differenzierung in § 100 Abs. 2 S. 1 Nr. 1 AktG spreche dagegen, den Kreis der zurechenbaren Mandate, auch im Wege einer Analogie, zu erweitern[291]. In historischer Hinsicht sei zudem beim Erlass des AktG 1937 wegen wirtschaftspolitischer Zielsetzung ein Auslandsbezug nicht vorgesehen gewesen[292]. Der Gesetzgeber sei von diesem Standpunkt seither nicht

285 *Lieder*, Aufsichtsrat im Wandel, S. 689 ff.

286 Jedoch im Hinblick auf ein mit dem Aufsichtsrat vergleichbares Mandat differenzierend: *Spindler* in Spindler/Stilz AktG, § 100 Rn. 16; sich nur auf die deutsche SE beziehend: *Mertens/Cahn* in KK-AktG, § 100 Rn. 27.

287 *Habersack* in MüKo AktG, § 100 Rn. 19; *Hopt/Roth* in Großkomm AktG, § 100 Rn. 37.

288 *Mickel/Fleischmann*, NZG 2010, 54 (55 f.).

289 EuGH, „*Inspire Art*" Urteil vom 30. 09. 2003, Rs. C-167/01: EuGH, „*Überseering*" Urteil vom 05.11.2002, Rs. C-280/00; EuGH, „*CENTROS*" Urteil vom 09.03.1999, Rs. C-212/97; dazu *Hopt/Roth* in Großkomm AktG, § 100 Rn. 37.

290 *Mertens/Cahn* in KK-AktG, § 100 Rn. 27.

291 Wenn eine Analogie nicht schon an der vergleichbaren Interessenlage scheitert, wird es einer, dafür notwendigen, fehlenden Regelungslücke ermangeln; siehe dazu *Koch*, Hüffer/Koch AktG, § 100 Rn. 10; *Mertens/Cahn* in KK-AktG, § 100 Rn. 29; zu den Analogievoraussetzungen siehe § 5 I. 3. lit. b) aa) (1).

292 *Hoffmann-Becking* in MHdB AG, § 30 Rn. 14; *Mutter* in Semler/v. Schenck Aufsichtsrat, § 100 Rn. 26.

abgewichen[293]. Eine Abweichung ohne konkrete gesetzliche Regelung, sei zuletzt mit der Gefahr erheblicher Rechtsunsicherheit verbunden[294].

Bei Berücksichtigung des Umstands, dass der bisherige von der Höchstmandatsregelung betroffene Personenkreis überschaubar ist[295], kommen bezüglich der Zurechnung ausländischer Mandate Bedenken auf. So würden bis dato nicht berücksichtigte Auslandsmandate bei einer Hinzurechnung dazu führen, dass in einer Vielzahl von Fällen die Höchstschwelle von zehn, beziehungsweise unter Hinzuziehung der bis zu fünf nicht anzurechnenden Mandate des Konzernprivilegs aus § 100 Abs. 2 S. 2 AktG, von fünfzehn Mandaten[296], überschritten würde. In praktischer Hinsicht ist zu bedenken, dass ein durch die gesteigerten Anforderungen bereits beschnittener Personenkreis von potentiellen Aufsichtsratsmitgliedern weiter verengt werden würde. Zuzugestehen ist, dass dieses rechtspolitische Argument nicht vollends gegenüber dem teleologischen Aspekt der Auslandsanrechnung überzeugen kann. Beide Ansichten erscheinen daher gut vertretbar. Gleichwohl ist bei Berücksichtigung der Zwecksetzung der Regelung – die Gewährleistung eines ausreichenden Zeitpensums – eine Anrechnung ausländischer Mandate vorzugswürdig, um eine effektive Mandatswahrnehmung sicherzustellen.

d) Herabsetzung der Höchstgrenze nach § 100 Abs. 2 S. 2 Nr. 1 AktG

aa) Streitstand

Die Frage nach der Herabsetzung der Höchstbegrenzung der Mandatszahl von zehn Mandaten nach § 100 Abs. 2 S. 2 Nr. 1 AktG ist keine neue Idee[297]. Letztlich dreht sich die Diskussion um die Schwierigkeit, Forderungen nach Flexibilität und Effizienz in Einklang zu bringen. Diese Aufgabe beschäftigte den Gesetzgeber bereits 1931 nach dem Zusammenbruch der Danatbank[298]. Damals wurde per Notverordnung erlassen, dass ein Aufsichtsratsmitglied nicht mehr als zwanzig Aufsichtsratsmandate innehaben dürfe. Der Umstand, dass die heutige

---

293 *Mertens/Cahn* in KK-AktG, § 100 Rn. 29.

294 *Koch*, Hüffer/Koch AktG, § 100 Rn. 10; *Mertens/Cahn* in KK-AktG, § 100 Rn. 29; a.A. *Lieder*, Aufsichtsrat im Wandel, S. 689 ff.

295 *Mickel/Fleischmann*, NZG 2010, 54.

296 Hierbei sei auf die Bedeutsamkeit der in der Regel mehrstaatlich organisierten Konzerntätigkeit verwiesen.

297 „*Ein echter Dauerbrenner*", dazu ausführlich *Lieder*, Aufsichtsrat im Wandel, S. 679 ff.; vgl. *Dillmann* in Corporate Governance nach der Finanz- und Wirtschaftskrise, S. 36; *Jaspers*, AG 2011, 154.

298 *Lutter* in Bayer/Habersack Aktienrecht im Wandel, Band 2, S. 402 f.

Diskussion[299] eine weitaus geringere Zahl von Mandaten betrifft, zeigt wie sich das Verständnis des Aufsichtsrats im letzen Jahrhundert gewandelt hat. Für eine weitere Herabsetzung der Höchstmandatszahl durch zwingende Regelung, z.B. auf fünf Mandate, wird angeführt, dass aufgrund der gestiegenen Anforderungen Aufsichtsratsmitglieder durch Zeitmangel ihrer Überwachungsaufgabe nicht mehr nachkommen könnten[300]. Teilweise wird eine differenzierende Beschränkung der Mandatshöchstzahl nach Börsennotierung[301], Intensität des Hauptamtes oder Grundkapitals der Gesellschaft[302], gefordert. Einer Herabsetzung wird entgegengehalten, dass sie nicht zielführend sei. Anhand der Mandatszahl könne kein Rückschluss gezogen werden, ob das Aufsichtsratsmitglied seine Aufgaben ordnungsgemäß erfüllt[303]. Diesem Standpunkt folgte der Gesetzgeber und gab entsprechenden Forderungen, mit dem Verweis eine weitere Absenkung der Höchstzahl wäre zu pauschal, nicht nach[304].

bb) Stellungnahme

Die vorherrschende und sich stetig ausbreitende Mannigfaltigkeit an individuellen Aufgaben für Aufsichtsratsmitglieder lässt eine ausgewogene Beschränkung der Aufsichtsratsmandate nicht zu[305]. Größe, Komplexität und Unternehmensstruktur variieren erheblich[306]. Den differenzierenden Ansichten ist zu entgegnen, dass anhand der Börsennotierung eine indizielle Wirkung, nicht aber zwingend ein abschließend aussagekräftiges Verhältnis zum erforderlichen Zeitaufwand von Aufsichtsratsmitgliedern festgestellt werden kann, da selbiger von der wirtschaftlichen Lage und der Komplexität des Geschäftsmodells des Unternehmens abhängt. Hinsichtlich der börsennotierten Unternehmen ist zudem gegen einen

---

299 Eine Übersicht über die Reformvorschläge diesbezüglich gebend, *Hopt/Roth* in Großkomm AktG, § 100 Rn. 48; siehe auch *Leyens/Schmidt*, AG 2013, 553 (541).

300 SPD-Entwurf eines Gesetzes zur Verbesserung von Transparenz und Beschränkung von Machtkonzentration in der deutschen Wirtschaft, BT-Drs. 13/367, S. 4, 19; *Habersack* in Gutachten zum 69. DJT 2012, E 9 E83, E104; *Mülbert* in Gutachten zum 61. DJT 1996, E9 106 ff., 119; *Raiser*, NJW 1996, 2257 (2260); *Wiedemann*, ZIP 1997, 1565 (1568).

301 *Baums*, AG-Sonderheft 1997, 26 f.

302 *Bender*, DB 1994, 1965.

303 *Hopt/Roth* in Großkomm AktG, § 100 Rn. 47.

304 Entwurf eines Gesetzes zur Kontrolle und Transparenz im Unternehmensbereich (KonTraG) vom 28.1.1998, BT-Drs. 13/9712, S. 15 f.

305 So auch *Peltzer*, NZG 2011, 961 (963).

306 Entwurf eines Gesetzes zur Kontrolle und Transparenz im Unternehmensbereich (KonTraG) vom 28.1.1998, BT-Drs. 13/9712, S. 15.

engeren Standard anzuführen, dass damit die Attraktivität von Mandaten für hierauf eingehend besonders geeignete Mandatsträger abnehmen könnte[307]. Zuletzt wird es auch kaum möglich sein, anhand des Grundkapitals Rückschlüsse, ohne Berücksichtigung von Faktoren wie Unternehmensorganisation und wirtschaftlichen Umständen, auf den Zeitaufwand zu schließen.

Die zeitliche Verfügbarkeit ist nicht allein von der Anzahl der Ämter abhängig, sondern von einer Vielzahl weiterer Faktoren[308]. Es scheint daher sinnvoll, die Effizienzbemühungen nicht einzig auf der Ebene der Höchstzahl anzusiedeln. Vielmehr ist dem Problem der Gewährung ausreichender Zeit auf individueller Ebene zu begegnen. Hierfür bieten sich zwei systematische Anknüpfungspunkte im AktG an: Zum einen im Rahmen der Sorgfaltspflicht für Aufsichtsräte nach §§ 116 S. 1, 93 Abs. 1 AktG. Übernimmt ein Kandidat ein Amt, dass er zeitlich nicht erfüllen kann, kommt ein Übernahmeverschulden in Betracht[309]. Dies wird im Einzelfall dazu führen, dass der Mandatsträger im Zweifelsfall seine zeitlichen Kapazitäten eruiert und ein Mandat ablehnt, als dem konkreten Risiko zu begegnen in die Haftung genommen zu werden. Zum anderen sind nach dem durch das KonTraG eingefügten § 125 Abs. 1 S. 5 AktG, mit dem Vorschlag des Aufsichtsratsmitglieds in börsennotierten Gesellschaften, Angaben über deren Mitgliedschaft in anderen gesetzlich zu bildenden Aufsichtsräten beizufügen. Auch ist der Aufsichtsrat bei dem Vorschlag nach § 124 Abs. 3 S. 1 AktG im Rahmen seiner pflichtgemäßen Ermessensausübung dazu angehalten, nur Kandidaten vorzuschlagen, die ein ausreichendes Zeitpensum gewähren können[310]. Hierbei wird der Zeitaspekt in der Weise berücksichtigt, indem das individuelle Aufsichtsratsmandat im anderen Unternehmen, in Bezug auf seine Komplexität und zeitliche Anforderung, beurteilt werden kann[311]. Weiterhin besteht für den Aufsichtsrat die Pflicht nach § 171 Abs. 1 S. 3 AktG Transparenz zu gewährleisten, indem er über Umstände informieren muss, die eine Befangenheit besorgen lassen. Hierzu kann auch eine mögliche Mandatswahrnehmung in mehreren Unternehmen zählen. Zudem wird bei dieser Regelung die soeben angesprochene, allgemein indiziell wirkende Börsennotierung berücksichtigt.

---

307 *Bachmann*, AG 2012, 565 (572); *Breuer* in Hopt/Wohlmannstetter Hdb. CG Banken, S. 525 f.; *Leyens/Schmidt*, AG 2013, 553 (541).

308 So etwa die fachlichen Eignung, individuelle Erfahrung mit dem zugeordneten Aufgabenprofil und wie viel Unterstützung bei der Wahrnehmung jeweiliger Ämter zukommt, *Plagemann*, WM 2014, 2345 (2347).

309 *Hommelhoff/Mattheus*, AG 1998, 249 (256).

310 *Leyens/Schmidt*, AG 2013, 553 (541).

311 *Hopt/Roth* in Großkomm AktG, § 100 Rn. 49.

e) *Änderung der Höchstzahl an anzurechnenden Sitzen nach dem Konzernprivileg*

Aufgrund des gestiegenen zeitlichen Arbeitspensums von Mandaten, wird die Gewährung von fünf Mandaten durch das Konzernprivileg nach § 100 Abs. 2 S. 2 AktG als zu niedrig kritisiert[312]. Der Gesetzgeber hat jedoch von einer Änderung abgesehen. Dies ist zu befürworten, da der Aufsichtsrat im Konzern eine für die Leitung essentielle Funktion darstellt, die jedoch nicht immer weite Gestaltungsspielräume begründet[313]. Somit geht nicht zwingendermaßen der vergleichbare Zeitaufwand eines üblichen Aufsichtsratsmandats mit einher. Zuletzt spricht die Gefahr der Nichtberücksichtigung individueller Aspekte gegen eine Änderung der Regelung.

2. Verstoß gegen das „natürliche Organgefälle" gemäß § 100 Abs. 2 S. 1 Nr. 2 AktG

Gemäß § 100 Abs. 2 S. 1 Nr. 2 AktG kann ein Aufsichtsratsmitglied nicht gleichzeitig gesetzlicher Vertreter eines von der Gesellschaft, in welcher er den Aufsichtsratssitz innehat, abhängigen Unternehmens sein. Die Regelung wird von dem Gedanken getragen, dass ein in solcher Weise abhängiger Vertreter aufgrund von möglichen Interessenkollisionen nicht effektiv seiner Überwachungstätigkeit gerecht werden kann. Solch eine Aufsichtsratsmitgliedschaft würde dem natürlichen Organisationsgefälle widersprechen[314]. Dabei gebietet der Sinn und Zweck der Regelung, dass ausländische Mandate mit einbezogen werden[315]. Entgegen der Diskussion hinsichtlich der Berücksichtigung ausländischer Mandate bei der zulässigen Höchstzahl steht bei dieser Norm der Gedanke der Interessenkollision und nicht einer der ausreichenden Verfügbarkeit in zeitlicher Hinsicht im Vordergrund[316]. In diesem Zusammenhang wird zudem die Gefahr einer ausufernden Zahl von zugehörigen Mandaten geringer sein, da sich der Anwendungsbereich lediglich auf Mandate innerhalb des Konzerns bezieht.

---

312 *Keller*, DStR 1997, 1986 (1988); *Wegner*, AG-Sonderheft 1997, 57 f.

313 *Hopt/Roth* in Großkomm AktG, § 100 Rn. 41; vgl. zu der Bedeutsamkeit des Aufsichtsrats als Element der Konzernleitung durch das Vertretungsorgan, siehe oben, § 2 II. 3. lit. b) c) und § 4 II. 2.

314 *Hopt/Roth* in Großkomm AktG, § 100 Rn. 51.

315 *Drygala* in Schmidt/Lutter AktG, § 100 Rn. 9; *Hopt/Roth* in Großkomm AktG, § 100 Rn. 54.

316 Siehe oben,§ 2 III. 1. lit. c).

3. Verbot der Überkreuzverflechtung nach § 100 Abs. 2 S. 1 Nr. 3 AktG

§ 100 Abs. 2 S. 1 Nr. 3 AktG soll einer abstrakten Interessenkollision, namentlich der parteiischen und abhängigen Überwachung, vorbeugen[317]. Ein Aufsichtsratsmandat ist für den Vertreter einer anderen Kapitalgesellschaft[318] ausgeschlossen, soweit deren Aufsichtsrat ein Vorstandsmitglied der Gesellschaft angehört[319].

4. Karenzzeit bei Wechsel von Vorstand in den Aufsichtsrat gemäß § 100 Abs. 2 S. 1 Nr. 4 AktG

a) Sinn und Zweck der Regelung

Nach § 100 Abs. 2 S. 1 Nr. 4 AktG ist ein Wechsel aus dem Vorstand einer börsennotierten Gesellschaft in den Aufsichtsrat dieser innerhalb von 2 Jahren nach Aufgabe des Vorstandsmandats grundsätzlich unzulässig. Eine Ausnahme besteht, wenn die Wahl des Aufsichtsratsmitglieds auf Vorschlag von Aktionären erfolgt, die mehr als 25% der Stimmrechte an der Gesellschaft halten[320]. Das Bestreben ist es, Fachkenntnisse intern zu binden und nicht extern an Wettbewerber zu verlieren. Entgegengesetzt beruht die Regelungsidee auf der Sorge, dass Aufsichtsratsmitglieder, welche zuvor der Unternehmensleitung angehört haben, aufgrund von potentiellen Interessenkonflikten der Gefahr unterliegen, ihre Überwachungstätigkeit nicht effizient auszuüben. So könnten betroffene

---

317 *Hopt/Roth* in Großkomm AktG, § 100 Rn. 58; *Mertens/Cahn* in KK-AktG, § 100 Rn. 35; *Spindler* in Spindler/Stilz AktG, § 100 Rn. 25.

318 Hinsichtlich der Zielsetzung der Regelung gilt dies auch für ausländische Kapitalgesellschaften, *Drygala* in Schmidt/Lutter AktG, § 100 Rn. 11; *Hoffmann-Becking* in MHdB AG, § 30 Rn. 22; *Spindler* in Spindler/Stilz AktG, § 100 Rn. 27; a.A. *Koch*, Hüffer/Koch AktG, § 100 Rn. 14; *Mertens/Cahn* in KK-AktG, § 100 Rn. 37.

319 Die Frage, ob das Verbot auch greift, wenn der Aufsichtsrat der anderen Kapitalgesellschaft fakultativ begründet wurde, ist bei Berücksichtigung der potentiellen Interessenkollision zu bejahen. Es besteht kein Unterschied im Hinblick der Organentstehung auf die Einwirkungsmöglichkeiten eines fakultativen Aufsichtsrats auf den Vorstand. Der Wortlaut der Norm differenziert nicht wie § 100 Abs. 2 S. 1 Nr. 1 und S. 2 AktG, ob das andere Unternehmen gesetzlich einen Aufsichtsrat zu bilden hat, *Hoffmann-Becking* in MHdB AG, § 30 Rn. 22; *Mertens/Cahn* in KK-AktG, § 100 Rn. 36; *Spindler* in Spindler/Stilz AktG, § 100 Rn. 27; a.A. *Hopt/Roth* in Großkomm AktG, § 100 Rn. 63; *Koch*, Hüffer/Koch AktG, § 100 Rn. 15.

320 Eine solche Berufung ist in der Praxis von deutschen *Prime Standard* AGs gängig, *Hopt* in Comparitive Corporate Governance, S. 243; *Lange*, NZG 2004, 265 f.; *Velte*, WM 2012, 537 f.

Aufsichtsratsmitglieder mit Sachverhalten konfrontiert werden, die sie selber leitend mitgestaltet haben und über deren Rechtsmäßigkeit sie zu entscheiden hatten. Es besteht gegebenenfalls die Möglichkeit, eigenes Fehlverhalten im Nachhinein zu verschleiern oder nicht im erforderlichen Maße nachzugehen[321]. Die viel diskutierte[322] Norm versucht den *Zielkonflikt*[323] zwischen der geforderten Unabhängigkeit und dem fortschreitenden Wunsch nach Professionalisierung von Aufsichtsratsmitgliedern ausreichend zu regulieren. Der Gesetzgeber hat dabei den Anwendungsbereich bewusst enger auf börsennotierte Unternehmen eingegrenzt, da er nur dort ein systematisches Kontrolldefizit durch die Eigentümergesamtheit von Aktionären festgestellt hat[324].

b) Notwendigkeit einer Karenzzeit gemäß § 100 Abs. 2 S. 1 Nr. 4 AktG

aa) Kritik an der Regelung

Die Frage, ob als Faktor die Unabhängigkeit oder die Fachkenntnis des Aufsichtsratsmitglieds in Bezug auf die Karenzzeit bei Wechsel aus dem Aufsichtsrat vorzugswürdig ist, hat der Gesetzgeber mit dem durch das VorstAG[325] erlassenen § 100 Abs. 2 S. 1 Nr. 4 AktG zugunsten der Unabhängigkeit entschieden[326]. Der damit einhergehende Verzicht auf Sachkompetenz und die damit verbundene Gefahr, dass das Vorstandsmitglied zu einem Wettbewerbsunternehmen wechselt, wurden in der Literatur als nicht sachgerecht aufgefasst[327].

---

321 Ausschussbegründung zum VorstAG vom 17.6.2009, BT-Drs. 16/13433 S. 11; *Habersack* in MüKo AktG, § 100 Rn. 35; *Jaspers*, AG 2009, 607; *Koch*, Hüffer/Koch AktG, § 100 Rn. 16; *Velte*, WM 2012, 537 (538).

322 Dazu *Habersack* in MüKo AktG, § 100 Rn. 35; *Koch*, Hüffer/Koch AktG, § 100 Rn. 16; *Velte*, WM 2012, 537 ff.; vgl. auch *Schüppen*, Aufsichtsrat 2012, 34 f.; *Wirth* ZGR 2005, 327 (342).

323 *Habersack* in MüKo AktG, § 100 Rn. 36.

324 Ausschussbegründung zum VorstAG vom 17.6.2009, BT-Drs. 16/13433, S. 11; im Hinblick auf die Ausnahmeregelung des § 100 Abs. 2 S.1 Nr. 4 2. Hs. AktG standen laut Gesetzgeber gegensätzlich die Interessen von Familienunternehmen und ähnlichem im Vordergrund. So soll ein direkter Wechsel, der Kenntnisse und Fähigkeiten eines verdienten Vorstandsmitglieds ermöglicht, nicht kategorisch verwehrt werden. Dies ist begrüßenswert, da eine derartige Abwägung letztendlich nur die Aktionäre sinnvollerweise treffen können.

325 Gesetz zur Angemessenheit der Vorstandsvergütung vom 31.7.2009, BGBl. I, S. 2009, 2509.

326 *Habersack* in MüKo AktG, § 100 Rn. 36.

327 *Habersack* in MüKo AktG, § 100 Rn. 36; *Hohenstatt*, ZIP 2009, 1349 (1355); *Hüffer*, ZIP 2006, 637 (642 f.); *Koch*, Hüffer/Koch AktG, § 100 Rn. 16; *Wirth*, ZGR 2005, 327

bb) Stellungnahme

De lege ferenda erscheint es vorzugswürdig, eine faktische Diskontinuität zu vermeiden, zumindest nicht für die Dauer von 2 Jahren. Die speziellen fachlichen Eigenschaften und Kenntnisse, wofür Vorstandsmitglieder in den Aufsichtsrat gewählt werden, sind nach einer derartigen Zäsur regelmäßig nicht mehr annehmbar vorhanden[328]. Unter diesem Gesichtspunkt erscheint eine Verkürzung der Karenzzeit auf ein Jahr denkbar. Möglich wäre es auch, die Regelung lediglich auf spezielle Positionen im Aufsichtsrat, wie den Prüfungsausschuss oder den Aufsichtsratsvorsitz, zu beschränken[329]. So würde die Fachkenntnis des Vorstandsmitglieds dem Unternehmen erhalten bleiben, jedoch die Folgen einer möglichen Interessenkollision durch den Ausschluss einflussreicher Funktionen eingeschränkt. Zuletzt spricht ein organisationssystematisches Argument gegen eine Karenzzeitregelung. Ein Verzicht darauf hat nicht notwendigerweise den Einzug eines ehemaligen Vorstandsmitglieds in den Aufsichtsrat zur Folge. Nach § 101 Abs. 1 S. 1 AktG bleibt es der Hauptversammlung überlassen, Vor- und Nachteile, insbesondere die Gefahr einer Interessenkollision, abzuwägen und entsprechend zu handeln[330]. Eine konkrete Gefährdung der Gesellschaftsinteressen besteht somit nicht.

5. Unvereinbarkeit der Zugehörigkeit zum Vorstand und Aufsichtsrat nach § 105 AktG

Aufsichtsratsmitglied kann gemäß § 105 Abs. 1 AktG nicht sein, wer zugleich Vorstandsmitglied, dauernder Stellvertreter von Vorstandsmitgliedern, Prokurist oder zum gesamten Geschäftsbetrieb ermächtigter Handlungsbevollmächtigter derselben Gesellschaft ist. Damit ist die Regelung ein konsequenter Ausfluss des dualistischen Systems. Die Tätigkeitsbereiche des überwachenden und leitenden Organs sollen nicht in derselben Hand liegen, um Interessenkonflikten vorzubeugen[331].

---

(342); zu verfassungsrechtlichen Bedenken: *Sünner*, AG 2010, 111 (114 f); a.A. wohl *Hopt* in FS für Hoffmann-Becking, S 576; *Schüppen*, Aufsichtsrat 2012, 34 (35).

328 *Hüffer*, ZIP 2006, 637 (642 f.).

329 *Habersack* in MüKo AktG, § 100 Rn. 36; *Hohenstatt*, ZIP 2009, 1349 (1355); *Velte,* WM 2012, 537 (542).

330 *Hohenstatt*, ZIP 2009, 1349 (1355).

331 *Hopt/Roth* in Großkomm AktG, § 105 Rn. 6 ff.; *Kropff*, RegBegr. AktG 1965, S. 146; *Mertens*/Cahn in KK-AktG, § 105 Rn. 2.

6. Anerkennung weiterer ungeschriebener Ausschlussgründe

Außer den vorgenannten Regelungen sind im AktG keine weiteren Fälle der Unvereinbarkeit normiert. Hinsichtlich der Fallgruppe des konkreten Interessenkonflikts wird diskutiert, ob ein Mandat in einem direkten Konkurrenzunternehmen ein Bestellungshindernis begründet[332]. Einigkeit besteht darüber, dass in einschlägigen Fällen ein Widerspruch zu Erfüllung der Sorgfaltspflicht nach §§ 116 S. 1, 93 Abs. 1 S. 2 AktG vorliegen kann[333]. *Lutter, Krieger* und *Verse* gehen hierbei jedoch noch einen Schritt weiter und leiten ein Bestellungshindernis entsprechend § 250 Abs. 1 Nr. 4 AktG ab. Dieses Vorgehen wird damit begründet, dass derjenige, der offenbar uneinsichtig trotz eines bestehenden Interessenkonflikts eine Wahl zum Aufsichtsratsmitglied angenommen hat, auch nicht seiner Pflicht nachkommen und zurücktreten wird[334]. Daher sei es notwendigerweise angebracht, ein Bestellungshindernis zu postulieren. Dem ist jedoch fast apodiktisch mit dem Verweis auf die fehlende gesetzliche Normierung zu widersprechen[335]. So hat der Gesetzgeber in voller Kenntnis der Sachlage keine entsprechende Regelung bei der Verabschiedung des KonTraG erlassen[336]. Eine direkte Anwendung einschlägiger Normen ist damit ausgeschlossen. Einer Analogie ist aufgrund der fehlenden Voraussetzung einer ungeplanten Regelungslücke[337] der Boden entzogen. Zuletzt kann auch hier, ähnlich wie bei der Diskussion um die Karenzzeit[338], ein vermittelnder Lösungsansatz über § 125 Abs. 1 S. 5 AktG gefunden werden. Die Hauptversammlung hat durch die Publizitätspflicht eine Möglichkeit Kenntnis von zusätzlichen Mandaten und

---

332 So *Lutter/Krieger/Verse*, Rechte und Pflichten des Aufsichtsrats, § 1 Rn. 21 ff.; vgl. auch differenzierend hinsichtlich der Intensität des Interessenkonflikts *Drygala* in Schmidt/Lutter AktG, § 100 Rn. 28.

333 *Hopt/Roth* in Großkomm AktG, § 100 Rn. 73; *Lutter/Krieger/Verse*, Rechte und Pflichten des Aufsichtsrats, § 1 Rn. 21.

334 *Lutter/Krieger/Verse*, Rechte und Pflichten des Aufsichtsrats, § 1 Rn. 23.

335 *Hopt/Roth* in Großkomm AktG, § 100 Rn. 73; vgl. auch *Israel* in Bürgers/Körber AktG, § 100 Rn. 7; *Meyer*, Der unabhängige Finanzexperte, S. 57 ff.; *Viciano-Gofferje*, Unabhängigkeit als persönliche Voraussetzung für Aufsichtsratsmitglieder, S. 128 ff.

336 *Hopt/Roth* in Großkomm AktG, § 100 Rn. 73 ff.; *Lutter/Krieger/Verse*, Rechte und Pflichten des Aufsichtsrats, § 1Rn. 22; *Spindler* in Spindler/Stilz AktG, § 100 Rn. 41.

337 *Spindler* in Spindler/Stilz AktG, § 100 Rn. 41; zu den Analogievoraussetzungen: *Larenz/Canaris*, Methodenlehre der Rechtswissenschaft, S. 202 ff.; vgl. zu den Analogievoraussetzungen im Einzelnen, § 5 I. 3. lit. b) aa) (1).

338 Siehe oben,§ 2 III. 4. lit. b).

sonstigen Tätigkeiten des Aufsichtsratsanwärters zu erlangen[339]. Als Konsequenz kann sie somit selbst entscheiden, ob die Wahl eines Aufsichtsratskandidaten, trotz möglicher Interessenkonflikte, sinnvoll erscheint.

IV. Zusammenfassung

Die persönlichen Anforderungen an Aufsichtsräte im Aktienrecht dienen der Gewährleistung eineer Kontrolltätigkeit der Aufsichtsratsarbeit. Hierzu sollen insbesondere die fachliche Eignung, die Vermeidung von Interessenkonflikten und die zeitliche Verfügbarkeit sichergestellt werden. In dem durch die Finanzkrise angestoßenen Professionalisierungbestreben des Aufsichtsrats hat es diesbezüglich im AktG, verglichen mit aufsichtsrechtlichen Regelungen, weniger drastische Bewegung gegeben. Gleichwohl ist ein Einfluss der Professionalisierung im Aktienrecht erkennbar. Der Ansatz der Professionalisierung steht dabei diametral zu dem vom Gesetzgeber historisch verstandenen dogmatischen Nebenamtscharakter des Aufsichtsrats und dem damit einhergehenden Wunsch nach einem diversifizierten Kontrollgremium. Hinsichtlich der fachlichen Eignung ist weiterhin an den durch die *Hertie* Rechtsprechung etablierten Mindeststandards festzuhalten. Hinzu kommt seit 2016 die Sektorenkenntnis für Aufsichtsräte von Unternehmen im öffentlichen Wesen. Die Einbeziehung von Bank- und Versicherungsaufsichtsräten als Adressaten des § 100 Abs. 5 AktG steht sinnbildlich für die fortschreitende Überlagerung von Aktien- und Aufsichtsrecht in diesem Bereich. Der Sektorenbegriff ist dabei mit dem Branchenbegriff gleichzustellen. Die Norm richtet sich nur an Aufsichtsratsmitglieder von Unternehmen im öffentlichen Interesse. Aufgrund des im Aktienrecht etablierten Konzepts der Gesamtqualifikation muss nicht jedes Mitglied des Aufsichtsrats über die notwendige Sektorenkenntnis verfügen. Obwohl die Unabhängigkeit im AktG nicht explizit normiert ist, spielt sie eine permanente Rolle im Rahmen der persönlichen Anforderungen. Trotz Abkehr von einem kurzfristig eingeführten undefinierten Unabhängigkeitserfordernis im Rahmen des § 100 Abs. 5 AktG a.F. besteht weiterhin Rechtsunsicherheit. Der Verweis des Gesetzgebers auf die Ausführungen in den gängigen Kodizes zeigt die steigende Bedeutsamkeit von prinzipienorientierten Regelungen auf. Gleichwohl begründet eine derartige Verweisung verfassungsrechtliche Bedenken[340].

339 *Habersack* in MüKo AktG, § 100 Rn. 45 ff.; *Hopt/Roth* in Großkomm AktG, § 100 Rn. 72, 74 ff.; *Spindler* in Spindler/Stilz AktG, § 100 Rn. 39 ff.

340 Vgl. auch *Walkamm*, Rechtstheorie 2008, 507.

Für das weitgehend regelungsbasierte Aktienrecht[341] ist der prinzipienorientierte Ansatz ein neuartiger Regelungsimpuls. Dieser ist insoweit zu begrüßen, da prinzipienorientierte Regelungen trotz Bedenken der Rechtsunsicherheit einen Ansatz bieten um dem weiten Spektrum, welches von familiär geprägten bis zu größeren börsennotierten Aktiengesellschaften reicht, zu begegnen. Hinsichtlich der Mandatsbegrenzung erscheint es sachgerecht von einer Neuausrichtung der Höchstgrenze abzusehen. Eine generelle Herabsetzung der bisherigen Obergrenze käme der mannigfaltigen Bandbreite an unterschiedlichen Aktiengesellschaften nicht im gerechten Umfang nach. Dieser Aspekt spricht auch gegen ein Reformbestreben gegenüber den anderen Inhabilitätsgründen aus § 100 AktG. Somit bleibt festzustellen, dass es im Rahmen der persönlichen Anforderungen für Aufsichtsräte nach dem AktG keine übermäßige, aber stetige Bewegung gibt. Dies ist zu befürworten. Die aktienrechtlichen Vorgaben dienen als Grundlage für eine Vielzahl von weiteren (aufsichtsrechtlichen) Regelungen. Daher ist neuen Regelungsansätzen im allgemeinen Aktienrecht mit besonderer Rücksicht und kritischem Blick zu begegnen. Änderungen des AktG wirken sich weitreichend auf weitere aufsichtsrechtliche Regelungsmassen aus. Zudem gilt es bei den Forderungen nach strengerer Regulierung immer im Blick zu behalten, dass, anders als im gefahrenabwehrrechtlich geprägten Aufsichtsrecht, ein privatautonomer Aspekt gewichtigere Berücksichtigung finden muss. Inwieweit an lang etablierten Grundsätzen der aktienrechtlichen Legalverfassung festgehalten werden kann, bleibt im Rahmen eines stetig steigenden gemeinschaftsrechtlichen Einflusses abzuwarten. Langfristig wird, auch im Rahmen der international geprägten Corporate Governance, nicht mehr in demselben Umfang an nationalhistorisch bedingten Vorstellungen, wie beispielhaft der Betrachtung als Nebenamt, festgehalten werden können.

---

341 Vgl dazu *Lieder*, Aufsichtsrat im Wandel, S. 618 f.

§ 3 Anforderungen an Aufsichtsratsmitglieder im Kreditwesengesetz (KWG)

I. Hintergrund, Entstehungsgeschichte und neuere Entwicklungen der §§ 25d, 36 KWG

Die Forderung nach einer regulierten[342] Bankenaufsicht[343] ist dem Gesetzgeber nicht neu[344]. Bereits 1875 wurde über die Notwendigkeit einer Bankenaufsicht diskutiert[345]. Knapp 60 Jahre später wurde die allgemeine Bankenaufsicht in Deutschland als Folge der Bankenkrise des Jahres 1931 durch den Erlass des KWG konkretisiert[346]. 1961 mündete daraufhin diese Forderung in einer Neufassung des KWG[347].

1. Regulierungsnotwendigkeit im Bankensektor

Die Notwendigkeit einer speziellen sonderrechtlichen Aufsichtsregulierung wird mit dem besonderen makroökonomischen Abhängigkeitsverhältnis der Volkswirtschaft von einer konstanten Liquiditätsversorgung[348], einem funktionalem Zahlungsverkehr sowie der Sicherstellung des Einlagen- und Kreditgeschäfts begründet[349]. Da Kreditinstitute und Finanzdienstleistungsunternehmen oft

---

342 Zu der begrifflichen Abgrenzung von Bankenaufsicht und Bankenregulierung, siehe *Fest*, Regulierung von Banken, S. 20 ff.; *Wundenberg*, Compliance, S. 11 f.

343 Zum Begriff und Ausformung der Finanzaufsicht: *Heun*, JZ 2012, 235 (236 f., 239 ff.).

344 Die ersten Aktiengesellschaften in der Form wie sie heute geläufig sind, waren Banken: *Schmidt*, GesellschaftsR, § 26 S. 759; die AG ist die für Kreditinstitute bedeutenste Rechtsform. Von den zehn größten Kreditbanken Deutschlands sind sechs Institute als AG ausgestaltet, *Langenbucher* in Hdb. AR Kreditinstitute, S. 5.

345 Statt vieler *Fischer* in Boos/Fischer/Schulte-Mattler KWG, Einf. Rn. 1.

346 Reichsgesesetz über das Kreditwesen vom 5.12.1934, RGBl. I, S. 1203; *Möschel*, Wirtschaftsrecht, S. 33 ff., S. 200 f. und S. 215 ff.; vgl. auch: Schriftlicher Bericht des Wirtschaftsausschusses (sog. „*Ruland*"-Bericht) zu BT-Drs. 3/2526, S. 1.; der Bericht wurde nach dem Abgeordneten Ruland benannt, welcher 1961 als Berichterstatter des Wirtschaftsausschusses des Bundestags über die Beratungen zum Entwurf des KWG tätig war, *Massari*, Das Wettbewerbsrecht der Banken, S. XXII.

347 Gesetz über das Kreditwesen vom 10.7.1961, BGBl. I, S. 881; *Möschel*, Wirtschaftsrecht, S. 223 ff.

348 *Tröger*, ZHR 177 (2013), 475 (481).

349 Siehe auch Regierungsbegründung zum Entwurf des KWG von 1959 vom 25.5.1959, BT-Drs. 3/1114, S. 19; *Gerke/Mager/Förstermann* in Hommelhoff/Hopt/v.

mit fremden Geldern arbeiten, treffen bei Ausfällen und Störungen im Finanzsektor die Folgen regelmäßig einen großen Gläubigerkreis[350]. Dies führt zu dem Risiko, dass Störungen auf die gesamte[351] Volkswirtschaft übergreifen[352]. Dieser Umstand, gekoppelt an eine ausgeprägte branchentypische Risikoexposition[353] und eine asymmetrische Informationsverteilung[354], ist charakteristisch für die Kreditwirtschaft.

2. Zielsetzung des KWG

Das Finanzaufsichtsrecht[355] ist durch eine janusköpfige Schutzzielrichtung geprägt. Zum einen sollen der Finanzmarkt und dessen Akteure in funktionaler Hinsicht institutionell geschützt werden[356]. Zum anderen ist beabsichtigt, dass

---

Werder Hdb. CG, S. 503 ff.; vgl. *Fischer/Boegl* in Schimansky/Bunte/Lwowski Hdb. Bankrecht, § 125 Rn. 15 ff.

350 *Baums*, CG und Anlegerschutz, S.723; *Dewatripont/Tirole*, The Prudential Regulation of Banks, S. 31 f.; *v. Weizsäcker* in Kapitalmarkt und Finanzierung, S. 71 ff.; Wissenschaftlicher Beirat beim Bundesministerium für Wirtschaft und Technologie, Gutachten „Reform von Bankenregulierung und Bankenaufsicht nach der Finanzkrise" vom April 2010, S. 7 ff.

351 Ausführlich zum sog. *run auf die Bankenschalter*, statt vieler *Burghof/Rudolph*, Bankenaufsicht, S. 20 ff.; *Wundenberg*, Compliance, S. 31 f.; vgl. zum Dominoeffekt bei Großbanken unter dem Stichwort „*too big to fail*": *Körnert*, ZHR 176 (2012), 96, 124 f.; *Winterfeld/Rümker* in Schimansky/Bunte/Lwowski Hdb. Bankrecht, § 124a Rn. 8.

352 Schriftlicher Bericht des Wirtschaftsausschusses (sog. „*Ruland*"-Bericht) zu BT-Drs. 3/2526, S. 2; vgl. *Baums*, ZGR 2011, 218 (242); das Bankengeschäft gilt als „*intransparent und inhärent riskant*" *Wohlmannstetter* in Hopt/Wohlmannstetter Hdb. CG Banken, S. 43; der Einleger einer Bank hat mithin keine Möglichkeit, sich vor einer Risikoverhalten der selbigen zu schützen. So bestehen in der Regel keine vertraglichen Regelungsmöglichkeiten oder anderweitige Kontrollinstrumente, vgl. *Burghof/Rudolph*, Bankenaufsicht, S. 20; *Ludwig*, Branchenspezifische Wirtschaftsaufsicht, S. 205 ff.; *Möschel*, Wirtschaftsrecht der Banken, S. 251; *Neus* in Luz/Neus/Schaber/Schneider/Wagner/Weber KWG, Einf.. Rn. 35 ff.

353 Siehe hierzu *Burghof/Rudolph*, Bankenaufsicht, S. 49; *Thaten*, Ausstrahlung des Aufsichts- auf das Aktienrecht, S. 49 f.

354 Dazu *Fey*, Regulierung, S. 58; *Wundenberg*, Compliance, S. 29; vgl. *Fest*, Regulierung von Banken, S. 39 ff.; *Möschel*, Wirtschaftsrecht, S. 245 ff.

355 Zur Unterscheidung der Begriffe Gesellschaftsrecht und Aufsichtsrecht, *Wundenberg*, Compliance, S. 9 f.

356 Hierzu zählen auch die Institutsgläubiger, vgl. schon damals die Regierungsbegründung zum Entwurf des KWG von 1959, BT-Drs. 3/1114, S. 19; *Heun*, JZ 2012, 235 (236 f.); *Wohlmannstetter* in Hopt/Wohlmannstetter Hdb. CG Banken, S. 34 f.; zur

die Anleger und deren Vertrauen als Gesamtheit im öffentlichen Interesse geschützt werden[357]. Der damit auftretende gefahrenabwehrende Charakter des KWG ist öffentlichrechtlicher Natur und zeichnet sich funktional maßgeblich durch eine vorbeugende Überwachung aus[358]. Die seit 2002[359] existierende Bundesanstalt für Finanzendienstleistungsaufsicht gewährleistet in diesem Zusammenhang seit 2009 umfassend die Einhaltung der Regelungen von Aufsichtsräten in Kreditinstituten[360]. Gründe für diese Allfinanzaufsicht[361] sind die Überschneidungen der Tätigkeitsbereiche der Versicherungs-, Banken- und Finanzdienstleister[362]. Die BaFin verfügt als vertikale[363] Aufsichtsbehörde zur Einwirkung auf den Finanzmarkt und dessen Akteure über eine Vielzahl von verwaltungsrechtlichen und tatsächlichen Handlungsmöglichkeiten[364]. Die direkte

---

Debatte bezüglich der Berücksichtigung von Gläubigerinteressen ausführlich: *Klöhn*, ZGR 2008, 110 ff.; zur Berücksichtigung von Stakeholder- und Shareholderinteressen in der Unternehmensführung siehe ausführlich statt vieler: *Breuer* in Hopt/Wohlmannstetter Hdb. CG Banken, S. 515 f.; *Fleischer* in Hommelhoff/Hopt/v. Werder Hdb. CG, S. 185; *Fleischer* in Fleischer Hdb. Vorstandsrechts, § 1 Rn. 18 ff.

357 Statt vieler *Fischer* in Boos/Fischer/Schulte-Mattler KWG, Einf. Rn. 166 ff.; *Gurlit*, ZHR 177 (2013), 862 (866); *Möschel*, Wirtschaftsrecht der Banken, S. 223 ff.; *Neus* in Luz/Neus/Schaber/Schneider/Wagner/Weber KWG, Einf. Rn. 30 ff.; *Waschbusch*, Bankenaufsicht, S. 11 ff.

358 *Fischer* in Boos/Fischer/Schulte-Mattler KWG, Einf. Rn. 166 ff.; *Gurlit*, ZHR 177 (2013), 862 (864, 866); *Ludwig*, Branchenspezifische Wirtschaftsaufsicht, S. 202 ff.

359 Gesetz über die integrierte Finanzdienstleistungsaufsicht (FinDAG) vom 22.4.2002, BGBl. I, S. 1310.

360 *Kaetzler/Hoops*, BKR 2013, 192; einen allgemeinen Überblick gebend: *Heun*, JZ 2012, 235 (239).

361 Hierzu instruktiv: *Fekonja*, BaFin-Verlautbarungen, S. 34 ff.; *Fischer/Boegl* in Schimansky/Bunte/Lwowski Hdb. Bankrecht, § 125 Rn. 2, 52 ff.

362 BaFin, Jahresbericht der Bundesanstalt für Finanzdienstleistungsaufsicht 2002 vom 26.5.2003, Teil A, S. 11.

363 Siehe zur Unterscheidung zwischen horizontaler und vertikaler Aufsicht: *Ernst*, Rechtsstaatlichkeit im Versicherungsrecht, S. 16; *Kaulbach/Pohlmann* in Fahr/Kaulbach/Pohlmann/Bürkle VAG, Vor § 1 Rn. 2; *Vogelsang/Langheid* in MüKo VVG, AufsichtsR Rn. 81.

364 *Fischer* in Boos/Fischer/Schulte-Mattler KWG, Einf. Rn. 198 ff.; *Gurlit*, ZHR 177 (2013), 862 (887 ff.); *Langenbucher*, ZHR 176 (2012), 652 (661 ff.); zur dogmatischen Einordnung von präventiven und protektiven Maßnahmen: *Burghof/Rudolph*, Bankenaufsicht, S. 39 f.; insbesondere für Aufsichtsräte regelt § 36 Abs. 3 KWG die Eingriffsbefugnisse der BaFin bei Nichtvorliegen der Voraussetzungen des § 25d Abs. 1 S. 1 KWG; siehe im Einzelnen dazu § 3 III.

öffentlichrechtliche Aufsicht über das Kontrollorgan ist nach dessen Einführung vor circa 140 Jahren ein Novum[365].

3. Jüngste Entwicklung und steigender internationaler Einfluss

Nachdem in den letzten 50 Jahren das KWG in teilweise beachtlicher Geschwindigkeit[366] mehrere Gesetzesnovellen und strukturelle Überprüfungen durchlief[367], wird bereits die eigenständige dogmatische Einordnung des „*Bankengesellschaftsrechts*"[368] diskutiert[369]. Impulsgeber für diese Entwicklung ist, neben dem nationalen Gesetzgeber, vor allem die europäische Union[370]. Ziel ist es, einen einheitlichen Bankenaufsichtsmechanismus (SSM[371]) zu etablieren[372]. Ohne Rücksicht auf nationale Besonderheiten im Gesellschaftsrecht oder im Aufsichtsrecht zu nehmen, beinhaltet dies die supranationale Vereinheitlichung der Governance[373]. Ausgeprägten Einfluss hatten zuletzt vor allem

---

365 *Kaetzler/Hoops*, BKR 2013, 192.

366 So wurde das KWG alleine im Jahr 2008 sieben Mal geändert, *Schwennicke/Auerbach* in Schwennicke/Auerbach KWG, Vorwort zur 1. Auflage, S. IX.

367 Vgl. *Fischer* in Boos/Fischer/Schulte-Mattler KWG, Einf. Rn. 1 ff., 38 f., 135 ff.

368 *Langenbucher*, ZHR 176 (2012), 652 (662); *Lutter/Krieger/Verse*, Rechte und Pflichten des Aufsichtsrats, § 21 Rn 1452; *Mülbert/Wilhelm*, ZHR 178 (2014), 502 (540); *Thaten*, Die Ausstrahlung des Aufsichts- auf das Aktienrecht, S. 100; die steigende Bedeutsamkeit berücksichtigt auch der DCGK, der in seiner Präambel ausdrücklich auf die sich auf dem Aufsichtsrecht ergebenden Besonderheiten im Rahmen der Corporate Governance verweist, Regierungskommission DCGK, DCGK vom 7.2.2017; der Begriff *Bankengesellschaftsrecht* ist dogmatisch unsauber. Das *Gesellschaftsrecht* darf hierbei nicht im privatrechtlichen Sinn verstanden werden. Die öffentlich rechtliche Natur des KWG wird nicht berücksichtigt; vgl. auch *Emmenegger*, Bankorganisationsrecht, S. 29 ff.

369 Vgl. hierzu auch *Thaten*, Die Ausstrahlung des Aufsichts- auf das Aktienrecht S. 38 m.w.N., welche die intensive Regelungsdichte unter anderem daraus herleitet, „ *dass Banken durch ihre vielfältigen Verflechtungen mit der Realwirtschaft größeren Einfluss auf deren Corporate Governance ausüben*".

370 Hierzu *Glawischnig-Quinke* in Kapitalmarkt Compliance, Kap. 14 Rn. 16 ff.

371 Single Supervisory Mechanism.

372 Vgl. auch zum europäischen Harmonisierungsbestreben: *Neus* in Luz/Neus/Schaber/Schneider/Wagner/Weber KWG, Einf. Rn. 196 ff.; *Raiser/Veil*, Kapitalgesellschaften, § 7 Rn. 2, Rn. 7.

373 *Schneider/Schneider*, NZG 2016, 41 (42 f.); zur Entwicklung eines europäischen Bankenaufsichtsrechts siehe ausführlich *Burghof/Rudolph*, Bankenaufsicht, S. 188 ff.; *Hauschka/Moosmayer/Lösler* in Hauschka/Moosmayer/LöslerHdb. CC, § 1 Rn. 53 ff.; zu den Anforderungen an Aufsichtsräte aus dem SSM, *Häusler*, WPg 2017, 30 (31).

die Empfehlungen[374] des Baseler Ausschusses[375]. Bedingt durch diese treten auch die europäischen Aufsichtsbehörden[376], namentlich die europäische Bankenaufsichtsbehörde (EBA)[377] oder die europäische Zentralbank (EZB)[378], mit Best-Practise Empfehlungen immer mehr in den Vordergrund. Die aus dem G20-Gipfel in Pittsburgh hervorgegangen FSB[379]-Prinzipien sollen ebenfalls etabliert werden. Damit verbunden wird vermehrt ein prinzipienbasierter Regulierungsansatz verfolgt, um eine Umsetzung der mannigfaltigen und einzelfallabhängigen Effizienzanforderungen zu realisieren[380]. Angestoßen durch die Schlussfolgerung, dass die Finanzkrise[381] durch ineffektive Aufsichtsratsarbeit nicht verhindert wurde, ist zuletzt auch ein Fokus auf die Regulierung der

---

374 Basel I-III, Die Reformpakete sind abrufbar unter http://www.bis.org/bcbs/basel3/compilation.htm.

375 Siehe hierzu: *Emmenegger* in The Regulation of International Financial Markets, S. 224 ff.; *Hopt* in FS für Nobbe, S. 853, 861; *Neus* in Luz/Neus/Schaber/Schneider/Wagner/Weber KWG, Einführung Rn. 165 ff.; *Fischer/Boegl* in Schimansky/Bunte/Lwowski Hdb. Bankrecht, § 125 Rn. 77 ff.; hervorzuheben sind die „*Principles for enhancing corporate governance*" des Basel Comittee on Banking Supervision (BCBS). Diese sollen im Gegensatz zu den EBA Leitlinien und der CRD-IV Richtlinie nicht gemeinsam in deutsches Recht umgesetzt werden, *Brandi/Gieseler*, NZG 2012, 1321 (1322).

376 Einen Überblick über die neuen EU-Aufsichtsbehörden gebend: *Fischer/Boegl* in Schimansky/Bunte/Lwowski Hdb. Bankrecht, § 126 Rn. 1 ff.; siehe zur durch den Larosiére-Report angeregten europarechtlichen angestreben Aufsichtsstruktur ESFS (European System of Financial Supervision): *Baur/Boegl*, BKR 2011, 177 ff.; *Fischer* in Boos/Fischer/Schulte-Mattler KWG, Einf. Rn. 117 ff.; vgl. auch *Hopt*, NZG 2009, 1401 (1405 ff.).

377 Siehe hierzu: EBA, Leitlinien zur internen Governance (GL 44) vom 27.9.2011; EBA, Leitlinien zur Beurteilung von Mitgliedern des Leitungsorgans und von Inhabern von Schlüsselfunktionen (EBA/GL/2012/06) vom 22.11.2012; einführend *Neus* in Luz/Neus/Schaber/Schneider/Wagner/Weber KWG, Einf. Rn. 190.

378 Dazu *Häusler*, WPg 2017, 30 (32).

379 Als weitere Regelungsgeber neben dem Financial Stability Board (FSB) sind die Organisation for Economic Co-operation (OECD), die International Association of Insurance Supervisors (IAIS) oder die Internation Oganisation of Securities Commissions (IOSCO) zu nennen, siehe hierzu *Weber-Rey*, ZGR 2010, 543 (559 f.); siehe zum steigenden Einfluss der FSB; *Hüpkes*, ECFR 2012, 179 (184 ff.).

380 Vgl. hierzu die methodischen Ausführungen unter § 5 I. 3. lit. c) cc); ausführlich statt vieler: *Wundenberg*, Compliance, S. 35 ff.; vgl. auch *Glawischnig-Quinke* in Kapitalmarkt Compliance, Kap. 14 Rn. 16 ff.

381 *Gurlit*, ZHR 177 (2013), 862 (863); vgl. auch *Brandi/Gieseler*, NZG 2012, 1321; *Kaetzler/Hoops*, BKR 2013, 192; *Langenbucher*, ZHR 176 (2012), 652 (653, 662).

Corporate Governance[382] von Geschäftsführung und Aufsichtsrat gelegt worden. Ziel im Hinblick auf die Aufsichtsratsarbeit ist es, durch Qualifikationsvoraussetzungen, Regelungen bezüglich der Vergütung sowie der inneren Organisation des Aufsichtsrats die Professionalität und Effizienz der Kontrollfunktion zu verbessern[383]. Mithin wird der schon im allgemeinen Aktienrecht vorherrschende Trend zur Professionalisierung des – dogmatisch als Nebenamt verstandenen – Aufsichtsrats verfestigt[384]. Besonders einschneidende Änderungen, namentlich Anforderungen an die Mitglieder des Aufsichtsorgans und die interne Organisation des Aufsichtsrats, wurden durch die europäische Kapitaladäquanzverordnung (Capital Requirements Regulation, „*CRR*")[385] und die Umsetzung der vierten Kapitaladäquanzrichtlinie (CRD-IV)[386] angestoßen[387]. Im Wege der Umsetzung der CRD-IV-Richtlinie[388] hat der Gesetzgeber die bisher im KWG verstreuten Anforderungen an die Corporate Governance von Banken und Finanzdienstleistungsinstituten in den §§ 25a ff. KWG zusammengefasst[389]. Die Anforderungen für Aufsichtsräte wurden in § 25d KWG n.F. gebündelt, welche

382 Statt vieler der Corporate Governance eine Schlüsselrolle zusprechend: *Hafke* in FS für Hadding, S. 863 ff.

383 *Lutter/Krieger/Verse*, Rechte und Pflichten des Aufsichtsrats, § 21 Rn 1451.

384 Siehe oben,§ 1 II. 2; *Mülbert*, BKR 2006, 349 f.; *Ruhwedel/Thiel*, Aufsichtsrat 2015, 141.

385 EU-Verordnung Nr. 575/2013 über Aufsichtsanforderungen an Kreditinstitute und Wertpapierfirmen und zur Änderung der Verordnung (EU) Nr. 646/2012, ABl. L 176 vom 26.6.2013.

386 Richtlinie 2013/36/EU vom 26.6.2013 über den Zugang zur Tätigkeit von Kreditinstituten und die Beaufsichtigung von Kreditinstituten und Wertpapierfirmen, zur Änderung der Richtlinie 2002/87/EG und zur Aufhebung der Richtlinien 2006/48/EG und 2006/49/EG, ABl. L 176 vom 27.6.2013, S. 338; zur Bedeutung der Richtlinie im europäischen Harmonisierungsprozess, *Raiser/Veil*, Kapitalgesellschaften, § 7 Rn. 2; siehe auch *Kolassa* in Schimansky/Bunte/Lwowski Hdb. Bankenrecht, § 135 Rn. 14 ff.

387 *Apfelbacher/Metzner*, AG 2013, 773; *Lutter/Krieger/Verse*, Rechte und Pflichten des Aufsichtsrats, § 21 Rn. 1452.

388 Gesetz zur Umsetzung der Richtlinie 2013/36/EU über den Zugang zur Tätigkeit von Kreditinstituten und die Beaufsichtigung von Kreditinstituten und Wertpapierfirmen und zur Anpassung des Aufsichtsrechts an die Verordnung (EU) Nr. 575/2013 über Aufsichtsanforderungen an Kreditinstitute und Wertpapierfirmen (CRD IV-Umsetzungsgesetz) vom 28.8.2013, BGBl. I, S. 3395.

389 *Plagemann*, WM 2014, 2345.

zuvor in § 36 Abs. 3 S. 1 KWG a.F. normiert waren[390]. Innerhalb der Zusammensetzung des Aufsichtsrats rücken unter dem Schlagwort der Diversität Regelungen zur Frauenquote in den Vordergrund[391]. Eine weitere Neuerung ist, dass der Richtliniengeber in der CRD-IV Richtlinie der EBA die Kompetenz überträgt, diese Qualifikationsstandards weiter auszugestalten[392].

4. Kritik an der zunehmenden Regelungsdichte

Die EU-Richtlinien und die fortschreitenden Harmonisierungsbestrebungen haben zur Konsequenz, dass das KWG stetig umfänglicher und komplizierter wird. So wird mit einer Vielzahl von Instrumentarien auf die Unternehmen eingewirkt[393]. Neue Entwicklungen im Aufsichtsrecht sind regelmäßig der Kritik ausgesetzt[394]. Beanstandet wird, dass die Regulierung des Finanzmarkts auf internationaler und nationaler Ebene einen Umfang angenommen hat, der bei Gewährung von Transparenz, Praktikabilität und Fairness an seine Grenzen stößt[395]. Die Folge der Regelungsvielfalt beinhaltet nach den Kritikern ein Abwenden von liberalen Grundsätzen und eine Einschränkung der Gewerbefreiheit[396]. Als Gründe hierfür werden das fehlende Vertrauen vor dem Hintergrund

---

390 Vgl. *Apfelbacher/Metzner*, AG 2013, 773 (774); *Brandi/Gieseler*, NZG 2012, 1321 (1326).

391 Dazu siehe oben, § 1 II. 2.; *Apfelbacher/Metzner*, AG 2013, 773 (778); dazu kritisch statt vieler: *Breuer* in Hopt/Wohlmannstetter Hdb. CG Banken, S. 524 f.; *Drygala*, NZG 2015, 1129 (1130); *Habersack* in Gutachten zum 69. DJT 2012, E9 E33 ff.

392 Art. 91 Nr. 12 b) der Richtlinie CRD-IV vom 26.6.2013 (im Folgenden Richtlinie CRD-IV vom 26.6.2013), ABL. L176 vom 27.6.2013.

393 Siehe hierzu statt vieler *Raiser/Veil*, Kapitalgesellschaften § 7; zur Rechtsfigur der *offenen Methode der Koordinierung* im europarechtlichen Harmonisierungsprozess, *Fleischer*, ZGR 2012, 160 (177 ff.).

394 *Fischer* in Boos/Fischer/Schulte-Mattler KWG, Einf. Rn. 124, der mit besonders deutlicher Kritik von einem *„Aktionismus und Machtstreben geprägten mit nahezu unbeschränkten Ressourcen ausgestatteten selbstgefälligen Bürokratiemoloch im Brüsseler Elfenbeinturm“* spricht; vgl. auch *Hopt*, ZIP 2013, 1793 (1797); *Mülbert*, ZHR, 176 (2012), 369, (377 f.); *Mülbert/Wilhelm*, ZHR 178 (2014), 502 (542); Schneider/Schneider, NZG 2016, 41 (42 f.); *Raiser/Veil*, Kapitalgesellschaften, § 7 Rn. 9 ff.

395 So *Bachmann*: *„Regulierungsfeuerwerk“*, in Referate und Beschlüsse zum 68. DJT 2010, P13 P14; infolgedessen für eine Anpassung des AktG an das Bankenaufsichtsrecht: *Häusler*, Aufsichtsrat, 2015, 175 ff.; vgl. *Schneider/Schneider*, NZG 2016, 41 (47); *Hopt*, NZG 2009, 1401 (1402).

396 *Fischer* in Boos/Fischer/Schulte-Mattler KWG, Einf. Rn. 115; vgl. *Gurlit*, ZHR 177 (2013), 862 (868 f.).

der wiederholten Banken- und Finanzkrisen in die Selbstorganisation des Finanzmarktes und eine mangelnde Bereitschaft gegenüber branchentypischen Erschütterungen und Risiken angeführt[397].

II. Besondere Pflichten für Aufsichtsräte aus dem KWG

Für die Aufsichtsräte von Kreditinstituten gelten, soweit es sich um Aktiengesellschaften handelt oder entsprechende Verweise vorliegen, zunächst die einschlägigen aktienrechtlichen Vorgaben nach §§ 95 ff. AktG[398]. Das KWG und dessen speziellerer Charakter ergänzen und präzisieren allgemeine aktienrechtliche Vorgaben[399]. Die Notwendigkeit[400] eines Aufsichtsrechts im Banken- und Versicherungssektor führt dazu, dass gewissen bereits aktienrechtlich normierten Pflichten, unter anderem der allgemeinen Sorgfaltspflicht[401], eine weitaus höhere Bedeutung zugemessen und teilweise ein intensiverer Anspruchsmaßstab angelegt wird. Als aufsichtsrechtliche Besonderheit für Aufsichtsräte von Kreditinstituten sind die besonderen in § 25d KWG normierten Qualifikationsanforderungen zu nennen[402]. Diese flankieren im gegenseitigen Zusammenspiel mit den ausgeprägten Überwachungs- und Sorgfaltspflichtanforderungen die Effizienzbemühungen des Gesetzgebers. Nur ein ausreichend qualifizierter Aufsichtsrat kann die Informationen, die im Rahmen einer ausgeprägten Informationsstruktur im Institut herangetragen werden, fachgerecht hinsichtlich seiner Überwachungspflicht umsetzen und anwenden[403].

---

397 *Fischer* in Boos/Fischer/Schulte-Mattler KWG, Einf. Rn. 115; *Langenbucher*, ZHR 176 (2012), 652 (662).

398 Insoweit kann hier auf § 2 II ff. verwiesen werden. Zudem unterliegen Aufsichtsräte von CRR-Kreditinstituten, die im Inland zum Geschäftsbetrieb zugelassen sind, als Zahlungsdienstleister nach § 1 Abs. 1 Nr. 3 ZAG den Anforderungen des § 20 Abs. 4 S. 1 ZAG.

399 Wenn das KWG von dem Oberbegriff „*Verwaltungs- oder Aufsichtsorgan*“ spricht, wird dabei jedes Organ, dem die Überwachung der Geschäftsleitung des jeweiligen Unternehmens obliegt, verstanden. Es gibt dabei keine zwingende Anforderung im Rahmen des KWG, die die Einrichtung eines Aufsichtsorgans vorsieht, *Apfelbacher/Metzner*, AG 2013, 773 f. Fn. 2.

400 Siehe oben, § 3 I. 2.

401 Ausführlich hierzu: *Hilgers/Kurta*, ZBB 2010, 471 (474); *Hölscher/Dähne* in CG in Kreditinstituten, S. 280 ff.; *Kaetzler/Hoops*, BKR 2013, 192 (195 f.).

402 Siehe dazu *Hölscher/Dähne* in CG in Kreditinstituten, S. 283.

403 Ebenso *Kaetzler/Hoops*, BKR 2013, 192 (196).

Im Bereich der Überwachungsfunktion des Aufsichtsrats ist die gesteigerte Bedeutung der Legalitätskontrolle des Vorstandshandelns hervorzuheben[404] Allein dies hat eine speziellere Regulierung und damit notwendig verbunden eine Vielzahl relevanter Normen zur Folge. Dieser Bedeutungszuwachs wird zusätzlich durch die Notwendigkeit der Berücksichtigung des EU-Rechts, insbesondere der EU-Richtlinien, gesteigert[405]. Hinsichtlich der spezifischen Anforderungen des KWG ist auf die Regelung des § 25d Abs. 6 S. 1 KWG hinzuweisen, die die Pflicht auf Überwachung *„einschlägiger bankenaufsichtlicher Regelungen"* durch den Aufsichtsrat normiert. Bei der Aufsichtsratsarbeit müssen unverbindliche, jedoch nicht mit geringerer Bedeutung einhergehende, Regelungen und Empfehlungen berücksichtigt werden[406]. Dazu zählen unter anderem die Richtlinien der EBA[407] sowie zuletzt die Empfehlungen im Rahmen der Rundschreibenpraxis der BaFin[408]. Hinsichtlich der Überwachungsaufgabe findet der bereits im allgemeinen Aktienrecht vorherrschende Trend, ein andeutender Wechsel des Aufsichtsrats vom Kontroll- zum aktiv zukunftsgerichtet handelnden Mitwirkungsorgan[409], auch im KWG Anklang[410]. § 25d Abs. 6 S. 2 KWG bestimmt, dass zu dem Aufgabenprofil der Aufsichtsräte in Kreditinstituten als aktives Element die *„Erörterung von Strategien, Risiken und Vergütungssystemen für Geschäftsleiter und Mitarbeiter"* gehört. Weiterhin zählt zu der Überwachungsaufgabe gemäß § 25a Abs. 1 KWG und dem diese Norm konkretisierenden

404 *Lutter/Krieger/Verse*, Rechte und Pflichten des Aufsichtsrats, § 21 Rn. 1492 ff.; vgl. *Apfelbacher/Metzner*, AG 2013, 773 (776 f.); *Bürkle*, ZVersWiss 2012, 493 (500); *Hopt*, ZIP 2013, 1793 (1798 f.); siehe *Kaetzler/Hoops*, die die Informationsorganisation des Aufsichtsrats als herausragendes Konzept in der Finanzbranche bezeichnen, BKR 2013, 192 (193, 196).

405 *Lutter/Krieger/Verse*, Rechte und Pflichten des Aufsichtsrats, § 21 Rn. 1451 f., 1454.

406 Siehe hierzu ausführlich, § 5 I. 3. lit. c) bb).

407 EBA, Leitlinien zur Beurteilung von Mitgliedern des Leitungsorgans und von Inhabern von Schlüsselfunktionen (EBA/GL/2012/06) vom 22.11.2012; EBA, Leitlinien zur internen Governance (GL 44) vom 27.9.2011.

408 BaFin, Merkblatt zu den Mitgliedern von Verwaltungs- und Aufsichtsorganen gemäß KWG und KAGB vom 4.1.2016 (zuletzt geändert am 31.1.2017).

409 Siehe oben, § 1 II. 1 lit. a) aa); zu der besonderen Bedeutung der passiven und aktiven Informationspflichten des Aufsichtsorgans im Kreditinstitut, *Kaetzler/Hoops*, BKR 2013, 192 (196).

410 *Lutter/Krieger/Verse*, Rechte und Pflichten des Aufsichtsrats, § 21 Rn. 1494 ff.; vgl. *Kaetzler/Hoops*, BKR 2013, 192 (195).

Rundschreiben *MaRisk*[411], dass der Aufsichtsrat in seiner Überwachungsfunktion in das Risikomanagement einzubinden ist[412].

Um eine effektive Umsetzung der weitreichenden anspruchsvollen Pflichtenanforderungen zu gewährleisten, setzt das KWG zuletzt auf organisatorischer Ebene, anders als im allgemeinen Aktienrecht[413], die Bildung bestimmter Aufsichtsratsausschüsse voraus (§ 25d Abs. 7–12 KWG). Eine detaillierte, teilweise rigide, Ausschussstruktur soll die professionelle Konkretisierung der Überwachungsaufgabe realisieren[414]. Auf individuell organisatorischer Ebene besteht die Pflicht der Aufsichtsratsmitglieder sich ständig fortzubilden (§ 25d Abs. 4 KWG). Dies ist indes keine weiterreichende Pflicht, sondern die Bestätigung einer allgemeinen aktienrechtlichen Anforderung[415].

III. Die Bedeutung der Bundesanstalt für Finanzdienstleistungsaufsicht (BaFin)

Die BaFin ist als aufsichtsberechtigte Anstalt zuständig für die materielle[416] Überwachung der Kreditinstitute. Dazu zählen unabhängig von ihrer Rechtsform unter anderem Kreditbanken, Sparkassen und Landesbanken, Kreditgenossenschaften, Realkreditinstitute (Hypothekenbanken) sowie Bausparkassen[417]. Im

---

411 BaFin, Mindestanforderungen an das Risikomanagement (MaRisk BA) vom 14.12.2012, AT 1 Rn. 1.

412 *Behle* in Hdb. AR Kreditinstitute, S. 588; *Romeike* in Hdb. AR Kreditinstitute, S. 627; einen Überblick gebend: *Fischer/Boegl* in Schimansky/Bunte/Lwowski Hdb. Bankrecht, § 128 Rn. 60 ff.; dabei ist die Risikostrategie mit dem Aufsichtsgremium zu erörtern und jenes vierteljährlich über die Risikosituation in angemessener Form zu informieren, BaFin, Mindestanforderungen an das Risikomanagement (MaRisk BA) vom 14.12.2012, AT 4.2 Rn. 5, AT 4.3.2.; daneben wird der internen Revision ein Rederecht gegenüber dem Aufsichtsrat eingeräumt, BaFin, Mindestanforderungen an das Risikomanagement (MaRisk BA) vom 14.12.2012, AT 4.3; vgl. zur Organisation eines internen Informationssystems im Kreditinstitut, siehe § 5 II. 2. lit. a) bb).

413 Siehe § 107 Abs. 3 S. 1 AktG, mit der Ausnahme eines Vermittlungsausschusses gemäß § 27 Abs. 3 MitbestG; die Einrichtung eines Prüfungs- und Nominierungsausschusses wird empfohlen: Regierungskommission DCGK, DCGK vom 7.2.2017, Ziff. 5.3; *Koch*, Hüffer/Koch AktG, § 107 Rn. 18, 20; *v. Schenck* in Semler/v. Schenck Arbeitshdb. für Aufsichtsratsmitglieder, §3 Rn. 57 ff.

414 *Häusler*, Aufsichtsrat 2015, 175 (176).

415 Siehe oben, § 2 II. 1. lit. a).

416 Zur materiellen Staatsaufsicht siehe: *Dreher*, WM 1995, 509; *Langheid* in MüKo VVG 1. Aufl., AufsichtsR Rn. 58.

417 *Fischer/Boegl* in Schimansky/Bunte/Lwowski Hdb. Bankrecht, § 125 Rn. 1.

Rahmen dieser Tätigkeit werden neben laufenden Meldungen, Anzeigen und Rechtsverordnungen[418] auch in unregelmäßigen Abständen Merkblätter und Rundschreiben[419] nach öffentlicher Konsultation mit den betroffenen Akteuren veröffentlicht. Dabei handelt es sich um Beurteilungen und Interpretationen von einschlägigen Normen. Es wird Auskunft darüber gegeben, wie der Beurteilungsspielraum bei der Bewertung der Frage, in welchem Unfang die Verhaltensregeln zu beachten sind, ausgelegt wird. Diese Schreiben sind aufgrund fehlender Regelungswirkung keine Verwaltungsakte. Vielmehr handelt es sich bei ihnen um bloße norminterpretierende Verwaltungsvorschriften im Sinne des Art. 84 Abs. 2 GG, die keine Bindungswirkung für die Gerichte entfalten[420]. Dieser Umstand sollte jedoch nicht über die Tatsache hinwegtäuschen, dass die Veröffentlichungen erhebliche praktische Bedeutung in sich tragen[421]. Dies ist damit zu erklären, dass eine Nichtbeachtung oder das Hinwegsetzen über die Vorgaben empfindliche Folgen für die Institute beinhaltet. So kann derartiges Handeln dazu führen, dass sich die BaFin ausführlicher mit dem Institut auseinandersetzt[422]. Dabei reicht der Handlungsspielraum von einfachem, aber

---

418 Siehe zu den Instrumenten der BaFin statt vieler *Fischer/Boegl* in Schimansky/Bunte/Lwowski Hdb. Bankrecht, § 126 Rn. 64 ff.

419 Eine an sachlichen Kriterien orientierte Unterscheidung zwischen der Bezeichnung als Merkblätter oder Rundschreiben ist nicht erkennbar, *Gurlit*, ZHR 177 (2013), 862 (893 Fn. 184); einleitend zu den Rundschreiben: *Fekonja*, BaFin-Verlautbarungen, S. 67.

420 *Gurlit*, ZHR 177 (2013), 862 (897); *Weber-Rey/Baltzer* in Hopt/Wohlmannstetter Hdb. CG Banken, S. 431, 456; vgl. *Weber-Rey*, ZGR 2010, 543 (556); a.A. *Fekonja*, BaFin-Verlautbarungen, S. 72 ff.; aus diesem Grund ist die BaFin bei einer fehlerhaften Sachverhaltsbeurteilung oder der fehlerhaften Anwendung von gesetzlichen Vorgaben bei zukünftigem Handeln nicht an ihr Vorverhalten gebunden, *Louven/Raapke*, VersR 2012, 257 (265).

421 So wird der Umstand der Aufsicht mit der Ermächtigung zum Kontroll- und Sanktionhandeln als prägendes Abgrenzungsmerkmal des Aufsichts- zum Aktienrecht verstanden; dazu *Wunderberg*, Compliance, S. 10, 92; zur der Möglichkeit der Abberufung, *Fischer/Boegl* in Schimansky/Bunte/Lwowski Hdb. Bankrecht, § 125 Rn. 33; *Preußner*, NZG 2004, 57 (58); *Thathen*, Die Ausstrahlung des Aufsichts- auf das Aktienrecht, S. 182; *Weber-Rey/Baltzer* in Hopt/Wohlmannstetter Hdb. CG Banken, S. 431, 457 f.

422 Vgl. hierzu § 6 Abs. 2 KWG: „*Die Bundesanstalt hat Mißständen im Kredit- und Finanzdienstleistungswesen entgegenzuwirken, welche die Sicherheit der den Instituten anvertrauten Vermögenswerte gefährden, die ordnungsmäßige Durchführung der Bankgeschäfte oder Finanzdienstleistungen beeinträchtigen oder erhebliche Nachteile für die Gesamtwirtschaft herbeiführen können*“.

lästigem, Nachfragen über Sonderprüfungen[423] bis hin zu Verwarnungen[424] und Sanktionen, die das Institut oder einzelne Organmitglieder (z.B. die Abberufung eines Aufsichtsratsmitglieds) betreffen[425]. In der Folge haben die Feststellungen der teilweise gefürchteten Merkblätter somit nicht nur eine unmittelbare Auswirkung auf die Institute selbst, sondern auch auf deren Organmitglieder, die Beratungspraxis externer Berater und, schon aus haftungsrechtlichen Gründen, auch auf die der beratenden Anwälte[426]. Mithin ist den Instituten daher viel daran gelegen, mit der BaFin reibungslos zusammen zu arbeiten. Der erhebliche Einfluss der BaFin auf die Finanzmarktakteure ist stets kritisiert worden. So werden der Verwaltungspraxis und dem weiten Interpretationsspielraum der Aufsichtsbehörde verfassungsrechtliche Bedenken entgegengebracht[427]. Diese sind zumindest nicht mit dem Argument zu entkräften, dass die Rundschreibenpraxis lediglich unverbindliche Wirkung habe. So legt schon der Gesetzgeber selbst dem Rundschreiben offenbar normative Wirkung bei[428]. Bemühungen zur Änderung des Status Quo sind bis dato von Seiten des Gesetzgebers ausgeblieben. Besonders ausschlaggebend für die Arbeit von Aufsichtsräten von Kreditinstituten ist das von der BaFin zuletzt am 31.1.2017 geänderte *„Merkblatt zu*

---

423 Vgl. §§ 44 ff. KWG; zu den Informationspflichten von Banken, *Fey*, Regulierung, S. 91 f.

424 Dabei gilt es im Rahmen einer Ermessensentscheidung im Einzelfall abzuwägen, ob nicht bereits eine Missbilligung ohne formale Folgen zweckdienlich erscheint; vgl. HessVGH, WM 2007, 392 (395); das BVerwG hat weiterhin festgesetzt, dass einer Abberufung als mildere Mittel zunächst die Belehrung und daraufhin die Verwarnung zuvorkommen muss, BVerwG, WM 2007, 1655 f.

425 *Fischer* in Schimansky/Bunte/Lwowski BankR Hdb., § 128 Rn. 121 ff.; *Gurlit*, ZHR 177 (2013), 862 (893 f.).

426 *Gurlit*, ZHR 177 (2013), 862 (893 Fn. 187); vgl. hierzu auch die Ausführungen des Gesetzgebers, der davon ausgeht, dass bereits von der Aufsicht in der Verwaltungspraxis geforderte Elemente bei späterer gesetzlicher Normierung materiell keine Neuerung darstellen, Gesetzentwurf zum CRD-IV Umsetzungsgesetz vom 15.10.2012, BT-Drs. 17/10974, S. 85; kritisch *Wohlmannstetter* der ins Feld führt, dass eine Finanzaufsicht sich negativ auf die kritische Auseinandersetzung von Aktionären mit der Geschäftsführung auswirkt, da diese sich durch die Aufsicht *„in Sicherheit wiegen"*, in Hopt/Wohlmannstetter Hdb. CG Banken, S. 43 Fn. 69.

427 *Dreher/Lange*: *„unüberwindbare rechtliche Bedenken"*, VersR 2011, 825 (831); *Gurlit*, ZHR 177 (2013), 862 (894).

428 Vgl. Beschlussempfehlung und Bericht des Finanzausschusses vom 15.6.1994, BT-Drs. 12/7918, S. 106, wo vermutet wird, dass bei einem Verstoß gegen ein Rundschreiben auch eine Verhaltensregel verletzt wurde und somit auch ein Gesetzesmissstand vorliegt.

den Mitgliedern von Verwaltungs-und Aufsichtsorganen gemäß KWG und KAGB" vom 4.1.2016[429]. Hierin nimmt die Aufsicht Stellung zu einschlägigen Vorschriften, die die Aufsichtsmitglieder betreffen.

IV. Individuelle Qualifikationsanforderungen für Aufsichtsräte von Kreditinstituten

1. Sachkunde

a) Grundsätzliche Voraussetzungen

§ 25d Abs. 1 S. 1 KWG gibt vor, dass die Mitglieder eines Verwaltungs- oder Aufsichtsorgans von Kreditinstituten[430] die „*erforderliche Sachkunde zur Wahrnehmung der Kontrollfunktion sowie zur Beurteilung und Überwachung der Geschäfte, die das jeweilige Unternehmen betreibt*", besitzen müssen. Daneben setzt auch der ab 13.1.2018 geltende § 20 Abs. 4 ZAG die erforderliche Sachkunde voraus[431]. Der Begriff der Sachkunde existierte schon vor der KWG-Regelung[432]. Eine Legaldefinition der Sachkunde beinhaltet, wie andere Gesetze, jedoch auch das KWG nicht. Nach dem Gesetzgeber „*[bedeutet] Sachkunde, dass die betreffende Person im Zweifel nachweisen muss, dass sie über eine Eignung zum Verständnis der wirtschaftlichen und rechtlichen Abläufe im Tagesgeschehen eines Instituts oder einer Finanzholding-Gesellschaft verfügen muss*"[433]. Hinsichtlich der

---

429 BaFin, Merkblatt zu den Mitgliedern von Verwaltungs- und Aufsichtsorganen gemäß KWG und KAGB vom 4.1.2016 (zuletzt geändert am 31.1.2017); zu der Bedeutsamkeit der BaFin Rundschreibenpraxis siehe oben, § 3 III.

430 § 25d Abs. 1 S. 1 KWG zählt neben diesen auch Finanzdienstleistungsinstitute (§ 1 Abs. 1a, 1b KWG), Finanzholding-Gesellschaften (§ Art. 4 Abs. 1 Nr. 20 CRR) und gemischte Finanzholdinggesellschaften (§ Art. 4 Abs. 1 Nr. 21 CRR) auf.

431 Die Regelung ist dabei an § 36 KWG angelegt, insoweit sind die gleichen Anforderungen anzusetzen, Entwurf eines Gesetzes zur Umsetzung der zweiten Zahlungsdienstrichtlinie, BT-Drs. 18/11495, S. 126.

432 Bereits der § 12 Absatz 1 des Sparkassengesetzes Land NRW beinhaltete diesen. Weiterhin ist er in einer engeren Ausformung in der Regelung des Artikel 10 Absatz 1 des Sparkassengesetzes Land Bayern zu finden, wo zusätzlich eine besondere Wirtschaftskunde verlangt wird. Dazu Beschlussempfehlung zum Entwurf eines Gesetzes zur Stärkung der Finanzmarkt- und Versicherungsaufsicht vom 1.7.2009, BT-Drs. 16/13684, S. 29.

433 Beschlussempfehlung zum Entwurf eines Gesetzes zur Stärkung der Finanzmarkt- und Versicherungsaufsicht vom 1.7.2009, BT-Drs. 16/13684, S. 29; hierzu auch *Fischer/Boegl* in Schimansky/Bunte/Lwowski Hdb. Bankrecht, § 128 Rn. 60.

Mindestvoraussetzungen, sind Ähnlichkeiten zu den Grundsätzen der *Hertie* Rechtsprechung[434] nicht von der Hand zu weisen, die vorgibt, dass Mindestanforderungen zur sachgerechten Beurteilung anfallender Geschäftsvorgänge vorauszusetzen sind. Weitergehende Anforderungen sind nicht gestellt worden, da *„auch solche Personen die Voraussetzungen, die über berufliche Erfahrungen aus einer Tätigkeit in einer anderen Branche oder der öffentlichen Verwaltung verfügen oder sich durch berufsbezogene Weiterbildung die erforderlichen Kenntnisse angeeignet haben oder bereit sind, sich diese Kenntnisse nach ihrer Wahl in ein Verwaltungs- oder Aufsichtsorgan anzueignen"*, für Aufsichtsratsmandate in Kreditinstituten nicht disqualifiziert werden sollten[435]. Im Spannungsverhältnis der Professionalisierung und der Nebenamtseigenschaft des Aufsichtsrats wurde mithin für Letzteres entschieden[436]. Festzustellen ist folglich, dass die Mindestanforderungen an den Sachverstand im KWG inhaltlich im Wesentlichen mit den aktienrechtlichen Mindestanforderungen und deren Rechtsprechung übereinstimmen[437]. Die gestellten Anforderungen müssen, aufgrund fehlender Anzeichen einer sonstigen Intention des Gesetzgebers, bei Amtsantritt vorliegen. Demgegenüber können sie nach Ansicht der BaFin aber noch innerhalb von sechs Monaten nach Amtsantritt angeeignet werden[438]. Zudem wird von Mitgliedern des Aufsichtsrats erwartet, dass die bestehenden Qualifikationsstandards

---

434 BGHZ 85, 293 (295 f.).

435 Beschlussempfehlung zum Entwurf eines Gesetzes zur Stärkung der Finanzmarkt- und Versicherungsaufsicht vom 1.7.2009, BT-Drs. 16/13684, S. 29.

436 Vgl. hierzu *Apfelbacher/Metzner*: *„Es ist unschwer zu erkennen, dass das regulatorische Qualifikationsprofil […] nicht allzu anspruchsvoll ist"*, AG 2013, 773 (776).

437 *Brandi/Gieseler*, NZG 2012, 1321, (1325); *Dreher*, ZGR 2010, 496 (511); *Hingst/Himmelreich/Krawinkel*, WM 2009, 2019 f.; *Lutter/Krieger/Verse*, Rechte und Pflichten des Aufsichtsrats, § 21 Rn. 1456; hierfür sprechend auch: Beschlussempfehlung zum Entwurf eines Gesetzes zur Stärkung der Finanzmarkt- und Versicherungsaufsicht vom 1.7.2009, BT-Drs. 16/13684, S. 29 f.; Gesetzentwurf zum CRD-IV Umsetzungsgesetz vom 15.10.2012, BT-Drs. 17/10974, S. 87.

438 BaFin, Merkblatt zu den Mitgliedern von Verwaltungs- und Aufsichtsorganen gemäß KWG und KAGB vom 4.1.2016 (zuletzt geändert am 31.1.2017) unter Ziff. II. 1. lit. c; vgl. kritisch: *Hasse*: *„Die […] vorgesehene Möglichkeit, die Sachkunde auch […] nach Bestellung […] zu erwerben, mag im Einzelfall geeignet sein, dem Aufsichtsratsmitglied eine „goldene Brücke" zu bauen. In der Realität sollte einem solchen Aufsichtsratsmitglied aber davon abgeraten werden, sein Mandat vor Erreichen der ausreichenden Sachkunde anzunehmen."*, VersR 2010, 18 (24); *Lutter/Krieger/Verse*, Rechte und Pflichten des Aufsichtsrats, § 21 Rn. 1459.

gehalten werden (vgl. § 25d Abs. 4 KWG), so dass die Mandatsträger angehalten sind, sich ständig fortzubilden[439].

Für Aufsichtsräte von Kreditinstituten gilt das Prinzip des arbeitsteiligen Zusammenwirkens[440]. § 25d Abs. 2 S. 1 KWG normiert das im allgemeinen Gesellschaftsrecht vorherrschende Prinzip der Gesamtqualifikation[441]. Das Aufsichtsorgan muss nach § 25d Abs. 2 S. 1 KWG in seiner Gesamtheit über die für das Kreditinstitut notwendigen Kenntnisse, Erfahrungen und Fähigkeiten verfügen[442]. Nicht alle Mitglieder müssen über sämtliche notwendige Spezialkenntnisse verfügen. Dabei delegiert der Richtliniengeber die EBA, die Aufgabe detailliertere Standards zu bestimmen[443]. Dies ist ein Novum.

b) Variabler Maßstab der Sachkunde

Die Sachkunde beinhaltet keinen festen Standard, sondern ist variabel von dem jeweiligen Unternehmen und dessen Geschäften abhängig[444]. Damit wird zumindest ein grundsätzlicher Überblick und Verständnis der soeben aufgeführten speziellen branchenspezifischen Regelungen und typischen Anforderungsbereiche, wie z.B. die Bilanzierung und den rechtlichen Rahmenbedingungen der Geschäftstätigkeit, vorausgesetzt[445]. Zudem werden, aufgrund der

---

439 Dabei steigt die Bedeutung solcher Fortbildungen stetig: *Breuer* in Hopt/Wohlmannstetter Hdb. CG Banken, S. 522 f.; *Fischer/Boegl* in Schimansky/Bunte/Lwowski Hdb. Bankrecht, § 128 Rn. 66; *Schneider/Schneider*, NZG 2016, 41 (44).

440 *Hilgers/Kurta*, ZBB 2010, 471 (474 f.); *Hingst/Himmelreich/Krawinkel*, WM 2009, 2016 (2018); *Schwennicke* in Schwennicke/Auerbach KWG, § 25d Rn. 5b.

441 Vgl. oben § 2 II. 1. lit. a).

442 *Apfelbacher/Metzner*, AG 2013, 773 (775); *Brandi/Gieseler*, NZG 2012, 1321 (1325 f.); *Lutter/Krieger/Verse*, Rechte und Pflichten des Aufsichtsrats, § 21 Rn. 1462 ff.; so auch Regierungskommission DCGK, DCGK vom 7.2.2017, Ziff. 5.4.1.; *Velte/Buchholz* in CG in Kreditinstituten, S. 303.

443 Art. 91 Nr. 12 b) der Richtlinie CRD-IV vom 26.6.2013.

444 *Schwennicke* in Schwennicke/Auerbach KWG, § 25d Rn. 5b; *Wolfgarten* in Boos/Fischer/Schulte-Mattler KWG, §25d Rn. 17; vgl. auch BaFin, Merkblatt zu den Mitgliedern von Verwaltungs- und Aufsichtsorganen gemäß KWG und KAGB vom 4.1.2016 (zuletzt geändert am 31.1.2017), unter Ziff. II. 1.

445 BaFin, Merkblatt zu den Mitgliedern von Verwaltungs- und Aufsichtsorganen gemäß KWG und KAGB vom 4.1.2016 (zuletzt geändert am 31.1.2017), Ziff. II. 1. lit. c; *Kaetzler/Hoops*, BKR 2013, 192 (196); vgl. hierzu kritisch Breuer: *„so stellt sich zunächst die Frage, ob […] besondere Voraussetzungen erforderlich sind – vor allem im Vergleich zu einem Aufsichtsratsmandat in Nichtbanken. Hier ist ein klares „nein" zu konstatieren, obwohl die Branche großen Wert darauf legt, ihr Geschäft mit*

branchenspezifischen Umstände im Kreditrecht, anders als im allgemeinen Aktienrecht, zumindest profunde juristische, betriebs- und volkswirtschaftliche Kenntnisse erforderlich sein[446]. Einen höheren Maßstab sieht das Gesetz desweiteren bei spezieller Ausschusszugehörigkeit vor[447]. Mitglieder der notwendigen Ausschüsse nach § 25d Abs. 8–12 KWG sollen nach § 25d Abs. 7 S. 3 KWG die „*erforderlichen Kenntnisse, Fähigkeiten und Erfahrungen*" besitzen, um die Ausschussaufgaben wahrnehmen zu können[448]. Auch in § 25d Abs. 7 S. 1 KWG wird wiederholt der institutsspezifische Charakter betont und durch die Nennung des gesamten Aufsichtsorgans als Normadressat die Systematik des arbeitsteiligen Vorgehens vorausgesetzt. Weiterhin muss nach § 25d Abs. 9 S. 3 KWG, genau wie nach § 100 Abs. 5 1. Hs. AktG, der Vorsitzende eines Risikoausschusses über Sachverstand auf dem Gebiet der Rechnungslegung und der Abschlussprüfung verfügen. Diese Vorgaben gelten ebenfalls für die Arbeitnehmervertreter im Aufsichtsorgan. Allerdings setzt die BaFin dabei einen großzügigen Erwartungsspielraum an[449].

c) Inhaltliche Weiterentwicklung der Sachkunde zur fachlichen Eignung?

Die stetig steigenden Anforderungen an Aufsichtsräte von Kreditinstituten geben der Frage Raum, ob höhere als bisher geltende Maßstäbe an den Sachverstand von Aufsichtsratsmitgliedern im Rahmen der Fachkenntnis oder der beruflichen Erfahrung gesetzt werden sollten[450]. Denkbar ist das Kriterium der fachlichen Eignung für Aufsichtsratsmitglieder anzuwenden, wie sie bereits schon von Geschäftsleitern nach § 25c Abs. 1 KWG verlangt wird. Selbiges unterscheidet sich gegenüber der Sachkundeanforderung durch das Voraussetzen vorhandener Leitungserfahrung[451]. Gegen die Normierung eines strengeren Maßstabs spricht,

---

dem Schleier des hochgradig Komplexen zu versehen" in Hopt/Wohlmannstetter Hdb. CG Banken, S. 523 f.

446 Einhergehend ist auch eine differenzierte Betrachtungsweise bei Aufsichtsratsmitgliedern in herausgehobenen Positionen, wie zum Beispiel dem Aufsichtsrats- oder Ausschussvorsitzenden und Ausschussmitgliedern, anzuwenden, *Lehrl*, BKR 2010, 485 (489, 497).

447 So auch *Apfelbacher/Metzner*, AG 2013, 773 (776).

448 Dazu *Häusler*, Aufsichtsrat 2015, 175 (176).

449 *Schneider/Schneider*, NZG 2016, 41 (44).

450 Vgl. *Lutter/Krieger/Verse*, Rechte und Pflichten des Aufsichtsrats, § 21 Rn. 1459.

451 *Lutter/Krieger/Verse*, Rechte und Pflichten des Aufsichtsrats, § 21 Rn. 1457.

dass der Gesetzgeber sich, trotz Kenntnis der Fragestellung, gegen eine Änderung entschieden hat. Zunächst wurde gesetzlich von „*fachlicher Eignung*“[452] gesprochen und dass es „*derzeit keine fachlichen Anforderungen an Mitglieder der Kontrollgremien von Banken und Versicherungen*“ gebe. Diese Forderungen wurden jedoch nicht übernommen, da die Sorge bestand, die höhere fachliche Eignung, die sonst nur für Geschäftsleiter (§ 25c Abs. 1 S. 1 KWG)[453] gilt, würde dem nebenamtlichen Charakter des Aufsichtsrats nicht gerecht werden und das sich daraus ergebende Profil für Aufsichtsräte zu anspruchsvoll sein[454]. Der ursprüngliche Regelungsansatz wurde entschärft und geändert[455]. In praktischer Hinsicht ist daneben durch den institutsspezifischen Charakter der Regelungen des § 25d Abs. 1 S. 1 KWG die Möglichkeit eröffnet, dass die fachlichen Anforderungen für Aufsichtsratsmitglieder strenger ausgestaltet werden.

2. Zuverlässigkeit

Aus § 25d Abs. 1 S. 1 KWG geht hervor, dass Aufsichtsratsmitglieder von Kreditinstituten zuverlässig sein müssen. Vorgaben zum Inhalt des unbestimmten Rechtsbegriffs der Qualifikation liefert das KWG nicht. Ebenso setzt § 20 Abs. 4 ZAG die Zuverlässigkeit voraus[456]. Ein Minimalprogramm, das als Referenz für die Bestimmung herangezogen werden kann, bietet der § 76 Abs. 3 S. 2 Nr. 2, 3 AktG[457]. Aus Sicht der BaFin ist die Zuverlässigkeit nicht gegeben, wenn persönliche Umstände vorliegen, die nach allgemeiner Lebenserfahrung die Annahme rechtfertigen, dass die sorgfältige und ordnungsgemäße Wahrnehmung des Aufsichtsratsmandats gefährdet ist[458]. Die

---

452 Entwurf eines Gesetzes zur Stärkung der Finanzmarkt- und Versicherungsaufsicht vom 27.4.2009, BT-Drs. 16/12783, S. 6, 14; *Brandi/Gieseler*, NZG 2012, 1321 (1325).

453 Ursprünglich § 33 Abs. 2 KWG a.F. bis zum 1.1.2014.

454 Siehe hierzu: *Brandi/Gieseler*, NZG 2012, 1321 (1325); instruktiv *Dreher*, ZGR 2010, 496 (509 ff.); *Hingst/Himmelreich/Krawinkel*, WM 2009, 2016 (2018).

455 Gesetz zur Stärkung der Finanzmarkt- und Versicherungsaufsicht vom 29.7.2009, BGBl. I, S. 2305.

456 Die Regelung richtet sich dabei nach § 36 KWG und somit auch nach dessen zugrunde liegender Systematik und Verständnis. Vgl. Entwurf eines Gesetzes zur Umsetzung der zweiten Zahlungsdienstrichtlinie, BT-Drs. 18/11495, S. 126.

457 *Hölscher/Dähne* in CG in Kreditinstituten, S. 286 f.; *Langenbucher* in Hdb. AR Kreditinstitute, S. 12.

458 BaFin, Merkblatt zu den Mitgliedern von Verwaltungs- und Aufsichtsorganen gemäß KWG und KAGB vom 4.1.2016 (zuletzt geändert am 31.1.2017) unter Ziff.

Zuverlässigkeit muss nicht positiv festgestellt werden. In Bezug auf die Unzuverlässigkeit ist ein einzelfallbezogener Wertungsmaßstab anzusetzen. So stellt die BaFin klar, dass es keine Unzuverlässigkeit schlechthin gibt[459]. Dabei geht die BaFin detailliert katalogisch auf eine Vielzahl einzelner Aspekte der Unzuverlässigkeit ein. Ausschlaggebend können das persönliche Verhalten und das Geschäftsgebaren des Mitglieds hinsichtlich strafrechtlicher, finanzieller, vermögensrechtlicher und aufsichtsrechtlicher Aspekte und Interessenkonflikte sein[460]. Ebenso formuliert die EBA eine Leitlinie zur Beurteilung der Zuverlässigkeit. Danach ist das Aufsichtsratsmitglied zuverlässig, „*wenn es keine gegenteiligen Anhaltspunkte gibt und kein begründeter Zweifel an seiner Zuverlässigkeit besteht. Bei der Beurteilung sollten [...] alle verfügbaren einschlägigen Informationen berücksichtigt werden*“[461]. In Parallele zu dem BaFin-Rundschreiben wird ein Katalog an Kriterien aufgeführt, die hinsichtlich der Bewertung der Unzuverlässigkeit Beachtung finden sollen. Eine Unabhängigkeit des Aufsichtsratsmitglieds in Kreditinstituten wird auch von der EBA in der Leitlinie zur internen Governance gefordert[462]. Zudem gibt die EBA in Ziff. 15.2 ihrer Leitlinie zur Beurteilung der Eignung von Leitungsorganen[463] vor, welche Fallgruppen bei der Beurteilung der Unabhängigkeit zu berücksichtigen sind. Dabei werden auch „*persönliche, berufliche oder sonstige wirtschaftliche Beziehungen zu den beherrschenden Anteilseignern desselben Kreditinstituts, zu seinem Mutterunternehmen oder*

II. 3.; auf die BaFin Leitlinien abstellend, *Wolfgarten* in Boos/Fischer/Schulte-Mattler KWG, § 25d Rn. 13.

459 BaFin, Merkblatt zu den Mitgliedern von Verwaltungs- und Aufsichtsorganen gemäß KWG und KAGB vom 4.1.2016 (zuletzt geändert am 31.1.2017) unter Ziff. II.3.

460 BaFin, Merkblatt zu den Mitgliedern von Verwaltungs- und Aufsichtsorganen gemäß KWG und KAGB vom 4.1.2016 (zuletzt geändert am 31.1.2017) unter Ziff. II.3.

461 EBA, Leitlinien zur Beurteilung von Mitgliedern des Leitungsorgans und von Inhabern von Schlüsselfunktionen (EBA/GL/2012/06) vom 22.11.2012, unter Ziff. 13.1 ff.; vgl. zuletzt auch *Schulze/Schneider*, Aufsichtsräte müssen Politik fern bleiben, Frankfurter Allgemeine Zeitung, 3.5.2017, S. 102.

462 EBA, Leitlinien zur internen Governance (GL 44) vom 27.9.2011, Ziff. 12.2 und 12.5; ebenso *Wolfgarten* in Boos/Fischer/Schulte-Mattler KWG, §25d Rn. 15; *Schwennicke* in Schwennicke/Auerbach KWG, § 25d Rn. 5a.

463 Wie auf europäischer Gesetzgebungsebene üblich, wird dabei von einer monistischen Unternehmensführung ausgegangen. Dabei sind auch Anforderungen an das Aufsichtsorgan berücksichtigt, EBA, Leitlinien zur Beurteilung von Mitgliedern des Leitungsorgans und von Inhabern von Schlüsselfunktionen (EBA/GL/2012/06) vom 22.11.2012, Ziff. 1; vgl. auch *Kaetzler/Hoops*, BKR 2013, 192.

seinen Tochterunternehmen" angeführt. Ein systematisch differenzierter Bedeutungszugang zum Begriff ergibt sich über die Verwendung des Begriffs im öffentlichen Recht. So wird im Gewerberecht die Zuverlässigkeit als zentraler Rechtsbegriff vom Normadressaten gefordert[464]. Der Aufsichtsratsmandatsträger ist unzuverlässig, wenn er „*keine Gewähr dafür bietet, dass er sein Gewerbe in Zukunft ordnungsgemäß ausüben wird*"[465]. Auf diese Definition wird auch hinsichtlich des Zuverlässigkeitsbegriffs von Geschäftsleitern von Kreditinstituten zurückgegriffen[466]. Demnach muss die Unzuverlässigkeit durch eine Prognoseentscheidung auf Grundlage von in der Vergangenheit liegenden Tatsachen bewertet werden[467]. Das verwaltungsrechtliche Verständnis des Zuverlässigkeitsbegriffs wird unter systematischen Auslegungsaspekten Einfluss auf die aufsichtsrechtliche Auslegung haben, vor allem unter Berücksichtigung des öffentlich rechtlichen Gefahrenabwehrcharakters des Aufsichtsrechts[468]. Im Folgenden können unter anderem auch in verwaltungsrechtlicher Hinsicht zukunftsbezogen potentielle Interessenkonflikte zur Unzuverlässigkeit führen[469].

Im Ergebnis zeigt damit eine gewerberechtliche Betrachtung in dieselbe Richtung wie die Einschätzungen der aktuellen BaFin und EBA Leitlinien. Eine Kongruenz zwischen aufsichtsrechtlichen und gesellschaftsrechtlichen Auslegungsansätzen oder den Leitfäden der Aufsichtsbehörden besteht dabei nicht. Zwar haben die angeführten Rechtssätze gemein, dass sie letztlich von einer Prognoseentscheidung ausgehen. Gleichwohl ist dabei schwerlich ein einheitlicher Schwellenwert oder identischer inhaltlicher Umfang festzustellen. So wird unter anderem bei letzterem nicht ersichtlich, inwieweit der gesellschaftsrechtlich geprägte Unabhängigkeitsbegriff, vor allem bei Berücksichtigung von Interessenkonflikten, mit dem Zuverlässigkeitskriterium korreliert[470].

---

464 Siehe § 35 I GewO.

465 *Brandi/Gieseler*, NZG 2012, 1321 (1325); *Fischer* in Boos/Fischer/Schulte-Mattler KWG § 25d Rn. 13 ff.; *Lehrl*, BKR 2010, 485 (494); *Schwennicke* in Schwennicke/Auerbach KWG, § 25d Rn. 5a, § 25c Rn. 3.

466 *Schwennicke* in Schwennicke/Auerbach KWG, § 25d Rn. 5a.

467 *Brandi/Gieseler*, NZG 2012, 1321 (1325).

468 Siehe oben, § 3 I. 2.

469 *Lehrl*, BKR 2010, 485 (494).

470 Vgl. hierzu im Einzelnen, § 5 III. 2.; ebenso *Velte* und *Buchholz* die den Unabhängigkeitsbegriff mit der Zuverlässigkeit gleichstellen, ZBB 2013, 400 (402 f.).

3. Zeitliche Verfügbarkeit

Für Aufsichtsräte von Kreditinstituten wird nach § 25d Abs. 1 S. 1 KWG festgesetzt, dass der Wahrnehmung ihrer Aufgaben ausreichend Zeit zu widmen ist[471]. Eine konkretisierende Ausgestaltung des Begriffes *„ausreichend"* findet sich dabei nicht. Zumindest schulden Aufsichtsratsmitglieder an sich schon die notwendige zeitliche Verfügbarkeit aufgrund ihrer allgemeinen Sorgfaltspflicht aus §§ 116 S. 1, 93 Abs. 1 S. 1 AktG. Angetrieben durch Impulse der letzten Finanzkrise wurde dieses Qualifikationserfordernis auf EU-Ebene in der CRD-IV Richtlinie, in Art. 91 Abs. 2[472], manifestiert[473]. Mit der Verankerung der Anforderung im KWG ist der deutsche Gesetzgeber der CRD-IV-Richtlinie gefolgt[474]. Ferner überträgt Art. 91 Abs. 12 lit. a) der EBA die Aufgabe die zeitlichen Anforderungen in ihren Leitlinien zu konkretisieren. Diese sind bei der Auslegung des nationalen Rechts zu berücksichtigen. In der 2012 erschienenen Leitlinie zur Beurteilung der Eignung von Mitgliedern des Leitungsorgans und von Inhabern von Schlüsselfunktionen hat die EBA unter Punkt 15.1. Stellung zur zeitlichen Anforderung bezogen[475]. Dabei wird der ausreichende Zeitaufwand als bedeutsam für die Funktion des Leitungsorgans hervorgehoben. Dem schließt sich die BaFin in ihrem Merkblatt für Aufsichtsräte vom 4.1.2016 an[476]. Die Bewertung der zeitlichen Verfügbarkeit hat im einzelfallbezogenen Kontext zu erfolgen[477]. So

---

471 Vgl. BaFin, Merkblatt zu den Mitgliedern von Verwaltungs- und Aufsichtsorganen gemäß KWG und KAGB vom 4.1.2016 (zuletzt geändert am 31.1.2017) unter Ziff. II. 6.; dies war bereits von der Regulierung im KWG durch den DCGK und dem BaFin Merkblatt für Aufsichtsräte von Kreditinstituten empfohlen, m.w.N. *Apfelbacher/ Metzner*, AG 2013, 773 (775).

472 Richtlinie CRD-IV vom 26.6.2013.

473 *Plagemann*, WM 2014, 2345 (2346 f.).

474 Gesetzentwurf zum CRD-IV Umsetzungsgesetz vom 15.10.2012, BT-Drs. 17/10974, S. 84; vgl. auch Regierungskommission DCGK, DCGK vom 7.2.2017, Ziff. 5.4.1.; *Schwennicke* in Schwennicke/Auerbach KWG, § 25d Rn. 8.

475 EBA, Leitlinien zur Beurteilung von Mitgliedern des Leitungsorgans und von Inhabern von Schlüsselfunktionen (EBA/GL/2012/06) vom 22.11.2012, unter Ziff. 15.1; dazu *Wolfgarten* in Boos/Fischer/Schulte-Mattler KWG, §25d Rn. 32.

476 BaFin, Merkblatt zu den Mitgliedern von Verwaltungs- und Aufsichtsorganen gemäß KWG und KAGB vom 4.1.2016 (zuletzt geändert am 31.1.2017), Ziff. II. 6.

477 *Wolfgarten* in Boos/Fischer/Schulte-Mattler KWG, § 25d Rn. 30; so auch Ziff. II. 6., BaFin, Merkblatt zu den Mitgliedern von Verwaltungs- und Aufsichtsorganen gemäß KWG und KAGB vom 4.1.2016 (zuletzt geändert am 31.1.2017).

soll abstrakt festgestellt werden, ob die Voraussetzungen gegeben sind[478]. Es gilt hierbei zu berücksichtigen, dass organintern differenzierte Anforderungen an Aufsichtsratsmitglieder zu stellen sind[479]. Desweiteren ist die Anforderung, wie auch im allgemeinen Gesellschaftsrecht, in zeitlicher Hinsicht an die Unternehmens- und Geschäftsdynamik anzupassen[480]. In Krisensituationen ist ein deutlich höherer Standard anzusetzen[481]. Auch kann die Unternehmenseigenschaft des Kreditinstituts einflussgebend sein[482]. So wird die Aufsichtsratstätigkeit bei börsennotierten und beaufsichtigten Unternehmen besonderen zeitlichen Anspruch mit sich bringen[483].

V. Die Inkompatibilität und Mandatsbeschränkung im KWG

§ 25d Abs. 3 Nr. 1–3 und Abs. 3a Nr. 1, 2 KWG normieren Fälle, in denen die Übernahme eines Aufsichtsratsmandats ausgeschlossen ist. Zudem wird in § 25d Abs. 3 S. 1 Nr. 3, 4 KWG und § 25d Abs. 3a, Nr. 2, 3 KWG die Mandatsbeschränkung für Aufsichtsratsmitglieder von Kreditinstituten festgelegt. Sinn und Zweck der Regelung sind die Unabhängigkeit und die notwendige Zeitaufbringung des Aufsichtsratsmitglieds zu gewährleisten[484]. Insoweit ergänzen sich die Regelungen mit dem Leitgedanken der Qualifikationserfordernisse aus § 25d Abs. 1 S. 1 KWG, namentlich der geforderten Zuverlässigkeit und der zeitlichen Verfügbarkeit[485].

---

478 Gesetzentwurf zum CRD-IV Umsetzungsgesetz vom 15.10.2012, BT-Drs. 17/10974, S. 84.

479 Ausführlich *Lutter/Krieger/Verse*, Rechte und Pflichten des Aufsichtsrats, § 21, Rn. 1474; *Plagemann*, WM 2014, 2345 (2346 f.).

480 Auch können die Größe, Komplexität, Internationalität und Geschäftsmodelle den zeitlichen Anspruch erheblich beeinflussen; der Regelung ist, wie im allgemeinen Aktienrecht, kritisch zu entgegnen, dass aufgrund der Volatilität des zeitlichen Anspruchs der Aufsichtsratsarbeit, kaum ein ausgewogenes Ergebnis herzustellen ist, siehe oben,§ 1 II. 2. lit. b) cc); *Schwennicke* in Schwennicke/Auerbach KWG, § 25d Rn. 8.

481 *Schmittmann* in Aufsichtsrat CG, S. 170 f.

482 Vgl. auch *Lehrl*, BKR 2010, 485 (489).

483 *Leyens/Schmidt*, AG 2013, 533 (541).

484 *Schwennicke* in Schwennicke/Auerbach KWG, § 25d Rn. 13; *Wolfgarten* in Boos/Fischer/Schulte-Mattler KWG, § 25d Rn. 34.

485 *Plagemann*, WM 2014, 2345 (2347); *Wolfgarten* in Boos/Fischer/Schulte-Mattler KWG, § 25d Rn. 17, 31.

1. Inkompatibilität

Aufsichtsratsmandatsträger eines CRR-Instituts[486] von erheblicher Bedeutung[487] kann nicht sein, wer in demselben Unternehmen Geschäftsleiter ist (§ 25d KW G Abs. 3 S. 1 Nr. 1 KWG). Damit ist die Regelung strenger als ihr aktienrechtliches Äquivalent, nach dem gemäß § 105 AktG ein Aufsichtsratsmitglied an die Stelle eines fehlenden oder verhinderten Vorstandsmitglieds treten kann[488]. Der Gesetzgeber stellt diese Anforderung hauptsächlich, um Vorgaben aus der CRD-IV Richtlinie zu erfüllen, welche primär auf das monistische Board System ausgerichtet sind[489]. Ehemalige unternehmensinterne Geschäftsleiter sind vom Aufsichtsratsmandat ausgeschlossen, wenn bereits zwei ehemalige Geschäftsleiter des Unternehmens Teil des Aufsichtsrats sind (§ 25d Abs. 3 S. 1 Nr. 2 KWG). Für Aufsichtsratsmitglieder von sonstigen Instituten gelten spiegelbildlich nach § 25d Abs. 3a Nr. 1 KWG die gleichen Anforderungen wie für interne und ehemalige interne Geschäftsleiter. Somit ist die Regelung strenger als die entsprechende Norm im AktG. Dagegen sieht das KWG keine Karenzzeit für den Wechsel eines ehemaligen Geschäftsleiters in den Aufsichtsrat vor[490].

---

486 Zur Legaldefinition des CRR-Institutsbegriffs siehe § 1 Abs. 3d S. 1 KWG, der wiederum auf Art. 4 Abs. 1 Nr. 1 der Verordnung (EU) Nr. 575/2013 des Europäischen Parlaments und des Rates vom 26. Juni 2013 (CRR) verweist; vgl. auch *Mimberg*, WM 2015, 1791 (1794); ausführlich *Wolfgarten* in Boos/Fischer/Schulte-Mattler KWG, § 25d Rn. 36 ff.

487 CRR-Institute von erheblicher Bedeutung sind gemäß § 25d Abs. 3 S. 8 KWG solche, deren Bilanzsumme im Durchschnitt zu den jeweiligen Stichtagen der letzten drei abgeschlossenen Geschäftsjahre 15 Milliarden Euro erreicht oder überschritten hat. Weiterhin zählen Institute hierzu, die nach Art. 6 Abs. 4 der Verordnung (EU) Nr. 1024/2013 des Rates vom 15. Oktober 2013 zur Übertragung besonderer Aufgaben im Zusammenhang mit der Aufsicht über Kreditinstitute auf die Europäische Zentralbank (ABl. L 287 vom 29.10.2013, S. 63) von der Europäischen Zentralbank beaufsichtigt werden, Institute, die als potentiell systemgefährdend im Sinne des § 20 Abs. 1 S. 3 des Sanierungs- und Abwicklungsgesetzes eingestuft wurden und Finanzhandelsinstitute im Sinne des § 25f Absatz 1.

488 Eine solche Situation wird im deutschen dualistischen System kaum einschlägig sein. Sie ist höchstens in einer deutschen SE vorstellbar, die monistisch ausgestaltet ist, siehe dazu: Gesetzentwurf zum CRD-IV Umsetzungsgesetz vom 15.10.2012, BT-Drs. 17/10974, S. 87; *Wolfgarten* in Boos/Fischer/Schulte-Mattler KWG, § 25d Rn 41.

489 Gesetzentwurf zum CRD-IV Umsetzungsgesetz vom 15.10.2012, BT-Drs. 17/10974, S. 87; vgl. *Kaetzler/Hoops*, BKR 2013, 192 (197).

490 Kritisch: *Wolfgarten* in Boos/Fischer/Schulte-Mattler KWG, § 25d Rn 42.

2. Mandatsbeschränkung

a) Höchstgrenzen

aa) Beschränkung der Mandatszahl nach § 25d Abs. 3 S. 1 Nr. 3 KWG

(1) Allgemeine Anforderungen

Deutlich engere Vorgaben als im Aktienrecht gelten hinsichtlich der Mandatsbeschränkung[491]. § 25d Abs. 3 S. 1 Nr. 3 KWG gibt vor, dass Geschäftsleiter keine weiteren Aufsichtsratsmandate wahrnehmen können, wenn sie zugleich „*in mehr als zwei Unternehmen*" Aufsichtsratsmandate innehaben. Das bedeutet im Umkehrschluss, dass ein Geschäftsleiter, welcher ein Aufsichtsratsmandat in einem Institut innehat, nur ein weiteres Aufsichtsratsmandat annehmen kann[492]. Als Zielsetzung ist auch hierbei die Gewährleistung einer ausreichenden zeitlichen Wahrnehmung der Aufgaben erkennbar[493].

(2) Die Auslegung des Geschäftsleiterbegriffs im Sinne des § 25d Abs. 3 S. 1 Nr. 3 KWG

Nach § 1 Abs. 2 KWG sind Geschäftsleiter im Sinne des KWG „*natürliche Personen, die nach Gesetz, Satzung oder Gesellschaftsvertrag zur Führung der Geschäfte und zur Vertretung eines Instituts*" berufen sind. Ob ein auf Institute beschränkter Anwendungsbereich mit der Zielsetzung der Regelung, Gewährleistung eines ausreichenden Zeitaufwands, harmonisiert, ist fraglich. Auf den ersten Blick ist es nicht ersichtlich, wieso ein Geschäftsleitermandat in einem Institut erheblich mehr Zeitaufwand mit sich bringt als eine Geschäftsleitungstätigkeit in einem anderen branchenfremden Unternehmen[494]. Gegen die Annahme eines solch engen Anwendungsrahmens kann auch angeführt werden,

---

491 Siehe hierzu auch BaFin, Merkblatt zu den Mitgliedern von Verwaltungs- und Aufsichtsorganen gemäß KWG und KAGB vom 4.1.2016 (zuletzt geändert am 31.1.2017) unter Ziff. II. 7.

492 So auch *Wolfgarten* in Boos/Fischer/Schulte-Mattler KWG, § 25d Rn 43; BaFin, Ziff. II. 7. lit. c) des Merkblatts zu den Mitgliedern von Verwaltungs- und Aufsichtsorganen gemäß KWG und KAGB vom 4.1.2016 (zuletzt geändert am 31.1.2017).

493 Vgl. Gesetzentwurf zum CRD-IV Umsetzungsgesetz vom 15.10.2012, BT-Drs. 17/10974, S. 84.

494 In diesem Sinn auch BaFin, Ziff. II. 7. lit. c) des Merkblatt zu den Mitgliedern von Verwaltungs- und Aufsichtsorganen gemäß KWG und KAGB vom 4.1.2016 (zuletzt geändert am 31.1.2017); *Lackhoff*, ZfgK 2014, 663 (664 f.).

dass die Norm die Vorgaben aus Art. 91 Abs. 3 lit. a) der CRD-IV Richtlinie[495] umsetzt und selbige nicht zwischen Geschäftsleitern von Instituten und sonstigen differenziert, sondern lediglich von einem „*Leitungsmandat*" („*executive directorship*") spricht[496]. Dies ist damit zu erklären, dass der Richtliniengeber primär von einer monistischen Organisationsstruktur ausgeht. Zudem ist für einen weiten Auslegungsansatz anzuführen, dass § 25d Abs. 3 S. 1 Nr. 3 KWG selbst nicht von Geschäftsleitern von Instituten, sondern allgemeiner von Unternehmen spricht. Insoweit erscheint es plausibel, entgegen dem Wortlaut von § 1 Abs. 2 KWG, auf die Institutszugehörigkeit zu verzichten[497]. Gegen den Ansatz, dass der § 25d Abs. 3 S. 1 Nr. 3 KWG nicht zwingendermaßen von einem auf Institute ausgelegten Anwendungsbereich ausgeht, da von „*Unternehmen*" gesprochen wird, ist anzuführen, dass der Unternehmensbegriff im KWG keinen eigenständig definierten Charakter aufweist. Dies ergibt sich schon a contrario aus § 1 KWG, in dem der Unternehmensbegriff für eine Vielzahl von Fällen Verwendung findet, aber nicht selbstständig definiert wird. Zudem ist es nicht ersichtlich, wieso die Legaldefinition des Geschäftsleiters in § 1 Abs. 2 KWG bei einer Norm im gleichen Gesetz keine Anwendung finden sollte. Gleichfalls sind praktische Erwägungen gegen die Annahme eines weiten Anwendungsbereichs anzuführen. Der bereits überschaubare[498] Kreis der potenziellen Aufsichtsräte wird durch Berücksichtigung jeglicher geschäftsführender Tätigkeit erheblich beschränkt. Bei einem weiten Verständnis wäre beispielhaft auch die Geschäftsleiterfunktion in einer eigenen vermögensverwaltenden Gesellschaft mit zu berücksichtigen[499]. Der Mandatsträger könnte lediglich ein weiteres Aufsichtsratsmandat wahrnehmen. Schon im Hinblick der sonst geltenden Mandatsobergrenzen von zehn im allgemeinen Gesellschaftsrecht, erscheint ein derartig weiter Anwendungsrahmen unverhältnismäßig. Letztlich würde dabei

495 Richtlinie CRD-IV vom 26.6.2013; Gesetzentwurf zum CRD-IV Umsetzungsgesetz vom 15.10.2012, BT-Drs. 17/10974, S. 87.

496 *Lackhoff*, ZfgK 2014, 663 (664); *Wolfgarten* in Boos/Fischer/Schulte-Mattler KWG, § 25d Rn 43.

497 So die Praxis der BaFin, Ziff. II. 7. lit. c) des Merkblatt zu den Mitgliedern von Verwaltungs- und Aufsichtsorganen gemäß KWG und KAGB vom 4.1.2016 (zuletzt geändert am 31.1.2017); befürwortend: *Wolfgarten* in Boos/Fischer/Schulte-Mattler KWG, § 25d Rn 43.

498 Vgl. zur Problematik qualifizerte Aufsichtsratskandidaten zu finden statt vieler *Breuer* in Hopt/Wohlmannstetter Hdb. CG Banken, S. 525 f.; *Lutter*, DB 2009, 775 (778); *Wittmann*, DB 2007, 2579 (2580 f.).

499 *Lackhoff*, ZfgK 2014, 663 (664).

dem allgemeinen branchenfremden Geschäftsleiter pauschal ein höherer Arbeitsaufwand unterstellt. Bedenken bestehen auch angesichts des Umstands, dass der Aufsichtsrat ein elementares funktionelles Element in der nationalen Konzernorganisation darstellt[500]. Schon deshalb ist eine branchenunabhängige Mandatshäufung nicht unüblich. Mithin spricht vieles dafür, den vom Gesetzgeber explizit auf Geschäftsleiter von Instituten beschränkten Anwendungsbereich anzunehmen und vollumfänglich auf die Definition des § 1 Abs. 2 KWG zurückzugreifen. Letztlich resultiert die Problematik aus einer fehlenden Abstimmung von europäischem und nationalem Recht hinsichtlich der Gesetzesstruktur des KWG - namentlich einer einheitlichen Geschäftsleiterdefinition, die auf die monistische und dualistische Organisationsstruktur anwendbar ist - und spiegelt dabei die Schwierigkeit der Aufgabe wider, eine Vollharmonisierung[501] im Kreditaufsichtsrecht zu realisieren.

bb) Die Höchstgrenze von Aufsichtsratsmandaten nach § 25d Abs. 3 S. 1 Nr. 4 KWG

Bezüglich der allgemeinen Höchstgrenzen von Mandatsträgern in Kreditinstituten setzte der nationale Gesetzgeber Vorgaben aus der CRD-IV Richtlinie um[502]. Während zunächst eine Höchstzahl von drei Mandaten normiert wurde[503], gibt § 25d Abs. 3 S. 1 Nr. 4 KWG nun vor, dass Aufsichtsratsmitglieder von Kreditinstituten von erheblicher Bedeutung nicht solche sein können, die mehr als vier Aufsichtsratsmandate innehalten. *Mimberg* versteht den Wortlaut der Norm in der Art, dass insgesamt fünf mögliche Mandate nebeneinander bestehen können. Nach dem Wortlaut gelange der betreffende Mandatsträger nur in den Anwendungsbereich der Norm, wenn er bereits *„mehr als vier"*, also fünf Mandate ausübe. Folglich käme ein Verstoß gegen § 25d Abs. 3 Satz 1 Nr. 4 KWG nur dann

500 *Lackhoff*, ZfgK 2014, 663 (664 f.); vgl. auch DAV, NZG 2003, 1008 (1010f.); *Habersack* in MüKo AktG, § 100 Rn. 21 m.w.N., 78.

501 Siehe hierzu *Walla* in Veil Eur. KapitalmarktR, S. 49 Rn. 28 ff.

502 Siehe Art. 91 Abs. 3 lit. a) der Richtlinie CRD-IV vom 26.6.2013.

503 Zur Diskussion der Höchstgrenze siehe: *Merkelbach*, DKONZ 2013, 227 (232); *Mimberg*, WM 2015, 1791 (1795); vgl. *Apfelbacher/Metzner*, AG 2013, 773, 777; *Scholz* in Luz/Neus/Schaber/Schneider/Wagner/Weber KWG, § 25d Rn. 18 f.; die ursprüngliche Höchstgrenze wurde dabei auf vier Mandate durch Art. 1 Nr. 15 des Gesetzes zur Anpassung von Gesetzen auf dem Gebiet des Finanzmarktes vom 15.7.2014 beschränkt, BGBl. I, S. 934; vgl. auch den Gesetzesentwurf des Gesetzes zur Anpassung von Gesetzen auf dem Gebiet des Finanzmarktes vom 5.5.2014, BT-Drs. 18/1305, S. 39.

in Betracht, wenn der Kandidat mit seiner Wahl in der Hauptversammlung des CRR-Instituts ein sechstes Mandat erlangte[504]. Dieses Verständnis verkennt, dass mit dem von *Mimberg* angesprochenen fünften Mandat ein solches gemeint ist, von welchem in § 25d Abs. 3 S. 1 1. Hs. KWG die Rede ist. Anders gewendet, § 25d Abs. 3 Nr. 4 KWG bezieht sich bereits auf einen unzulässigen Zustand auf Rechtsfolgenseite („*kann nicht sein*"). Zutreffenderweise erkennt schließlich auch *Mimberg* an, dass ein Verständnis von sechs Mandaten nicht dem Willen des Gesetzgebers entsprechen dürfte und im Ergebnis maximal vier Mandate nebeneinander zulässig sind[505]. Mit maximal vier zulässigen Mandaten ist die Regelung erheblich strenger als der im Aktienrecht einschlägige § 100 Abs. 2 S. 1 AktG, der die Wahrnehmung von 10 Mandaten nebeneinander zulässt. Selbiges gilt für Aufsichtsratsmitglieder von sonstigen Instituten nach § 25d Abs. 3a Nr. 2 KWG, die maximal fünf Aufsichtsratsmandate wahrnehmen können[506]. Der europäische Richtliniengeber geht dabei davon aus, dass die Kumulierung einer zu großen Anzahl von Leitungs- oder Aufsichtsmandaten ein Mitglied des Leitungsorgans daran hindert, der Wahrnehmung seiner Überwachungsaufgabe die gebührende Zeit zu widmen[507].

cc) Besonderheiten bei der Berechnung der Mandatsobergrenzen

Der Gesetzgeber räumt nach § 25d Abs. 3 S. 5 KWG, wie EU-rechtlich vorgesehen[508], der BaFin einen Ermessenspielraum im Einzelfall ein. Abhängig von Art und Umfang des Unternehmens kann ein weiteres Aufsichtsratsmandat zugelassen werden. Dies ist jedoch nur möglich, wenn der Mandatsträger dadurch nicht daran gehindert wird, seiner Tätigkeit ausreichend Zeit zu widmen. Diese institutsspezifische Betrachtungsweise gilt für alle Mandatsbeschränkungen im KWG[509]. Für die BaFin besteht zudem die Möglichkeit für Institute im Sinne des § 25d Abs. 3a KWG eine Ausnahmeregelung im Rahmen des § 2 Abs. 4 KWG zu treffen[510]. Nach § 25d Abs. 3 S. 2 KWG werden Mandate

504 *Mimberg*, WM 2015, 1791 (1795).

505 *Mimberg*, WM 2015, 1791 (1795); vgl. hierzu Art. 91 Abs. 3 lit. a) der Richtlinie CRD-IV vom 26.6.2013, S. 385.

506 Auch hier geht *Mimberg* dem Wortlaut nach von sechs zulässigen Aufsichtsratsmandaten aus, die jedoch teleologisch auf fünf Mandate beschränkt werden sollen, WM 2015, 1791 (1796).

507 So der Erwägungsgrund 58 der Richtlinie CRD-IV vom 26.6.2013.

508 Art. 91 Abs. 6 der Richtlinie CRD-IV vom 26.6.2013.

509 Vgl. Art. 91 Abs. 3 S. 1 der Richtlinie CRD-IV vom 26.6.2013.

510 *Mimberg*, WM 2015, 1791 (1793).

bei Organisationen und Unternehmen, die nicht überwiegend gewerbliche Ziele verfolgen, insbesondere Unternehmen, die der kommunalen Daseinsvorsorge dienen, bei den nach § 25d Abs. 3 S. 1 Nr. 3 und 4 KWG höchstens zulässigen Mandaten nicht berücksichtigt[511]. In Bezug auf Mandate bei Organisationen und Unternehmen, die nicht überwiegend gewerbliche Ziele verfolgen, setzt sich die BaFin über gesetzliche Vorgaben hinweg. So legt die BaFin den Ausnahmetatbestand des § 25d Abs. 3 S. 4 KWG restriktiv aus, indem sie ihn als grundsätzlich nicht eröffnet ansieht[512]. Begründet wird dies damit, dass *„aufgrund der Bedeutung der Funktionsfähigkeit, Stabilität und Integrität der Finanzbranche für die Gesamtwirtschaft und im Sinne der konsistenten Wahrnehmung der der Bundesanstalt zugewiesenen Aufsichtsaufgaben"* eine solche Auslegung notwendig erscheint. Weiterhin wird aufgeführt, dass der Kreditinstitutsbegriff aus § 1 Abs. 1 KWG grundsätzlich von *„gewerbsmäßig"* betriebenen Bankgeschäften ausgehe. Gewerbsmäßig ist dabei *„ein auf gewisse Dauer angelegter Betrieb, der vom Betreiber mit der Absicht der Gewinnerzielung verfolgt wird"*[513]. Diesem Argument ist zu entgegnen, dass § 25d Abs. 3 S. 4 KWG nur solche Institute betrifft, die nicht *überwiegend* gewerbliche Ziele verfolgen und nicht solche, die gewerbsmäßig Bankgeschäfte betreiben. Da es sich primär um einen wertenden Aspekt der Schwerpunktsetzung handelt, können somit auch grundsätzlich gewerblich handelnde Institute von der Regelung des § 25d Abs. 3 S. 4 KWG betroffen sein. Ebenfalls können Aktiengesellschaften nach § 1 S. 1 KWG Kreditinstitute sein, die Bankgeschäfte lediglich in einem Umfang betreiben, der einen in kaufmännischer Weise eingerichteten Geschäftsbetrieb erfordert. Ein Widerspruch mit § 1 S. 1 KWG ist daher nicht ersichtlich. Die Auslegung der BaFin widerspricht dem Wortlaut der Norm, die das Vorliegen des Tatbestands positiv formuliert[514]. Für eine andere Auslegung bietet auch die Gesetzesbegründung keine Anhaltspunkte, welche sich lediglich auf die Umsetzung der CRD-IV Richtlinie beruft[515]. Gleichsam ist in

---

511 Vgl. auch *Mimberg*, WM 2015, 1791 (1795); *Schwennicke* in Schwennicke/Auerbach KWG, § 1 Rn. 6; *Wolfgarten* in Boos/Fischer/Schulte-Mattler KWG, § 25d Rn. 52.

512 Merkblatt zu den Mitgliedern von Verwaltungs- und Aufsichtsorganen gemäß KWG und KAGB vom 4.1.2016 unter Ziff. II. 7. lit. c (2).

513 Gesetzentwurf eines Gesetzes zur Umsetzung von EG-Richtlinien zur Harmonisierung bank- und wertpapierrechtlicher Vorschriften vom 6.3.1997, S. 62; *Schwennicke* in Schwennicke/Auerbach KWG, § 1 Rn. 6.

514 Vgl. *Gurlit*, ZHR 177 (2013), 862 (898).

515 Gesetzentwurf zum CRD-IV Umsetzungsgesetz vom 15.10.2012, BT-Drs. 17/10974, S. 87.

der diesbezüglich einschlägigen Norm der CRD-IV Richtlinie, Art. 91 Abs. 5, keine Andeutung auf eine andere Auslegung zu finden[516]. Somit ist das Vorgehen der BaFin nicht mit dem nationalem Gesetz oder den europarechtlichen Richtlinienvorgaben in Einklang zu bringen.

Zuletzt kann, bezüglich der Frage ob auch ausländische Mandate unter diese Mandatsbeschränkung des KWG fallen, zustimmend auf die bereits im Rahmen des AktG aufgeführten Argumente, die auch im Aufsichtsrecht keiner anderen Wertung entsprechen, verwiesen werden[517].

b) Das Institutsprivileg nach § 25d Abs. 3 S. 3 KWG

aa) Allgemeine Vorgaben

Spiegelbildich zu den allgemeinen aktienrechtlichen Voraussetzungen[518] existiert auch im KWG ein Ausnahmetatbestand der Mandatsberechnung: das *Institutsprivileg*. Nach § 25d Abs. 3 S. 2 KWG zählen mehrere Mandate im Sinne des § 25d Abs. 3 S. 1 Nr. 3, 4 KWG als ein Mandat, wenn sie in Unternehmen wahrgenommen werden, die derselben Institutsgruppe[519] angehören, an dasselbe institutsbezogene Sicherungssystem[520] angeschlossen sind oder an denen das Institut eine bedeutende Beteiligung hält. Solch eine bedeutende Beteiligung liegt vor, wenn das Unternehmen direkt oder indirekt mindestens 10% des Kapitals oder der Stimmrechte eines Unternehmens hält, oder eine andere Möglichkeit der Wahrnehmung von maßgeblichem Einfluss auf dessen Geschäftsführung besteht[521]. Mit dieser Regelung setzt der deutsche Gesetzgeber die Vorgaben des Art. 91 Abs. 4 der CRD-IV Richtlinie um[522]. Begründet wird ein solches Vorgehen damit, dass in den Fällen der in § 25d Abs. 3 S. 2 KWG aufgezählten

516 Richtlinie CRD-IV vom 26.6.2013.

517 Siehe oben, § 2 III. 1. lit. c); vgl. auch zu der Wählbarkeit von Aufsichtsratsmitglieder in monistischer Organisationsstruktur und bei freiwilligen Gremien, *Lackhoff*, ZfgK 2014, 663 (664).

518 Vgl. § 100 Abs. 2 S. 2 AktG.

519 Explizit die Institutsgruppe, Finanzholding-Gruppe, gemischte Finanzholding-Gruppe oder gemischte Holding-Gruppe. Die jeweiligen Legaldefinitionen finden sich in § 10a Abs. 1 KWG.

520 Vgl. § 2 Abs. 2 EinSiG.

521 EU-Verordnung Nr. 575/2013 über Aufsichtsanforderungen an Kreditinstitute und Wertpapierfirmen und zur Änderung der Verordnung (EU) Nr. 646/2012, ABl. L 176 vom 26.6.2013, Art. 4 Abs. 1 Nr. 36, S. 21 i.V.m § 1 Abs. 9 KWG.

522 Richtlinie CRD-IV vom 26.6.2013.

Anbindungen eine wirtschaftliche und rechtliche Abhängigkeit bestehe, die eine Privilegierung von Mandaten in derartigen Fällen rechtfertigt[523]. Auch wird, bezogen auf ein einheitliches Sicherungssystem, davon ausgegangen, dass Mandate in demselben Konzern aufgrund von Informationssynergien mit weniger Aufwand verknüpft sind[524]. Bezüglich der verschiedenen Fallgruppen der Privilegierung des § 25d Abs. 3 S. 3 KWG schließt die BaFin eine gemeinsame Anwendung mehrerer Fallgruppen aus[525]. Eine Mandatsprivilegierung in mehreren Stufen sei nicht möglich. Dies ist angesichts praktischer Umsetzungsschwierigkeiten sinnvoll. Auch sprechen für diesen Weg der Wortlaut der Norm („*derselben*") und der Umstand, dass eine andere Auslegung den Anwendungsbereich der Ausnahmeregelung erheblich erweitern würde.

bb) Zulässigkeit einer Überkreuz-Herunterrechnung

Unklar ist, ob bei der Zusammenfassung mehrerer Mandate, jeweils die Geschäftsleiter- und Aufsichtsratsmandate separat berücksichtigt werden sollen[526]. Diese Überlegung findet im Gesetzeswortlaut keinen Anklang. Der Gesetzgeber hat jedoch diesbezüglich eine Überkreuz-Herunterrechnung ausgeschlossen[527]. Für eine Abgrenzung könnte angeführt werden, dass das Gesetz selbst schon in § 25d Abs. 3 Nr. 3 und Nr. 4 KWG zwischen den verschiedenen Mandatsarten unterscheidet[528]. Dem ist entgegenzuhalten, dass Art. 91 Abs. 4 der CRD-IV Richtlinie bei der Vorgabe der Privilegierung keine Differenzierung bezüglich der Mandatsarten vornimmt[529]. Als höherrangige europarechtliche Richtlinie ist dies, im Sinne des Kollisionsgrundsatzes *lex superior derogat legi inferiori*[530], richtungsweisend zu berücksichtigen. Hinweise, warum keine

523 Beschlussempfehlung zum Entwurf eines Gesetzes zur Stärkung der Finanzmarkt- und Versicherungsaufsicht vom 1.7.2009, BT-Drs. 16/13684, S. 30.

524 *Lackhoff*, ZfgK 2014, 663.

525 BaFin, Merkblatt zu den Mitgliedern von Verwaltungs- und Aufsichtsorganen gemäß KWG und KAGB vom 4.1.2016 (zuletzt geändert am 31.1.2017) unter Ziff. II. 7. c).

526 So auch *Lackhoff*, ZfgK 2014, 663 (665).

527 Gesetzentwurf zum CRD-IV Umsetzungsgesetz vom 15.10.2012, BT-Drs. 17/10974, S. 87; *Apfelbacher/Metzner*, AG 2013, 773 (777); *Merkelbach*, DKONZ 2013, 227 (232).

528 Gesetzentwurf zum CRD-IV Umsetzungsgesetz vom 15.10.2012, BT-Drs. 17/10974, S. 87; *Scholz* in Luz/Neus/Schaber/Schneider/Wagner/Weber KWG, § 25d Rn. 18 f.

529 So auch *Lackhoff*, ZfgK 2014, 663 (665).

530 Vgl. *Röhl/Röhl*, Allgemeine Rechtslehre, § 36 S. 305 ff.

Differenzierung in der Richtlinie vorgenommen wurde, sind nicht zu erkennen. Zu vermuten ist, dass die Richtlinie diesbezüglich nicht differenziert, da sie sich grundsätzlich an dem vorherrschenden monistischen Gesellschaftssystem orientiert, welchem eine organschaftliche Funktionstrennung fremd ist[531]. Auch spricht unter Berücksichtigung der Entwicklung des verstärkten Zeitaufwands[532] von Aufsichtsräten einiges für eine Gleichbehandlung der selbigen mit der Geschäftsleiterfunktion im konkreten Fall. So ist zu beobachten, dass auch im dualen System das Aufsichtsratsmandat von seinem Umfang her sich immer mehr dem des Geschäftsleiters angleicht[533]. Unter diesem Gesichtspunkt ist eine Überkreuz-Herunterrechnung in praktischer Hinsicht durchaus vertretbar.

Gegen eine derartige Überkreuz-Herunterrechnung können jedoch auch praktische Aspekte angeführt werden. Unklar ist, wie beispielhaft in dem Fall zu verfahren ist, in dem ein Geschäftsleitermandat und ein Aufsichtsratsmandat konkret bei einer Priviligierung im Sinne des § 25d Abs. 3 S. 3 Nr. 1 KWG zusammengerechnet werden. Sind beide Positionen zu einem Aufsichtsratsmandat oder Geschäftsleitermandat zusammenzuzählen? Denkbar sind mehrere Lösungsansätze: Entweder wird dem Institut oder der Aufsichtsbehörde zugestanden, eigenmächtig zu entscheiden, in welcher Funktion die Mandate zusammengerechnet werden. Ein solches Vorgehen würde jedoch dem Sinn und Zweck des § 25d Abs. 3 S. 1 Nr. 3 KWG widersprechen. Bei der Wahl, wie zusammengerechnet werden soll, wird sich das Institut als Anwender regelmäßig für ein Aufsichtsratsmandat entscheiden, da gemäß § 25d Abs. 3 S. 1 Nr. 4 KWG vier Mandate, also mehr als nach der Regelung des § 25d Abs. 3 S. 1 Nr. 3 KWG, zulässig sind. Die Regelung des § 25d Abs. 3 S. 1 Nr. 3 KWG wäre demnach in Fällen der Überkreuz-Herunterrechnung obsolet. Würde hingegen der BaFin eine solche Entscheidungsgewalt zugebilligt, würden neben verfassungsrechtlichen Bedenken, schon wegen der fehlenden Ermächtigungsgrundlage, einer Willküraufsicht Tür und Tor geöffnet. Ein anderer Ansatz ist die Zusammenrechnung von Aufsichts- und Geschäftsleitermandaten nach Mehrheitsverhältnissen innerhalb der von der Privilegierung betroffenen Mandatsgruppe. Jedoch besteht die Problematik fort, wenn gleich viele Aufsichts- und Geschäftsleitermandate innerhalb der Privilegierungsmenge bestehen. Eine schwerpunktabhängige Entscheidung käme weiterhin in Betracht, beeinflusst dadurch, welche

---

531 Vgl. hierzu statt vieler *Kaetzler/Hoops*, BKR 2013, 192 (197).

532 Vgl. Gesetzentwurf zum CRD-IV Umsetzungsgesetz vom 15.10.2012, BT-Drs. 17/10974, S. 84.

533 Siehe dazu oben, § 1 II. 1. lit. a) aa).

Mandatsarten mehr Zeitaufwand in Anspruch nehmen. Diesem Ansatz ist zu entgegnen, dass die Feststellung solch eines Schwerpunktes für sich selbst schwer festsetzbar ist. Zuletzt ist hinsichtlich des strengeren aufsichtsrechtlichen Charakters grundsätzlich ein Geschäftsleitermandat bei einer Zusammenrechnung annehmbar[534]. All diese Lösungsansätze überzeugen nicht. Sie vermögen nicht einen zufriedenstellend allgemein praktikablen Ansatz darzustellen. Mithin ist von einer Überkreuz-Herunterrechnung abzusehen[535].

c) *Kritik an den Höchstgrenzen*

Eine allgemeine Kritik an der Höchstzahl der Mandatsbeschränkung wird auch in Bezug auf die Regelungen des § 25d KWG geäußert[536]. Grundsätzlich geht es in der einschlägigen Diskussion um die Problematik, eine einzelfallgerechte Lösung zu finden[537]. Angeführt wird, dass eine generelle Höchstgrenze keine Garantie dafür geben könnte, dass der Mandatsträger tatsächlich seiner Aufgabe genügend Zeit widmet[538]. Mithin kann hinsichtlich des Für und Widers einer solchen Höchstgrenze auf die Diskussion im AktG verwiesen werden[539]. Im KWG spricht zudem ein weiterer Faktor für ein Festhalten an der Mandantsbeschränkung, welcher im AktG nicht gegeben ist. So kann gegenüber dem Vorwurf, die im KWG festgesetzte Regelung würde nicht genügend Einzelfallumstände berücksichtigen, entgegengehalten werden, dass nach § 25d Abs. 3 S. 5 KWG die Möglichkeit für die BaFin besteht, einzelfallgerecht direkt einzugreifen und ein weiteres Mandat zuzulassen[540]. Somit ist festzustellen, dass auch unter der Berücksichtigung berechtigter Bedenken an der Mandatshöchstgrenze im KWG festzuhalten ist.

---

534 *Lackhoff*, ZfgK 2014, 663 (665).

535 So auch *Scholz* in Luz/Neus/Schaber/Schneider/Wagner/Weber KWG, § 25d Rn. 21 f.; ebenso ohne Begründung *Wolfgarten* in Boos/Fischer/Schulte-Mattler KWG, § 25d Rn. 46.

536 *Plagemann*, WM 2014, 2345 (2347 f.).

537 So auch *Apfelbacher/Metzner*, AG 2013, 773 (777); vgl. *Merkelbach*, DKONZ 2013, 227 (232 f.); *Peltzer*, NZG 2011, 961 (963); *Plagemann*, WM 2014, 2345 (2347); siehe hierzu auch oben, § 2 III. 1. lit. d).

538 Europäische Kommission, European Commission Feedback Statement Summary of Responses to Commission Green Paper on Corporate Governance in Financial Institutions vom 11.11.2010, S. 7.

539 Siehe oben, § 2 III. 1. lit. d).

540 So auch *Plagemann*, WM 2014, 2345 (2348).

VI. Zusammenfassung

Primäres Ziel des KWG ist der Schutz des Finanzmarkts und damit eingebunden, von dessen Akteuren. Banken haben aufgrund der Eigenart ihrer Geschäftstätigkeit ein erhöhtes Risikopotential. Daher kommt der Kontrollfunktion eine gesteigerte Bedeutung zu. Damit selbige effizient gewährleistet ist, werden strengere Anforderungen an Aufsichtsratsmitglieder als im allgemeinen Gesellschaftsrecht gestellt. Die Finanzkrise hat insbesondere im Bankensektor zu einer Verschärfung der Anforderungen geführt. Der Impuls geht international, besonders von EU-Ebene aus. Zuletzt wurde er durch die CRD-IV Richtlinie sowie Kodizes und Leitlinien von europäischen Aufsichtsbehörden geprägt. Langfristig wird dabei eine vollumfängliche europäische Bankenaufsicht angestrebt. Inhaltlich wird ein prinzipienorientierter Ansatz verfolgt, der durch Generalklauseln mit unbestimmten Tatbestandsmerkmalen im Rahmen der persönlichen Anforderungen Anwendung findet[541]. Die BaFin hat im Rahmen ihrer Aufsichtstätigkeit und Empfehlungen eine erhebliche praxisrelevante Rolle für Aufsichtsratsmitglieder von Banken. Insbesondere durch die Möglichkeit, empfindliche Sanktionen zu verhängen, ergibt sich eine faktische Bindung auf die Auslegung der im KWG normierten Anforderungen. Diesem Umstand kommt besondere Bedeutung zu, wenn die BaFin in ihren Rundschreiben, wie z.B. den Geschäftsleiterbegriff nach § 25d Abs. 3 S. 1 Nr. 3 KWG, Normen entgegen ihres Wortlauts auslegt.

Anders als im AktG ist im KWG eine Sachkundevoraussetzung normiert. Sie weist Parallelen zu den Sachkundeanforderungen im allgemeinen Aktienrecht auf. Regelmäßig führt die institutsspezifische Betrachtungsweise zu einem erhöhten geforderten Anforderungsprofil für Aufsichtsräte. Hinsichtlich der Ausschusstätigkeit ist darüber hinaus die fachliche Kenntnis detailliert reguliert. Das unbestimmte Anforderungsmerkmal der Zuverlässigkeit spiegelt zum einen den öffentlich rechtlichen Charakter der Bankenaufsicht wieder. Zum anderen steht der prinzipienorientierte Ansatz sinnbildlich für den europarechtlichen Einfluss auf das KWG. Selbiges ist auch für das unbestimmte Merkmal der ausreichenden zeitlichen Verfügbarkeit festzustellen. Auch hinsichtlich der Mandatsbeschränkung trifft der Rechtsanwender auf eine weitaus detailliertere Regelungsdichte

---

541 M.w.N. zum Begriff der Generaklausel, welcher bisweilen mit dem Begriff des unbestimmten Rechtsbegriff gleichgesetzt wird: *Walkamm*, Rechtstheorie 2008, 507 (508 Fn. 1); im Rahmen der Untersuchung wird unter dem Begriff *Generalklausel* die gesamte Norm und unter dem Begriff *unbestimmtes Tatbestandsmerkmal* der jeweilige tatbestandliche Anknüpfungspunkt der jeweiligen *Generalklausel*-Norm verstanden.

als im allgemeinen Aktiengesetz. Hierbei sind vermehrt punktuelle Problemstellungen aufzufinden, die sich daraus ergeben, dass vorherrschende Strukturen des AktG übernommen wurden. Aus diesem Grund spiegeln sich dieselben Probleme auch im KWG wider, beispielhaft bei der Kritik an den festgelegten Höchstgrenzen. Das spricht gegen die Annahme einer – zumindest allgemein geltenden – „*Schrittmacherrolle*"[542] des KWG gegenüber dem AktG. Gleichwohl ist dadurch nicht vorweg eine Grundlage der Adaption von KWG Regelungen im AktG entzogen. Zum anderen wurden europarechtliche Vorgaben umgesetzt, die nicht in ausreichender Hinsicht auf die national vorherrschende funktionale Organtrennung zwischen Geschäftsführung und Kontrollorgan oder den regelungsbasierten nationalen Vorgaben, Rücksicht nehmen. Dies wirkt sich unter anderem auf die Frage aus, ob der Geschäftsleiterbegriff nach § 25d Abs. 3 S. 1 Nr. 3 KWG auf Geschäftsleiter von Instituten beschränkt ist. Dies ist angesichts des Wortlauts der § 1 Abs. 2 KWG sowie praktischen Erwägungen zu bejahen. Eine Sensibilisierung des europäischen Regelungssetzers auf nationale gesellschaftsrechtliche Besonderheiten ist nicht zu beobachten. In Zukunft werden weitere Problemstellungen im Rahmen der persönlichen Anforderungen für Kontrollorgane entstehen, die sich aus diesen konträr gegenüberstehenden Organisationsstrukturen ergeben.

542 *Fleischer*, ZIP 2003, 1 (10).

§ 4 Anforderungen an Aufsichtsratsmitglieder im Versicherungsaufsichtsgesetz (VAG)

I. Hintergrund und Entstehungsgeschichte des VAG

1. Historischer Überblick

Erste Erscheinungen[543] von Regelungen, welche die private Versicherungswirtschaft betrafen und sich aus dem Gebot der sozialen Verantwortung des Staates herleiten[544], wurden Anfang des zwanzigsten Jahrhunderts durch das Gesetz über private Versicherungsunternehmen vom 12.5.1901 manifestiert[545]. Zielsetzung[546] des damaligen Gesetzgebers war es, Probleme der Versicherungswirtschaft, die im Hinblick durch die Industrialisierung, Inflation und Weltwirtschaftskrise entstanden waren, zu bewältigen[547]. Heutzutage folgt das VAG einer anderen Zielsetzung.

2. Regulierungsbedürftigkeit der Versicherungsbranche

Dessen volkswirtschaftliche Bedeutung und der Regulierungszweck ergeben sich daraus, dass Versicherungen Kapital der Versicherten halten und damit arbeiten[548]. Zudem entsteht eine erheblich ökonomische Bedeutung aus dem

---

543 Die Geschichte der staatlichen Aufsicht über die wirschaftliche Betätigung führt hingegen bereits bis in das 16. Jahrundert zurück; siehe hierzu m.w.N. *Langheid* in MüKo VVG, AufsichtsR Rn. 1.

544 *Kaulbach/Pohlmann* in Fahr/Kaulbach/Pohlmann/Bürkle VAG, Vor § 1 Rn. 1; *Winter*, VersicherungsaufsichtsR, S. 62.

545 Gesetz über die privaten Versicherungsunternehmen vom 12.5.1901, (RGBl. I, 139); siehe zum historischen Überblick: *Kaulbach/Pohlmann* in Fahr/Kaulbach/Pohlmann/Bürkle VAG, Vor § 1 Rn. 18 ff.; *Langheid* in MüKo VVG, AufsichtsR Rn. 16 f.; *Lorenz* in Hdb. VersicherungsR, § 1 Rn. 36 ff.; *Ludwig*, Branchenspezifische Wirtschaftsaufsicht, S. 179 ff.; *Rittner/Dreher*, Europäisches und Deutsches WirtschaftsR, § 31 Rn. 17.

546 Zu der in dieser Hinsicht rechtlich unerheblichen Differenzierung zwischen Zwecken und Zielen siehe *Ernst*, Rechtsstaatlichkeit im Versicherungsrecht, S. 23 f.

547 *Schmidt/Präve* in Prölss VAG 12. Aufl., Vorbem. Rn. 1.

548 So ist die Versicherungswirtschaft nach der Kreditwirtschaft das zweitgrößte Kapitalsammelbecken der deutschen Volkswirtschaft, *Laars*, Laars VAG, Einl. Rn. 2; dazu *Thaten*, Die Ausstrahlung des Aufsichts- auf das Aktienrecht, S. 70; *Weber-Rey*, ZGR 2010, 543 (550).

Geschäftsmodell der Versicherungen, Risiken einzelner Versicherungsnehmer auf die Versichertengemeinschaft zu verteilen[549]. Positives Resultat dessen ist, dass die Versicherungsnehmer nicht angehalten sind, für einen möglichen Schadenseintritt Kapital zurückzuhalten, sondern dieses in den Wirtschaftskreislauf zurückfließen kann[550]. Gleichzeitig ergibt sich aus dem verteilten Risiko eine immanente Risikoexposition von Versicherungsunternehmen, da es sich aus einer systemweiten Perspektive betrachtet, lediglich um eine Risiko-Reallokation handelt[551]. So sind der Zeitpunkt und der Umfang eines Schadenseintritts nicht vorherzusehen. Der Versicherungsfall kann dabei im schlimmsten Fall so erheblich sein, dass die Versicherung wegen mangelnder Liquidität ihre Primärpflicht der Leistung im Schadensfall nicht erfüllen kann. Gerade auf Einhaltung dieser Pflicht vertraut wiederum der Versicherungsnehmer mit der möglichen Folge, dass ein Ausfall erhebliche ökonomische existenzgefährdende Folgen für ihn haben kann. Aus diesem Grund sind im Versicherungssektor primär die Interessen des Versicherungsnehmers zu schützen[552]. Insoweit hat das Versicherungsaufsichtsrecht einen öffentlich gewerbepolizeirechtlich geprägten Charakter[553].

3. Zielsetzung des VAG

Nach der „*Schutztheorie*“ steht für das VAG, ausgestaltet als gewerbe- und wirtschaftspolizeiliches Gesetz, primär der Schutz der Belange der Versicherten im Vordergrund[554]. Konkret ist das Hauptziel der Aufsicht sicherzustellen, dass eine Erfüllbarkeit der Versicherungsverträge gewährleistet ist (Solvenzaufsicht)[555]. In

549 Vgl. *Vogelsang/Langheid* in MüKo VVG, AufsichtsR Rn. 82.

550 *Bach/Nguyen*, ZVersWiss 2012, 175 (183); *Thaten*, Die Ausstrahlung des Aufsichts- auf das Aktienrecht, S. 70.

551 *Bach/Nguyen*, ZVersWiss 2012, 175 (178 ff.); *Ohler*, ZVersWiss 2012, 431 (435).

552 Vgl. auch BVerfG NJW 2005, 2376 (2379 f.); *Winter*, VersicherungsaufsichtsR, S.56 f.; *Winter*, ZVersWiss 2005, 105 (111 ff).

553 *Kaulbach/Pohlmann* in Fahr/Kaulbach/Pohlmann/Bürkle VAG, Vor § 1 Rn. 8; *Winter*, ZVersWiss 2005, 105 (109 ff.).

554 *Armbrüster*, VersR 2009, 1293 (1294); *Hasse*, VersR 2010, 23; *Dreher* in Prölss VAG, Einl. Rn. 6 ff.; vgl. nunmehr auch: EU-Richtlinie betreffend die Aufnahme und Ausübung der Versicherungs- und der Rückversicherungstätigkeit (Solvabilität II) vom 25.11.2009, ABL. L 335 vom 17.12.2009 (im Folgenden: Richtlinie Solvency II vom 25.11.2009), Art. 27 und Erwägungsgründe 14–17; *Lorenz* in Hdb. VersicherungsR, § 1 Rn. 41.

555 *Vogelsang/Langheid* in MüKo VVG, AufsichtsR Rn. 81 ff.

systematischer Hinsicht ist der Schutzbereich weit zu verstehen. So wird auch die Berücksichtigung der Funktionalität der Versicherungswirtschaft im Allgemeinen als notwendiger Faktor für den Schutz der Belange des Versicherungsnehmers gewertet[556]. Die Gewichtung der Schutzgüter ist dabei nicht gleichermaßen janusköpfig wie im KWG[557] ausgestaltet. Primäres Anliegen ist der individuelle Versicherungsnehmerschutz. So konnte sich die sog. *„Strukturtheorie"*, welche die Aufgabenstellung so versteht, dass die Fürsorge primär eine Funktionalität des Versicherungswesens beinhaltet, nicht durchsetzen[558]. Gleichwohl ist unter Berücksichtigung der weiten Betrachtungsweise ein institutioneller Schutzaspekt als *„Subziel"*[559] nicht zu negieren.

4. Entwicklung und internationaler Einfluss des VAG

Während ursprünglich das Versicherungsaufsichtsrecht als der *„weitentwickelste Zweig der Wirtschaftsaufsicht"*[560] galt, überholte das KWG selbiges innerhalb der letzten zwei Dekaden[561]. Heutzutage ist das KWG dem VAG in vielerlei Hinsicht voraus[562]. Steigenden Einfluss auf die Struktur und Zielsetzung des

---

556 *Louven/Raapke*, VersR 2012, 257 (261); *Dreher* in Prölss VAG, Einl. Rn. 6 ff.; so auch Vogelsang und Langheid, die zusätzlich noch von einer sozialpolitischen Zwecksetzung ausgehen, in MüKo VVG, AufsichtsR Rn. 82; vgl. BVerfG, NJW 2005, 2376 (2380); *Bürkle*, WM 2005, 1496 (1500); *Ernst*, Rechtsstaatlichkeit im Versicherungsrecht, S. 35 f.; *Kaulbach/Pohlmann* in Fahr/Kaulbach/Pohlmann/Bürkle VAG, Vor § 1 Rn. 5; *Winter*, ZVersWiss 2005, 105 (143 ff); nunmehr wird in der Solvency II-Richlinie auch die Stabilität der Finanzmärkte als zu berücksichtigendes Element aufgeführt: Richtlinie Solvency II vom 25.11.2009, Art. 28; dazu *Wandt/Sehrbrock*, ZVersWiss 2010, 193 (198 ff.); kritisch zu Ausbreitung des Schutzbereichs: *Kaulbach/Pohlmann* in Fahr/Kaulbach/Pohlmann/Bürkle VAG, Vor § 1 Rn. 6.

557 Zu den Zielrichtungen des KWG siehe oben, § 3 I. 2.; die Versicherungsinstitute unterliegen jedoch einer nach ähnlichen Maßstäben ausgeprägten Aufsicht, *Fischer/Boegl* in Schimansky/Bunte/Lwowski Hdb. Bankrecht, § 125 Rn. 10.

558 *Schmidt/Präve* in Prölss VAG 12. Aufl., Vorbem. Rn. 57.

559 Dieser Gedanke wird mithin auch in Art. 28 S. 1 der neuen Solvency-II Richtlinie mitgetragen, EU-Richtlinie betreffend der Aufnahme und Ausübung der Versicherungs- und der Rückversicherungstätigkeit (Solvabilität II) vom 25.11.2009, ABL. L 335 vom 17.12.2009; siehe auch *Bürkle*, WM 2005, 1496 (1500); *Bürkle* in Fahr/Kaulbach/Pohlmann/Bürkle VAG, Solvabilität II Rn. 5; *Wandt*, VersicherungsR, Einf. Rn. 69 ff.

560 *Kraus*, Kraus Versicherungsaufsichtsrecht, S. 6; *Stein*, Wirtschaftsaufsicht, S. 22.

561 *Thaten*, Die Ausstrahlung des Aufsichts- auf das Aktienrecht, S. 69.

562 Siehe schon oben zu *„Schrittmacherrolle"*: *Fleischer*, ZIP 2003, 1 (10); *Preußner*, NZG 2004, 57 (60 f.); *Preußner*, NZG 2004, 303 (305); *„Die Kreditwirtschaft zeigt dabei eine*

Versicherungsaufsichtsrechts übt gleichsam die europäische Gesetzgebung aus[563]. Neben einer Vielzahl von Richtlinien und Verordnungen[564] sind vor allem in Bezug auf die Ausgestaltung der Anforderungen von Versicherungsunternehmen die Solvency-Richtlinie I und II, welche in ihrer Struktur Parallelen zu den Basel-II Vorgaben erkennen lassen und ebenfalls auf ein drei Säulen System zurückgreifen[565], richtungsweisend[566]. Zuletzt wurde im Rahmen der Umsetzung der Solvency-II Richtlinie das VAG umfassend neu strukturiert[567]. Die Solvency-II Richtlinie ist eine im „*Lamfalussy-Verfahren*" erlassene Richtlinie[568].

---

höhere Aufholgeschwindigkeit, während die Versicherungswirtschaft – vor allem durch die Breite und Dichte der Angebote – dort Besonderheiten aufweist", *Schmidt/Präve* in Prölss VAG 12. Aufl., Vorbem. Rn. 67.

563 Einen Überblick gebend *Rittner/Dreher*, Europäisches und deutsches WirtschaftsR, § 31 Rn. 4 ff.

564 Hierzu ausführlich *Dreher* in Prölss VAG, Einl. Rn. 72 ff.

565 Das Dreisäulenmodell besteht dabei aus Säule 1: quantitative Anforderungen; Säule 2: qualitative Anforderungen und Aufsicht; Säule 3: Markttransparenz; dazu einführend statt vieler: *Bürkle*, WM 2012, 878 (880); *Heukamp*, VersicherungsaufsichtsR nach Solvency II, § 1 Rn. 7 ff.; *Kaulbach/Pohlmann* in Fahr/Kaulbach/Pohlmann/Bürkle VAG, Vor § 1 Rn. 30; *Langheid* in MüKo VVG, AufsichtsR Rn. 55 ff.; *Thaten*, Die Ausstrahlung des Aufsichts- auf das Aktienrecht, S. 69; kritisch: *Müller*, VW 2011, 360.

566 Insoweit wurden hinsichtlich der Corporate-Governance Vorgaben von Solvency-II eine Vielzahl von Anforderungen unverbindlich angewendet. Seit der Umsetzung durch die zehnte VAG Novelle sind die Versicherer nun dazu verpflichtet, siehe *Gödeke*, VersR 2010, 10 (17 f.); vgl. dazu den Leiter des Referats „*Versicherungen und Altersversorgung*" bei der Europäischen Kommission: „*ein Modell für die Welt*", *Van Hulle*, VW 2011, 14 (19).

567 *Gause* in MüKo VVG, AufsichtsR Rn. 325 ff.; *Grothe/Schaaf*: „*große Lösung*", VersR 2012, 17; *Louven/Raapke*, VersR 2012, 257 (259 f.); vgl. hierzu auch ausführlich *Dreher*, VersR 2012, 933 ff. und 1061 ff.; *Dreher*, ZGR 2011, 471 ff.; zur Enstehung der Solvency Richtlinien im Rückblick, *Sehbrock/Gal*, Corporate Finance Law 2012, 140.

568 Dieses auf Baron Alexander Lamfalussy zurückgehende Verfahren beeinflusst die Ausgestaltung der europäischen Aufsichtsstruktur, indem es auf vier Stufen den europäischen Gesetzgebungsprozess beschleunigend reguliert. Dabei erfolgt auf der ersten Stufe die Rahmengesetzgebung durch Mitentscheidungsverfahren, auf der zweiten Stufe Detailregelungen durch die Komission, auf der dritten Stufe die Kordination und Anwendung der Vorgaben durch die europäische Versicherungsaufsichtsbehörden und auf der vierten Stufe die Kontrolle der Einhaltung der selbigen durch die Kommission, ausführlich *v. Fürstenwerth/Gause* in FS für Lorenz 2004, S. 253 ff.; *Gause* in MüKo VVG, AufsichtsR Rn. 327; *Schmolke*, NZG 2005, 912 ff.; *Walla* in Veil Eur. KapitalmarktR, S. 41 Rn. 3 ff.; *Wandt/Sehbrock* in Solvency II in der Rechtsanwendung 2009, S. 5 ff.

Ähnlich wie im KWG ist, angetrieben durch ökonomische Lebenssachverhalte wie zuletzt die Finanzkrise[569], eine im Ausmaß stetig weiter und schnellere Entwicklung von versicherungsaufsichtsrechtlichen Regelungen zu beobachten[570]. Die Vollharmonisierung des europäischen Versicherungsaufsichtsrechts wird angestrebt[571]. Ähnlich wie bei der Regulierung der Finanzinstitute steht der Harmonisierungsgedanke, angesichts einer eingeschränkten unternehmerischen Betätigungsfreiheit und der europarechtlichen Deregulierung des nationalen Versicherungsmarktes, in der Kritik[572]. Es wird vorgebracht, dass aufgrund der Umsetzung von europarechtlichen Richtlinien die Übersichtlichkeit und die Systematik abhandenkomme[573].

Bei der Aufsicht betroffener Unternehmen bietet sich ein ähnliches Bild wie im Finanzsektor[574]. Als Aufsichtsbehörde war zunächst 1951 das Bundesaufsichtsamt für Versicherungswesen zuständig[575]. Seit 2002 ist nun durch das Gesetz über die integrierte Finanzdienstleistungsaufsicht[576] die BaFin zuständige Aufsichtsbehörde[577]. Auf europarechtlicher Ebene gibt die EIOPA[578] an die

---

569 Im europäischen Versicherungssektor waren die Einschläge der Finanzkrise im Gegensatz zur Bankenbranche verhältnismäßig gering, *Lüttringhaus*, EuZW 2011, 822.

570 *Fahr/Kaulbach/Pohlmann/Bürkle* sprechen insoweit von einer „*Normflut*" in Fahr/Kaulbach/Pohlmann/Bürkle VAG, Vorwort S. V; ebenso *Laars*: „*In der letzten Zeit wird das VAG fast im Jahresrhythmus reformiert. Das hat der Systematik und Klarheit nicht gut getan*", *Laars* VAG, Einl. Rn. 4.

571 Ausführlich hierzu: *Dreher/Lange*, VersR 2011, 825 ff.; *Lüttringhaus*, EuZW 2011, 822 ff., 856 ff.; vgl. *Bürkle* in Fahr/Kaulbach/Pohlmann/Bürkle VAG, Solvabilität II Rn. 4; *Bürkle*, WM 2012, 878 (879); *Hauschka/Moosmayer/Lösler* in Hauschka/Moosmayer/LöslerHdb. CC, § 1 Rn. 47; a.A. wohl *Heukamp*, VersicherungsaufsichtsR nach Solvency II, § 1 Rn. 23 ff.; *Winter*, Winter VersicherungsaufsichtsR, S. 12.

572 Statt vieler *Lorenz* in Hdb. VersicherungsR, § 1 Rn. 61, 3; *Winter*, Winter VersicherungsaufsichtsR, S. 6 ff.

573 Vertiefend *Grote* in MüKo VVG, AufsichtsR Rn. 62; *Müller/Präve* in Bruck/Möller VVG, Einf. D. Rn. 1.

574 Siehe oben, § 3 I. 3. und III.

575 *Schmidt/Präve* in Prölss VAG 12. Aufl, Vorbem. Rn. 50.

576 Gesetz über die integrierte Finanzdienstleistungsaufsicht vom 22.4.2002, BGBl. I, S. 1310.

577 Vgl. zur Debatte der Übertragung der Versicherungsaufsicht auf die Bundesbank, *Hopt*, NZG 2009, 1401 (1402); *Lorenz* in Hdb. VersicherungsR, § 1 Rn. 45 ff.

578 Die *European Insurance and Occupational Pensions Authority*, ursprünglich CEIOPS; siehe dazu *Gause* in Müko VVG, AufsichtsR Rn. 422 ff.; *Laars*, Laars VAG, Einl.

nationalen Behörden gerichtete Leitlinien heraus[579]. Diese Leitlinien definieren die Vorgehensweise der Vorbereitungsphase auf die Solvency-II Richtlinie. Primär ist die „Leitlinie zum Governance-System“[580] der EIOPA für Aufsichtsräte von Versicherungsunternehmen von Bedeutung. Ähnlich wie im Kreditsektor wird dabei europarechtlich ein prinzipienorientierter Ansatz angestrebt[581].

II. Der Spartentrennungsgrundsatz im VAG

1. Die Besonderheit der Spartentrennung im Versicherungssektor

Nach § 8 Abs. 4 VAG ist es Erstversicherungsunternehmen untersagt, die im Lebens- oder substitutiven Krankenversicherungsgeschäft tätig sind, andere Versicherungssparten zu betreiben[582]. Dies ist eine strukturelle Besonderheit der Vorgaben an Versicherungsunternehmen, die sich bereits seit dem Anfang des 20. Jahrhunderts herausbildete.[583] Derart besteht sie nur für den Versicherungssektor[584]. Zudem ist das Spartentrennungsgebot ein Teil der europarechtlichen Harmonisierung des Versicherungssektors und findet auch in der Solvency-II Richtlinie Ausdruck[585]. Es werden drei Zielsetzungen verfolgt[586]. Als primärer Zweck soll eine Trennung der Vermögensmassen der

---

Rn. 5; *Schröder* in Looschelders/Pohlmann VVG, Einführung in das Versicherungsaufsichtsrecht Rn. 7 ff.

579 Zu Internationalisierung der Versicherungsaufsicht: *Gause* in MüKo VVG, AufsichtsR Rn. 420, 422 ff.

580 EIOPA, Leitlinien zum Governance-System vom 14.9.2015, Ziff. 1.4.

581 Statt vieler: *Bürkle*, WM 2012, 878 (880); *Marcelli*, Governance-System Solvency II, S. 17 f.; *Schaaf*, Risikomanagement und Compliance in Versicherungsunternehmen, S. 25 f.; *Schröder* in Looschelders/Pohlmann VVG, Einführung in das Versicherungsaufsichtsrecht Rn. 21.

582 Siehe zum Gebot der Spartentrennung: *Rittner/Dreher*, Europäisches und deutsches WirtschaftsR, § 31 Rn. 60 ff.; *Wandt*, VersicherungsR, Einf. Rn. 62 ff.

583 *Langheid* in MüKo VVG 1. Aufl., AufsichtsR Rn. 20.

584 Vgl. *Thaten*, Die Ausstrahlung des Aufsichts- auf das Aktienrecht S. 76; vgl. hierzu die Gegenüberstellung bezüglich des Verbots von versicherungsfremden Geschäften hinsichtlich des KWG: *Bürkle*, WM 2005, 1496 (1500); *Eilert* in Hdb. VersicherungsaufsichtsR, § 5 Rn. 22 ff.

585 Siehe u.a. Art. 73 f. der EU-Richtlinie betreffend der Aufnahme und Ausübung der Versicherungs- und der Rückversicherungstätigkeit (Solvabilität II) vom 25.11.2009, ABL. L 335 vom 17.12.2009; siehe hierz kritisch *Präve*, der die Spartentrennung aufgrund des neuen Solvenzschutzvorschriften als überholt ansieht, VW 2007, 1380.

586 *Dreher*, ZVersWiss 1988, 619 (633 ff.).

Versicherungsunternehmen realisiert werden[587], um so die Gefahr einzugrenzen, dass das Risikopotential verschiedener Sparten aufeinander übergreift und somit die Leistungsfähigkeit der Unternehmen beeinträchtigt[588]. Hierbei wird der Umstand berücksichtigt, dass die Versicherungssparten divergierende Risikoprofile haben[589]. Daneben bezweckt der Spartentrennungsgrundsatz, dass Vermögenstransfers zwischen den Versicherungsunternehmen verhindert werden, um den Versicherungsnehmern ihre jeweiligen Vermögenswerte zu erhalten[590]. Zuletzt beugt das Spartentrennungsgebot auch Interessenkollisionen von Versicherungsunternehmen vor[591].

2. Bedeutsamkeit für Aufsichtsräte von Versicherungsunternehmen

Für Aufsichtsräte von Versicherungsunternehmen hat das Spartentrennungsgebot eine besondere Bedeutung. Da die Unternehmen bestimmte Sparten des Versicherungsgeschäfts nicht innerhalb eines Unternehmens realisieren können (vgl. § 8 Abs. 4 VAG), wird organisatorisch auf eine Vielzahl von Unternehmen zurückgegriffen, die sich zu einer Versicherungsgruppe zusammenschließen[592]. Insoweit sind bei Versicherungskonzernen, die gruppeninterne Geschäfte einschließen, oftmals auch Beteiligungen bzw. Überkreuzbeteiligungen üblich[593]. Hiermit

587 *Grote* in MüKo VVG, AufsichtsR Rn. 149; *Präve* in Prölss VAG Aufl. 12, § 8 Rn. 46 ff.

588 Der gleiche Ansatz findet sich in der Zweckbestimmung des Verbots versicherungsfremder Geschäfte nach § 15 VAG wieder. Die Versicherten und die Versicherungsunternehmen sollen von den mit den versicherungsfremden Geschäften verbundenen Risiken geschützt werden, *Eilert* in Hdb. VersicherungsaufsichtsR, § 5 Rn. 37 ff.

589 So ist die Krankenversicherung unbeeinflusst von anderen Versicherungssparten durch die Grundlage gesicherter Rechnungsgrundlagen in einer abweichenden Risikoexposition aufgestellt: Gesetzesbegründung zum dritten Durchführungsgesetz/EWG zum VAG vom 14.1.1994, BR-Drs. 23/94, S. 159; *Schröder* in Looschelders/Pohlmann VVG, Einführung in das Versicherungsaufsichtsrecht Rn 43.

590 *Dreher*, ZVersWiss 1988, 619 (633 ff.).

591 *Dreher*, ZVersWiss 1988, 619 (633 ff.).

592 Siehe auch *Hersch*, Geschäftsleiter und Aufsichtsräte von Versicherungsunternehmen, 267 f.; *Ludwig*, Branchenspezifische Wirtschaftsaufsicht, S. 245 f.

593 *Bürkle*, ZVersWiss 2012, 493 (510); *„Der Regelfall“*, *Mutter* in Compliance in Versicherungsunternehmen, § 3 Rn. 1, 38; vgl. *Schröder* in Looschelders/Pohlmann VVG, Einführung in das Versicherungsaufsichtsrecht Rn. 43; *Schneider*, ZGR 1996, 225 (233).

einhergehend kommt dem Vorstand aber auch dem Aufsichtsrat als funktionales Verbindungselement innerhalb der nationalen Konzernstruktur eine besondere Bedeutung zu.

III. Spezielle Rechte und Pflichten für Aufsichtsräte von Versicherungsunternehmen

Wie im Kreditwesen treffen auch im Versicherungswesen als regulierte Unternehmensbranche den Aufsichtsrat neben den allgemeinen aktienrechtlichen Pflichten spezifische Anforderungen. Diese wurden erstmals 2009 mit der Einführung des Gesetzes zur Stärkung der Finanzmarkt- und Versicherungsaufsicht[594] im VAG normiert[595]. Selbige sind im Rahmen der Überwachungs- und Kontrollfunktion des Aufsichtsrats ausgeprägt. Aufgrund der Vielzahl an gesetzlichen und aufsichtsregulatorischen Anforderungen kommt der Legalitätskontrolle im Versicherungsaufsichts- ebenso wie im Versicherungsvertragsrecht besondere Bedeutung zu[596]. Daneben ist die versicherungsrechtliche Bedeutsamkeit der Überwachung der ordnungsgemäßen Geschäftsorganisation hervorzuheben. Die Geschäftsorganisation muss gemäß § 23 Abs. 1 S. 2 VAG neben der Einhaltung der von den Versicherungsunternehmen zu beachtenden Gesetze, Verordnungen und aufsichtsbehördlichen Anforderungen eine solide und umsichtige Leitung des Unternehmens gewährleisten. Die Einhaltung dieser Vorgaben fällt grundsätzlich in den Aufgabenbereich des Vorstands. Da der Aufsichtsrat diesen überwacht, besteht aber auch für ihn eine entsprechende spiegelbildliche Compliance-Überwachungsverantwortung[597]. In den Rahmen der zu überwachenden Geschäftsorganisation fällt zudem das Risikomanagement. Dieses ist ein Schwerpunkt der Solvency-II Richtlinie[598]. §§ 26 und 27 Abs. 1 VAG erhalten hierzu Vorgaben. Einen weiteren versicherungspezifischen Zusatz zum

---

594 Gesetz zur Stärkung der Finanzmarkt- und Versicherungsaufsicht vom 29.7.2009, BGBl I, S. 2305.

595 Siehe dazu *Louven/Raapke*, VersR 2012, 257 (258); vorher eine entsprechende Anwendung der Qualifikationsanforderungen für Geschäftsleiter annehmend: *Wittmann*, DB 2007, 2579 (2581), dieses wurde ganz überwiegend abgelehnt; siehe *Berger*, VersR 2010, 422 (423).

596 *Bürkle* in FS für Lorenz 2014, 101 ff.; *Bürkle*, VersWiss 2012, 493 (500); *Bürkle/Scheel* in Hdb. VersicherungsaufsichtsR, § 13 Rn. 133; *Dreher/Häußler*, ZGR 2011, 471 (472, 487); zur allgemeinen Legalitätspflicht: BGH, NJW-RR 2004, 900 (901).

597 *Bürkle/Scheel* in Hdb. VersicherungsaufsichtsR § 13 Rn. 134.

598 Richtlinie Solvency II vom 25.11.2009.

Überwachungsbereich begründet der Erläuterungsbericht des Aktuars im Bereich des Lebensversicherungssektors. Dieser ist gemäß § 141 Abs. 4 S. 2 VAG durch den Aufsichtsrat zu überprüfen.

IV. Die Aufsicht der BaFin über Aufsichtsräte von Versicherungsunternehmen

Die Bundesanstalt für Finanzdienstleistungsaufsicht überwacht nach § 294 Abs. 2 S. 1 und 2 VAG Versicherungsunternehmen primär hinsichtlich der Einhaltung der gesetzlichen Vorgaben des VAG. Dabei handelt es sich um eine mit der Bankenaufsicht vergleichbare branchenspezifische *„Missstandsaufsicht“*[599], welche sich insbesondere mit der Zielsetzung, dem Schutz der Gesamtheit der Versicherten, auszeichnet[600]. Dementsprechend ist sie zuständig für die Kontrolle der Qualifikationsanforderungen für Vorstände und Aufsichtsräte von Versicherungsunternehmen nach § 24 VAG[601]. Dabei bietet § 303 Abs. 2 Nr. 1 und 3 VAG eine Eingriffsbefugnis der BaFin für den Fall, dass Aufsichtsratsmitglieder die Voraussetzungen nach § 24 VAG nicht erfüllen. So kann die BaFin nach § 303 Abs. 2 VAG die Abberufung eines nicht hinreichend qualifizierten Aufsichtsratsmitglieds verlangen und diesem die Tätigkeit untersagen[602]. Weiterhin besteht nach § 303 Abs. 3 VAG für die Behörde die Möglichkeit, einen Antrag auf Abberufung gegenüber dem Gericht zu stellen. Dabei wird der Aufsichtsbehörde nach § 297 Abs. 1 VAG ein Ermessen eingeräumt, welches sinnbildlich für den gemeinschaftsrechtlichen prinzipienorietierten Regelungsansatz steht[603].

---

599 Zur einschränkenden europarechts- und verfassungskonformen Auslegung bezüglich der *„materiellen Missstandsaufsicht“*, *Bähr*, VW 2001, 472 und 2016.

600 Siehe hierzu auch *Fischer/Boegl* in Schimansky/Bunte/Lwowski Hdb. Bankrecht, § 125 Rn. 10; vgl. *Hersch*, Geschäftsleiter und Aufsichtsräte von Versicherungsunternehmen, S. 217; zu der nun durch Solvency-II angesteuerten Zielsetzung des Funktionsschutzes des Versicherungsmarktes siehe oben, § 4 I. 4.

601 Die Kontrolle der BaFin ersetzt nicht die Überwachung des Aufsichtsrats, vielmehr erweitern die aufsichtsrechtlichen Vorgaben den Aufgabenkreis im Rahmen der Legalitätspflicht noch weiter, *Dreher/Häußler*, ZGR 2011, 471 (483 ff.); *Louven/Raapke*, VersR 2012, 257 (265); vgl. ausführlich *Hersch*, Geschäftsleiter und Aufsichtsräte von Versicherungsunternehmen, S. 32 ff.

602 Dazu in verfassungsrechtliger Hinsicht: *Hersch*, Geschäftsleiter und Aufsichtsräte von Versicherungsunternehmen, S. 23 ff.

603 So auch *Louven/Raapke*, VersR 2012, 257 (264).

Die Rundschreibenpraxis der BaFin ist für Versicherungsunternehmen wie auch in der Kreditbranche bedeutsam[604]. Insoweit ist auf die diesbezüglich aufgeführten Ausführungen, auch hinsichtlich der faktischen Bindungswirkung und der allgemeinen Kritik, im Zusammenhang mit dem KWG zu verweisen[605].

V. Individuelle Qualifikationsanforderungen an Aufsichtsratsmitglieder

1. Fachliche Qualifikationsvoraussetzungen nach § 24 Abs. 1 VAG

Während bis zum 31. Dezember 2015 Qualifikationsanforderungen an Aufsichtsräte in § 7a Abs. 4 VAG a.F. normiert waren, sind im zuletzt erlassenen VAG die fachlichen Anforderungen für Personen, die *„das Unternehmen tatsächlich leiten und andere Schlüsselaufgaben wahrnehmen"*, in § 24 Abs. 1 VAG vorgegeben[606]. Damit wird Art. 42 der Solvency-II Richtlinie[607] umgesetzt, der die Anforderungen für die fachliche Qualifikation und die persönliche Zuverlässigkeit von Aufsichtsratsmitgliedern[608] stellt (sog. *„fit-and-proper"* Kriterien[609]). Hierzu war der nationale Gesetzgeber gemäß Art. 309 Abs. 1 der Richtline verpflichtet. Um der Frage nachzugehen, welche fachlichen Anforderungen an Aufsichtsräte nach der neuen nationalen Regelung gestellt werden, muss zunächst im Lichte der europäischen Richtlinienverodnung und dem damit einhergehenden Harmonisierungsgedanken festgelegt werden, wie die in Betracht kommenden Begriffe der *Schlüsselfunktion* und der *Schlüsselaufgabe* innerhalb der Solvency-II Richtlinie terminologisch zu verstehen sind. Danach ist zu klären, ob auf nationaler Ebene der Aufsichtsrat hierunter fällt. Zuletzt gilt es festzustellen, welche Qualifikationsstandards an Aufsichtsräte von Versicherungsunternehmen im europäischen und nationalen Kontext zu stellen sind.

---

604 Insbesondere ist auf das Merkblatt zur fachlichen Eignung und Zuverlässigkeit von Verwaltungs- und Aufsichtsorganen gemäß VAG vom 23.11.2016 der BaFin zu verweisen, vgl. *Schmidt/Präve* in Prölss VAG 12. Aufl., Vorbem. Rn. 67.

605 Siehe oben,§ 3 III.; *Berger*, VersR 2010, 422 (428); hierzu auch statt vieler *Rittner/Dreher*, Europäisches und deutsches WirtschaftsR, § 31 Rn. 25 ff.

606 Gesetz zur Modernisierung der Finanzaufsicht über Versicherungen vom 1.4.2015, BGBl. I, S. 14.

607 Richtlinie Solvency II vom 25.11.2009, Art. 42 Abs. 1.

608 Ob Aufsichtsratsmitglieder unter den persönlichen Anwendungsbereich der Norm fallen, ist strittig. Vgl. dazu die Ausführungen unter § 4 V. 1. ff.; einen ersten Überblick m.w.N. gebend: *Heukamp*, VersicherungsaufsichtsR nach Solvency II, § 3 Rn. 106.

609 Dazu *Heukamp*, VersicherungsaufsichtsR nach Solvency II, § 3 Rn. 108 ff.

a) Zuordnung des Adressatenkreises

Die in Betracht kommenden Anforderungskriterien für Aufsichtsräte von Versicherungsunternehmen sind auf Gemeinschaftsebene in Art. 42 der Solvency-II Richtlinie festgesetzt. Der persönliche Anwendungsbereich gilt für *„Personen, die das Unternehmen tatsächlich leiten oder andere Schlüsselaufgaben innehaben"*. Weitere Konkretisierungen, welche Personen unter die Regelung fallen, bestehen nicht[610].

aa) Der Aufsichtsrat als Leitungsorgan

Eine Einordnung von Aufsichtsräten unter den Personenkreis, die das Unternehmen nach Art. 42 Abs. 1 der Richtlinie *„tatsächlich leiten"*, scheidet aufgrund der im dualistisch ausgestalteten System vorhandenen funktionalen Trennung zwischen Geschäftsleitung und Kontrollfunktion aus[611]. Zwar verfügt der Aufsichtsrat über Möglichkeiten, die Geschäftsführung partiell zu beeinflussen[612]. Er kann aber nicht die gestaltende Wirkung entfalten, so wie es der Geschäftsführung möglich ist, so dass schon im nationalen Aufsichtsrecht von einer Übertragung der Geschäftsleiterstandards abzusehen ist[613].

bb) Die terminologische Einordnung der „Schlüsselfunktion" und der „Schlüsselaufgabe"

Bei einem Blickwechsel auf die Personengruppen, die *„andere Schlüsselaufgaben innehaben"* ergeben sich weitere Unklarheiten, denn in der deutschen Solvency-II Richtlinie fallen die Begriffe *„Schlüsselfunktion"*[614] und *„Schlüsselaufgaben"*[615]. Auch in der Umsetzung durch das VAG wird von *„Schlüsselaufgaben"* gesprochen. Unklar ist, ob diesen divergierenden Formulierungen unterschiedliche Bedeutung zukommt.

---

610 Kritisch: *Gödeke*, VersR 2010, 10 (13); *Lüttringhaus*, EuZW 2011, 856.

611 Ebenso *Bürkle*, ZVersWiss 2012, 493 (506 f.); *Hersch*, VersR 2016, 145 (147).

612 So unter anderem Zustimmungsvorbehalte oder die zukunftorientierte Beratung, siehe hierzu oben, § 1 II. 1. lit. a) aa) und cc).

613 *Armbrüster* in Hdb. VersicherungsaufsichtsR, § 11 Rn. 23; *Bürkle*, ZVersWiss 2012, 493 (506 f.); *Bürkle/Scheel* in in Hdb. VersicherungsaufsichtsR, § 13 Rn. 150; a.A. *Krauel/Broichhausen*, VersR 2012, 823 (827); *Pohlmann* in Düsseldorfer Vorträge zum VersicherungsR 2012. S. 37 ff.

614 Richtlinie Solvency II vom 25.11.2009, Erwägungsgrund 34 und 35, sowie Art. 26 Abs. 3 und Art. 44 Abs. 1.

615 Richtlinie Solvency II vom 25.11.2009, Art. 42 Abs. 1.

(1) Auslegung nach dem Wortlaut der Richtlinie

Zur Beantwortung dieser Frage ist zunächst am Wortlaut der Gesetzesmaterialien anzusetzen. In der deutschen Solvency-II Richtlinie wird eine Differenzierung zwischen „*Schlüsselfunktionen*" und „*Schlüsselaufgaben*" vorgenommen[616]. Anzeichen, warum eine solche Divergenz bei der Wortwahl getroffen wurde, sind nicht vorzufinden[617]. Deshalb erschließt es sich nicht, weshalb in der Umsetzung der deutschen Richtlinie eine anderweitige Formulierung gewählt wurde. In Anbetracht dieses Umstands bietet auch eine Verschiebung des Augenmerks auf die englische Solvency-II Richtlinie keine Klarheit[618]. Sie nimmt, im Gegensatz zur deutschen Ausführung, keine Unterscheidung hinsichtlich des Begriffs vor. So wird in Art. 42 von „*key-functions*"[619] und auch in der gesamten Richtlinie von „*functions*" gesprochen[620]. Auch sonst, in Bezug auf anderssprachige Ausführungen, ist eine Vielzahl von Abweichungen bezüglich der Benennung aufzufinden, so dass keine einheitliche Stringenz in den verschiedenen Formulierungen des Wortlautes zu erkennen ist[621]. Mit seiner Vielfalt von verschiedenen Formulierungen bietet der Blick auf den Wortlaut der Solvency-II Richtlinie somit keine Erkenntnis. Daher vermag nur ein Blickwechsel unter Berücksichtigung europarechtlicher Auslegungskriterien auf den Sinn und Zweck der Richtlinie erfolgsversprechend zu sein[622].

(2) Auslegung nach Sinn und Zweck

Bei Betrachtung des Erwägungsgrunds 35, so wie Art. 42 Abs. 1, 2 und Art. 44 Abs. 1 der Solvency-II Richtlinie in allen Sprachen, ist zu erkennen, dass entweder grundsätzlich begriffsgemäß von „*Schlüsselfunktionen*" ausgegangen wird oder in Bezug auf Art. 42 und 44 bei der Benennung selbiger differenziert wird[623].

---

616 Siehe oben, § 4 V. 1. lit. a) bb).

617 *Dreher*, VersR 2012, 933 (934).

618 Vgl. auch zu der Herausforderung der Methode durch das Sprachproblem im europäische Recht, *Röhl/Röhl*, Allgemeine Rechtslehre, § 77 S. 605.

619 EU-Richtlinie betreffend die Aufnahme und Ausübung der Versicherungs- und der Rückversicherungstätigkeit, englische Ausführung (Solvency II) vom 25.11.2009, ABL. L 335 vom 17.12.2009, S. 33.

620 Siehe auch *Dreher*, VersR 2012, 933 (934).

621 *Dreher*, VersR 2012, 933 (934); zu dieser Problematik auch *Riesenhuber* in Riesenhuber Europäische Methodenlehre, § 10 Rn. 14 f.

622 Vgl. *Riesenhuber* in Riesenhuber Europäische Methodenlehre, § 10 Rn. 15 ff., 41 ff.; *Neuner* in Riesenhuber Europäische Methodenlehre, § 13 Rn. 17.

623 *Bürkle*, WM 2012, 878 (883); *Dreher*, VersR 2012, 933 (934 f.).

Aus dieser Einheitlichkeit ist zu schließen, dass es der Solvency-II Richtlinie lediglich um die Bezeichnung der Bedeutsamkeit der spezifischen Schlüsselfunktionen geht[624]. Dabei soll nicht ein Tor zur differenzierenden Auslegung durch die Vermittlung verschiedener Inhalte geöffnet werden. Im Hinblick auf das Telos der verschiedensprachigen Normen ist anzunehmen, dass die terminologische Zweigleisigkeit für die inhaltliche Bedeutung irrelevant ist[625]. *„Schlüsselfunktionen“* und *„Schlüsselaufgaben“* haben eine einheitliche Bedeutung.

cc) Der Aufsichtsrat als Schlüsselfunktion

Nach Feststellung der begrifflichen Identität stellt sich die Frage, ob und wie Aufsichtsratsmitglieder unter den dogmatischen europarechtlichen Anknüpfungspunkt der *„Schlüsselaufgaben“* fallen[626]. Nach der Gesetzesbegründung zum VAG gelten mindestens die vier Funktionen[627] des Solvency-II Governance Systems als *„Schlüsselaufgabe“*[628]. Daneben sind laut Gesetzesbegründung auch andere Schlüsselaufgaben möglich, wenn sie für den *„Geschäftsbetrieb des Unternehmen von erheblicher Bedeutung“* sind. *„Außerdem“* würden Mitglieder des Aufsichtsrats *„andere Schlüsselaufgaben“* wahrnehmen[629]. Der deutsche Gesetzgeber differenziert also zwischen drei Gruppen, die unter *„andere Schlüsselaufgaben“* zusammengefasst werden: Mitarbeiter im Sinne der vier Governance-Funktionen, Personen die andere Aufgaben von erheblicher Bedeutung für das Unternehmen wahrnehmen und Aufsichtsratsmitglieder.

(1) Abschließendes Verständnis der gemeinschaftsrechtlichen Vorgaben?

(a) Die Bedeutsamkeit der Hervorhebung „anderer“ Schlüsselfunktionen

Dieser vom nationalen Gesetzgeber gewählte Ansatz ist erheblicher Kritik begegnet. So kann der Richtlinientext derart verstanden werden, dass der Schlüsselfunktionsbegriff abschließend auf das Governance-System im Sinne

---

624 *Dreher*, VersR 2012, 933 (934 f.).

625 *Dreher*, VersR 2012, 933 (934 ff.).

626 Dazu einleitend *Ernst*, Rechtsstaatlichkeit im Versicherungsrecht, S. 143 ff.

627 Nach Art. 13 Nr. 29 sind dies die Funktionen Risikomanagement, Compliance, Versicherungsmathematik und die interne Revisivon, Richtlinie Solvency II vom 25.11.2009.

628 Gesetzesentwurf eines Gesetzes zur Modernisierung der Finanzaufsicht über Versicherungen vom 22.10.2014, BT-Drs. 18/2956, S. 240.

629 Gesetzesentwurf eines Gesetzes zur Modernisierung der Finanzaufsicht über Versicherungen vom 22.10.2014, BT-Drs. 18/2956, S. 240.

der zweiten Solvency-II Säule beschränkt ist[630]. Normadressaten sind danach nur Personen, die in diesen Funktionen tätig sind. Hierfür soll der Wortlaut des Erwägungsgrundes 33 sprechen, der sich nur auf die vier aufgeführten Funktionen beschränke[631]. Auch sei im sonstigen Richtlinientext der Begriff „*Schlüsselfunktion*" nur im Zusammenhang mit den Governance-System-Funktionen aufgeführt[632]. Gegen eine solche Auslegung ist anzuführen, dass in Art. 42 der Richtlinie von „*anderen*" Schlüsselaufgaben gesprochen wird, was dafür spricht, dass neben den in Erwägungsgrund 33 aufgeführten Funktionen weitere Aufgabenbereiche existieren, die als Schlüsselfunktion definiert werden. Ein solches Verständnis verkennt nach *Dreher* die Bedeutung der Nennung von „*anderen*" Schlüsselaufgaben. Mit der in Art. 42 gewählten Wendung solle lediglich die besondere Wertigkeit der Schlüsselfunktionen neben der tatsächlichen Unternehmensleitung hervorgehoben werden, indem sie mit dieser gleichgestellt wird. Die Unternehmensleitung stelle ebenfalls – sinnbildlich – eine Schlüsselfunktion dar, jedoch keine im Sinne des Erwägungsgrundes 33[633].

Dagegen ist anzuführen, dass für die Notwendigkeit, eine hohe Bedeutsamkeit von Schlüsselfunktionen hervorzuheben, keine Ansatzpunkte ersichtlich sind. Art. 42 der Richtlinie nennt als Normadressaten lediglich die zwei aufgeführten Gruppen der *Unternehmensleitung* und der *Schlüsselfunktion*, gleichgestellt in einem zusammenhängenden Kontext. Es ist kein Grund erkennbar, warum diese Gruppen nicht dieselbe Bedeutsamkeit hätten, oder dass dieser Umstand verdeutlicht werden müsste. Zwar spricht die Richtlinie ausschließlich von Funktionen im Sinne des Governance-Systems. Diesem Wortlautargument kann jedoch zum einen entgegengehalten werden, dass die Richtlinie bezüglich des Wortlauts Klarheit und Stringenz vermissen lässt[634]. So wird im Art. 42 nicht, dagegen in Art. 47 Abs. 3 der Richtlinie dann wieder, zwischen Verwaltungs-, Management- und Aufsichtsorgan unterschieden. Warum eine solche Differenzierung nicht durchgängig innerhalb der Richtlinie eingehalten wird, ist nicht nachvollziehbar. Zum anderen wird bei Annahme einer lediglich sinnbildlichen Hervorhebung der Schlüsselfunktion nach *Dreher* umgekehrt auch die Unternehmensleitung

---

630 So *Bürkle*, VersWiss 2012, 493 (507 ff.); *Dreher*, VersR 2012, 933 (935, 937).

631 Ausführlich *Dreher*, VersR 2012, 933 (935, 937).

632 *Dreher*, VersR 2012, 933 (935 ff.).

633 *Dreher*, VersR 2012, 933 (935 ff.).

634 Kritisch auch *Dreher*, VersR 2012, 933 (935).

der Schlüsselfunktion gleichgestellt, soll jedoch widersprüchlich nicht als selbige im dogmatischen europarechtlichen Kontext gelten[635].

(b) Die Berücksichtigung des Aufsichtsorgans in Art. 246 Abs. 1 d der Solvency-II Richtlinie

Teilweise wird angeführt, dass sich die *Schlüsselfunktion* in Art. 42 nur auf die Governance-Funktionen bezieht, da abweichend in Art. 248 Abs. 1 d der Richtlinie das Aufsichtsorgan für die Gruppenaufsicht berücksichtigt wurde. Im Umkehrschluss sei davon auszugehen, dass eine solche Regelung daher bewusst für die Einzelunternehmensebene nicht gelten soll[636]. Dem ist zu entgegnen, dass aufgrund des nationalen Spartentrennungsgebots eine Konzernstruktur der Regelfall ist, so dass bei nationaler Anwendung faktisch durch Art. 248 Abs. 1 d in den meisten Fällen auch die Anforderungen des Art. 42 der Richtlinie für Aufsichtsorgane gelten[637].

(c) Rechtsstaatliche Bedenken bei weiter Auslegung des Schlüsselfunktionsbegriffs

Zuletzt wird für ein abschließendes Verständnis der Schlüsselfunktion aufgeführt, dass sich bei Nichtbeschränkung des Anwendungsbereiches erhebliche rechtsstaatliche Bedenken ergeben könnten. Die zum Teil unbestimmte Festsetzung der Kriterien könnte mitunter zu einer ausufernden Missstandsaufsicht führen[638]. Das Problem von unbestimmten Kriterien ist jedoch ein allgemeines, welches dem Regulierungsbedürfnis folgt, möglichst effektiv auf Einzelfallsachverhalte einzuwirken. Selbst bei einer beschränkenden Auslegung wird der BaFin durch den abstrakten Anforderungsbereich, der den Unternehmen eröffnet wird[639], die Möglichkeit gegeben ihren Eingriffsbereich sachwidrig zu überdehnen.

---

635 *Dreher*, VersR 2012, 933 (936).

636 *Grote/Schaaf*, VersR 2012, 17 (22); vgl. *Bürkle*, ZVersWiss 2012, 493 (510); a.A. *Pohlmann* in Düsseldorfer Vorträge zum VersicherungsR 2012, S. 38 ff.

637 *Bürkle*, ZVersWiss 2012, 493 (510).

638 *Dreher*, VersR 2012, 933 (936).

639 So billigt Erwägungsgrund 31 einen abstrakten Anforderungsbereich, Richtlinie Solvency II vom 25.11.2009; ebenso auch Gesetzesentwurf eines Gesetzes zur Modernisierung der Finanzaufsicht über Versicherungen vom 22.10.2014, BT-Drs. 18/2956, S. 240.

(2) Stellungnahme

(a) Sinn und Zweck der Richtlinienvorgabe

Angesichts des Richtlinienzwecks ist, unter Berücksichtigung der semantischen Unklarheiten, anzunehmen, dass eine einheitliche Funktionszuordnung auf das Governance-System vom Richtliniengeber nicht vorgesehen war und auch der Aufsichtsrat unter den Anwendungsbereich des Art. 42 der Richtlinie fällt. Bei Betrachtung der Motivation des Richtliniengebers, den Schutz des Versicherungsnehmers und des Anspruchsberechtigten (Erwägungsgrund 16) durch die Minimierung von Risiken (Erwägungsgrund 29) und die Überprüfung der Geschäftsstrategie im Hinblick auf die Solvabilität (Erwägungsgrund 36), ist es nicht ersichtlich, warum keine Qualifikationsanforderungen für Mitglieder eines Kontrollorgans wie den Aufsichtsrat festgesetzt werden sollten[640]. Denn gerade diesen treffen in der dualistisch ausgestalteten AG die Aufgabenzuteilung der Kontrolle des Vorstands und z.B. die Bildung von Prüfungsausschüssen[641]. In Anbetracht dessen ist davon auszugehen, dass der Richtliniengeber bei der Formulierung der Solvency-II Richtlinie übersehen hat, auf die Besonderheiten des in Deutschland geltenden dualistischen Systems einzugehen[642]. Für diese Annahme ist auch anzuführen, dass es in der Richtlinie keine Entsprechensklausel gibt, welche zumindest auf die verschiedenen Board-Systeme verweist oder eine Differenzierung klarstellt[643]. Hierfür spricht zudem, dass die duale Organisationsstruktur erst in der zeitlich späteren, nicht verbindlichen Level 3 CEIOPS Guideline, berücksichtigt wurde[644].

640 So ebenfalls *Grote/Schaaf*, VersR 2012, 17 (22); vgl. zur Bedeutsamkeit der gemeinschaftsrechtlichen Zielsetzung im Verhältnis zum nationalen Recht: *Langenbucher* in FS für Hopt, Band 2, S. 2185.

641 Vgl. § 107 Abs. 3 S. 2 AktG; in diesem Sinne auch *Bürkle* in FS für Lorenz 2014, S. 102 f.; siehe zur Überwachung des Vorstands bezüglich des Risikomanagementsystems nach § 91 Abs. 2 AktG, § 5 II 1. lit a).

642 So auch ausdrücklich *Dreher/Lange*, ZVersWiss 2011, 211 (221); *Hersch*, VersR 2016, 145 (151); vgl. dazu *Bürkle*, der von einer „*kryptischen Formulierung*" spricht, in Fahr/Kaulbach/Bähr/Pohlmann VAG, Solvabilität II Rn. 13; *Bürkle*, ZVersWiss 2012, 493 (495 f.); a.A. *Pohlmann* in Düsseldorfer Vorträge zum VersicherungsR 2012, S. 37.

643 So wie das bankenaufsichtsrechtliche Korrelat: Richtlinie CRD-IV vom 26.6.2013 in Erwägungsgrund 55.

644 Erstmals CEIOPS, Advice for Level 2 Implementing Measures on Solvency II: System Governance vom 10.2009, Ziff. 3.5.

Auch sonst enthalten die erlassenen Level-3 Leitlinien keine Hinweise, die zu abschließender Klarheit führen. Zwar werden die Anwendungsbereiche ausformuliert, jedoch ist dabei keine einheitliche Stringenz zu erkennen. So verlautete zuletzt die EIOPA, dass zu Schlüsselfunktionen auch Personen zählen, die *„für das Unternehmen mit Blick auf seine Geschäftstätigkeit und Organisation besonders wichtige Funktionen wahrnehmen“*[645]. Unter der Berücksichtigung, dass der Aufsichtsrat keine Geschäftsleitung (und keine Organisation des Geschäfts) wahrnimmt, erscheint es dabei vertretbar, ihm bei Berücksichtigung der Zustimmungsvorbehalte und zukunftsorientierten Beratungsfunktion, eine solche *„wichtige Funktion“* zuzusprechen und ihn somit unter die Schlüsselfunktion zu fassen. Diese Richtung deutete 2009 auch zuvor die CEIOPS an, indem der Anwendungsbereich einer Leitlinie sich auch auf den *„supervisory body“* bezog[646]. Die Leitlinien der CEIOPS aus den Jahren 2008 und 2007 boten wiederum kaum Auslegungsansätze, die für eine Berücksichtigung des Aufsichtsrats sprachen[647]. Hinsichtlich dieser Umstände ist festzustellen, dass die Level-3 Ausformungen der europäischen Aufsichtsbehörde, die eigentlich für Klarheit sorgen sollen, ihr Ziel – zumindest diesbezüglich – nicht erreicht haben.

(b) Aspekt der Vollharmonisierung

Zuletzt wird angeführt, es würde bei einer nicht abschließenden Auslegung das verfolgte Ziel der Vollharmonisierung durch die Solvency-II Richtlinie verfehlt werden[648]. Dem ist entgegenzusetzen, dass der Umstand einer europarechtlich nicht berücksichtigten Two-Tier-Boardorganisation dem Vollharmonisierungsgedanken ebenso widerspricht. Es ist nicht ersichtlich, wieso ein so bedeutsames Element wie das Kontrollorgan im dualistischen System, im Gegensatz zur Geschäftsleitung, nicht berücksichtigt werden sollte[649]. Hierfür

645 EIOPA, Leitlinien zum Governance-System vom 14.9.2015, Ziff. 1.4.

646 CEIOPS, Advice for Level 2 Implementing Measures on Solvency II: System Governance vom 10.2009, Ziff. 3.38.

647 CEIOPS, Implementing Measures on System of Governance vom 3.11.2008, Ziff. 5.2; CEIOPS, Risk Management and other Corporate Issues vom 17.7.2007, Ziff. 2.2.

648 *Dreher*, VersR 2012, 933 (936).

649 So auch *Grote/Schaaf*, VersR 2012, 17 (22); a.A. wohl *Dreher/Lange*, die davon ausgehen, dass der Aufsichtrat nicht im Wege der Richtlinie reguliert werden soll, jedoch die einschlägigen Rechtssätze aus der Richtlinie mediatisierend auf denselben übertragen werden, ZVersWiss 2011, 211 (221 f.); vgl. auch zum Umgang auf Gemeinschaftsebene mit den verschiedenen Organisationsstrukturen *Kaetzler/Hoops*,

kann auch Ziff. 1.5 der 2015 erlassenen EIOPA Leitlinie zur Governance angeführt werden. Demnach soll der Umfang der qualitativen Anforderungen und der Zuverlässigkeit „*darauf abzielen, Lücken zu vermeiden, bei denen für das Unternehmen wichtige Personen nicht berücksichtigt werden*“[650]. Schließlich geht aus der Solvency-II Richtlinie nicht hervor, dass der Vollharmonisierungsprozess eine Umstellung der gemeinschaftsinhärenten Gesellschaftsorganisationsstruktur, die bis dato beide Systeme zulässt, beinhaltet. Diese gewichtigen Gründe sprechen mithin dafür, den Aufsichtsrat, aufgrund seiner Stellung als Kontrollorgan im dualistischen System und dem damit einhergehenden Solvency-II Regelungszielen, als Element der Schlüsselfunktion nach Art. 42 der Solvency-II Richtlinie anzusehen[651]

b) Fachliche Eignung

aa) Vorgaben aus § 24 Abs. 1 S. 1 VAG

Aufsichtsratsmitglieder, welche unter den Begriff Schlüsselaufgaben bzw. der Schlüsselfunktion in Versicherungsunternehmen zugeordnet werden[652], müssen gemäß § 24 Abs. 1 S. 1 VAG fachlich geeignet sein. Selbige Eignung setzt gemäß § 24 Abs. 1 S. 1 VAG „*berufliche Qualifikationen, Kenntnisse und Erfahrungen voraus, die eine solide und umsichtige Leitung des Unternehmens gewährleisten*“. Die Bestimmung des Vorliegens solcher Qualifikationen, Kenntnisse und Erfahrungen[653] soll nach dem Willen des Gesetzgebers einzelfallabhängig erfolgen[654]. Die Qualifikationsvoraussetzungen gelten gemäß Art. 42 der Solvency-II Richtlinie

BKR 2013, 192 (197); siehe kritisch: *Raiser* und *Veil* zum transeuropäischen Angleichungsprozess, Kapitalgesellschaften, § 7 Rn. 9.

650 EIOPA, Leitlinien zum Governance-System vom 14.9.2015.

651 So auch im Ergebnis *Heukamp*, VersicherungsaufsichtsR nach Solvency II, § 3 Rn. 107; a.A. *Hersch*, Geschäftsleiter und Aufsichtsräte von Versicherungsunternehmen, S. 330 ff.

652 Siehe oben, § 4 V. 1. lit a) cc) (2).

653 Sog. „*Fit and Proper*“ Anforderungen, vgl. ausführlich *Dreher*, VersR 2012, 1061; *Gödeke*, VersR 2010, 10 (12).

654 Gesetzesentwurf eines Gesetzes zur Modernisierung der Finanzaufsicht über Versicherungen vom 22.10.2014, BT-Drs. 18/2956, S. 240; zum prinzipienbasierten Ansatz, der in der Solvency-II Richtlinie verfolgt wird, siehe, *Lüttring*, EuZW, 2011, 822 (823); vgl. auch *Weber-Rey*, ZGR 2010, 543 (563 ff); kritisch: *Bürkle*, VersR 2007, 1595; *Gödeke*, VersR 2010, 10 (16).

„jederzeit" ab Beginn des Mandats[655]. Insoweit wurde von dem bereits aus dem allgemeinen Aktienrecht, KWG und VAG bekannten institutsspezifischen Charakter der Qualifikationsanforderungen nicht abgewichen[656]. Weiterhin setzt damit der neue § 24 Abs. 1 S. 1 VAG die Bestimmungen der EU-Richtlinie Solvency-II um, welche *„Berufsqualifizierung, Kenntnisse und Erfahrungen"* voraussetzt, die ein solides Management gewährleisten[657]. Dabei wurde auch inhaltlich von den bisherigen Maßstäben an die fachliche Eignung im nationalen Recht, welche bisher nur für die Geschäftsleiter galten, nicht abgewichen[658]. Dies geht mit den Ausführungen im Rundschreiben der BaFin einher[659].

bb) Sachkundeanforderung nach § 7a Abs. 4 S. 1 VAG a.F.

Bisher war von Mitgliedern des Aufsichtsrats nach § 7a Abs. 4 S. 1 VAG a.F. lediglich die notwendige Sachkunde vorausgesetzt worden[660]. Dabei orientierten sich die inhaltlichen Voraussetzungen an der *Hertie-Rechtsprechung*[661]. Zwar hat auch eine allgemeine Forderung nach einer Professionalisierung die Versicherungsbranche erreicht[662]. So war im Rahmen des Gesetzgebungsverfahrens

---

655 So nun wohl auch die BaFin, welche ursprünglich von einer Schonfrist von sechs Monaten ausgegangen war: BaFin, Merkblatt zur Kontrolle der Mitglieder von Verwaltungs- und Aufsichtsorganen gemäß KWG und VAG vom 3.12.2012; dieser Standpunkt ist nach der eindeutigen Vorgabe in Art. 42 der Richtlinie nicht mehr haltbar: BaFin, Merkblatt zur fachlichen Eignung und Zuverlässigkeit von Verwaltungs- und Aufsichtsorganen gemäß VAG vom 23.11.2016, Ziff. II 1. lit. e.; dazu auch *Pohlmann* in Düsseldorfer Vorträge zum VersicherungsR 2012, S. 68.

656 Vgl. § 3 IV. 1. lit b).

657 Richtlinie Solvency II vom 25.11.2009, Art. 42 Abs. 1.; bemerkenswert ist, dass im Rahmen der Richtlinie und des § 24 VAG nur die Management- bzw. Leitungs- und nicht die Überwachungsaufgabe aufgeführt wird.

658 § 25c Abs. 1 S. 1 KWG, § 7a Abs. 1 S. 1 VAG a.F.

659 BaFin, Merkblatt zur fachlichen Eignung und Zuverlässigkeit von Geschäftsleitern gemäß VAG vom 23.11.2016, Ziff. II. 1.

660 Zu früheren Abweichungen im VAG, *Hasse*, VersR, 18 (22); *Dreher/Lange*, ZVersWiss 2011, 211 (215).

661 BGHZ 85, 293 (295 f.); *Hasse*, VersR 2010, 18 (23); *Hersch*, Geschäftsleiter und Aufsichtsräte von Versicherungsunternehmen, S. 203 ff., 208; *Krauel/Broichhausen*, VersR 2012, 823 (826); *Louven/Raapke*, VersR 2012, 257 (259); kritisch *Bürkle/Scheel* in Hdb. VersicherungsaufsichtsR, § 13 Rn. 42 f.; ebenso *Dreher*, VersR 2012, 1061 (1064 f.).

662 *Krauel/Broichhausen*, VersR 2012, 823 (825); vgl. *Louven/Raapke*: *„Appellfunktion"*, VersR 2012, 257 (259); ebenso *Hasse*: *„lediglich ein politisches Signal"*, VersR 2010, 18 (23).

ursprünglich die Anforderung der fachlichen Eignung für Aufsichtsräte in der Diskussion[663]. Von der Etablierung wurde jedoch weiterhin abgesehen[664]. Insoweit wurden die gleichen fachlichen Voraussetzungen wie im systematisch ähnlich strukturierten § 25d Abs. 1 S. 1 KWG und den allgemeinen aktienrechtlichen Grundsätzen angenommen. Mithin kann auf die dazu bereits getroffenen Ausführungen verwiesen werden[665]. Dabei muss besonders im Hinblick auf die institutsspezifische Auslegung der Versicherungsgeschäfte berücksichtigt werden, dass Komplexität und Umfang deutlich von den Sparten abhängen, in denen das Versicherungsunternehmen tätig ist[666].

cc) Festhalten an bisher geltenden fachlichen Anforderungen

Bezüglich der Anforderungsqualität soll sich jedoch nach Willen des Gesetzgebers keine Änderung zu den bisherigen Anforderungen der Sachkunde an Aufsichtsräte ergeben[667]. Als dogmatische Brücke wird hier der im Versicherungsrecht geltende Proportionalitätsgrundsatz herangezogen[668]. Dieser besagt, dass Vorgaben mit Berücksichtigung eines Angemessenheitsvorbehalts zu sehen sind[669]. Zu dem Rückgriff auf den Proportionalitätsgrundsatz sah sich der Gesetzgeber offenbar gezwungen, um erstens den prinzipienbasierten Regelungsansatz aus der Solvency-II Richtlinie umzusetzen[670] und zweitens, da

---

663 Entwurf eines Gesetzes zur Stärkung der Finanzmarkt- und Versicherungsaufsicht, BT-Drs. 16/12783, S. 8, 18.

664 Stellungnahme des Bundesrates zum Entwurf eines Gesetzes zur Stärkung der Finanzmarkt- und Versicherungsaufsicht, BT-Drs. 16/13113 S. 2 f.; dazu *Berger*, VersR 2010, 422 (423 f.); *Hasse*, VersR 2010, 18 (23); ausführlich *Hersch*, Geschäftsleiter und Aufsichtsräte von Versicherungsunternehmen, S. 173 ff.

665 Siehe oben,§ 2 II. 1. und § 3 IV. 1.

666 *Bürkle/Scheel* in Hdb. VersicherungsaufsichtsR, § 13 Rn. 37.

667 Gesetzesentwurf eines Gesetzes zur Modernisierung der Finanzaufsicht über Versicherungen vom 22.10.2014, BT-Drs. 18/2956, S. 240; *Louven/Raapke*, VersR 2012, 257 (260); kritisch *Bürkle*: *„Es ist schon erstaunlich, wie hier mit einer nichts sagenden, lapidaren „Begründung" hergeleitet wird, dass eine signifikante Änderung im Wortlaut einer Norm unverändert zu einem identischen Ergebnis führen soll"*, ZVersWiss 2012, 493 (512).

668 BaFin, Merkblatt zur fachlichen Eignung und Zuverlässigkeit von Verwaltungs- und Aufsichtsorganen gemäß VAG vom 23.11.2016, Ziff. II. 1.; *Wunderberg*, Compliance, S. 85 ff.

669 *Krauel/Broichhausen*, VersR 2015, 1189 (1194).

670 So auch *Louven/Raapke*, VersR 2012, 257 (260).

im Gegensatz zu CRD-IV die Solvency-II Richtlinie primär auf das One-Tier-Boardsystem ausgerichtet ist und nicht auf das in Deutschland geltende Two-tier Boardsystem eingeht[671]. Ansatzpunkte, die Hinweise darüber geben, wieso die verschiedenen Tier-Systeme nicht berücksichtigt wurden, entweder durch einen entsprechenden Hinweis oder eine mögliche „*Opt-Out-Klausel*“[672], sind nicht zu finden[673].

(1) Stellungnahme

Gegen die Annahme der Anforderung von fachlicher Kenntnis ist anzuführen, dass diese berufliche Erfahrung voraussetzt und somit dem historisch dogmatischen Charakter des Aufsichtsrats als Nebenamt[674] widerspricht. Zudem ergeben sich durch die fachliche Gleichstellung von Aufsichtsrats- und Vorstandsmitgliedern auf nationaler Gesetzesebene Probleme, die Mandatsbegrenzung von Aufsichtsräten mit ehemaligen Vorstandsmitgliedern in Einklang zu bringen[675]. Weiterhin würde eine Anwendung der fachlichen Kenntnis den Vorgaben des MitbestG widersprechen, indem unterqualifizierte Arbeitnehmer ausgeschlossen werden müssten[676]. Zwar wird im Rahmen der BaFin Merkblätter die fachliche Eignung für Arbeitnehmervertreter im Aufsichtsrat regelmäßig angenommen[677]. Diese Praxis widerspricht gleichwohl den aktienrechtlichen Vorgaben, die nicht zwischen Anteilseignervertretern und Arbeitnehmervertretern unterscheiden[678]. Zudem ist der Aufsichtsrat nicht mit dem Vorstand gleichzustellen, insoweit sollten auch nicht dieselben fachlichen Anforderungen gelten[679]. Für eine

---

671 Vgl. *Dreher/Lange*, ZVersWiss 2011, 211 (221); im Gegensatz verweist im Bankenaufsichtsrecht die Richtlinie CRD-IV vom 26.6.2013 in Erwägungsgrund 55 auf die Berücksichtigung des dualistischen Systems.

672 Vielmehr soll von Modifikationsrechten der Mitgliedsstaaten, auch dem sog. „*gold plating*“ abgesehen werden, vgl. *Wandt/Sehrbrock* in Solvency II in der Rechtsanwendung 2009, S. 5 f.

673 Vgl. *Dreher*, VersR 2012, 933 (936).

674 Siehe oben, § 1 II. 1. lit. b).

675 *Grote/Schaaf*, VersR 2012, 17 (22).

676 So auch *Grote/Schaaf*, VersR 2012, 17 (22).

677 BaFin, Merkblatt zur fachlichen Eignung und Zuverlässigkeit von Verwaltungs- und Aufsichtsorganen gemäß VAG vom 23.11.2016, Ziff. II. 1. lit. b).

678 *v. Schenck* in Semler/v. Schenck Arbeitshdb. für Aufsichtsratsmitglieder, § 1 Rn. 38.

679 Vgl. dazu *Peltzer*, NZG 2011, 281.

Beibehaltung bisheriger Standards spricht auch, dass das Festsetzen der Sachkundeanforderung für Aufsichtsräte sich bereits als ausreichend erwiesen hat[680]. Eine Verschärfung der Sachkundeanforderung war zudem bereits in der Diskussion doch zuletzt hatte sich der Gesetzgeber dagegen entschieden[681]. Außerdem kann aufgeführt werden, dass ein gleichbleibender Sachkundestandard des VAG den Zielen der Solvency-II Richtlinie[682] nicht widerspricht oder diesen zuwider läuft. Gerade in Deutschland kann aufgrund eines, in dieser Hinsicht von seiner Intensität einzigartigen[683], aufsichtsrechtlichen Systems durch die BaFin die Wahrnehmung der Richtlinienzielsetzung gewährleistet werden. Somit ist eine europarechtlich nicht vorgesehene Abweichung unter der Berücksichtigung der nationalen Gesellschaftstruktur und deren aufsichtsrechtlichen Ausprägungen hinnehmbar[684].

Im Ergebnis spricht viel dafür, die fachlichen Anforderungen für Aufsichtsräte nach § 24 Abs. 1 S. 1 VAG gemäß des bisher geltenden Sachkundemaßstabs gleichzusetzen[685]. Jedoch muss die Gesamtheit des Aufsichtsorgans dabei die notwendigen Kompetenzen, Fähigkeiten und Erfahrungen mit sich bringen, die ein umsichtiges Management voraussetzt[686]. Es ist nicht darüber hinwegzusehen, dass sich die spezifischen Anforderungen im Lichte der europäischen Angleichung in Zukunft stetig ausprägen und der damit einhergehende Standard der fachlichen Qualifikation steigen wird[687].

---

680 *Grote/Schaaf*, VersR 2012, 17 (22); auch kann diesbezüglich ins Feld geführt werden, dass die Versicherungsbranche nicht im gleichen Ausmaß wie die Bankenwirtschaft ausschlaggebend für die letzte Finanzkrise gewesen ist. Noch strengere Anforderungen erscheinen im Verhältnis zum KWG nicht notwendig.

681 Siehe oben, § 2 II. 1. und § 3 IV 1. lit c).

682 Siehe oben, § 4 V 1. lit. a) cc) (2) (a).

683 *Dreher*, VersR 2011, 825 (831).

684 So auch *Krauel/Broichhausen*, VersR 2012, 823 (827); *Leyens/Schmidt*: *„intransparent aber regelungstechnisch möglich“*, AG 2013, 533 (540); *Pohlmann* in Düsseldorfer Vorträge zum VersicherungsR 2012, S. 71; vgl. den Vorschlag des Gesamtverband der deutschen Versicherungswirtschaft e.V., Stellungnahme zum Referentenentwurf des Zehnten Gesetzes zur Änderung des Versicherungsaufsichtsgesetzes (VAG) vom 20.9.2011, S. 26.

685 So im Ergebnis auch *Hersch*, VersR 2016, 145 (151).

686 *Krauel/Broichhausen*, VersR 2012, 823 (824).

687 *Dreher/Lange*, ZVersWiss 2011, 211 (220 f.); m.w.N. *Hersch*, VersR 2016, 145 (153 f.).

(2) Problematik im Zusammenhang mit dem Proportionalitätsgrundsatz

Nach dem Wortlaut der Solvency-II Richtlinie und des neuen VAG müssten aufgrund fehlender begrifflicher Differenzierung Vorstand und Aufsichtsratsmitglieder fachlich gleich behandelt werden, da eine einheitliche fachliche Eignung in Art. 42 Abs. 1 der Richtlinie vorausgesetzt wird. Mithin sprechen jedoch systematische Aspekte des nationalen Gesellschaftsrechts für ein Festhalten an dem bisher geltenden Sachkundestandard[688].

Auch der nationale Gesetzgeber geht in der Begründung zu § 24 Abs. 1 VAG davon aus, dass für Aufsichtsräte nicht zwingend der höhere Standard der fachlichen Eignung gelten muss. Der nationale Gesetzgeber vollzieht in methodischer Hinsicht eine Differenzierung der fachlichen Anforderungen für Vorstände, Mitarbeiter der Governance-Funktionen und Aufsichtsräte durch den Proportionalitätsgrundsatz[689]. Der Grundsatz der Proportionalität ist unter anderem in Art. 29 Abs. 3 der Solvency-II Richtlinie normiert[690]. Danach müssen *„die Vorschriften […] auf eine Art und Weise angewandt werden, die der Wesensart, dem Umfang und der Komplexität der Risiken angemessen ist, die mit der Tätigkeit des Versicherungs- oder des Rückversicherungsunternehmens einher gehen“*[691]. Unklar ist, ob in methodischer Hinsicht ein solcher Ansatz geeignet ist, die Sachkundeanforderung für Kontrollorgane zu begründen[692]. Art. 29 Abs. 3 bezieht sich auf die einzelfallgerechte Betrachtung individueller Unternehmensstrukturen[693]. Dass dem Aufsichtsrat jedoch im Hinblick auf die fachliche Qualifizierung eine andere Bewertung als der des Vorstands gebührt, ergibt sich indessen nicht aus einer unternehmensspezifischen, sondern aus der übergeordneten

688 Siehe oben, § 4 V 1. lit. b) cc) (1).

689 Gesetzesentwurf eines Gesetzes zur Modernisierung der Finanzaufsicht über Versicherungen vom 22.10.2014, BT-Drs. 18/2956, S. 240.

690 Richtlinie Solvency II vom 25.11.2009; *Wolf*, VersR 2013, 678 (681).

691 Richtlinie Solvency II vom 25.11.2009.

692 Kritisch: *Louven/Raapke*: *„Die insoweit befürchtete Rechtsunsicherheit aufgrund unterschiedlicher Auslegung des Begriffs der „fachlichen Eignung“, wird von dem Gesetzgeber bewusst in Kauf genommen […], da er die Vereinheitlichung damit begründet, dass es unter Geltung des Verhältnismäßigkeitsgrundsatzes ohnehin keine absoluten, für alle betroffenen Personen gleichen Anforderungen an die fachliche Eignung gibt, sondern diese den konkreten Umständen des Einzelfalls Rechnung zu tragen haben“*, VersR 2012, 257 (260); ebenso *Bürkle*, ZVersWiss 2012, 493 (512 f.).

693 Dazu *Wandt/Sehrbrock* in Solvency II in der Rechtsanwendung 2012, S. 21 ff.; vgl. auch *Grote/Schaaf*, VersR 2012, 17 (20).

organisationssystematischen Besonderheit des nationalen Gesellschaftsrechts, dem Two-Tier-Boardsystem. Insoweit ist nicht anzunehmen, dass der Rückgriff auf den unternehmensbezogenen Proportionalitätsgrundsatz im vorliegenden Fall methodisch passend oder sinngemäß ist. Weitergehend sind, jedenfalls so wie es aus der Solvency-II Richtlinie hervorgeht, lediglich die Aufsichtsbehörde und das dahinter angeordnete Versicherungsunternehmen Adressaten der Regelung[694]. Auch im Hinblick auf die Zielsetzung der Solvency-II Richtlinie, der Vollharmonisierung[695], ist ein solcher Ansatz nicht schlüssig. Dass dem Gesetzgeber auf nationaler Ebene im Wege des Proportionalitätsgrundsatzes die Möglichkeit eröffnet werden sollte, grundlegende und unternehmensunabhängige Abweichungen zuzulassen, lässt sich mit dem Vollharmonisierungsgedanken nicht vereinbaren[696]. Vielmehr sollen nach Erwägungsgrund 2 der Solvency-II Richtlinie gemeinschaftsinterne Divergenzen auf Rechtsanwenderseite beseitigt werden. Erkennbar ist, dass der Rückgriff auf den Proportionalitätsgrundsatz in diesem Fall europarechtlich nicht vorgesehen ist[697]. Infolgedessen müsste an den Aufsichtsrat die gleiche fachliche Anforderung gestellt werden, wie sie auch für den Vorstand gilt. Zudem ist anzuführen, dass der nationale Gesetzgeber die *„fachliche Eignung“* als autonomen Begriff des Unionsrechts nur nach europarechtlichen Grundsätzen interpretieren[698] und verwenden darf[699]. Der vom nationalen Gesetzgeber durch die Gesetzesbegründung zum 10. VAG-Änderungsgesetz[700] angenommene Sachkundestandard für Aufsichtsratsmitglieder verstößt gegen das Bestimmtheitsgebot[701]. Denn aus § 24 Abs. 1 S. 1 VAG geht nicht, wie vom Bundesverfassungsgericht gefordert[702], aus der Interpretation des

694 Vgl. *Dreher*, VersR 2013, 929 (936 f.).

695 *Dreher/Lange*, VersR 2011, 825.

696 Siehe auch *Bürkle*, WM 2012, 878 (879 f.).

697 So auch *Bürkle*, ZVersWiss 2012, 493 (513 f.).

698 *Dreher/Lange*, VersR 2011, 825 (823).

699 *Bürkle*, ZVersWiss 2012, 493 (513 f.); vgl. dazu auch *Dreher/Lange*, ZVersWiss 2011, 211 (220 ff.).

700 Gesetzesentwurf eines Gesetzes zur Modernisierung der Finanzaufsicht über Versicherungen vom 22.10.2014, BT-Drs. 18/2956, S. 240.

701 *Bürkle*, ZVersWiss 2012, 493 (513 f.); vgl. *Leyens/Schmidt*, AG 2013, 533 (540); hierbei könnte jedoch eine grundsätzliche Problematik in Bezug auf den prizinpienorientierten Ansatz der Vollharmonisierung vorgebracht werden.

702 Zum Bestimmtheitsgrundsatz: BVerfG, VersR 2005, 1109 (1122); vgl. BVerfGE 110, 33 (56 f.); BVerfGE 108, 52 (75); BVerfGE 86, 288 (311); BVerfGE 83, 130 (145).

Wortlauts hervor, dass für Aufsichtsräte der Begriff der fachlichen Eignung mit dem der Sachkunde gleichzusetzen ist. Der deutsche Gesetzgeber bezieht sich mithin bei der Umsetzung der Solvency-II Richtlinie dogmatisch unzulässig auf das Proportionalitätsprinzip. Eine derartige[703] Differenzierung ist jedoch im Ergebnis aus den aufgeführten Gründen sachgerecht[704].

2. Zuverlässigkeit

Nach § 24 Abs. 1 VAG müssen Aufsichtsratsmitglieder zuverlässig sein. Wie schon im KWG[705] wird der Begriff der Zuverlässigkeit nicht legal definiert[706]. Die Gesetzesbegründung gibt lediglich vor, dass in Bezug auf die persönliche Zuverlässigkeit für alle Personen im Anwendungsbereich des § 24 VAG die gleichen Anforderungen zu stellen sind[707]. Dabei soll das individuelle Risikoprofil nicht berücksichtigt werden[708].

Im Hinblick auf die richtungsweisende Solvency-II Richtlinie sind ebenso keine weiterreichenden Ansatzpunkte erkennbar[709]. Die persönliche Zuverlässigkeit von Aufsichtsratsmitgliedern wird in europarechtlicher Hinsicht angenommen, wenn die sogenannten *„fit and proper"* Voraussetzungen gegeben, also die Aufsichtsratsmitglieder *„zuverlässig und integer"* sind[710]. Was genau unter dieser Zuverlässigkeit verstanden wird, gibt die Richtlinie nicht zu erkennen. Auch die europäischen Aufsichtsbehörden haben sich im Rahmen ihrer Leitlinien hierzu nicht eingehend geäußert. Folglich ist auf die bisher geltenden nationalen Zuverlässigkeitskriterien zurückzugreifen, welche bereits im Rahmen des § 7a Abs. 4 S. 1 VAG a.F. Anwendung fanden[711]. Dabei wird, ebenso wie im

---

703 In diesem Sinne kann auch auf die Kritik von *Raiser* und *Veil* zur Angleichung und dem Wettbewerb der Rechtsordnungen hingewiesen werden, *Raiser/Veil*, Kapitalgesellschaften, § 7 Rn. 9 ff.

704 Siehe oben, § 4 V 1. lit. b) cc) (1).

705 Siehe oben,§ 3 IV. 2; vgl. *Winter*, Winter VersicherungsaufsichtsR, S. 692 ff.

706 *Louven/Rapke* gehen dabei von einer Bemessung des Kriteriums der für Geschäftsleiter geltenden charakterlichen Eignung i.S.d. § 7a Abs. 1 S. 1 VAG a.F. aus, VersR 2012, 257 (259); *Berger*, VersR 2010, 422 (424 f.).

707 So auch *Hersch*, Geschäftsleiter und Aufsichtsräte von Versicherungsunternehmen, S. 170.

708 So auch CEIOPS, Advice for Level 2 Implementing Measures on Solvency II: System Governance vom 10.2009, Ziff. 3.43.

709 *Bürkle*, ZVersWiss 2012, 493 (501).

710 Richtlinie Solvency II vom 25.11.2009, Art. 42 Abs. 1.

711 So auch *Louven/Raapke*, VersR 2012, (257) (260); vgl. *Hasse*, VersR 2010, 18 (23), der die Zuverlässigkeit auf das Fehlen einer strafrechtlichen Verurteilung beschränkt.

KWG, der Zuverlässigkeitsbegriff weitgehend gewerberechtlich verstanden[712] und ihm ein öffentlich rechtlicher Charakter zugesprochen. Nach der herkömmlichen gewerberechtlichen Definition aus § 35 Abs. 1 S. 1 GewO liegt Unzuverlässigkeit vor, wenn der Gewerbetreibende keine Gewähr dafür bieten kann, dass er in Zukunft sein Gewerbe ordnungsgemäß ausüben wird[713]. Hierbei kann jedoch nicht prima facie auf einen abschließenden gewerberechtlichen Charakter geschlossen werden[714]. So wird von der BaFin auch der gesellschaftsrechtlich vorgeprägte Aspekt der Unabhängigkeit mit dem Zulässigkeitsbegriff verknüpft. In ihren Merkblättern für Aufsichtsräte werden dabei regelmäßig mögliche Interessenkonflikte für die Bewertung der Zulässigkeit einbezogen[715]. Auch kann aufgrund des besonders engen Regulierungsansatzes im Aufsichtsrecht, die wertungsgebende Hinzuziehung aktienrechtlicher Bestellungshindernisse wie § 76 Abs. 3 Nr. 3 AktG gerechtfertigt sein[716]. Unter Berücksichtigung der aufgeführten Wertungsquellen ist annehmbar, dass Unzuverlässigkeit nach dem VAG jedenfalls dann vorliegt, wenn persönliche Umstände vorliegen, welche nach allgemeiner Lebenserfahrung die Annahme rechtfertigen, dass die sorgfältige und ordnungsgemäße Wahrnehmung des Aufsichtsratsmandats gefährdet sei. Dabei müssen bei der Einzelfallbetrachtung die individuellen in der Person liegenden Faktoren des Aufsichtsratsmitglieds im Vordergrund stehen und nicht die Ausgestaltung des Versicherungsunternehmens, insbesondere dessen prägendes Risikoprofil.

Jedoch scheint schon unter Berücksichtigung des Proportionalitätsgrundsatzes ein solcher Ansatz zu eng.

712 *Berger*, VersR 2012, 422 (424); *Berger*, VersR 2010, 422 (424); *Hersch*, Geschäftsleiter und Aufsichtsräte von Versicherungsunternehmen , S. 46, 170; *Kaulbach/Pohlmann* in Fahr/Kaulbach/Pohlmann/Bürkle VAG, § 7a a.F. Rn. 4, 35; vgl. *Bürkle/Scheel* in Hdb. VersicherungsaufsichtsR, § 13 Rn. 36; kritisch bezüglich einer rein gewerberechlichen Betrachtung: *Pohlmann* in Düsseldorfer Vorträge zum VersicherungsR 2012, S. 72 ff.

713 Statt vieler: *Berger*, VersR 2012, 422 (424); *Marcks* in Landmann/Rohmer GewO, § 35 Rn. 29.

714 Vgl. *Pohlmann* in Düsseldorfer Vorträge zum VersicherungsR 2012, S. 72 ff.

715 BaFin, Merkblatt zur fachlichen Eignung und Zuverlässigkeit von Verwaltungs- und Aufsichtsorganen gemäß VAG vom 23.11.2016, Ziff. II. 2.

716 *Berger*, VersR 2010, 422 (425); *Bürkle/Scheel* in Hdb. VersicherungsaufsichtsR, § 13 Rn. 36; a.A. *Hersch*, Geschäftsleiter und Aufsichtsräte von Versicherungsunternehmen, S. 171; *Hopt/Roth* in Großkomm AktG, § 100 Rn. 19.

VI. Inkompatibilität und Mandatsobergrenze nach dem VAG

1. Inkompatibilität

Nach § 24 Abs. 4 S. 1 VAG kann nicht Mitglied des Aufsichtsorgans sein, wer Geschäftsleiter des Unternehmens war, wenn bereits zwei ehemalige Geschäftsleiter des Unternehmens Aufsichtsratsmandate innehaben. Diese Vorgaben entsprechen dem bisherigen § 7a Abs. 4 S. 3 VAG a.F. und sollen primär Interessenkonflikten vorbeugen. Diese können sich ergeben, wenn ehemalige Geschäftsleiter ihr eigenes Schaffen kontrollieren. Daneben sollen Mandatsbeschränkungen sekundär einen angebrachten Zeitaufwand gewährleisten[717]. Die Regelung ist zwingend und besteht eigenständig neben den Vorgaben aus § 100 Abs. 2 S. 1 Nr. 4 AktG[718].

2. Mandatsbeschränkung

Auch für Aufsichtsräte von Versicherungsunternehmen ist eine Höchstmandatszahl festgelegt. § 24 Abs. 4 S. 2 VAG legt eine Mandatsbeschränkung bei fünf Kontrollmandaten in Unternehmen fest, die unter der Aufsicht der Bundesanstalt stehen[719] und knüpft dabei an die DCGK Empfehlungen vom 26.5.2010[720] an[721]. Sinn und Zweck der Beschränkung ist es, der abstrakten Gefahr von Interessenkonflikten zu begegnen und die Effizienz der Aufsichtstätigkeit zu unterstützen[722]. Dabei wird die deutlich engere Mandatsbegrenzung von höchstens fünf Mandaten gegenüber den nach § 100 Abs. 2 S. 1 Nr. 1 AktG zulässigen zehn Mandaten damit begründet, dass die unter staatlicher Aufsicht stehenden

---

717 Vgl. Entwurf eines Gesetzes zur Stärkung der Finanzmarkt- und Versicherungsaufsicht vom 27.4.2009, BT-Drs. 16/12783, S. 18; *Laars*, Laars VAG, § 7a Rn. 5.

718 *Hersch*, Geschäftsleiter und Aufsichtsräte von Versicherungsunternehmen, S. 314 f.

719 Zu der Frage ob auch Mandate in fakultativen Aufsichtsräten zu berücksichtigen sind: *Hasse*, VersR 2010, 18 (25).

720 Von abweichend höchstens drei Mandaten ausgehend, Regierungskommission DCGK, DCGK vom 26.5.2010, Ziff. 5.4.5.; vgl. auch Regierungskommission DCGK, DCGK vom 7.2.2017, Ziff. 5.4.5; kritisch *Mutter/Kruchen*: „*Diese Dualität mag man wegen mangelnder Harmonisierung kritisieren, sie stellt die Praxis aber nicht vor große Schwierigkeiten*", VersR 2011, 48 f.

721 Beschlussempfehlung zum Entwurf eines Gesetzes zur Stärkung der Finanzmarkt- und Versicherungsaufsicht vom 1.7.2009, BT-Drs. 16/13684, S. 32; vgl. auch Regierungskommission DCGK, DCGK vom 7.2.2017, Ziff. 5.4.5.

722 Beschlussempfehlung zum Entwurf eines Gesetzes zur Stärkung der Finanzmarkt- und Versicherungsaufsicht vom 1.7.2009, BT-Drs. 16/13684, S. 32.

Unternehmen der Finanz- und Versicherungsbranche eine besondere Bedeutung für die Finanzmarktstabilität haben und eine höhere Komplexität aufweisen[723]. Zuletzt sind, wie auch schon im allgemeinen Aktienrecht, Aufsichtsratsmandate in ausländischen Unternehmen zu berücksichtigen[724].

3. Privilegierung von Versicherungs- und Unternehmensgruppen

Spiegelbildlich zu den Mandatsbeschränkungsvorschriften im AktG und KWG ist auch im VAG ein Ausnahmetatbestand normiert[725]. So werden bei Berücksichtigung der für die Höchstzahl zu zählenden Mandate solche als ein Mandat zusammengezählt, welche bei Unternehmen der gleichen Versicherungs- oder Unternehmensgruppe anfallen (§ 24 Abs. 4 S. 2 2. Hs. VAG)[726]. Bei der Frage, ob ein Unternehmen in die gleiche Versicherungs- oder Unternehmensgruppe gehört, ist aufgrund des Verweises in der Gesetzesbegründung auf die Begründung des Finanzausschusses zu § 36 Abs. 3 KWG a.F.[727] eine wirtschaftliche Betrachtungsweise anzusetzen[728]. Die Möglichkeit einer solchen Privilegierung hat vor allem in der durch die Spartentrennung geprägten Versicherungsbranche erhebliche praktische Bedeutung. Da nach § 8 Abs. 4 VAG Lebens-, Kranken- und Schadens- und Unfallversicherung jeweils in eigenständigen Unternehmen[729] betrieben werden müssen, setzen sich häufig Versicherungsgruppen aus einer Vielzahl von der BaFin kontrollierten verbundenen Gesellschaften mit Aufsichtsräten zusammen[730]. Weil die Privilegierung Aufsichtsratsmitgliedern die

---

723 Entwurf eines Gesetzes zur Stärkung der Finanzmarkt- und Versicherungsaufsicht vom 27.4.2009, BT-Drs. 16/12783, S. 18; *Louven/Raapke*, VersR 2012, 257 (259).

724 siehe hierzu hinsichtlich des AktG und KWG schon ausführlich oben, § 2 III 1. lit c) und § 3 V. 2. lit. a) aa); a.A.: *Ernst*, Rechtsstaatlichkeit im Versicherungsrecht, S. 131; *Hasse*, VersR 2011, 18 (25); *Mutter/Kruchen*, VersR 2011, 48.

725 Ein solches Privileg war in dem ursprünglichen Regierungsentwurf zum § 7a Abs. 4 S. 3 Nr. 2 VAG a.F. noch nicht vorgesehen. Siehe dazu Gesetzesentwurf eines Gesetzes zu Stärkung der Finanzsmarkt- und Versicherungsaufsicht vom 27.4.2009, BT-Drs. 16/12783, S. 8 und 18.

726 Der Begriff der Versicherungs- und Unternehmensgruppe ist in § 7 Nr. 13, 33 VAG bestimmt.

727 Beschlussempfehlung zum Entwurf eines Gesetzes zur Stärkung der Finanzmarkt- und Versicherungsaufsicht vom 1.7.2009, BT-Drs. 16/13684, S. 31.

728 *Hasse*, VersR 2010, 18 (25).

729 Diese wiederum müssen nach § 8 Abs. 2 VAG als AG, SE, VVaG oder Anstalten und Körperschaften des öffentlichen Rechts ausgestaltet sein.

730 *Bürkle/Scheel* in Hdb. VersicherungsaufsichtsR, § 13 Rn. 27, 30; *Dreher* in FS für Lorenz 1994, S. 177.

Wahrnehmung einer Vielzahl an Mandaten innerhalb einer Versicherungs- und Unternehmensgruppe ermöglicht, kann somit ein fachlich geeignetes und mit dem Unternehmen kundiges Aufsichtsratsmitglied eine den gesamten Betrieb erfassende Kontrolle vornehmen[731].

VII. Zusammenfassung

Das Geschäftsfeld eines Versicherungsunternehmens beinhaltet die Risikoallokation des Kapitals der Versicherungsnehmer. Dieses soll primär nach dem VAG geschützt werden. Um die Arbeit der Aufsichtsräte von Versicherungsunternehmen zu verbessern, wurden weitreichende Änderungen auf europarechtlicher Ebene im Rahmen der Corporate Governance beschlossen. Eine Vollharmonisierung des gesamten Versicherungsaufsichtsrechts wird gemeinschaftsrechtlich angestrebt. Der erhebliche Einfluss auf die nationale Gesetzgebung äußert sich unter anderem in einem prinzipienorientierten Regelungsansatz[732], der dem national etablierten regelungsbasierten Ansatz entgegensteht. Erhebliche Probleme bei der Abstimmung zwischen europäischem und nationalem Recht ergeben sich bei den Anforderungen an die fachliche Qualifikation von Aufsichtsräten. Auf europäischer Ebene wird weitgehend von einer monistischen Gesellschaftsstruktur ausgegangen. Dementsprechend sind Ausführungen zu fachlichen Anforderungen für Aufsichtsräte nur punktuell angesprochen. In dieser Hinsicht ist festzustellen, dass die terminologische Einordnung von *Schlüsselfunktionen* und *Schlüsselaufgaben* im Rahmen der Solvency-II Richtlinie zu demselben Ergebnis kommt. Der Aufsichtsrat fällt weiterhin unter den Begriff der *Schlüsselfunktion* bzw. der *Schlüsselaufgabe* und ist somit im Bereich der fachlichen Qualifikation reguliert. Entgegen des Wortlauts der Solvency-II Richtlinie und dem des VAG sind die Anforderungen an die fachliche Kenntnis – wegen der Zielsetzung der

731 Vgl. hierzu die die Ausführungen des Gesetzgebers zu den Geschäftsleitern: „*Die Erscheinungsbilder von Unternehmensgruppen, an denen Versicherungsunternehmen beteiligt sind, sind sehr heterogen. […] Aus Gründen der Effizienz, der Qualität der Arbeit und um eine ganzheitliche Steuerung im Interesse der Begünstigten zu gewährleisten, soll es möglich sein, dass eine Person Vorstand sämtlicher Versorgungseinrichtungen des Konzerns bzw. der Unternehmensgruppe ist.*“, Beschlussempfehlung zum Entwurf eines Gesetzes zur Stärkung der Finanzmarkt- und Versicherungsaufsicht, BT-Drs. 16/13684 vom 1.7.2009, S. 31.

732 *Marcelli*, Governance-System Solvency II, S. 17 f.; vgl. *Ernst*, die anführt, dass sich „*im VAG ungewöhnlich viele unbestimmte Rechtsbegriffe sammeln, die zudem durch die Tatsache, dass sie sich auch noch gegenseitig in Bezug nehmen, weiter an Kontur verlieren*“, Rechtsstaatlichkeit im Versicherungsrecht, S. 136.

Richtlinie, einer Effektivitätssteigerung der Kontrollfunktion – dabei nicht am Standard der *fachlichen Eignung*, sondern an dem der *Sachkunde* festzusetzen. Bei der Begründung der Sachkundeanforderung greift der Gesetzgeber auf den aus der Solvency-II Richtlinie hervorgehenden Proportionalitätsgrundsatz zurück. Dies ist angesichts europa- und verfassungsrechtlicher Bedenken kritisch zu bewerten. Zuverlässigkeits- und Inkompatibilitätsregelungen für Aufsichtsräte sind gleichsam wie im KWG ausgestaltet, so dass bei letzteren die gleichen Probleme wie im AktG hervortreten[733]. Allerdings besteht die Besonderheit, dass im Versicherungsaufsichtsrecht aufgrund des Spartentrennungsgrundsatzes den Regelungen von Mehrfachmandaten besondere Bedeutung zukommt.

733 Siehe oben, § 3 IV. 2., V. und § 2 III.

§ 5 Die aufsichtsrechtliche Einflussnahme im Rahmen der Anforderungen an Aufsichtsräte von Kreditinstituten und Versicherungsunternehmen

I. Schnittstellen von Aufsichts- und allgemeinem Aktienrecht

Die übergreifenden wechselseitigen Beziehungen zwischen AktG, KWG und VAG werden von vielfältigen Faktoren geprägt. Dabei zeichnen nationale und internationale, zivil- und öffentlichrechtliche, so wie aufsichts- und gesellschaftsrechtliche Prinzipien das Gesamtbild, so dass eine systematische Strukturierung sich deutlich schwieriger darstellt, als prima facie anzunehmen ist. Eine allgemeine Einheitlichkeit der Systematik anzustreben ist illusorisch und würde den Rahmen der Arbeit sprengen[734]. Daher soll im Folgenden nur ausschnitthaft auf die methodischen Regelungen eingegangen werden, welche im notwendigen Umfang, bezogen auf die Anforderungen von Aufsichtsräten der Kredit- und Versicherungsbranche im Spannungsfeld, vorzugswürdig erscheinen[735]. Zunächst erfolgt eine Betrachtung der Regelungsmassen und deren Verhältnis zueinander, unter Berücksichtigung allgemeiner Verdrängungsgrundsätze und rechtsstaatlicher Ansprüche. Daran anknüpfend gilt es als Grundlage zur systematischen Strukturierung, der bislang noch wenig ergründeten Rechtsfigur der *Ausstrahlungswirkung* von Normen näherere Beachtung zu schenken. Diesbezüglich besteht methodisch Ausfüllungsbedarf[736]. Trotz der schwer zu konturierenden Ausstrahlungsswirkung, lohnt ein genauerer Blick auf die Rechtsfigur. Vermag sie doch das Potential zu verinnerlichen auf

---

734 Monografisch dazu *Thaten*, Ausstrahlung des Aufsichts- auf das Aktienrecht, S. 156 ff.; vgl. zur Rechtsfigur der Ausstrahlung: Arbeitskreis "Externe und interne Überwachung der Unternehmung": *„Die unscharfe Verwendung des Begriffs führt dazu, dass die methodische Einordnung der Ausstrahlung Probleme bereitet. Diese Probleme werden dadurch verschärft, dass theoretisch sehr unterschiedliche methodische Begründungswege[...] in Betracht kommen."*, DB 2016, 1118 (1120).

735 Vgl. hierzu zuletzt *Reimer*, Methodenlehre, S. 5, 96 ff.

736 So auch *Thaten*: *„Denn die Ausstrahlung ist bislang nur eines: Eine Leerformel"*, Ausstrahlung des Aufsichts- auf das Aktienrecht, S. 24.

dem unebenen Terrain, welches sich im Spannungsfeld zwischen Aufsichts- und Gesellschaftsrecht für Aufsichtsräte darstellt, strukturell befriedigende Ergebnisse zu erhalten.

1. Das Verhältnis von Gesellschafts- und Aufsichtsrecht im Lichte der Kollisionsgrundsätze

Ist unklar, wie zwei verschiedene Rechtssätze, die denselben Anwendungsbereich betreffen, zueinander stehen und eine Lücke zur Regelung besteht, bietet sich zunächst ein Blick auf die allgemeinen Kollisionsregeln an[737]. So können hinsichtlich der Normhierarchie (*Lex superior derogat legi inferiori*), der zeitlichen Rangfolge (*lex posterior derogat legi priori*) und in Bezug auf die Spezialität der Norm (*lex specialis derogat legi generali*) Rückschlüsse gezogen werden.

a) Lex superior derogat legi inferiori

Der Grundsatz *Lex superior derogat legi inferiori* besagt, dass die in der Normenhierarchie übergeordnete Norm stets Vorrang genießt[738]. Bei Übertragung des Grundsatzes auf die für Aufsichtsräte von Banken und Versicherungen einschlägigen Gesetze lässt sich hieraus keine weitergehende Erkenntnis ziehen. Alle Regelungen wurden nach Art. 74 Nr. 11 GG und Art. 72 Abs. 1 und 2 GG auf Bundesebene erlassen[739]. Der gesteigerte europarechtliche Einfluss auf das Aufsichtsrecht durch die CRD-IV und Solvency-II Richtlinie hat in diesem Zusammenhang keine Bedeutung[740]. Zwar spiegelt das nationale Aufsichtsrecht durch die gemeinschaftsrechtlich angestrebte Harmonisierung - zunehmend umfassend - europarechtliche Regelungsansätze wider. Daraus ableitend nationalem Aufsichtsrecht eine höhere Bedeutung hinsichtlich der Normenhierarchie zuzusprechen, wäre jedoch zu weitgehend. Die Richtlinien sind im

---

737 BVerfG, NJW 1998, 2341 (2342); *Emmenegger*, Bankorganisationsrecht, S. 88 ff.; *Larenz/Canaris*, Methodenlehre der Rechtswissenschaft, S. 87 ff.; *Röhl/Röhl*, Allgemeine Rechtslehre, § 75 S. 585; *Rüthers/Fischer/Birk*, Rechtstheorie, S. 472 Rn. 770 ff.; *Wank*, Auslegung, S. 97 ff.; *Zippelius*, Juristische Methodenlehre, S. 30 ff.

738 *Rüthers/Fischer/Birk*, Rechtstheorie, S. 473 Rn. 773; *Röhl/Röhl*, Allgemeine Rechtslehre, § 36 S. 305 ff.

739 Vgl. *Forschner*, Wechselwirkungen, S. 99; wohl a.A.: *Mülbert/Wilhelm*, ZHR 178 (2014), 502 (541).

740 Zum Anwendungsvorrang des Europarechts statt vieler: *Röhl/Röhl*, Allgemeine Rechtslehre, § 75 S. 594 f.

Sinne einer Normenhierarchie europarechtlich höhergestellt, jedoch ist der nationale Gesetzgeber nach Art. 288 Abs. 3 AEUV nur verpflichtet, die Richtlinie umzusetzen[741].

b) *Lex posterior derogat legi priori*

Der Grundsatz *lex posterior derogat legi priori* geht davon aus, dass später erlassene Rechtsnormen ihnen widersprechenden älteren Normen vorgehen[742]. Dies begründet sich regelmäßig aus dem Willen des Normsetzers, der eine bestimmte Wertung etablieren und eine frühere Anordnung aufheben will[743]. Bei Übertragung dieses Grundsatzes auf die vorliegende Kollisionslücke ist erkennbar, dass das Aufsichtsrecht in der Regel, vor allem durch europarechtlich angetriebenes Bestreben, jüngeren Novellierungen zugrunde liegt. Dies kann erstens nicht verallgemeinernd als Rückschluss auf das gesamte Verhältnis zwischen VAG, KWG und AktG gelten, da der teilweise spezielle Charakter des Aufsichtsrechts dem entgegensteht. Zweitens lässt der nationale Gesetzgeber auch keine Intention erkennen, dass die aufsichtsrechtlichen Regelungen die aktienrechtlichen Vorgaben derogieren sollten. Zuletzt sprechen auch der privatrechtliche Charakter des AktG und der entgegenstehende öffentlich rechtlich geprägte Charakter des Aufsichtsrechts gegen die Anwendbarkeit dieser Kollisionsregel. Ein Rückgriff ist somit nicht zielführend.

c) *Lex specialis derogat legi generali*

Die Kollisionsregel *lex specialis derogat legi generali* geht davon aus, dass das speziellere Gesetz die allgemeine Regelung verdrängt[744]. Dabei wird angenommen, dass die speziellere Regelung regelmäßig die untergeordnete Regelung tatbestandlich beinhaltet und diese weitergehend anreichert[745]. Der spezielleren Vorschrift steht daher der Vorrang zu, da sonst, bei Vorzug der allgemeinen Regelung, ihr Anwendungsbereich gänzlich verdrängt wäre[746]. KWG- und

741 *Leible/Domröse* in Riesenhuber Europäische Methodenlehre, § 8 Rn. 41, § 13 Rn. 3 ff.

742 *Reimer*, Methodenlehre, S. 115 f.; *Rüthers/Fischer/Birk*, Rechtstheorie, S. 473 Rn. 772 ff.

743 *Höpfner*, DÖV 2006, 820 (823).

744 Einführend statt vieler, *Rüthers/Fischer/Birk*, Rechtstheorie, S. 472 Rn. 771 ff.

745 *Larenz/Canaris*, Methodenlehre der Rechtswissenschaft, S. 88 f.

746 *Thaten*, Ausstrahlung des Aufsichts- auf das Aktienrecht, S. 107.

VAG-Regelungen die für Mitglieder von Aufsichtsräten der jeweiligen Branchen gelten, beziehen sich wie bereits festgestellt[747], im Anwendungsbereich speziell auf die Finanzbranche[748] und deren Besonderheiten. Diese eingrenzende Bezugnahme wird aus dem besonders risikoanfälligen Charakter und der volkswirtschaftlichen Bedeutung der Kredit- und Versicherungsbranche gerechtfertigt[749]. Dagegen stehen die allgemeinen Regelungen aus dem Aktienrecht, welche primär auf die branchenunabhängige Gewährleistung einer gesellschaftlich funktionalen Organisationsstruktur zugeordnet sind.

Bei Gegenüberstellung der allgemeinen aktien- und aufsichtsrechtlichen Regelungskomplexe könnte es prima facie naheliegen, im Rahmen der *lex specialis derogat legi generali* Regel von einem grundsätzlichen Überlagern und Derogieren der aufsichtsrechtlichen Vorschriften auszugehen, da diese auf dem AktG aufbauen[750]. Gegen einen solch allgemeinen Rückschluss sind gleichwohl mehrere Aspekte anführbar. AktG, KWG und VAG stellen eigenständige, divergierende Teilrechtsordnungen dar. Eine pauschale Betrachtung verkennt dabei den vom Gesetzgeber berücksichtigten individuellen Regulierungsbedarf der jeweiligen Branchen[751]. Das Aufsichtsrecht reguliert weiterführend Sachverhalte, die nicht deckungsgleich gleichermaßen unter das AktG fallen. So setzt schon das KWG tatbestandlich am gesellschaftorganisatorisch unabhängigen Begriff des Kreditinstituts und nicht an der Aktiengesellschaft an[752]. Weiterhin spricht gegen eine voreingenommene Annahme eines verdrängenden Spezialverhältnisses, dass das Aufsichtsrecht als originäres öffentlichrechtliches Gewerberecht, das öffentlich-rechtliche Verhaltenspflichten begründet, einen anderen – nicht grundsätzlich vergleichbaren – Rechtscharakter neben dem allgemeinen Gesellschaftsrecht aufweist und somit vielmehr als Aliud zum allgemeinen Gesellschaftsrecht gesehen werden kann[753]. Zuletzt ist anzuführen,

747 Ausführlich hierzu oben, § 3 I. und § 4 I.

748 Dabei bezieht sich der Begriff im Rahmen dieser Arbeit als Gesamtheit der Unternehmen aus Kredit- und Versicherungsbranche.

749 Aufgrund der Kombination dieser zwei Faktoren wird eine Regulierung für notwendig erachtet; siehe hierzu oben, § 3 I. 1. und § 4 I. 2.; differenzierend Winter VersicherungsaufsichtsR, S. 331 f.

750 *Dreher*, ZGR 2010, 496 (502); vgl. *Armbrüster*, VersR 2009, 1293 (1295); *Bürkle*, VersWiss 2012, 493 (500); *Louven/Raapke*, VersR 2012, 257 (268); *Ludwig*, Branchenspezifische Wirtschaftsaufsicht, S. 293 f.

751 In diesem Sinne vgl. *Emmenegger*, Bankorganisationsrecht, S. 104.

752 Ebenso *Thaten*, Ausstrahlung des Aufsichts- auf das Aktienrecht, S. 129.

753 So auch *Schneider/Schneider*, NZG 2016, 41 (42).

dass sich das Aufsichtsrecht unabhängig vom allgemeinen Gesellschaftsrecht mit abweichender Geschwindigkeit autonom stetig fortentwickelt. Dieser Umstand spricht dafür, dass das Aufsichtsrecht keinen auf das Aktienrecht zugeschnittenen Regelungsbereich darstellt.

Ein grundlegend überlagerndes Verhältnis von Aufsichts- zu Aktienrecht ist somit nicht feststellbar[754]. Auch wenn in Einzelfällen im Rahmen der Spezialität eine Überlagerung angenommen werden kann (beispielsweise im Rahmen des Sachkundeerfordernisses nach § 25d Abs. 1 S. 1 KWG), ist vom Grundzustand auszugehen, dass Aufsichts- und allgemein aktienrechtliche Regelungssätze parallel nebeneinander gelten[755]. Eine Verdrängung ist im Rahmen einer sorgfältigen Prüfung und Abgrenzung der einschlägigen Anwendungsbereiche, so wie deren Verhältnisse zueinander, zu ermitteln.

2. Parallele Geltung von Aufsichts- und Aktienrecht

Greifen keine Kollisionsregeln, gilt es den Blick auf die Auslegung und andere methodische Ansätze zu richten[756]. Hinsichtlich des Aktien- und Aufsichtsrechts ergibt sich die Besonderheit, dass die Regelungsmassen aus unterschiedlichen Gesichtspunkten heraus in Spannungsfällen denselben Sachverhalt regulieren. Dabei konnte der Normsetzer nicht abschließend sämtliche Schnittstellen und Berührungspunkte überblicken. Aufgrund dessen gilt es bei der Bearbeitung mit intimer Kenntnis der einschlägigen Normen und unter ständiger Berücksichtigung der Rechtswirklichkeit vorzugehen[757].

a) Rechtsfolgendivergenz bei Normierung gleicher Sachverhalte

Während die Anwendung allgemeiner Kollisionsgrundsätze grundsätzlich eine Derogation zur Folge hat, besteht weitergehend die Möglichkeit, dass Rechtssätze parallel dieselben Anwendungsbereiche betreffen und bei der Verwirklichung

---

754 So auch *Breuer/Fraune* in Heidel AktG, § 100 Rn. 2a; *Schneider/Schneider*, NZG 2016, 41 (42).

755 Ebenso *Thaten*: *„Letzendlich handelt es sich hier um den Fall zweier sich lediglich überschneidender Regelungsmaterien, bei denen ein simpler Verweis auf die Vorrangregeln nur in den seltensten Fällen eine klare Lösung zu Tage fördert."*, Ausstrahlung des Aufsichts- auf das Aktienrecht, S. 129.

756 *Larenz/Canaris*, Methodenlehre der Rechtswissenschaft, S. 134; *Rüthers/Fischer/Birk*, Rechtstheorie, S. 530 Rn. 878 ff. und S. 171 Rn. 278.

757 *Reimer*, Methodenlehre, S. 109 ff.

sich nicht gegenseitig widersprechen. Eine solche Rechtsfolgendivergenz ist – gleichsam im Verhältnis zwischen Aktien- und Aufsichtsrecht oder innerhalb aufsichtsrechtlicher Regelungsmassen – per se möglich und zulässig[758]. Die Normen können – auch ohne inhaltliche Abstimmung – nebeneinander gelten. Dabei darf kein inhaltlicher Widerspruch bestehen. Diesbezüglich sind primär die Schutz- und Zielsetzungsbestreben der jeweiligen Normen abzugleichen. Insoweit ist der allimmanente Grundgedanke der *Einheitlichkeit der Rechtsordnung* zu würdigen.

b) Die Einheitlichkeit des Rechts

Stets ist zu berücksichtigen, dass die Rechtsordnung grundsätzlich eine in sich widerspruchslose Einheit bilden soll[759]. Vom Normadressaten kann nicht verlangt werden, dass er bei einer widersprüchlichen Fallkonstellation gezwungen ist, gegen das Gesetz zu handeln. Dies ergibt sich bereits aus dem Rechtsstaatsprinzip[760]. Dieser Vorstellung steht dabei jedoch eine Rechtswirklichkeit entgegen, welche durch neue unvorhersehbare äußere Impulse angetrieben wird, die mit immer steigender Taktung neue Problemstellungen generieren. Um diesem Anforderungsprofil gerecht zu werden, muss die Rechtsordnung daher gleichsam über eine „*adäquate Komplexität*"[761] verfügen. In der Folge ist ein geordnetes Normengefüge widerspruchsfreier normativer Wertmaßstäbe in der Realität nicht umzusetzen[762]. Die Einheit der nationalen Rechtsordnung ist eine Illusion. Dies gilt ebenso für das Unionsrecht, welches noch weitergehend vielschichtigen Einflüssen der Mitgliedsstaaten unterlegen ist. Die Einheit des Rechts kann und muss jedoch bei einer harmonisierenden Konfliktlösung als Wertungsmaßstab herangezogen werden[763]. Dabei ist im Einzelfall eines Widerspruchs am Sinn und Zweck der Regelungen anzusetzen, um festzustellen, welche Norm derogiert bzw.

---

758 Ausführlich: *Emmenegger*, Bankenorganisationsrecht, S. 99; *Kelsen*, Theorie der Normen, S. 99; *Larenz/Canaris*, Methodenlehre der Rechtswissenschaft, S. 88 f.; vgl. *Canaris*, Systemdenken, S. 117.

759 *Röhl/Röhl*, Allgemeine Rechtslehre, § 75 S. 585; *Zippelius*, Juristische Methodenlehre, S. 30 ff.; vgl. auch *Bydlinski*, Grundzüge, S. 30 ff.

760 BVerfG, NJW 1998, 2341 (2342).

761 *Luhmann*, Rechtssystem und Rechtsdogmatik, S. 23.

762 *Rüthers/Fischer/Birk*, Rechtstheorie, S. 451 Rn. 744 ff.

763 *Emmenegger*, Bankorganisationsrecht, S. 103; *Reimer*, Methodenlehre, S. 109; *Rüthers/Fischer/Birk*, Rechtstheorie, S. 95 Rn. 145 ff., S. 173 Rn. 278; S. 474 Rn. 774 ff.

welche Norm (möglicherweise kumulativ[764]) Anwendung findet[765]. Die Herausforderung entfaltet sich insbesondere angesichts der europäisch angestrebten Vollharmonisierung des Aufsichtsrechts. So ist die Einebnung nationaler Gesellschaftsrechte, die Regelungswidersprüche, die Nichtberücksichtigung nationaler Eigenheiten oder die Beschränkung der Satzungs- und Organisationshoheit, der in Kauf genommene Preis für das übergeordnete Ziel der Gewährleistung der Stabilität des Finanzsystems[766].

3. Ausstrahlungswirkung zwischen Aufsichtsrecht und allgemeinem Gesellschaftsrecht

Während die Frage der *lex specialis*, der parallelen Geltung und der Derogation[767] grundsätzlich einschränkender Natur ist, steht die Ausstrahlung als Rechtsfigur für das Gegenteil. Sie hat einen übergreifenden Charakter. Unklar ist, ob eine weitere, in ihrer Form abstraktere, Ausstrahlungswirkung zwischen aufsichtsrechtlichen Regelungssätzen und aktienrechtlichen Vorgaben bestehen kann. Auf den ersten Blick widerspricht dieser Ansatz dem bisher geltenden Systemverständnis. Gibt doch einerseits das Aktienrecht als festes Fundament, für das KWG und VAG, die Leitbahnen und Grundstrukturen für das speziellere Aufsichtsrecht vor und nicht umgekehrt. Auch ist das öffentlichrechtlich geprägte Aufsichtsrecht möglicherweise in solch einem Umfang abweichend, dass eine Übertragbarkeit ausgeschlossen ist. Andererseits konkretisieren insbesondere aufsichtsrechtliche Normen in ihrer Ausführung das allgemeine Aktienrecht und zeichnen sich dabei durch einen unvergleichbaren Detaillierungsgrad aus[768]. So präzisieren die §§ 23 Abs. 1 und 26 VAG und § 25a Abs. 1 KWG die aktienrechtlichen Organisationsanforderungen aus § 91 Abs. 2 AktG[769]. Bei Betrachtung der zuletzt rasanten Entwicklung der Reichweite und Intensität

764 Vgl. dazu *Emmenegger*, Bankorganisationsrecht, S. 95 ff., 98 ff.

765 *Larenz/Canaris*, Methodenlehre der Rechtswissenschaft, S. 89.

766 *Schneider/Schneider*, NZG 2016, 41 (43).

767 Dazu *Kelsen*, Allgemeine Theorie, S. 84 ff.

768 Die Möglichkeit einer abstrakten Ausstrahlung wird mitunter auch von Seiten des Gesetzgebers anerkannt: vgl. dazu Gesetzentwurf der Bundesregierung eines Gesetzes zur Kontrolle und Transparenz im Unternehmensbereich (KonTraG) vom 28.01.1998, BT-Drs. 13/9712, S. 15 und den Gesetzentwurf der Bundesregierung eines Gesetzes zur Unternehmensintegrität und Modernisierung des Anfechtungsrechts (UMAG), BR-Drs. 3/05, S. 21.

769 Vgl. zum § 64 VAG a.F., *Bürkle*, VersR 2009, 866 (871).

aufsichtsrechtlicher Rechtssätze innerhalb der letzen Jahre[770] kann nicht mehr von vornherein angenommen werden, dass die Rechtswirklichkeit des alltäglichen Geschäftsbetriebs einer börsennotierten Aktiengesellschaft hiervon unbeeinflusst bleibt[771]. Das Netz an Anforderungen und Regelungsansätzen in den besonders geregelten Bereichen wird feinmaschiger verstrickt und verknüpft[772]. Diese Entwicklung ist in rechtstatsächlicher Hinsicht so erheblich, dass zuweilen angenommen wird, das Aufsichtsrecht habe das Gesellschaftsrecht in einzelnen Bereichen *überholt*[773]. Gerade diese Gegebenheiten eröffnen Spielraum für die Frage, ob dem Aufsichtsrecht nicht doch eine „*Schrittmacherrolle*“[774] zukommt und inwieweit dieses sich auf das allgemeine Aktiengesellschaftsrecht auswirken kann[775].

Es bietet sich ein in drei Punkte unterteiltes Vorgehen an. Zunächst ist der Begriff der Ausstrahlung zu konturieren und zu definieren. Im Folgenden gilt es zu klären, welche methodischen Anknüpfungspunkte geeignet sind, um eine mögliche Ausstrahlungswirkung zu realisieren. Zuletzt ist festzustellen, welche Regelungssätze sich im Wege der methodisch festgestellten Transmissionspunkte auf andere Rechtsgebiete und Lebenssachverhalte auswirken können. Dabei wird auch eine Wertung der Bedeutsamkeit und Ausschlagkraft selbiger Rechtssätze vorzunehmen sein, die wiederum rückläufig die Ausstrahlungsintensität beeinflusst.

---

770 Siehe oben. § 3 I. 3. und § 4 I. 4.; vgl. auch *Brandi/Gieseler*, NZG 2012, 1321 (1322); *Kaetzler/Hoops*, BKR 2013, 192; *Weber-Rey*, ZGR 2010, 543 (545 ff., 553.).

771 So auch Arbeitskreis “Externe und interne Überwachung der Unternehmung“, DB 2016, 1118; *Hopt*, ZIP 2013, 1793 (1797).

772 Siehe oben, Siehe oben,§ 3 I. 4. und § 4 I. 4.

773 *Fleischer*, ZIP 2003, 1 (10). Dabei ist ist der Begriff des *Überholens* zumindest nicht vollumfänglich zur Beschreibung des Vorgangs geeignet. Denn ein Überholen setzt gewissermaßen eine Gleichartigkeit der in Konkurrenz stehenden Elemente voraus. Dies ist aufgrund des abweichenden öffentlichen Rechtscharakters des Aufsichtsrechts jedoch nicht ohne weiteres anzunehmen.

774 *Fleischer*, ZIP 2003, 1 (10); „*Die Regulierung von Banken und Wertpapierdienstleistungsunternehmen war schon immer einer der Treiber der Weiterentwicklung von Compliance in diesem Sektor und darüber hinaus*“, *Hauschka/Moosmayer/Lösler* in Hauschka/Moosmayer/Lösler Hdb. CC, § 1 Rn. 46; *Preußner*, NZG 2004, 57 (60 f.); *Preußner*, NZG 2004, 303 (305).

775 Vgl. zur Übertragbarkeit der Erstellung von Risikomodellen im Bankenaufsichtsrecht auf das allgemeine Aktienrecht, *Baums*, ZGR 2011, 218 (245 ff.); *Kort*, NZG 2008, 81 (82 f.); *Preußner*, NZG 2004, 303 (305).

a) *Begriffliche Bestimmung der Ausstrahlung*

aa) *Versuch einer Definition*

(1) Bedeutungsgehalt

Der Ausstrahlungsbegriff findet in der juristischen Literatur[776] Verwendung[777], ist jedoch methodisch nicht einheitlich definiert[778]. Eingrenzend kann festgestellt werden, dass unter dem Begriff der Ausstrahlung etwas anderes verstanden werden muss als Sachverhalte, denen ein reines lex specialis Verhältnis zugrunde liegt. Unter dem Begriff ist vielmehr ein Umstand der nicht explizit normierten Verhältnisse von Rechtssätzen zueinander und der Verhältnisse von Rechtssätzen zu abstrakten Lebenssachverhalten zu verstehen[779]. Ein prägendes Element ist dabei die fehlende primäre Bezugnahme. Die Ausstrahlung beschreibt eine konkrete Übertragung der durch den Rechtssatz verinnerlichten Werteordnung auf einen anderen von der Regelung nicht erfassten Sachverhalt[780]. Hieraus ergibt sich, dass für das Vorliegen einer Ausstrahlung zumindest ein Regelungssatz zugrundeliegen muss, an den eine Rechtsfolge geknüpft ist[781].

---

776 M.w.N. hinsichtlich kapitalmarktrechtlicher Verhaltenspflichten: *Forschner*, Wechselwirkungen, S. 113 Fn. 96, S. 114 Fn. 97.

777 Teilweise spricht auch der Gesetzgeber von „*Austrahlung*", jedoch ist dabei nicht zu erkennen, dass dem Begriff eine methodische Bedeutung zugesprochen wird; vgl. zur „*Ausstrahlungswirkung*" bezüglich der Vorgaben des Überwachungssystems auf die GmbH, Entwurf eines Gesetzes zur Kontrolle und Transparenz im Unternehmensbereich (KonTraG) vom 28.1.1998, BT-Drs. 13/9712, S. 15; siehe weiterhin zur Anerkennung von Ausstrahlungsprinzipien durch den Gesetzgeber die Ausführungen zur Business Judgement Rule nach § 93 Abs. 1 S. 2 AktG, Entwurf eines Gesetzes zur Unternehmensintegrität und Modernisierung des Anfechtungsrechts (UMAG) vom 7.1.2005, BR-Drs. 3/05, S. 21; Arbeitskreis "Externe und interne Überwachung der Unternehmung", DB 2016, 1118.

778 Arbeitskreis "Externe und interne Überwachung der Unternehmung", DB 2016, 1118 (1120); *Dreher*, ZGR 2010, 496 (501); *Drygala/Drygala*, ZIP 2000, 297 (300); *Langenbucher*, ZHR 176 (2012), 652 (666); *Thaten*, Die Ausstrahlung des Aufsichts- auf das Aktienrecht, S. 24; *Weber-Rey*, ZGR 2010, 543 (565).

779 Vgl. *Drygala/Drygala*, ZIP 2000, 297 (300).

780 So auch *Dreher*, ZGR 2010, 496 (503 ff.), der von der Übertragung von Wertungsmodellen ausgeht, gleichwohl noch eine weitere Differenzierung in positive und negative Ausstrahlungswirkung vornimmt. Wobei die positive Ausstrahlungswirkung, durch die aufsichtsrechtliche Konkretisierung und deren wertende Würdigung eines allgemein aktienrechtlichen Grundsatzes, dabei von größerer Bedeutung ist.

781 Ebenso *Dreher*, ZGR 2010, 496 (503 ff.).

Dabei ist bei den Regelungsmassen des AktG, KWG und VAG zwischen einer möglichen vertikalen und horizontalen Ausstrahlungswirkung zu differenzieren. Die vertikale Ausstrahlung beschreibt eine einzelfallabhängige Übertragung eines Wertungsverständnisses von einer aufsichtsrechtlichen zu einer allgemein aktienrechtlichen Norm. Dagegen ist unter der horizontalen Ausstrahlung die gegenseitige Übertragung von Wertungsaspekten zwischen KWG und VAG zu begreifen. Gegen eine horizontale Ausstrahlung spricht nicht, dass der Normsetzer die Regelungsmassen zwischen KWG und VAG generell getrennt hat (vgl. § 1 Abs. 1 Nr. 4 KWG). Erstens kann eine Ausstrahlung nur im Einzelfall unter sorgfältiger Abwägung angenommen werden. Zweitens weisen KWG und VAG überschneidende Schutzbereiche auf, sodass eine Übertragung von Wertungsaspekten nicht von vornherein ausgeschlossen ist[782].

(2) Verfassungsrechtliche Aspekte

Diese überschneidenden Zielsetzungen sind im Verhältnis zwischen AktG, KWG und VAG die Grundlage für die Gewährung des Gleichheitsgebots aus Art. 3 Abs. 1 GG zwischen den branchenverschiedenen Regelungsadressaten[783]. Zudem darf im Lichte des Art. 14 GG nicht in Strukturnormen der Aktiengesellschaft eingegriffen und der autonome Charakter der allgemeinen Gesellschaftsorganisation nicht durch eine verschärfte Aufsicht beschnitten werden[784]. Hinsichtlich der Verfassungsmäßigkeit gilt es zuletzt eine Ausstrahlung nur mit außerordentlicher Abwägung einzelfallgerecht anzunehmen, da sie insoweit nicht einer parlamentarischen Legitimation oder Kontrolle unterliegt und zudem die Gefahr besteht, dass das ohnehin schon unübersichtliche Geflecht an Rechtsätzen für Unternehmen weiter systematisch entfremdet und umstrukturiert wird[785].

bb) Ausstrahlungsfähigkeit mittelbarer Rechtssätze

Unklar ist, ob mittelbare Rechtssätze – welche sich durch das Fehlen einer gesetzesförmigen Bindung auszeichnen[786] – eine Ausstrahlungswirkung begründen können. Bei Annahme, dass die Ausstrahlung sich primär über die Zwecksetzung

---

782 So auch *Bürkle*, WM 05, 1496 1500; vgl. hierzu auch *Thaten*, Ausstrahlung des Aufsichts- auf das Aktienrecht, S. 147 f.

783 So auch *Thaten*, Ausstrahlung des Aufsichts- auf das Aktienrecht, S. 169.

784 *Thaten*, Ausstrahlung des Aufsichts- auf das Aktienrecht, S. 174 f.

785 So auch Arbeitskreis "Externe und interne Überwachung der Unternehmung", DB 2016, 1118 (1120); *Dreher*, ZGR 2010, 496 (504); aus diesem Grund ablehnend: *Langenbucher*, ZHR 176 (2012); 652 (666).

786 *Martens*, Methodenlehre des Unionsrechts, S. 247; *Möllers/Fekonja*, ZGR 2012, 777 (781 ff.).

bzw. den Wertungsmaßstab der Norm definiert[787], ist eine Verbindung zu der Art, wie die Rechtsfolge eintritt, nicht ersichtlich. Demnach können unmittelbare und mittelbare Rechtssätze ausstrahlen.

(1) Ablehnung des Ausstrahlungspotentials mittelbarer Rechtssätze

Nach einer entgegenstehenden Ansicht, sollen lediglich Rechtssätze mit unmittelbarer Bindungswirkung Ausstrahlungswirkung entfalten können[788]. Vergleichbare Regelungssätze mit mittelbarer Ausstrahlungswirkung seien in methodischer Hinsicht dem von ihr ins Feld geführten Begriff der „*Infiltration*" zuzuordnen[789]. Dabei handele es sich um nicht zwingend systemkonforme Regelungssätze „*untergeordneter Bindungswirkung zur Befriedigung einer Regelungsbedürftigkeit*". Diese Regelungssätze zeichnen sich im Gegensatz zu bindenden Rechtssätzen durch eine individuellere und abstraktere Prägung, eine stärkere Unregelmäßigkeit und einen internationalen Einschlag aus. Aufgrund dieser Divergenz sei eine differenzierte Anerkennung angebracht[790]. Zudem wird gegen eine Ausstrahlung von mittelbar wirkenden Rechtssätzen angeführt, dass selbige Normen oft mit rechtsstaatlichen Defiziten behaftet seien[791].

---

787 Siehe oben, § 5 3. lit a) aa).

788 *Weber-Rey*, ZGR 2010, 543 (567), jedoch mit Ausnahme von mittelbaren Regelungssätzen die faktisch verpflichtende Außenwirkung haben (z.B. die Rundschreiben der BaFin). Dieser Widerspruch sei damit zu begründen, dass die Rundschreiben an die sie konkretisierenden und unmittelbar verpflichtenden Normen gebunden wären und somit mittelbar demokratisch legitimiert seien. Dem ist zu entgegnen, dass die BaFin in ihren Rundschreiben teilweise die betreffenden Rechtssätze nicht nur konkretisiert, sondern auch exzessiv auslegt (vgl. oben, § 3 III., §. 4 IV). Auch wird dem Zuspruch einer gewissermaßen unmittelbaren Qualität an die BaFin Rundschreiben wegen einer mittelbaren demokratischen Legitimation vorgehalten werden können, dass im Hinblick auf Art. 20 Abs. 2 GG und dem verfassungsmäßigen Grundsatz der Einheitlichkeit der Rechtsordnung generell jeglicher national geltender verbindlicher oder unverbindlicher Rechtssatz, zumindest mittelbar, demokratisch legitimiert sein muss. Es bestehen Bedenken hinsichtlich der Gewaltenteilung. Die BaFin als Behörde der Exekutive ist nicht mit der Legislative gleichzustellen (zu den verfassungsrechtlichen Bedenken, siehe oben, § 3 III., §. 4 IV). Zuletzt führt eine solche wechselseitige Betrachtungsweise zu einem Auflösen der Konturierung des Mittel- und Unmittelbarkeitscharakters von Rechtssätzen; ebenso eine Ausstrahlungsfähigkeit ausschließend, *Thaten*, Ausstrahlung des Aufsichts- auf das Aktienrecht, S. 209.

789 *Weber-Rey*, ZGR 2010, 543 (568).

790 *Weber-Rey*, ZGR 2010, 543 (568).

791 *Thaten*, Ausstrahlung des Aufsichts- auf das Aktienrecht, S. 183 ff. und 209.

(2) Stellungnahme

Erkennbar ist, dass die Bedeutung einzelfallorientierter und in ihrer Entwicklung international geprägter Regelungsimpulse, beeinflusst durch wirtschaftspolitische Einschläge, Intensität und Regelungsfrequenz[792], zugenommen hat. Im Ergebnis ist also ein Wandel am Firmament der aufsichtsrechtlichen Regelungsstruktur zu beobachten. Hinsichtlich des Ausstrahlungsbegriffs ist jedoch die Übertragbarkeit des Wertegehalts[793] des Regelungsansatzes ausschlaggebend. Bei Bestimmung des Wertegehalts einer Regelung für die Ausstrahlung als ausschlaggebenden Faktor wird erkennbar, dass unverbindliche Rechtssätze keine abweichenden Zielrichtungen im Vergleich zu verbindlichen Rechtsnormen verfolgen. So streben auf nationaler Ebene Kodizes und Empfehlungsschreiben, sowie europarechtliche Vorgaben aus CRD-IV, Solvency-II oder Leitlinien der EBA oder EIOPA – im gesamten Kontext gesehen – dieselben Ziele an, die auch der nationale Gesetzgeber mit verbindlichen KWG- und VAG-Regelungen verfolgt. Namentlich werden die Solvenzsicherung[794] von regulierten Unternehmen, der Schutz der Funktionalität des Finanzmarktes und dessen Verbraucher[795] durch die Etablierung von Solvenzvorgaben, Effektuierung der Corporate Governance und Informationsverdichtung angestrebt. Da das Werteverständnis mittelbar wirkender Rechtsquellen[796] nicht von Schutzbereich und Zielen verbindlicher Rechtsquellen abweichen muss, erscheint eine weitere Ausweitung des Ausstrahlungsbegriffs unnatürlich. Zudem sind für den prinzipienorientierten Ansatz praktische Aspekte anzuführen. Das jeweilige Wertungsmodell soll bestmöglich und flexibel auf die Wirklichkeit übertragen werden. Dies kann gerade für die praktische Notwendigkeit des jeweiligen Wertungsaspekts und damit einhergehend auch für eine Relevanz hinsichtlich der Ausstrahlung, angeführt werden. Eine Differenzierung bezüglich der Rechtsfolgen für die Feststellung der Ausstrahlungsqualität ist nicht notwendig. Die Ausstrahlung bezieht sich lediglich auf den übertragbaren Wertungsgehalt, dem existenziellen Element

792 Hierzu ausführlich: *Bürkle*, VersR 2013, 792; *Thaten*, Ausstrahlung des Aktien- auf das Aufsichtsrecht, S. 184 f.; *Wundenberg*, Compliance, S. 34 ff.

793 Welches jedoch nicht ohne die Berücksichtigung regelungssystematischer Aspekte gänzlich bewertet werden kann, vgl. *Larenz/Canaris*, Methodenlehre der Rechtswissenschaft, S. 149.

794 Siehe zur Begriffsbestimmung, *Wiebke*, DStR 1998, 491.

795 Siehe oben, § 3 I. 2., § 4 I. 3.

796 Zum Begriff der Rechtsquelle: *Martens*, Methodenlehre des Unionsrechts, S. 127 f.

einer Norm[797]. Die Bindungswirkung der Rechtsfolge ist somit keine Frage der Begriffsdefinition – bzw. der generellen Eignung – der Ausstrahlung, sondern eine der Ausstrahlungsintensität. Ausgeschlossen ist nicht, dass die Verbindlichkeit einer Regelung so gering ist, dass ihr eine verschwindende oder gar keine Bedeutung zukommt. Zu berücksichtigen bleibt somit, dass die Verbindlichkeit eines Regelungssatzes durchaus Einfluss auf die Ausstrahlungsqualität haben kann. Eine feste Kongruenz zwischen der Verbindlichkeitsqualität und dem Ausstrahlungspotential eines Regelungssatzes wird dadurch aber nicht begründet.

b) Methodische Anknüpfungspunkte der Ausstrahlung

aa) Übertragung von Wertungsaspekten durch Analogie

(1) Allgemeine Voraussetzungen

Als Transmissionsriemen zur Übertragung des Wertgehalts eines Rechtssatzes kommt zunächst ein Rückgriff auf den methodischen Baustein der Analogie in Betracht, welche das Vorliegen einer Regelungslücke und eine vergleichbare Interessenlage voraussetzt[798]. Wird diesbezüglich eine notwendige vergleichbare Interessenlage vorliegen, so wird es regelmäßig an einer erforderlichen Regelungslücke mangeln[799]. Dies ergibt sich immanent aus dem lückenschließenden, auf die Finanzbranche zugeschnittenen, Spezialitätsverhältnis des Aufsichtsrechts zum allgemeinen Aktienrecht. In Einzelfällen ist jedoch eine Analogie nicht ausgeschlossen[800]. Der Analogieschluss ist dabei ein wertender Vorgang[801], welcher, gleichsam wie die Ausstrahlung, am Rechtsgedanken der Norm ansetzt. Insoweit ist ein vergleichbarer Fokus auf den Wertungsgehalt der Norm erkennbar. Eine charakteristische Geeignetheit der Analogie im Rahmen der Ausstrahlung ist somit gegeben.

---

797 Vgl. hierzu die Ausführungen von *Rüthers*, *Firscher* und *Birk* zum Beitrag von Savigny, welche die Bedeutsamkeit des Regelungsgedanken einer Norm hervorheben, Rechtstheorie, S. 424 Rn. 698 ff.

798 Auch Arbeitskreis "Externe und interne Überwachung der Unternehmung", DB 2016, 1118 (1120).

799 Zu den Voraussetzungen einer Analogie: BGHZ 176, 35 (39 ff.)= NJW 2008, 1446 (1448); BGHZ 170, 187 (191)= NJW 2007, 992 (993)= NJW 2007, 3124 (3125); *Horn*, Rechtswissenschaft und Rechtsphilosophie, S. 126 Rn. 184 ff.; *Larenz/Canaris*, Methodenlehre der Rechtswissenschaft, S. 202 f.; *Reimer*, Methodenlehre, S. 251 ff.; *Rüthers/Fischer/Birk*, Rechtstheorie, S. 533 Rn. 889 ff.

800 Vgl. *Pikó/Redenius-Hövermann*, Aufsichtsrat 2015, 170 (171).

801 *Rüthers/Fischer/Birk*, Rechtstheorie, S. 533 Rn. 889 ff.

(2) Die Rechtsfigur der Gesamtanalogie

Einen weiteren Ansatz stellt die „*Gesamtanalogie*" dar[802]. Dabei wird mehreren gesetzlichen Bestimmungen, die an verschiedene Tatbestände dieselbe Rechtsfolge anknüpfen, ein allgemeiner Rechtsgrundsatz entnommen, welcher auf einen im Gesetz nicht geregelten Tatbestand wertungsmäßig ebenso zutrifft wie auf die zusammengefassten Tatbestände[803]. Der Rückgriff auf die hierfür notwendige ratio legis aller Einzelbestimmungen ermöglicht die Formulierung eines verallgemeinerungsfähigen Rechtsgrundsatzes, der durch den ihm enthaltenden materialen Gerechtigkeitsgehalt zweckmäßig erscheint. Regelmäßig wird dieser Ansatz hinsichtlich aufsichtsrechtlicher Regelungen nicht zielführend sein. Zwar ist es denkbar, einzelne Grundsätze, zum Beispiel im Rahmen der Corporate Governance im Aufsichtsrecht, auch im Rahmen gesellschaftsrechtlicher Sachverhalte anzuwenden oder wertend zu berücksichtigen. Einem verallgemeinernden Schluss eines solches Rechtsgrundsatzes wird jedoch oft der zentrale Spezialitätscharakter im Aufsichtsrecht entgegenstehen. Anders gewendet, wenn solche Rechtsgrundsätze im Aufsichtsrecht greifbar sind, werden sie erst hinsichtlich spezieller branchenspezifischer Umstände konturierbar sein, so dass regelmäßig eine generelle Übertragbarkeit im Rahmen einer Analogie auf das allgemeine Gesellschaftsrecht wegen einer vergleichbaren Interessenlage ausscheidet[804].

bb) Gewohnheitsrecht

Das Gewohnheitsrecht bezeichnet ein Rechtsverständnis, welches durch die Wertefeststellung in Präjudizen geprägt ist[805]. Dabei zieht neben dem Regelsetzer (Gesetzgeber oder etwa die normensetzende Behörde) auch das Gericht als Regelungsanwender Spezialregelungen außerhalb des normierten Anwendungsbereichs

---

802 Hierbei handelt es sich, dem Wortlaut nach, nicht um eine Analogie im methodischen Sinn, vgl. *Larenz/Canaris*, Methodenlehre der Rechtswissenschaft, S. 204 ff.; ebenso dies annehmend: Arbeitskreis "Externe und interne Überwachung der Unternehmung", DB 2016, 1118 (1120).

803 *Rüthers/Fischer/Birk* benennen diese Rechtsfigur als „*Rechtsanalogie*", Rechtstheorie, S. 534 Rn. 891 ff.

804 Zudem spricht gegen den Rückgriff auf die Gesamtanalogie, dass der Rechtsfigur auch grundsätzlich ein voluntatives und wertendes Element beiwohnt, welches nicht unberechtigt verfassungsrechtlichen Bedenken ausgesetzt ist. Vgl. dazu *Rüthers/Fischer/Birk*, Rechtstheorie, S. 534 Rn. 891 ff.

805 *Fleischer* in FS für K. Schmidt, S. 375 ff.; *Maurer*, Allgemeines Verwaltungsrecht, § 4 Rn. 29 ff.; *Rüthers/Fischer/Birk*, Rechtstheorie, § 24 Rn. 941 ff.; *Thaten*, Ausstrahlung des Aktien- auf das Aufsichtsrecht, S. 157 ff.

als Erkenntnisquelle heran[806]. So kann eine beständige und unangefochtene Rechtsprechung einen erheblichen Geltungsgrad erlangen[807]. Die durch diesen Umstand hervorgehobene und sich auf aufsichtsrechtliche Regelungssätze beziehende Rechtsüberzeugung kann somit auf generelle Sachverhalte ausstrahlen. Denkbar ist es, dass Präjudizen des *Richterrechts*, welche im Rahmen von aufsichtsrechtlichen Tatbeständen entschieden werden, einen wertenden Rechtsgedanken umformen und manifestieren, der bei der Auslegung allgemeinen Rechts berücksichtigt werden kann[808]. Dieser Gedanke ist dem Aufsichtsrecht nicht fremd[809]. Dass das aufsichtsrechtliche Regelungsmodell dabei einen anderen Charakter als das allgemein zivilrechtliche Modell hat, steht, wenn vergleichbare Interessensituationen bestehen, einer solchen Verknüpfung nicht entgegen[810].

cc) Ausstrahlung durch allgemeine Auslegungsgrundsätze

Besteht die Möglichkeit der Ausstrahlung durch ständige Rechtsprechung wird jedoch der Hauptzugangs- und Anknüpfungspunkt im Rahmen der allgemeinen klassischen Methodenlehre, namentlich der klassischen Auslegungskriterien[811], in systematischer und teleologischer Hinsicht liegen[812].

(1) Systematische Auslegung

Im Rahmen der systematischen Auslegung gilt es einzelne Rechtsgedanken im Kontext der gesamten Rechtssystematik zu sehen[813]. Dabei wird davon ausgegangen, dass die Gesamtheit des Systems angesichts der angestrebten Einheitlichkeit

---

806 Arbeitskreis "Externe und interne Überwachung der Unternehmung", DB 2016, 1118 (1120); vgl. *Forschner*, Wechselwirkungen, S. 115.

807 *Larenz/Canaris*, Methodenlehre der Rechtswissenschaft, S. 177 f.; *Maurer*, Allgemeines Verwaltungsrecht, § 4 Rn. 59.

808 Ebenso Arbeitskreis "Externe und interne Überwachung der Unternehmung", DB 2016, 1118 (1119).

809 So wird bereits eine Ausstrahlungswirkung des § 31a WpHG auf zivilrechtliche Pflichten mit der Begründung angenommen, dass die diesbezüglichen richterlichen Ausformungen hinsichtlich zivilrechtlichter Sachverhalte das aufsichtsrechtlich *„vom Gesetzgeber selbst formulierte Regelungsmodell heranziehen"*, *Koch* in Schwark/Zimmer KMRK, § 31a WpHG, Rn. 61.

810 *Koch* in Schwark/Zimmer KMRK, § 31a WpHG, Rn. 61.

811 Statt vieler ausführlich: *Röhl/Röhl*, Allgemeine Rechtslehre, § 78 S. 620 ff.; *Rüthers/Firscher/Birk*, Rechtstheorie, S. 424 Rn. 698 ff.

812 So auch *Dreher*, ZGR 2010, 496 (503 ff.); *Weber-Rey*, ZGR 2010,543 (565); dazu: *Bydlinski*, Grundzüge, S. 30 ff.

813 *Zippelius*, Juristische Methodenlehre, S. 36.

des Rechts die Intention des Normsetzers widerspiegelt. In der Methodenlehre wird in dieser Hinsicht zwischen dem inneren und äußeren System unterschieden.

Das äußere System bezieht sich auf das normierte niedergeschriebene Recht. Hierunter fallen verbindliche, wie auch unverbindliche Rechtssätze. Im Rahmen einer systematischen Auslegung gibt der Bedeutungszusammenhang einschlägiger Rechtssätze Anzeichen für die Übertragbarkeit der enthaltenen Wertungsmodelle wider[814]. Strukturelle Überschneidungen werden teilweise vorliegen, da KWG und VAG partiell als spezielleres Aufsichtsrecht auf den Grundzügen des allgemeinen Aktienrechts aufgebaut sind[815]. Dies wird beispielhaft bei den Anforderungen an Aufsichtsräte hinsichtlich der Mandatsobergrenze deutlich[816]. Gleichzeitig ist im Rahmen des Bedeutungszusammenhangs stets zu berücksichtigen, dass sich aufsichtsrechtliche Regelungssätze schon aufgrund ihrer Natur speziell auf einen engeren Anwendungsbereich – auch einzelfallspezifisch – beziehen. Hiermit verknüpft können auch divergierende Schutzbereiche einer systematischen Auslegung im Weg stehen[817]. Zudem ist einem vielseitig ausgeprägten europarechtlichen Einfluss Tribut zu zollen. Im Hinblick auf das KWG und VAG müssen stets auch die verschiedenen Strukturen, denen diese Gesetze unterliegen, beispielhaft die Richtlinien CRD-IV und Solvency-II, berücksichtigt werden[818].

Im Gegensatz zum niedergeschriebenen Recht steht das sogenannte *innere* System. Hierunter wird der nicht formulierte Leitgedanke einer materiellen Regelung[819] verstanden. Diesen normimmanenten Prinzipien wird teilweise eine besonders systemrelevante Bedeutung zugesprochen[820]. Die Prinzipien des inneren Systems seien methodisch im Rahmen einer Ausstrahlung heranziehbar. Bezogen auf das Aufsichts- und Aktienrecht, gäben beispielhaft Corporate-Governance-Vorgaben Rückschlüsse auf *„allgemeinere Grundsätze*

---

814 Zu den Grundsätzen der systematischen Auslegung: *Larenz/Canaris*, Methodenlehre der Rechtswissenschaft, S. 145 f.

815 So auch *Langenbucher* in FS für Hopt, Band 2, S. 2175 ff.; *Wundenberg*, Compliance, S. 9; *Thaten*, Die Ausstrahlung des Aufsichts- auf das Aktienrecht, S. 130.

816 So sind nach § 100 Abs. 2 AktG, 25d Abs. 3 KWG und § 24 Abs. 4 VAG Vorgaben in demselbem strukturellen Dreiklang der Inkompatibilität, Mandatsobergrenze und einer privilegierten Rückausnahme gegliedert; vgl. *Mimberg*, WM 2015, 1791; *Thaten*, Die Ausstrahlung des Aufsichts- auf das Aktienrecht, S. 113 f.

817 Zur Kritik auf systematischer Ebene siehe: *Hopt*, ZHR 175 (2011), 444 (487), der von einer *„gefährlichen Osmose"* spricht; *Hopt*, ZIP 2013, 1793 (1804, 1806).

818 Wobei die Vorgaben im Kreditaufsichtsrecht in höheren Maß auf das Two-Tier Boardsystem eingehen.

819 *Reimer*, Methodenlehre, S. 158; *Wank*, Auslegung, S. 56.

820 *Thaten*, Ausstrahlung des Aufsichts- auf das Aktienrecht, S. 164 f.

guter Unternehmensführung", welche wiederum auf andere Sachverhalte übertragen werden können[821].

Gegen die Berücksichtigung von *inneren* Prinzipien spricht, dass dort, wo der ungeschriebene Leitgedanke als alleinige Grundlage für eine Ausstrahlung herangezogen wird, die Grenzen zwischen Einzelfall und Verallgemeinerung verschwimmen[822]. Dem Ansatz begegnen erhebliche verfassungsrechtliche Bedenken, da allgemeine Prinzipien und Leitgedanken keinem Bestimmtheitsgebot gerecht werden und nicht parlamentarisch legitimiert sind. Elemente eines solchen inneren Systems sind letztlich ein Reflex des jeweiligen *äußeren* Rechtssystems und können sich daher jeweils auch nur auf die Rechtssätze, mit denen sie immanent verknüpft sind, auswirken, nicht jedoch auf sachverhaltsfremde Vorgänge. Insoweit können auch die Bedenken, die der Ausstrahlungswirkung mittelbarer Rechtssätze entgegengebracht werden, gleichsam hierbei angeführt werden[823]. Es erscheint auch nicht überzeugend, die Ausstrahlungswirkung des inneren Systems damit zu befürworten, dass selbiges einen Beitrag zur Ordnung des Rechtssystems leisten könnte und somit einem amorphen Normenchaos entgegenwirkt[824]. Zwar ist zuzustimmen, dass bereits durch einen immer stärkeren prinzipienorientierten Regulierungsansatz im Aufsichts- und Gesellschaftsrecht mit etablierten systematischen Regelungsstrukturen gebrochen wird. Dies führt auch zu einer stetig fortschreitenden Komplexität und Unüberschaubarkeit der Regelungsmassen. Werden jedoch infolgedessen noch zusätzlich Elemente des inneren Systems bei einer möglichen Ausstrahlung berücksichtigt, wird ein Tor zu einer weiteren Metaebene der Rechtsprinzipien geöffnet. Dies führt zu einer Zirkelschlusswirkung. Als Folge besteht möglicherweise kein *Normenchaos* mehr, aber ein *Chaos ohne Normen*[825]. Zuletzt erscheint angesichts der Auswahl an methodischen Anknüpfungspunkten ein Rückgriff auf die *innere* Systematik nicht notwendig, denn identische

---

821 *Thaten*, Ausstrahlung des Aufsichts- auf das Aktienrecht, S. 165 ff.

822 Pars pro toto steht die Berücksichtigung des inneren Systems für die Schwierigkeit, eine Ausstrahlungswirkung auszuformen, greifbar zu machen und zu konturieren.

823 Bei Annahme einer Ausstrahlungsqualität des inneren Systems, müsste konsequenterweise auch unverbindliches *Soft-Law* als ausstrahlungsfähig anerkannt werden. Denn letzlich handelt es sich bei unverbindlichen Empfehlungen, wie z.B. bei den BaFin Rundschreiben, um Festsetzungen der Grundsätze guter Unternehmensführung. Diese wollen Befürworter des inneren Systems gleichwohl nicht anerkennen. Vgl. dazu a.A. *Thaten*, Ausstrahlung des Aufsichts- auf das Aktienrecht, S. 183 ff.

824 *Thaten*, Ausstrahlung des Aufsichts- auf das Aktienrecht, S. 166 ff.

825 Vgl. *Bachmann*: „*nicht zu übersehen, dass „soft law" eine Tendenz zur schleichenden Verrechtlichung innewohnt*" in Referate und Beschlüsse zum 68. DJT 2010, P13 P16.

Leitgedanken finden bereits im Rahmen der teleologischen Auslegung, so wie im Gewohnheitsrechtsaspekt einer Norm, Berücksichtigung.

(2) Teleologische Auslegung

Neben der systematischen kommt die teleologische Auslegung in Betracht[826]. Der Übergang der beiden Auslegungsansätze ist dabei fließend[827]. Im Rahmen der teleologischen Auslegung gilt es, den Zweck der einschlägigen Rechtssätze festzustellen, abzugrenzen und bei der möglichen Ausstrahlung zu berücksichtigen. Fraglich ist, ob der Wertungsaspekt einzelfallabhängig aufgrund zweckdienlicher Erwägungen auf einen anderen Sachverhalt ausstrahlen kann. Dieser Ansatz erscheint besonders hinsichtlich der Ausfüllung der im Aufsichtsrecht vermehrt verwendeten Generalklauseln sinnvoll[828]. Dabei spricht vieles dafür, im Sinne der Zweckmäßigkeit einer gesellschaftsrechtlichen Norm auf sachdienliche aufsichtsrechtliche Vorgaben zu blicken. Im Rahmen der Interpretation ist hinsichtlich mehrerer Deutungsmöglichkeiten diejenige zu wählen, die sich hinsichtlich der Zielsetzung des Gesetzgebers, auch unter Berücksichtigung paralleler Teilbereiche, als die zutreffendste darstellt[829]. Somit kann das Aufsichtsrecht im Rahmen der teleologischen Auslegung auf allgemeinrechtliche Grundsätze ausstrahlen.

c) Abweichende Bedeutsamkeit der einzelnen Regelungssätze

Mit der Feststellung einer Ausstrahlungsfähigkeit bestimmter Rechtssätze geht die Frage einher, welche voneinander abweichende Bedeutsamkeit selbigen in Bezug auf ihre Ausstrahlung zugeordnet werden kann. Hierbei ist eine Vielzahl von ausschlaggebenden Faktoren heranziehbar. Die Rechtsnatur, die Regelungsquelle oder die Verbindlichkeit des jeweiligen Regelungsgehaltes sind aufschlussreich für die Einschätzung des Ausstrahlungspotentials. Schwierigkeiten ergeben sich aus der Frage, welchen Anteil diese Elemente an der Geltung des Rechts und somit eine entsprechende faktische normative Bedeutung haben[830].

Eine einheitliche stringente Staffellung dieser Rechtssätze ist dabei nicht möglich. Überschneidungen der in Frage kommenden Regelungsmassen sind unumgänglich.

---

826 Vgl. hierzu ausführlich *Zippelius*, Juristische Methodenlehre, S. 41 ff.

827 Vgl. *Larenz/Canaris*, Methodenlehre der Rechtswissenschaft, S. 149; *Veil* in Veil Eur. KapitalmarktR, S. 79 Rn. 51 ff.; *Zippelius*, Juristische Methodenlehre, S. 45 f.

828 So auch *Winter*, Winter VersicherungsaufsichtsR, S. 612.

829 *Emmenegger*, Bankorganisationsrecht, S. 114 f.

830 Vgl. hierzu *Martens*, Methodenlehre des Unionsrechts, S. 127 f.

aa) *Verbindliches Recht*

Von hoher Bedeutung sind die formellen verbindlichen Rechtsnormen[831]. In Bezug auf ihre Ausstrahlungswirkung und der Aussagekraft ihres Wertungsinhaltes ist diesen Normen eine herausgehobene Stellung zuzuordnen, da sie aufgrund des vorangehenden parlamentarischen Gesetzgebungsverfahrens demokratisch legitimiert sind. Die Normsetzung gemäß Art. 76 ff. GG setzt mehrere Beratungen und somit auch Kontrollinstanzen bei der Entstehung voraus. Die damit verbundenen, die Rechtssicherheit erhöhenden, Faktoren können als Ansatzpunkt dafür herangezogen werden, dass verbindlichen formellen Gesetzen bezüglich ihrer Ausstrahlungsgeeignetheit eine besondere hohe Stellung zukommt. Da der Normadressat sich der verbindlichen Rechtsfolge selbstständig nicht entziehen kann, muss davon ausgegangen werden, dass der Gesetzgeber dem Wertegehalt der einschlägigen Norm (bzw. ihrer Durchsetzung) auch unter Berücksichtigung des Verhältnismäßigkeitsgrundsatzes[832] eine erhöhte Bedeutung beimisst. Besonders wird dieser Umstand im aufsichtsrechtlichen Kontext durch die ausführlichen Sanktionsmaßnahmen der BaFin deutlich[833]. Unter dem Aspekt, verbindlichen Rechtssätzen eine solche besondere Gewichtung zuzuordnen, kann folglich auch verbindlichen Verordnungen eine höhere Relevanz hinsichtlich der Ausstrahlungswirkung zugesprochen werden. Hierbei ist hervorzuheben, dass die Verbindlichkeit nicht konkludent mit dem Ausstrahlungspotential verbunden ist[834].

bb) *Mittelbares Recht*

Für Aufsichtsräte von Kreditinstituten und Versicherungsunternehmen kommen als mittelbar wirkende Regelungssätze primär die Merkblätter der BaFin bezüglich der Anforderungen an Aufsichtsräte und die MaRisk VA[835] für Versicherungen,

831 Dazu *Maurer*, Allgemeines Verwaltungsrecht, § 4 Rn. 16 ff.

832 Der ungeschriebene sich aus dem Rechtsstaatsprinzip ableitende Grundsatz der Verhältnismäßigkeit ist allgemein im Kapitalgesellschaftsrecht annerkannt, vgl. BGHZ 83, 319 (321); *Born* in Ebenroth/Boujong/Joost/Strohn HGB, § 109 Rn. 26; *Hoffmann*, BB 1995, 53 (57 f.).

833 Siehe oben, § 3 III, § 4 VI.

834 Siehe oben,§ 5 I. 3. lit. a) ff.

835 BaFin, Mindestanforderungen an das Risikomanagement (MaRisk VA) vom 22.1.2009, welche ab dem 1.1.2016 aufgrund der Novelierung des VAG aufgehoben wurde, als Wertungsmaßstab jedoch weiterhin von Bedeutungs sein wird.

die MaRisk BA[836] für Banken, der DCGK[837], die EU- Richtlinien CRD-IV[838] und Solvency-II[839] und Leitlinien der EBA[840] oder EIOPA[841] in Betracht.

(1) Die Bedeutung des Soft-Law

Der Begriff des *Soft-Law* wird als Bezeichnung für eine Vielzahl unterschiedlicher Regelungen verwendet. Daher lässt er sich nicht stringent in die nationale Normenstruktur integrieren[842]. Auch deshalb ist bislang eine einheitliche Definition nicht erfolgt[843]. Als entsprechenden Ansatz können dabei Regelungssätze zusammengefasst werden, die sich durch das Fehlen einer gesetzesförmigen Bindung auszeichnen[844]. Im Allgemeinen ist feststellbar, dass die grundsätzliche Bedeutsamkeit von mittelbaren Rechtssätzen auch unter dem Aspekt der Internationalisierung steigt[845]. Auf mittelbare Rechtssätze wird vermehrt zurückgegriffen, da sie in ihrer Handhabbarkeit und Marktnähe praktikabler sind[846]. Ohne direkte Bindungswirkung wirken sie weniger beschränkend. Sie müssen zudem nicht die zeit- und ressourcenintensiven Anforderungen wie formelle Gesetze erfüllen. Außerdem bieten sie sich an, wenn international einheitliche Regelungen angestrebt werden sollen, da es keine Institution gibt, die zu einer internationalen Regulierung ermächtigt ist[847]. Nicht zuletzt aufgrund der stetig

836 BaFin, Mindestanforderungen an das Risikomanagement (MaRisk BA) vom 14.12.2012.

837 Regierungskommission DCGK, DCGK vom 7.2.2017.

838 Richtlinie CRD-IV vom 26.6.2013.

839 Englische Ausführung der Richtlinie Solvency II vom 25.11.2009.

840 EBA, Leitlinien zur internen Governance (GL 44) vom 27.9.2011; EBA, Leitlinien zur Beurteilung von Mitgliedern des Leitungsorgans und von Inhabern von Schlüsselfunktionen (EBA/GL/2012/06) vom 22.11.2012.

841 Siehe hierzu: EIOPA, Leitlinien zum Governance-System vom 14.9.2015.

842 *Weber-Rey*, ZGR 2010, 543 (554).

843 *Martens*, Methodenlehre des Unionsrechts, S. 247; *Möllers/Fekonja*, ZGR 2012, 777 (778 f.); *Weber-Rey*, ZGR 2010, 543 (554).

844 *Martens*, Methodenlehre des Unionsrechts, S. 247; dieser Punkt ist jedoch nicht einheitlich in der Literatur als Abgrenzungskriterium anerkannt. Ausführlich: *Möllers/Fekonja*, ZGR 2012, 777 (781 ff.).

845 Vgl. bezüglich des DCGK, *Habersack* in MüKo AktG, § 161 Rn. 5 ff.; ebenso *Hopt*, NZG 2009, 1401 ff.; *Raiser/Veil*, Kapitalgesellschaften, § 7 Rn. 7.

846 *Hopt* in FS für Hoffmann-Becking, S. 565 ff.; *Lieder*, Aufsichtsrat im Wandel, S. 595 ff.; *Martens*, Methodenlehre des Unionsrechts, S. 248; *Möllers/Fekonja*, ZGR 2012, 777 (778 f.).

847 *Weber-Rey*, ZGR 2010, 543 (555).

steigenden Bedeutung dieser Regelungssätze verfügt *Soft-Law* in einzelnen Ausprägungen über eine starke faktische Bindungskraft[848]. Gleichermaßen kommt mittelbaren Rechtssätzen aufgrund ihrer geringeren Bindungswirkung eine schwächere Ausstrahlungsfähigkeit als verbindlichen Rechtssätzen zu[849].

(2) Die Rundschreiben der BaFin

Die Rundschreiben der BaFin sind norminterpretierende Verwaltungsvorschriften ohne unmittelbare Außenwirkung und haben somit grundsätzlich zunächst unverbindlichen Charakter[850]. Sie entfalten keine Bindungswirkung gegenüber den Gerichten, sondern sind Gegenstand gerichtlicher Kontrolle[851]. Folglich sind sie dem materiellem Aufsichtsrecht untergeordnet[852]. An der rechtlichen Unverbindlichkeit anknüpfend muss den Merkblättern eine geringere Gewichtung als parlamentarisch legitimierten und verbindlichen, nach außen wirksamen, Normen zukommen. Unklar ist im Hinblick auf die faktische Bindungswirkung[853] der Merkblätter, mit welchem Maß eine Bedeutung im Rahmen einer etwaigen Ausstrahlung zugestanden werden muss. Gegen eine gesteigerte Berücksichtigung der BaFin-Merkblätter im Rahmen einer möglichen Ausstrahlung spricht sich *Dreher* aus. Aufsichtsbehördliches *Aufsichtsrecht* könne nur in Ausnahmefällen unter besonders zurückhaltender Anwendung in Ausstrahlungsmodelle einbezogen werden[854]. Als Grund hierfür wird der Umstand angeführt, dass die BaFin-Merkblätter oft exzessiv Normen auslegen[855] und sich daher soweit, teilweise bis zur Unkenntlichkeit, von den originären Rechtssätzen entfernen. Es ist festzustellen, dass die BaFin im Rahmen ihrer Merkblätter in einigen Fällen erheblich von dem ursprünglichen Rechtssatz abweicht[856]. Dies sollte jedoch nicht die Gesamtbetrachtung der BaFin-Merkblätter als geeignete Grundlage einer

---

848 *Martens*, Methodenlehre des Unionsrechts, S. 263.

849 Siehe oben, § 5 I 3. lit a) bb); so auch *Weber-Rey*, ZGR 2010, 543 (567); vgl. auch *Thaten*, die die Ausstrahlungswirkung deshalb gänzlich ausschließt, Ausstrahlung des Aufsichts- auf das Aktienrecht, S. 209.

850 Siehe hinsichtlich der Rechtsnatur von BaFin Rundschreiben: oben § 3 III. und § 4 IV.

851 HessVGH, WM 2007, 392 (393 f.); *Gurlit*, ZHR 177 (2013), 862 (897).

852 *Gurlit*, ZHR 177 (2013), 862 (893, 897); vgl. zum Rechtscharakter des *Soft-Law*: *Emmenegger* in Hopt/Wohlmannstetter Hdb. CG Banken, S. 406 f.

853 Siehe oben, § 3 III.

854 *Dreher*, ZGR 2010, 496 (506); a.A. wohl *Weber-Rey*, ZGR 2010, 543 (567).

855 Siehe oben, § 3 III. und § 4 IV; *Dreher*, ZGR 2010, 496 (506).

856 Vgl. § V. 2. lit. a) aa) (2).

Ausstrahlung beeinflussen[857]. Letztendlich kommt es bei der Beurteilung einer möglichen Ausstrahlung auf den Einzelfall an. Somit gilt es jegliche rechtliche Interpretation, die die BaFin vornimmt, einzeln unter Berücksichtigung der aufgebrachten Kritikpunkte zurückhaltend zu beurteilen. Wird dabei eine übermäßige Abweichung festgestellt, dass die ursprüngliche Wertungskomponente der interpretierten Norm unkenntlich wird, muss der einzelnen Interpretation eine geringe oder sogar keine Bedeutung im Rahmen der Ausstrahlung zugesprochen werden. Dabei ist einem zweistufigen Ansatz zu folgen. Zunächst muss die Interpretation der BaFin auf ihren Bezug zur einschlägigen Norm untersucht werden. Daran anknüpfend kann dann das Wertungsmodell, mit davon abhängiger Intensität auf einen Ausstrahlungssachverhalt, angewendet werden. Weiterhin spricht für eine generelle Berücksichtigung der norminterpretierenden Verwaltungsvorschriften der BaFin hinsichtlich einer Ausstrahlung, dass diese aufgrund der verknüpften Sanktionsmöglichkeiten hohe Relevanz im Kredit- und Versicherungsaufsichtsrecht haben. Im Sinne einer allgemeinen Gesamtbetrachtung sollte ein für die Tätigkeit von Aufsichtsräten von Kredit- und Versicherungsinstituten derart bedeutsamer Faktor nicht unberücksichtigt bleiben. BaFin-Verlautbarungen gelten nicht nur im Über- und Unterordnungsverhältnis zwischen Behörde und Unternehmen, sie beeinflussen auch die zivilen Rechtsbeziehungen von Privatpersonen erheblich[858]. So ist vornehmlich die Möglichkeit der BaFin, abweichendes Verhalten der Unternehmen und insbesondere bezogen auf das Kontrollorgan zu sanktionieren, deutlich weitreichender als die Haftungsvorschriften der §§ 116 S. 1 und 93 AktG im allgemeinen Aktienrecht. In Anerkennung seiner besonderen Bedeutung wird dieser überschießende Umstand auch dafür angeführt, dass das Aufsichtsrecht auf die aktienrechtliche Legalverfassung zurückwirken kann[859]. Diesbezüglich ist zu berücksichtigen, dass die BaFin Rundschreiben und Merkblätter mit den an die Nichtbefolgung geknüpften Sanktionen eine faktische Bindungswirkung entfalten, welche nicht unerheblicher Kritik ausgesetzt ist[860]. Dieser Kritikpunkt ist ebenfalls im Blickfeld einer

---

857 So auch *Kießling/Kießling*, WM 2003, 513 (521); *Lorenz* in Romeike Rechtliche Grundlagen des Risikomanagements, S. 16 ff.; *Weber-Rey*, ZGR 2010, 543 (567).

858 *Fekonja*, BaFin-Verlautbarungen, S. 111 f.

859 *Preußner*, NZG 2004, 57 (58); vgl. auch *Fleischer*, ZIP 2003, 1 (10).

860 Siehe oben, § 3 III.; vgl. zu de der am 1.1.2016 aufgehobenen, in ihrer Bedeutung aber immer noch relevanten MaRisk VA: *Bürkle*, VersR 2009, 866 (868); *Dreher/Lange*, VersR 2011, 825 (831 ff.); *Michael*, VersR 2010, 141 (143 ff.); *Weber-Rey*, ZGR 2010, 543 (556 f.).

möglichen Ausstrahlungswirkung zu beachten und muss daher in die Bewertung der Bedeutsamkeit der Rundschreiben einfließen[861].

(3) DCGK

Als unverbindliche Rechtssätze mit potentieller Ausstrahlungswirkung kommen ebenfalls die Empfehlungen des DCGK in Betracht[862]. Die nationalen Kodexempfehlungen haben erheblichen Einfluss auf die Arbeit von Aufsichtsräten[863]. Sie spiegeln gesellschaftsrechtliche Prinzipien wieder[864]. Zwar beschränkt sich ihr Anwendungsbereich nur auf börsennotierte Unternehmen, jedoch werden bestimmte aktienrechtliche Regelungen als Ausprägung allgemeiner korporationsrechtlicher Grundsätze im Falle des Fehlens von Sondervorschriften auch im öffentlichen Bankensektor oder bei privaten nicht börsennotierten Banken herangezogen[865]. Für die Bedeutsamkeit einer möglichen Ausstrahlung spricht auch die Etablierung des § 161 AktG im Jahre 2002 durch Art. 1 Nr. 16 des TransPuG[866] und dessen spätere Änderung durch das BilMoG[867]. Hiermit kommt die Intention des Gesetzgebers und der allgemeine Trend zum Ausdruck, dass mittelbares Recht, auch im aufsichtsrechtlichen Kontext, sich stetig dem allgemeinen Gesellschaftsrecht annähert[868]. Unter der Berücksichtigung dieses

---

861 Vgl. dazu *Thaten*, Ausstrahlung des Aufsichts- auf das Aktienrecht, S. 183 f.

862 Vgl. *Preußner*, NZG 2004, 57 (60).

863 Dazu: *Bayer/Scholz* in Spindler/Stilz, § 161 Rn. 16; *Habersack* in Gutachten zum 69. DJT 2012, E9 E24 ff.; *Hopt* in FS für Hoffmann-Becking, S. 565 ff.; *Kremer* in Kommentar DCGK, Rn. 1200 ff.; *Lieder*, Aufsichtsrat im Wandel, S. 594 f., 604 f.; *Pfitzer/Oser*, Hdb. DCGK, S. 20, 33; vgl. kritisch *Kley*: „*[...] macht sich die Corporate Governance Kommission zur Vorhut einer ohnehin ausufernden politischen Regulierungskampagne*". Der Kodex habe „*quasi Gesetzesmacht erlangt*", Eine schlechte Kommission, Frankfurter Allgemeine Zeitung, 19.6.2015, S. 22.

864 *Apfelbacher/Metzner*, AG 2013, 773 (774); *Bachmann* in Kommentar DCGK, Rn. 35.

865 *Apfelbacher/Metzner*, AG 2013, 773 (774); vgl. m.w.N. zum Vorschlag einen seperaten Kodex im Bankensektor zu etablieren: *Bachmann* in Kommentar DCGK, Rn. 67.

866 Gesetz zur weiteren Reform des Aktien- und Bilanzrechts, zu Transparenz und Publizität (Transparenz- und Publizitätsgesetz – TransPuG) vom 19.7.2002, BGBl. I, S. 2681.

867 Gesetz zur Modernisierung des Bilanzrechts (Bilanzrechtsmodernisierungsgesetz – BilMoG) vom 25.5.2009, BGBl. I, S. 1102; vgl. auch *Kiethe* zu der Bedeutung für die Organhaftung durch § 161 AktG, NZG 2003, 559.

868 Vgl. hierbei oben die Kritik an der Festlegung des Unabhängigkeitsbegriffs nach § 100 Abs. 5 AktG a.F., § 2 II. 3. lit. b) b); *Hopt* in FS für Hoffmann-Becking, S. 569 ff.

Aspekts erscheint es nicht fernliegend, auch Wertungsmodelle aus dem DCGK bei einer möglichen Ausstrahlung mit einzubeziehen[869]. Einschränkend müssen gleichwohl verfassungsmäßige Bedenken[870] gegen den Anspruch des DCGK auf Rechtsgeltung berücksichtigt werden[871].

(4) Richtlinien und Empfehlungen der europäischen Aufsichtsbehörden

Internationale unverbindliche Rechtssätze, z.B. die Leitlinien der EBA und EIOPA[872], können Ausstrahlungswirkung entfalten. Gleiches gilt für die – bei Umsetzung in nationales Recht verbindlichen – europäischen Richtlinien CRD-IV und Solvency-II, soweit sie nicht schon durch KWG oder VAG abschließend umgesetzt wurden. Der Ausstrahlungsgehalt ist abhängig von der Nähe zum konkreten Sachverhalt und der entsprechenden Bindungswirkung. Wertgehalte aus Richtlinien werden in der Regel bereits durch nationale Umsetzung an den Endadressaten herangetragen und können über verbindliche nationale Normen ausstrahlen. So können primärrechtliche Wertentscheidungen bei der Auslegung von nationalen Generalklauseln mit einbezogen werden[873]. Ähnlich ist dies bei den Leitlinien der EBA und EIOPA. Sie haben gesteigerten mittelbaren Belang für die Tätigkeit von beaufsichtigten Aufsichtsräten. Illustriert wird dies dadurch, dass die europäischen Richtliniengeber von den europäischen Aufsichtsbehörden einfordern, einzelne Richtlinienvorgaben weiter auszuformen[874]. Zum anderen wird der Ausstrahlungscharakter europäischer Regelungssätze durch den primär angestrebten gemeinschaftsrechtlichen

---

869 Hierzu *Apfelbacher/Metzner*: *„Insgesamt ist zu beobachten, dass die bankaufsichtsrechtliche Corporate Governance Entwicklung erheblich auf die gesellschaftsrechtliche Corporate Governance Entwicklung ausstrahlt und umgekehrt"*, AG 2013, 773 (774).

870 Dazu *Bachmann* in Kommentar DCGK, Rn. 82 ff., 88 f.; *Bayer/Scholz* in Spindler/Stilz, § 161 Rn. 18 ff.; *Möllers/Fekonja*, ZGR 2012, 777 (783 f.); a.A. OLG München, NZG 2008, 337 (338).

871 M.w.N. *Koch*, Hüffer/Koch AktG, § 161 Rn. 4 ff.

872 *Bürkle*, VersR 2014, 529.

873 *Leible/Domröse* in Riesenhuber Europäische Methodenlehre, § 8 Rn. 43; *Veil* in Veil Eur. KapitalmarktR, S. 79 Rn. 51 ff. vgl. BGH, NJW 2000, 1028 (1030); BGH, NJW 1999, 3552 (3554).

874 So z.B. bei dem Kriterium der zeitlichen Verfügbarkeit von Aufsichtsräten nach dem KWG, siehe oben, § 3 IV. 3.; zu der faktischen Bindungswirkung der Empfehlungen der europäischen Finanzaufsichtsbehörden, *Möllers/Fekonja*, ZGR 2012, 777 (787 f.).

Harmonisierungsgedanken im Aufsichtsrecht geprägt[875]. Die Angleichung der für Aufsichtsräte bedeutsamen Governance-Regeln erfolgt hierbei durch die EU-Richtlinien und durch die Aufsichtspraxis. Regelmäßig wird dabei wenig Rücksicht auf die Besonderheiten des nationalen Gesellschaftsrechts genommen[876]. Zudem führt das Harmonisierungsbestreben zu dem Umstand, dass nach Rechtsprechung des BVerfG bei Kollisionsfällen von europäischem und nationalem Aufsichtsrecht das supranationale Europarecht Vorrang genießt[877]. Was bedeutet dies für die Ausstrahlungsfähigkeit der einschlägigen Rechtssätze? Angesichts dieser Prioriätensetzung gilt es einerseits europarechtlichen Rechtssätzen bei der Bewertung ihrer Ausstrahlungsqualität besondere Aufmerksamkeit zukommen zu lassen. Andererseits ist bei der Hinzuziehung selbiger zu berücksichtigen, dass sie in der Regel nicht auf den zu bestrahlenden Rechtssatz angepasst sind. Insoweit ist bei der Übertragung von europarechtlichen Wertungen, vor allem unter systematischen Gesichtspunkten, ein sorgsames Vorgehen geboten.

cc) Prinzipienbasierte Regelungsansätze

Hinsichtlich der Ausstrahlungsqualität kommt der Anwendung einer prinzipienbasierten Regelungssystematik herausgehobener Wert zu[878]. Mit ihr versucht der Normsetzer einer stetig steigenden Komplexität der Finanzbranche gerecht zu werden. Denn auch wenn der Gesetzgeber in immer höherer Frequenz neue Regelungen erlässt, sind die Sachverhalte so komplex, dass kaum noch sachgerecht reagiert werden kann[879]. Selbst im Falle eines Erlasses sind die

---

875 *Kolassa* in Schimansky/Bunte/Lwowski Hdb. Bankenrecht, § 135; vgl. auch ausführlich mit einer Gegenüberstellung von europarechtlichen Erlassen hinsichtlich des Kredit- und Versicherungssektors: *Schnyder*, Europäisches Banken- und Versicherungsrecht, § 1 Rn. 3 ff.; bezüglich der Organisationspflichten und Banken und Versicherungen *Binder*, ZGR 2015, 667 (690 ff.).

876 *Schneider/Schneider*, NZG 2016, 41 (43).

877 *Bürkle*, ZVersWiss 2012, 493 (495).

878 Einführend *Rüthers/Fischer/Birk*, Rechtstheorie, S. 458 Rn. 756 ff.; *Walla* in Veil Eur. KapitalmarktR, S. 54 Rn. 43 ff.; *Wundenberg*, Compliance, S. 35 ff.;

879 Vgl. dazu o.V., Rover the regulator – Simple rule may be best for monitoring banks, The Economist, 8. 9. 2012, S. 60: „*The financial crisis of 2007–8, and the continued weakness of banks, suggest that complexity has not served its purpose. In a world of multiple connections, where the distribution of future probabilities cannot be known […], simple rules of thumb may be more useful than sophisticated models*".

Regelungen oft lückenhaft[880]. Indem der Normsetzer beim prinzipienbasierten Regelungsansatz abstrakte Anforderungen durch unbestimmte Tatbestandsmerkmale wie z.B. *angemessen* oder *wirksam* an den Regelungsadressaten richtet, soll eine Anpassungsfähigkeit des Rechts gewährleistet werden[881]. Der Vorteil des prinzipienorientierten Ansatzes beruht dabei auf der Überlegung, dass der regelungsbasierte Ansatz entgegengesetzt durch konkrete Normen die Komplexität der Wirklichkeit auf einen engen Tatbestand reduziert. Vermeintlich irrelevante Umstände werden ausgeblendet, was zur Folge hat, dass bei einem regelungsbasierten – im Gegensatz zu einem prinzipienorieten – Ansatz nicht alle Interessen berücksichtigt werden können[882]. Der Nachteil dieses Regelungsansatzes sind die verfassungsrechtliche Bedenken und Rechtsunsicherheit[883]. Im Aufsichtsrecht wird, z.B. im Rahmen von Solvency-II[884] und CRD-IV[885], auf unionsrechtlicher Ebene zunehmend der prinzipienorientierte Ansatz verfolgt, der durch Umsetzung in das nationale Recht die deutsche Unternehmenswirklichkeit erheblich prägt[886]. Aufgrund der Schwerpunktsetzung auf europäischer Ebene, auch in Anbetracht des Vollharmonisierungsbestrebens, muss prinzipipienoriertierten Regelungen eine erhöhte Ausstrahlungsbedeutung zukommen. Zudem bieten die Generalklauseln und unbestimmte Tatbestandsmerkmale eine Grundlage für einen Auslegungsspielraum, in dem Wertungsaspekte aus verschiedenen Regelungsmassen übertragen werden können.

880 *Martens*, Methodenlehre des Unionsrechts, S. 112 f.; vgl. auch *Binder*, Regulierungsinstrumente, S. 178 ff.

881 Vgl. *Bydlinski*, Grundzüge, S. 91 f.; *Emmenegger*, Bankorganisationsrecht, S. 111 ff.; *Thaten*, Die Ausstrahlung des Aufsichts- auf das Aktienrecht, S. 114; *Wundenberg*, Compliance, S. 97 f.

882 *Martens*, Methodenlehre des Unionsrechts, S. 112 f.

883 So Durchbrechen Generalklausen den in Art. 20 Abs. 2 S. 2 GG normierten Gewaltenteilungsgrundsatz, *Walkamm*, Rechtstheorie 2008, 507.

884 Siehe auch *Bürkle* in Fahr/Kaulbach/Bähr/Pohlmann VAG, Solvabilität II Rn. 12 ff.; *Schröder* in Looschelders/Pohlmann VVG, Einführung in das Versicherungsaufsichtsrecht Rn. 20 ff.; zum den prinzipienorientierten Anforderungen an Kredit und Finanzinstitute: *Wundenberg*, Compliance, S. 13 ff.

885 *Glawischnig-Quinke* in Kapitalmarkt Compliance, Kap. 14 Rn. 16 ff.; *Walla* in Veil Eur. KapitalmarktR, S. 54 Rn. 43 ff.

886 Ob dieser Ansatz dauerfristig funktional erscheint, kann unter dem damit einhergehenden Aspekt der Rechtsunsicherheit in Frage gestellt werden; dazu *Bürkle*, VersR 2013, 792; dies begrüßend: *Winter*, Winter VersicherungsaufsichtsR, S. 607 ff.

4. Zusammenfassung

Bei paralleler Betrachtung einschlägiger Regelungsmaterien wird deutlich, dass hinsichtlich materieller Aspekte, formaler Ausgestaltung und auch im Rahmen der Regulierungsansätze eine erhebliche sektorenübegreifende Konvergenz besteht[887]. Geht es um das Verhältnis zwischen aktien- und aufsichtsrechtlichen Regelungsmaterien, können gleichwohl keine allgemeinen Schlussfolgerungen getroffen werden. Das liegt unter anderem daran, dass ein Verhältnis der Regelungen zueinander nicht nur anhand von Kollisionsgrundsätzen, insbesondere hinsichtlich des vermeintlichen Spezialitätscharakters der Normen, geschlossen hergeleitet werden kann. Im Einzelfall ist eine Derogation, vor allem durch Heranziehen des *lex specialis* Grundsatzes, jedoch denkbar. Daneben besteht die Möglichkeit, dass unterschiedliche Regelungen auf denselben Sachverhalt parallel Anwendung finden. Hierbei sind der Grundsatz der Einheitlichkeit des Rechts und Bedenken hinsichtlich der Verfassungsmäßigkeit wertend zu berücksichtigen. Die sich dabei ergebenden Problemstellungen sind Teil des Preises, der für ein europarechtlich harmonisiertes Aufsichtsrecht zu zahlen ist. Unter dem Begriff der Ausstrahlung ist primär die Übertragung des in der Norm immanent verknüpften Wertegehalts ohne konkrete Bezugnahme der Regelungen zueinander zu verstehen. Als Übertragungsglied bieten sich mehrere methodische Rechtsfiguren an. So ist der Wertungsaspekt einer Regelung durch analoge Anwendung auf fremde Regelungsbereiche übertragbar. Ebenso ergibt sich eine Möglichkeit im Rahmen des richterlichen Präjudizes. Zudem besteht im Wege der systematischen und teleologischen Auslegung ein Transmissionspunkt zum Ausstrahlen einer Norm. Ausstrahlungsfähig ist dabei jeglicher Rechtssatz, da primär der jeweilige Wertungsgehalt der Regelung ausschlaggebend ist. Dementsprechend ist auch mittelbar geltendes Recht ausstrahlungsfähig. Allerdings haben die divergierenden Rechtssätze keine einheitliche Ausstrahlungsintensität oder Bedeutsamkeit. Eine sorgfältige Abstimmung muss im Einzelfall unter Berücksichtigung gesellschafts- und verfassungsrechtlicher Grundprinzipien hergeleitet werden. Besondere Bedeutung wird diesbezüglich der für das Gemeinschaftsrecht signifikante prinzipienbasierte Regelungsansatz haben. Die Auseinandersetzung mit einer flexibleren Regelungsdogmatik bietet erheblichen Spielraum für die Übertragbarkeit sektorenfremder Regelungsimpulse. Insoweit ist festzustellen, dass eine vielseitige Bandbreite an Anknüpfungspunkten für eine ein- und wechselseitige Beeinflussung von Aktien- und Aufsichtsrecht besteht.

887 *Binder*, ZGR 2015, 667 (696 f.).

Die Ausstrahlung stellt gleichwohl kein Allheilmittel zur Lückenschließung dar. Sie bildet allerdings eine methodische Grundlage, um in praktischer Hinsicht sinnvollen Wertungsaspekten gesetzesübergreifend Geltung zu verschaffen und damit effizient das allgemeine Gesellschafts- und Aufsichtsrecht aufeinander abzustimmen, feinzusteuern und weiterzuentwickeln, indem sie eine komplementäre und substituierende Wirkung aufweist. Letztlich passt die Rechtsfigur, als verbindendes Element, zu dem Verhältnis, in dem Aufsichts- und Aktienrecht zueinander stehen. Obwohl die Regelungsmaterien abweichende Regulierungsaspekte und Geschwindigkeiten aufweisen, steht im Hinblick der Aufsichtsratsarbeit ein übergreifender Regulierungsgedanke: die Effizienzsteigerung der Arbeit im Aufsichtsrat. Infolgedessen ist eine stetige Weiterentwicklung und wechselseitige Annäherung der Regelungsmassen auf lange Sicht unausweichlich. Sie wird durch die Ausstrahlung realisiert und ausgeformt.

II. Spannungsfelder des Aufsichtsrechts im Tätigkeitsbereich von Aufsichtsräten

1. Risikoüberwachung

a) Bedeutsamkeit der Risikoüberwachung für die Pflichtenerfüllung des Aufsichtsrats

Die erste gesetzliche Festsetzung des Erfordernisses eines aufsichtsrechtlichen Risikomanagements wurde 1997 durch die sechste KWG Novelle in § 25a KWG etabliert[888]. Schon ein Jahr darauf trat eine vergleichbare Vorschrift durch das KonTraG[889] in § 91 Abs. 2 AktG für Aktiengesellschaften in Kraft. Dabei bezog sich der Gesetzgeber auf die Hervorhebung einer allgemeinen Leitungsaufgabe, welche sich am unternehmensspezifischen Charakter orientiert[890]. Anforderungen an das Risikomanagement wurden anknüpfend im versicherungsaufsichtsrechtlichen

888 Gesetz zur Umsetzung von EG-Richtlinien zur Harmonisierung Bank- und Wertpapieraufsichtsrechtlicher Vorschriften vom 22. 10. 1997, BGBl. I, 2518; dazu *Bürkle*, WM 2005, 1496 (1498); vgl. auch die historische Aufarbeitung von Organisationspflichten im Kredit- und Versicherungsaufsichtsrecht, *Binder*, ZGR 2015, 667 (672 ff.).

889 Gesetz zur Kontrolle und Transparenz im Unternehmensbereich (KonTraG) vom 27.4.1998, BGBl. I, 786.

890 Entwurf eines Gesetzes zur Kontrolle und Transparenz im Unternehmensbereich (KonTraG) vom 28.1.1998, BT-Drs. 13/9712.

Bereich durch den damaligen § 64a VAG festgesetzt[891]. Diese sind im Rahmen der Umsetzung der Solvency-II Richtlinie[892] nunmehr in § 26 VAG normiert[893]. Besonders in der Finanzbranche wird ein funktionales Risikomanagement als wichtiger denn je erachtet[894].

Der Vorstand ist grundsätzlich gemäß § 91 Abs. 2 AktG verpflichtet, ein Überwachungssystem einzurichten, um gefährdende Entwicklungen für den Fortbestand der Gesellschaft früh zu erkennen. Dieses Element entwickelt im Rahmen der Überwachungsfunktion erhebliche Bedeutung für den Aufsichtsrat[895]. Als Reflex ist das Kontrollorgan verpflichtet, das vom Vorstand etablierte Überwachungssystem als Überwachungsgegenstand zu überprüfen[896], auch um einer Haftung nach § 116 S. 1 i.V.m. § 93 Abs. 2 AktG zu entgehen[897]. Die Überprüfungsaufgabe erstreckt sich einerseits auf die Vergangenheit. Andererseits ist sie zu einem Großteil zukunftsbezogen[898]. Zudem ist der Aufsichtsrat gemäß § 171 Abs. 2 S. 3 AktG angehalten, sich bei börsennotierten Gesellschaften mit dem Bericht des Abschlussprüfers auseinanderzusetzen, der darin auf Fragen der Effektivität und Verbesserungswürdigkeit des internen Überwachungssystems eingeht[899]. Folglich muss der Aufsichtsrat sich im ähnlichen Umfang wie der Vorstand mit der Ausgestaltung, insbesondere mit der Funktionalität und Angemessenheit des Überwachungssystems, auseinandersetzten[900]. Diese

---

891 Neuntes Gesetz zur Änderung des Versicherungsaufsichtsgesetztes vom 23.12.2007, BGBl. I, 3248.

892 EU-Richtlinie betreffend die Aufnahme und Ausübung der Versicherungs- und der Rückversicherungstätigkeit, englische Ausführung (Solvency II) vom 25.11.2009, ABL. L 335 vom 17.12.2009.

893 Gesetz zur Modernisierung der Finanzaufsicht vom 1.4.2015, BGBl. I, 434.

894 *Hartmann* m.w.N. in Hopt/Wohlmannstetter Hdb. CG Banken, S. 531 ff.

895 So auch *Habersack*, AG 2014, 1 (2 f.); *Kropff*, NZG 2003, 346; *Lieder*, Aufsichtsrat im Wandel, S. 516; *Lieder*, 10 German Law Journal, 115 (118 ff.).

896 *Drygala* in Schmidt/Lutter AktG, §111 Rn. 9; *„Die Pflichten des Aufsichtsrats, […], sind vor allem akzessorischer Natur: Sie nehmen ihren Ausgangspunkt in der Compliance-Verantwortung des Vorstand“*, *Habersack*, AG 2014, 1 (2 ff.).

897 Dazu *Kort*, NZG 2008, 81 (82); *Louven/Raapke*, VersR 2012, 257 (265).

898 *Hartmann* in Hopt/Wohlmannstetter Hdb. CG Banken, S. 533 ff.; auch wird dem Aufsichtsrat dabei eine Compliance-Verantwortung zukommen, *Habersack*, AG 2014, 1 (5).

899 Siehe § 317 Abs. 4 HGB, §§ 321 Abs. 4 S. 2 und Abs. 5 S. 2 HGB.

900 Vgl. *v. Gernoth*, DStR 2001, 299 (301); *Kiethe*, WM 2005, 2122 (2124); *Säcker*, NJW 2008, 3313 (3315 f.); *Schenck* in Semler/v. Schenck Arbeitshdb. für Aufsichtsratsmitglieder, §7 Rn. 125 ff.; *Schneider/Schneider*, NZG 2016, 41 (46); dabei ist jederzeit das Geschäftsführungsverbot des Aufsichtsrats zu berücksichtigen, dazu *Habersack*, AG

Schwerpunktsetzung in der Überwachungsaufgabe wird zudem durch die Empfehlungen des DCGK unterstrichen[901]. Auch hierbei wird erkennbar, dass die Vorgaben zum Überwachungssystem neben der Vorstandstätigkeit gleichfalls den Aufsichtsrat betreffen[902].

b) Allgemein einheitliches Verständnis der gesellschafts- und aufsichtsrechtlichen Risikoüberwachung?

aa) Streitstand

Nach § 91 Abs. 2 AktG soll der Vorstand „*geeignete Maßnahmen*" zum frühen Erkennen von Risiken treffen[903]. Inwieweit diese Maßnahmen ausgestaltet und geeignet sind und ob hierbei grundsätzliche aufsichtsrechtlich typische Maßstäbe – namentlich die Etablierung eines Risikomanagementsystems – anzusetzen sind, wurde bereits breit diskutiert[904]. Hierbei muss klargestellt werden, dass es im konkreten Zusammenhang nicht um eine allgemeine – eventuell aufsichtsrechtliche – Ausstrahlung, sondern lediglich um das inhaltliche Verständnis des § 91 Abs. 2 AktG geht. Diesbezüglich wird nach überwiegender Ansicht in der juristischen Literatur eine enge Betrachtungsweise vertreten[905]. Danach seien die

2014, 1 (2 f.); zu der Bedeutung der Aufsichtsratsarbeit auf diesem Feld, *Hartmann* in Hopt/Wohlmannstetter Hdb. CG Banken, S. 527 ff.

901 Laut Ziff. 5.3.2 DCGK soll der Aufsichtsrat einen Prüfungsausschuss zur Überwachung des Risikomanagements einrichten und nach Ziff. 5.2. der Aufsichtsratsvorsitzende mit dem Vorstand hierüber einen regelmäßigen Informationsaustausch pflegen, Regierungskommission DCGK, DCGK vom 7.2.2017.

902 Vgl. hierzu bzgl. der Versicherungsaufsicht: EBA, Leitlinien zur internen Governance (GL 44) vom 27.9.2011, S. 7.

903 Während sich § 91 Abs. 2 AktG lediglich an den Vorstand richtet, sind die Normadressaten nach § 25a KWG das Institut selbst und die Bankenaufsicht, *Wundenberg*, Compliance, S. 127.

904 Zu der Einordnung des Umfangs des Risikomanagementbegriffs in betriebswirtschaftlicher und rechtswissenschaftlicher Sicht, siehe m.w.N. *Koch*, Hüffer/Koch AktG, § 91 Rn. 8; einen Überblick gebend: *Wundenberg*, Compliance, S. 132 f.

905 Häufig ist in der bisherigen Diskussion die Rede von *Ausstrahlung*. Oftmals wird der Ausstrahlungsbegriff dabei nicht im methodischen Kontext wahrgenommen. Vielmehr wird die Frage diskutiert, wie der Gesetzgeber den Umfang der Anforderungen des § 91 Abs. 2 AktG versteht. Eine gesetzgeberische konkretisierende Intention schließt – in methodischer Sicht – dabei ein Ausstrahlungsverständnis aus, welches dadurch geprägt ist, dass gerade keine direkte, vom Gesetzgeber bestimmte, Bezugnahme vorgesehen ist (siehe oben, § 5 I. 3. lit a) aa)). Für ein engeres Verständnis des Überwachungssystems: *Baums*, ZGR 2011, 218 (272 f.); *Bürkle*, WM 2005, 1496 (1497);

Anforderungen aus § 91 Abs. 2 AktG für sich grundsätzlich alleinstehend. Mit den aufsichtsrechtlichen Risikomanagementvorgaben bestehe keine Verknüpfung. Das Überwachungssystem im Sinne des § 91 Abs. 2 AktG sei lediglich eine Hervorhebung der allgemeinen gesetzlichen Leitaufgabe des Vorstands. Diese Pflicht setzt jedoch nicht zwingend die Etablierung eines Risikomanagementsystems voraus[906].

bb) Stellungnahme

Eine enge Betrachtungsweise ist präferabel. Zwar ist entgegenzuhalten, dass in der Gesetzesbegründung zu § 91 Abs. 2 AktG von der „*Verpflichtung eines angemessenen Risikomanagements*" durch die Vorstände gesprochen wird[907]. Gleichwohl wird, hinsichtlich einer allgemeinen aktienrechtlichen Verpflichtung des Vorstands, der Aspekt des Risikomanagements im AktG selbst nicht aufgegriffen[908]. Hätte der Gesetzgeber eine direkte Regelungsgleichheit zu dem ein Jahr zuvor in Kraft getretenen § 25a KWG vorgesehen, so hätte er dies in der Gesetzesbegründung zum KonTraG kommuniziert[909]. Somit ist anzunehmen, dass es nicht vorgesehen war, die allgemeinen Leitungspflichten des Vorstands nach § 76 Abs. 1 AktG tatbestandlich zu erweitern[910]. Die in § 91 Abs. 2 AktG normierte Vorgabe ist eine „*Bestandssicherungspflicht*"[911], bei der ein Überwachungsaspekt, auch hinsichtlich der Tätigkeit des Aufsichtsrats, im Vordergrund steht. Gegenstand des Überwachungssystems ist dabei nicht die zielgerichtete Abwehr von Risiken[912], sondern die Einhaltung von Maßnahmen und deren Darstellung[913], vor allem auch in Bezug auf den Aufsichtsrat.

Fleischer/Schmolke, ZHR 173 (2009), 649 (679); *Koch*, Hüffer/Koch AktG, § 91 Rn. 9 f.; m.w.N.: *Dreher*, ZGR 2010, 496 (531 ff.); *Kropff*, NZG 2003, 346 Fn. 15; *Louven/Raapke*, VersR 2012, 257 (261); a.A.: LG Berlin, AG 2002, 682; *Glawischnig-Quinke* in Kapitalmarkt Compliance, Kap. 14 Rn. 5; *Preußner*, NZG 2004, 303 (305); *Preußner/Zimmermann*, AG 2002, 657; ebenso mit europarechtlichen Bedenken wohl auch *Spindler* in MüKo AktG, § 91 Rn. 22 f.

906 So *Bürkle*, WM 2005, 1496 (1497).

907 Entwurf eines Gesetzes zur Kontrolle und Transparenz im Unternehmensbereich (KonTraG) vom 28.1.1998, BT-Drs. 13/9712, S. 15.

908 *Preußner*, NZG 2004, 303 (304 f.).

909 Der Gesetzgeber hatte bereits im Rahmen der Auslegung des Unabhängigkeitsbegriffs nach § 100 Abs. 5 AktG a.F. zur Begriffsbestimmung auf andere – sogar unmittelbare – Rechtssätze verwiesen (siehe oben, § 2 II. 3) lit. b) aa)).

910 Siehe auch *Thaten*, Ausstrahlung des Aktien- auf das Aufsichtsrecht, S. 226 f.

911 *Preußner*, NZG 2004, 303 (305 f.).

912 Vgl. *Wundenberg*, Compliance, S. 118 f.

913 *Koch*, Hüffer/Koch AktG, § 91 Rn. 10.

c) *Gelten gleiche Anforderungen an die Risikoüberwachung auf aktien- und aufsichtsrechtlicher Ebene in einem Kreditinstitut oder einem Versicherungsunternehmen?*

Fraglich ist, ob aufsichtsrechtliche Pflichten auf die allgemeinen aktienrechtlichen Pflichten von Vorständen von Banken und Versicherungen ausstrahlen[914]. Dies würde wiederum den Überwachungsgegenstand des Aufsichtsrats beeinflussen. Diese Fragestellung, ob § 91 Abs. 2 AktG aufsichtsrechtliche Vorgaben in einer solchen Konstellation adaptiert, ist dabei rein theoretischer Natur. Die detaillierten Anforderungen zum Risikomanagement aus § 26 VAG und § 25a KWG finden neben den aktienrechtlichen Vorgaben ohnehin parallele Anwendung[915]. Ein Transmissionspunkt der aufsichtsrechtlichen Risikoüberwachungsvorgaben wird sich aus dem prinzipienorientierten unbestimmten Tatbestandsmerkmal der *Geeignetheit* nach § 91 Abs. 2 AktG herleiten lassen. Die Ausformung der aktienrechtlichen Überwachungspflicht soll dabei nach Willen des Gesetzgebers einzelfallspezifisch ausgestaltet sein. So sollen unter anderem *„die Größe, Branche, Struktur“* und *„Kapitalmarktzugang“*[916] berücksichtigt werden[917]. Der einzelfallorientierte Ansatz ermöglicht auf aktienrechtlicher Ebene die Eröffnung eines Korridors, durch den aufsichtsrechtliche Vorgaben übertragen werden können. Anknüpfend an das unbestimmte Tatbestandsmerkmal der *Geeignetheit* nach § 91 Abs. 2 AktG ist anzunehmen, dass, auch angesichts der Effizienzbestrebungen[918], die regelmäßig strengeren und detaillierten aufsichtsrechtlichen Anforderungen unter selbigen Begriff zusammengefasst werden können. Dies hat zur Folge, dass sich in beaufsichtigten Unternehmen über den Anknüpfungspunkt des unbestimmten Tatbestandsmerkmals der *Geeignetheit* die aktien- und aufsichtsrechtlichen Risikoüberwachungsvorgaben sektorenübergreifend angleichen. Die aufsichtsrechtlichen

914 Dem zustimmend: *Weber-Rey*, ZGR 2010 543 (570 f.); vgl. auch *Preußner*, NZG 2004, 57 (61).

915 Vgl. *Schaaf.*; *„[…] hat § 91 Abs. 2 AktG seit der Einführung des § 64a VAG kaum mehr eigenständige Bedeutung“*, Risikomanagement und Compliance in Versicherungsunternehmen, S. 221 f.; a.A. *Bürkle*, der davon ausgeht, dass die aufsichtsrechtlichen Vorgaben als spezialgesetzliche Regelungen vorgehen, VersR 2009, 866 (871).

916 Entwurf eines Gesetzes zur Kontrolle und Transparenz im Unternehmensbereich (KonTraG) vom 28.1.1998, BT-Drs. 13/9712, S. 15.

917 Dazu auch *Preußner*, NZG 2004, 57 (58).

918 Siehe oben, § 1 II. 2.

Aspekte der Risikoüberwachung fügen sich zahnradähnlich in die Organisationsanforderungen[919] des § 91 Abs. 2 AktG ein.

d) Ausstrahlung aufsichtsrechtlicher Anforderungen im Risikomanagement auf die allgemeine aktienrechtliche Regelung

Unklar ist, ob aufsichtsrechtliche Risikomanagementvorgaben auf allgemeine Anforderungen zum internen aktienrechtlichen Überwachungssystem für Vorstände von Unternehmen, die keine Banken oder Versicherungen sind, ausstrahlen können. Voraussetzung hierfür ist, dass ein übertragbarer Regelungssatz vorherrscht und keine direkte Bezugnahme der Regelungssätze zueinander vorliegt. Dabei muss auch auf eine Bezugnahme im restriktiven Sinn Rücksicht genommen werden. Der Gesetzgeber kann konkret oder konkludent ein beschränkendes Verhältnis der Rechtsbereiche vorsehen und eine Ausstrahlungswirkung nicht beabsichtigen oder ausschließen[920].

aa) Auslegung nach Wortlaut

Hinsichtlich des Wortlauts geben die einschlägigen Normen § 25a Abs. 1 S. 3 KWG und § 26 VAG keine Hinweise auf eine Verbindung zum aktienrechtlichen Überwachungssystem nach § 91 Abs. 2 AktG[921].

bb) Systematische Anknüpfungspunkte

In systematischer Hinsicht könnte für eine Ausstrahlung der Vorgaben des KWG zum Risikomanagement angeführt werden, dass die bankaufsichtsrechtlichen Vorgaben zum Risikomanagement ein Jahr vor dem aktienrechtlich einschlägigen § 91 Abs. 2 AktG erlassen wurden. Hieraus könnte eine gewisse Vorreiterrolle der finanzaufsichtsrechtlichen Regelungen geschlussfolgert werden, welche sich durch eine Vorbildfunktion auf die später erlassenen allgemeinen Regelungen auswirkt. Dem ist zu entgegnen, dass der Gesetzgeber bei Erlass der aktienrechtlichen Regelung durch das KonTraG ein bereits bestehendes Überwachungselement einer Leitungspflicht des Vorstands herausarbeiten wollte und

---

919 Siehe hierzu *Thaten*, Ausstrahlung des Aktien- auf das Aufsichtsrecht, S. 228 f.

920 Vgl. diesbezüglich das negative Ausstrahlungsverständnis von *Dreher*, welches durch eine Schrankenbildung aufgrund des Spezialitätscharakters der aufsichtsrechtlichen Norm definiert wird, *Dreher*, ZGR 2010, 496 (503); ebenso diesen Gedanken auffassend: *Thaten*, die Ausstrahlung des Aufsichts- auf das Aktienrecht, S. 163 f.

921 Ausführlich hierzu *Bürkle*, WM 2005, 1496 (1498); *Thaten*, Ausstrahlung des Aufsichts- auf das Aktienrecht, S. 216.

dabei keinen Bezug auf die Regelungen des KWG genommen hat[922]. Hierfür spricht auch, dass in dem Gesetzesentwurf zum KonTraG an der Stelle der Erläuterung des Überwachungssystems explizit auf eine Ausstrahlungswirkung des § 91 Abs. 2 AktG auf die GmbH hingewiesen wird[923], jedoch nicht auf eine mögliche Beziehung zu § 25a KWG. Hieraus ist eine unnormierte negative Abgrenzungstendenz abzuleiten.

cc) Teleologische Auslegung

(1) Gesamtintention des Gesetzgebers

Unter teleologischen Gesichtspunkten kommt gleichwohl eine Ausstrahlung in Betracht, wenn die betreffenden Normen überschneidende Zielsetzungen beinhalten. Dabei ist die Intensität der Zielrichtungen zu berücksichtigen[924]. So müssen Regelungssätze, die mehrere Ziele mit verschiedenen Schwerpunkten verfolgen, nicht zwingend anhand jeglicher Überschneidung zu anderen Zielsetzungen von Regelungen ausstrahlungsfähig sein. Die Zielbestrebungen müssen lediglich eine vergleichbare Intensität aufweisen. Von solch einer *Gesamtintention* sind das VG Frankfurt a.M. und das LG Berlin ausgegangen[925].

(2) Stellungnahme

(a) Kritik an einer einheitlichen Betrachtungsweise

Ein derartiges Verständnis des § 91 Abs. 2 AktG erscheint in systematischer Hinsicht kaum begründbar[926]. In Hinblick auf den Zweck der Regelungssätze ist keine durchgehende Einheitlichkeit zu erkennen. So begrenzen sich die allgemeinen Anforderungen des Aktiengesetzes auf ein Frühwarnsystem[927]. Gefährdungen sollen für die Gesellschaft umgehend erkannt werden, um den Bestand des Unternehmens zu gewährleisten. Der aufsichtsrechtliche Funktionsschutz umfasst eine Solvenzsicherung des Unternehmens, die Anforderungen des Aufsichtsrechts

922 Siehe oben, § 5 II. 1. lit. b).

923 Entwurf eines Gesetzes zur Kontrolle und Transparenz im Unternehmensbereich (KonTraG) vom 28.1.1998, BT-Drs. 13/9712, S. 15.

924 So auch *Thaten*, Ausstrahlung des Aktien- auf das Aufsichtsrecht, S. 231 ff.

925 LG Berlin, AG 2002, 682; *Preußner/Zimmermann*, AG 2002, 657: vgl. bezogen auf die Anforderungen in einem Versicherungsunternehmen: „*Bruderhilfeurteil*" des VG Frankfurt a.M., VersR 2005, 57.

926 Siehe oben zum Eigenständigen Verständnis des § 91 Abs. 2 AktG, § 5 II. 1. lit. b); ebenso *Ludwig*, Branchenspezifische Wirtschaftsaufsicht, S. 260 ff.

927 Vgl. *Armbrüster*, VersR 2009, 1293 (1294); *Kropff*, NZG 2003, 346.

gehen dabei bedeutend weiter[928]. Risiken sollen nicht nur erkannt, sondern auch überwacht, gesteuert und vorgebeugt werden. In § 25a KWG und § 26 VAG finden sich eine Vielzahl detaillierter organisatorischer Vorgaben, welche wiederum von Empfehlungen der BaFin flankiert werden[929]. Anknüpfungspunkt ist dabei nicht wie in § 91 Abs. 2 AktG die *Geeignetheit*, sondern noch weitergehend die *Wirksamkeit* und *Angemessenheit*. KWG[930] und VAG verfolgen dabei primär europarechtliche Vorgaben. Hiermit ist der ausführliche Detaillierungsgrad in der neuen § 26 VAG Regelung zu erklären. Der deutsche Gesetzgeber hat hierbei die Vorgaben des Risikomanagements erheblich erweitert, da dieses ein Schwerpunkt, namentlich ein Teilaspekt der 2. Säule, der Solvency-II Richtlinie war[931]. Vergleichbar wurden in § 25a KWG Vorgaben umgesetzt, die durch die Basel II angestoßen wurden[932]. Diese Regelungen tragen den besonderen Gefahren der jeweiligen Branche Rechnung. Diesbezüglich divergieren also auch charakteristisch nationale und internationale Ansätze. Wäre eine einheitliche Zielrichtung des Gesetzgebers anzunehmen, würde es sich nicht erschließen, wieso die Reichweite und der Umfang der verschiedenen Regelungsbereiche so divergieren. Dem kann auch nicht entgegengehalten werden, dass eine einheitliche Aufsichtsbehörde[933] oder ein international einheitliches Verständnis eine „*Gesamtintention*" begründen würden[934]. Die einheitliche Aufsicht entfaltet keine materielle Wirkung[935].

---

928 So auch *Wundenberg*, Compliance, S. 131; aus diesem Grund eine Ausstrahlung annehmend: *Bürkle*, VersR 2009, 866 (871); so auch *Kort*, NZG 2008, 81 (83).

929 BaFin, Mindestanforderungen an das Risikomanagement (MaRisk BA) vom 14.12.2012; vgl. auch die ab 1.1.2016 nicht mehr geltenden Anforderungen im Versicherungssektor, BaFin, Mindestanforderungen an das Risikomanagement (MaRisk VA) vom 22.1.2009; vgl. auch *Fischer/Boegl* in Schimansky/Bunte/Lwowski Hdb. Bankrecht, § 128 Rn. 63.

930 Vgl. *Bürkle*, WM 2005, 1496 (1504).

931 Richtlinie Solvency II vom 25.11.2009; vgl. auch Gesetzesentwurf eines Gesetzes zur Modernisierung der Finanzaufsicht über Versicherungen vom 22.10.2014, BT-Drs. 18/2956, S. 241; vgl. *Dreher*, ZGR 2010, 492 (529).

932 Vgl. *Hartmann* in Hopt/Wohlmannstetter Hdb. CG Banken, S. 535; *Wundenberg*, Compliance, S. 132.

933 Zu den vergleichbaren Strukturbestimmungen und der Organisation der Bank- und Versicherungsaufsicht siehe *Fischer/Boegl* in Schimansky/Bunte/Lwowski Hdb. Bankrecht, § 125 Rn. 10.

934 „*Bruderhilfeurteil*" des VG Frankfurt a.M., VersR 2005, 57.

935 *Bürkle*, WM 2005, 1496 (1501); vgl. auch oben zur Bedeutung der BaFin Veröffentlichungen hinsichtlich einer Ausstrahlung, § 5 I. 3. lit. c) bb) (2).

(b) Anwendung bei vergleichbaren Sachverhalten

Bei Betrachtung der Risikoerkennung von bestandsgefährdenden Faktoren im Lichte der § 91 Abs. 2 AktG, § 25a KWG und § 26 VAG, ist im Einzelfall eine aufsichtsrechtliche Ausstrahlung bei allgemeinen aktienrechtlichen Unternehmen, die in einer vergleichbaren Branche tätig sind, denkbar. Angesichts der nationalen Bandbreite an Aktiengesellschaften, erscheint ein solcher Rückgriff höchstens bei bedeutsamen DAX-Unternehmen denkbar, die einen erheblichen Einfluss auf die Funktionalität des Wirtschaftsmarkts oder eine existenzielle Bedeutung für die Verbraucher haben. Hierbei ist es jedoch kaum möglich einen gleichbedeutenden Wirtschaftsbereich wie die Kredit- oder Versicherungsbranche abzugrenzen[936]. Eine klare Konturierung anhand dieser Kriterien ist nicht festsetzbar. Im direkten Vergleich ist kein ähnliches branchentypisches Risikoszenario, wie zum Beispiel im Kreditwesen der *„run auf den Bankenschalter“*[937], denkbar.

Gegen eine Übertragung sprechen zudem grundsätzlich verfassungsrechtliche Bedenken. Bei Adaption von spezielleren und strengeren Anforderungen aus dem Aufsichtsrecht werden möglicherweise auch Aspekte der Unternehmensfreiheit unverhältnismäßig eingeschränkt, da die gesellschaftsrechtliche Organisation von Art. 12 Abs. 1 i.V.m. Art. 9 Abs. 1 GG geschützt ist[938]. Feststellbar ist somit, dass sich die aufsichtsrechtlichen Vorgaben zur Risikoüberwachung nicht unmittelbar auf branchenfremde Aktiengesellschaften übertragen lassen, wohl aber wertvolle Anhaltspunkte liefern können.

e) Übertragbarkeit von Anforderungen des Risikomanagements im KWG und VAG zueinander

aa) Relevanz der Frage für die Aufsichtsratstätigkeit

(1) Gleichwertige Normierung in KWG und VAG

Unklar ist hinsichtlich der Überwachungs- und Beratungsaufgaben von Aufsichtsräten, inwieweit Risikomanagementvorgaben horizontal branchenübergreifend übertragbar sind[939]. Seit der 9. VAG Novelle bestehen eigenständige explizite Regelungen zum Risikomanagement im VAG. Die aus dem sog. „*Bruderhilfe*“-Urteil[940]

---

936 Vgl. zu Bedenken bezüglich der branchenspezifischen Besonderheiten des VAG: *Kort*, NZG 2008, 81 (83).

937 Ebenso *Winter*, Winter VersicherungsaufsichtsR, S. 19; siehe oben § 3 I. 2.; siehe auch *Burghof/Rudolph*, Bankenaufsicht, S. 20 ff.

938 *Hoffmann*, BB 1995, 53 ff.

939 Vgl. auch *Binder*, ZGR 2015, 667 (685 f., 694 f.)

940 *„Bruderhilfeurteil“* des VG Frankfurt a.M., VersR 2005, 57.

hervorgehende Fragestellung, inwieweit KWG Risikomanagementvorgaben auf das VAG übertragen werden können, hat somit an Brisanz verloren[941]. Vielmehr steht die Wechselseitigkeit der Regelungen im Fokus.

(2) Bedeutung im Rahmen der Sachkundeanforderung

Ist ein Aufsichtsratsmitglied sektorenübergreifend in mehreren regulierten Unternehmen tätig, ist regelmäßig eine damit einhergehende angepasste Sachkundeanforderung einschlägig[942]. Diese besonderen Anforderungen für solche Aufsichtsratsmitglieder fließen wiederum in den Überwachungsauftrag, der mithin auch die Risikoüberwachung zum Kontrollgegenstand hat[943]. Als Folge wird das Aufsichtsratsmitglied, um seiner Sorgfaltspflicht nach §§ 116 S. 1 i.V.m. 93 A bs. 1 S. 1 AktG vollumfänglich gerecht zu werden, sämtliche Fachkenntnisse in die Überwachung und der damit einhergehenden Bewertung des Risikomanagementsystems einbringen müssen[944]. Unerheblich ist, aus welcher Branche diese Fertigkeiten und Kenntnisse stammen. Vielmehr spricht, im Sinne des gesetzgeberischen Leitgedankens eines diversifizierten Aufsichtsratsgremiums, vieles dafür, dass jegliche sachbezogene Kenntnis und Qualifizierung in die Aufsichtsratsarbeit mit einzubeziehen ist[945]. Dabei können bei der Beurteilung Ansätze aus dem jeweils gegenübergesetzt branchenfremden KWG und VAG, soweit sie in Frage kommen, wechselseitig berücksichtigt werden.

bb) Grundvoraussetzungen eines einheitlich aufsichtsrechtlichen Risikoüberwachungsstandards

(1) Vorliegen einer einheitlichen Zielstruktur

Eine gegenseitige Übertragbarkeit der Vorgaben ist anzunehmen, wenn die Risikomanagementvorgaben von KWG und VAG eine einheitliche Zielstruktur

---

941 *Ludwig*, Branchenspezifische Wirtschaftsaufsicht, S. 256 f.

942 Zu der Diskussion bezüglich der Sachkundeanforderung und des erhöhten Sorgfaltsmaßstabs bei gesteigerter Fachkenntnis des Aufsichtsratsmitglieds, siehe oben § 2 II. 1. lit. b); vgl. auch hierzu die Empfehlungen der BaFin, welche davon ausgeht, dass Sachkunde auch durch vorherige branchenfremde Tätigkeit begründet werden kann, Merkblatt zu den Mitgliedern von Verwaltungs- und Aufsichtsorganen gemäß KWG und KAGB vom 4.1.2016 (zuletzt geändert am 31.1.2017), Ziff. II. 1.

943 Siehe oben, § 5 II. 1. lit a).

944 Vgl. BGH, NZG 2011, 1271; *Dreher* in FS für Hoffmann-Becking, S. 314; *Kropff*, NZG 2003, 346 (348).

945 Siehe dazu auch BGH, NJW-RR 2011, 1670 (1673)= BGH, DStR 2011, 2362 (2363).

aufweisen[946]. Während das KWG primär die Funktionalität des Finanzgewerbes schützt und dabei nur subsidiär die Verbraucherinteressen[947] mit einschließt[948], liegt der Schwerpunkt der Zielsetzung des VAG auf dem Verbraucherschutz im Sinne des Versicherungsnehmers[949]. Dabei ist jedoch unter Berücksichtigung einer weiten Betrachtungsweise, der institutionelle Schutz als Reflex verknüpft. Stehen die Leitlinien von KWG und VAG nebeneinander, ergibt sich ein Schnittfeld, welches als Basis für eine Übertragbarkeit von branchenspezifischen Regulierungsaspekten fungiert. KWG und VAG weisen mithin die gleichen Zielrichtungen, jedoch mit einer wechselseitigen Schwerpunktsetzung auf[950].

Hieraus folgt keine allgemeine Übertragbarkeit. Es gilt zu beachten, dass der Gesetzgeber auf nationaler, so wie auf europäischer Ebene eine strikte branchenspezifische Trennung bezüglich der Risikomanagementvorgabe vorgesehen hat[951]. Mit Erlass des § 25a KWG wollte der Gesetzgeber primär europarechtlichen Anforderungen nachkommen[952]. Ebenso sollte, unabhängig von den bereits fast zehn Jahre zuvor eingeführten Anforderungen für Kreditinstitute, die Einführung des damaligen § 64a VAG a.F. Vorgaben bezüglich des internationalen Standards umsetzen und den Übergang zu den Anforderungen der Solvency-II Richtlinie einleiten[953]. Es wurde in Bezug auf aufsichtsrechtliche Vorgaben von KWG und VAG kein einheitlicher Standard angestrebt, sondern jeweils nur

---

946 Vgl. oben, § 5 I. 3. lit. b) cc) (1).

947 Vgl. *Burghof/Rudolph*, Bankenaufsicht, S. 18; *Luz* in Luz/Neus/Schaber/Schneider/Wagner/Weber KWG, Einf. Rn 35 ff.; *Möschel*, Wirtschaftsrecht der Banken, S. 251; *Wolf-Wacker*, Zur Begründung und Ausgestaltung von Bankenaufsicht, S. 3 f.

948 *Fischer* in Boos/Fischer/Schulte-Mattler KWG, Einf. Rn. 172 ff.; *Gurlit*, ZHR 177 (2013), 862 (866).

949 Siehe oben, § 4 I. 3.

950 Siehe oben, § 3 I. 2., § 4 I. 3.; *Bürkle*, WM 2005, 1496 (1500); *Ludwig*, Branchenspezifische Wirtschaftsaufsicht, S. 202 ff.; kritisch *Binder*, ZGR 2015, 667 (704).

951 So differenziert der Gesetzgeber zwischen der Finanzmarkt- und der sonstigen Versicherungsaufsicht; Gesetz zur Stärkung der Finanzmarkt- und Versicherungsaufsicht vom 29.7.2009, BGBl I, S. 2305; *Mülbert/Wilhelm*, ZHR 178 (2014), 502 (504 f.).

952 Namentlich Art. 10 der Wertpapierdienstleistungsrichtlinie und Art. 4 Abs. 4 der Kapitaladäquanzrichtlinie, Gesetzentwurf zur Umsetzung von EG-Richtlinien zur Harmonisierung von bank- und wertpapieraufsichtsrechtlicher Vorschriften vom 6.3.1997, BT-Drs. 13/7142, S. 87.

953 Gesetzentwurf eines neunten Gesetzes zur Änderung des Versicherungsaufsichtsgesetzes vom 24.9.2007, BT-Drs. 16/6518, S. 1, 15.

für sich die Umsetzung von europarechtlichen Direktiven[954]. Gleichwohl ist zu berücksichtigen, dass der Gesetzgeber die sektorenübergreifende Effektivitätssteigerung zur Erreichung der Schutzzwecke verfolgt und das KWG und VAG hinsichtlich der Ausgestaltung der Anforderungen an das Risikomanagement ähnliche Strukturen aufweisen[955]. So verfügen beide Regelungen, § 25a KWG und § 26 VAG, über die identischen tatbestandlichen Anknüpfungspunkte der *Wirksamkeit* und *Angemessenheit* des Risikomanagements.

(2) Transmissionspunkte

Eine Übertragung von branchenfremden Aspekten im Rahmen der Überwachungsfunktion der Aufsichtsratstätigkeit ermöglicht – hinsichtlich der Überwachungstätigkeit im Kreditinstitut – der in § 25a Abs. 1 S. 4 KWG eröffnete Ermessensspielraum. Unter Anerkennung einer institutsspezifischen Ausgestaltung des Risikomanagementsystems eines Kreditinstituts kann im Einzelfall auch ein branchenfremdes Wertungsmodell übertragen werden, wenn es von Art, Umfang, Komplexität oder dem Risikogehalt der Geschäftstätigkeit harmoniert. Gleiches gilt spiegelbildlich für die Risikosteuerung des Vorstands und das Risikomanagementsystem im Rahmen der Corporate-Governance-Funktion[956] eines Versicherungsunternehmens. Nach § 26 Abs. 2 VAG bietet hierfür der Proportionalitätsgrundsatz eine Basis für den Zugang von Aspekten der Risikomanagementregulierung im KWG[957].

Einen weiteren Transmissionspunkt diesbezüglich stellen die Generalklauseln der Organisationsanforderungen aus VAG und KWG dar, welche unbestimmte Tatbestandsvoraussetzungen enthalten. Im Rahmen ihrer Ausfüllung können branchenübergreifende Werturteile Berücksichtigung finden. So soll nach § 26 Abs. 1 S. 1 VAG ein *wirksames* Risikomanagement etabliert werden. Was dabei wirksam ist, kann anhand von vergleichbaren Anforderungen im KWG

954 Vgl. *Bürkle*, WM 2005, 1496 (1498).

955 So hat der Gesetzgeber bei Erlass der versicherungsaufsichtsrechtlichen Vorgaben weite Teile der entsprechenden KWG Regelung übernommen, Gesetzentwurf eines neunten Gesetzes zur Änderung des Versicherungsaufsichtsgesetzes vom 24.9.2007, BT-Drs. 16/6518, S. 15.

956 Im Sinne der Solvency-II Richtlinie, vgl. Erwägungsgrund 30, Richtlinie Solvency II vom 25.11.2009.

957 Es geht hierbei nur um die unverbindliche Übertragung des Wertungsgehalts. Eine Verbindlichkeit ist dabei ausgeschlossen, vgl. § 2 Abs. 1 Nr. 4 KWG. Der Gesetzgeber hat bewusst, auch auf europarechtlicher Ebene, zwischen Versicherungs- und Bankenaufsichtsrecht differenziert, vgl. *Bürkle*, WM 2005, 1496 ff.

ermittelt werden. So können die in § 25a Abs. 1 S. 2 Nr. 1–6 KWG normierten Anforderungen gleichsam, unter dem Aspekt der im Einzelfall entstehenden Wirksamkeit, branchenübergreifend eingebracht werden. Gleiches gilt wechselseitig für die in § 26 VAG aufgeführten Anforderungen. Diese Rückgriffe gehen dabei jedoch mit der praktischen Gefahr der Rechtsunsicherheit einher, insoweit gilt es besonders maßvoll vorzugehen[958].

Einen weiteren Anknüpfungspunkt zur Übertragung von branchenfremden Risikosteuerungsimpulsen bieten die Empfehlungen des DCGK[959], welche durch § 161 AktG in die Geschäftstätigkeit von Vorstand und Aufsichtsrat implementiert werden. Danach ist der Vorstand einer börsennotierten Gesellschaft nach Ziff. 4.1.4. angehalten für ein *angemessenes* Risikomanangement zu sorgen[960]. Das unbestimmte Tatbestandsmerkmal der Angemessenheit bietet dabei Spielraum für die Übertragung branchenfremder Impulse. Selbige können ihren Weg auch durch den Aufsichtsrat und dessen branchenfremde Risikoüberwachungskenntnisse in das jeweilige Unternehmen finden. So soll nach Ziff. 3.2. des DCGK eine stetige Abstimmung zwischen Vorstand und Aufsichtsrat stattfinden, wobei gemäß Ziff. 3.4 des Kodex der Vorstand das Kontrollorgan über die Risikolage, das Risikomanagement und die Compliance informieren soll.

Zusammenfassend ist festzustellen, dass eine Übertragung von Regelungsimpulsen der Risikomanagementvorgaben aus KWG und VAG – regelmäßig im Sinne einer best practice – gegenseitig möglich ist.

2. Notwendigkeit der Etablierung eines internen Kommunikationssystems

a) Aktuelle Rechtslage

aa) Aktienrechtliche Perspektive

Zu einer effektiven Unternehmensstruktur gehört die Einbindung des Aufsichtsorgans. Es wird diskutiert, in welchem Umfang das Kontrollorgan zur Ausübung seiner Überwachungsaufgabe, die eine Überprüfung der Compliance beinhaltet, mit internen Quellen, namentlich Mitarbeiter der Governancefunktionen, in Kontakt treten und sich Informationen beschaffen darf[961]. Für die

958 Dazu *Binder*, ZGR 2015, 667 (702 f.).

959 Regierungskommission DCGK, DCGK vom 7.2.2017.

960 Vgl. hierzu auch *Preußner*, NZG 2004, 57 (60); *Schneider/Schneider*, NZG 2016, 41 (46 f.).

961 Vgl. *Habersack*, AG 2014, 1 (5 f.); *Mülbert/Wilhelm*, ZHR 178 (2014), 502 (541); *Velte*, NZG 2011, 1401.

Aktiengesellschaften hat der Gesetzgeber diese Problematik nicht einheitlich geregelt oder definiert. Die generelle Informationsherrschaft über das Unternehmen liegt jedoch aufgrund der funktionalen Organteilung innerhalb des dualistischen Systems grundsätzlich beim Vorstand[962]. Dies hat zur Folge, dass die Fragestellung Teil einer ausführlichen Diskussion ist, die in drei Ansätze aufgeteilt werden kann. Teilweise wird davon ausgegangen, dass der Vorstand das alleinige Informationsmonopol habe und demnach sich der Aufsichtsrat zur Informationsbeschaffung primär an die Geschäftsführung wenden müsse[963]. Dem entgegengesetzt vertritt eine andere Ansicht den Standpunkt, der Aufsichtsrat hätte ein grundsätzliches Recht, bei internen Funktionen durch Nachfrage sich Informationen im Rahmen der Überwachungspflicht zu besorgen[964]. Die dritte herrschende vermittelnde Ansicht geht ebenso von einem Informationsrecht des Aufsichtsrats beschränkt auf Einzelfälle aus. Dabei besteht unter Abwägung des Unternehmensinteresses und des Informationsinteresses ein sog. *Eskalationsrecht*, welches ein internes Informationsrecht rechtfertigt[965]. Ein derartiger Fall liegt vor, wenn der Verdacht besteht, dass der Vorstand für die Überwachungstätigkeit notwendige Informationen unterdrückt. Als Rechtsgrundlage wird unter anderem § 109 Abs. 1 S. 2 AktG herangezogen[966]. Für die vermittelnde Ansicht spricht ein teleologischer Aspekt. Das Aktienrecht ist auf das Verbandsinteresse ausgerichtet, eine funktionale Organisationsstruktur soll gewährleistet werden. Angesichts dieses Umstands spricht viel dafür ein Fragerecht in besonderen

962 *Louven/Raapke*, VersR 2012, 257 (270); vgl. *Leyens*, der im Rechtsvergleich einen zentralen Schwachpunkt zum monistischen System sieht, Corporate Governance nach der Finanz- und Wirtschaftskrise, S. 16.

963 *Börsig/Löbbe* in FS für Hoffmann-Becking, S. 137 f.; *Hoffmann-Becking*, ZGR 2011, 136 (152 f.); *Koch* in Hüffer AktG, § 90 Rn. 11; *v. Rosen*, AG 2008, 537 f.; *Scheffler*, ZGR 2003, 236 (254 f.); in diesem Sinne auch zuletzt Regierungskommission DCGK, DCGK vom 7.2.2017, Ziff. 3.4.; zuvor ging die Kodexkomission noch davon aus, die Informationsversorgung sei gemeinsame Aufgabe von Vorstand und Aufsichtsrat.

964 *Bachmann* in Referate und Beschlüsse zum 68. DJT 2010, P13 P 20; *Dreher* in FS für Ulmer, S. 92 ff.; *Dreher* in FS für Goette, S. 48 ff.; *Grigoleit/Tomasic* in Grigoleit, § 111 Rn. 27; *Habersack* in MüKo AktG, § 111 Rn. 68; *Kropff*, NZG 2003, 346 (348 f.); *Kropff* in FS für *Raiser*, S. 237 ff.; *Leyens*, Information des Aufsichtsrats, S. 158 ff., 182 ff.; *Obermayr* in Hauschka/Moosmayer/Lösler Hdb. CC, § 44 Rn. 102; *Roth*, AG 2004, 1 (8 ff.); so wohl auch *Spindler* in Spindler/Stilz AktG, § 109 Rn. 22.

965 *Altmeppen*, ZGR 2004, 390 (408); *Arnold*, ZGR 2014, 76 (90 f.); *Koch* m.w.N. in Hüffer AktG, § 111 Rn. 21; *Reichert/Ott*, NZG 2014, 241 (249).

966 *Louven/Raapke*, VersR 2012, 257 (269 f.).

Situationen zuzulassen. Dient doch eine umsichtige und zurückhaltende Befragung gerade dazu, die Kontrolle des Vorstands zu effektuieren[967].

bb) Vorgaben aus dem Aufsichtsrecht nach KWG

Hinsichtlich der aufsichtsrechtlichen Vorgaben für Kreditinstitute bietet sich ein anderes Bild. Dort hat der Gesetzgeber ein internes Kommunikationssystem ausdrücklich normiert[968]. Nach § 25d Abs. 8 S. 7 KWG kann der Risikoausschuss mit der Risikofunktion Rücksprache halten. Damit entspricht die nationale Gesetzgebung den gemeinschaftsrechtlichen Vorgaben aus Art. 76 Nr. 5 der CRD-IV Richtlinie[969]. Zudem hat die interne Revision gemäß § 25c Abs. 4a Nr. 3 lit. g) KWG mindestens vierteljährlich Report an den Aufsichtsrat zu erstatten. Diese Anforderungen werden von der Vorgabe der MaRisk BA flankiert[970]. Die BaFin geht in ihrem Rundschreiben davon aus, dass eine Berichtspflicht der internen Revision an den Aufsichtsrat und die Aufsichtsbehörde besteht, wenn die grundsätzlich als Adressat vorgesehene Geschäftsleitung ihrerseits der Berichtspflicht gegenüber dem Aufsichtsrat nicht nachkommt, oder keine „*sachgerechten Maßnahmen*" beschließt[971]. Während ursprünglich die BaFin Merkblätter bereits mit einem solchen *Eskalationsrecht* eine Vorreiterrolle darstellten, hat der Gesetzgeber mit der grundsätzlichen Anerkennung eines internen Kommunikationsrechts von Aufsichtsrat und Risikomanagementfunktion selbige überholt.

cc) Berücksichtigung der Problematik im VAG

(1) Fehlende Normierung eines internen Auskunftsrechts

Ein anderes Bild bietet das Versicherungsaufsichtsrecht. Während § 26 Abs. 1 S. 1 VAG noch Interpretationsspielraum dafür offen lässt, ob der Aufsichtsrat ein Informationsrecht gegenüber Funktionsmitarbeitern hat, indem er für das Risikomanagementsystem festsetzt, die Informationsbedürfnisse anderer

---

967 *Habersack*, AG 2014, 1 (7); kritisch *Leyens*: „*das, was ökonomisch einleuchtet und wünschenswert ist, [muss] nicht zwingend der Rechtswirklichkeit entsprechen*", Information des Aufsichtsrats, S. 160.

968 Vgl. *Brandt/Karg* in Hopt/Wohlmannstetter Hdb. CG Banken, S. 583, 588; *Häusler*, WPg 2017, 30 (33); *Kaetzler/Hoops*, BKR 2013, 192 (195); *Velte/Buchholz*, ZBB 2013, 400 (405 ff.).

969 Richtlinie CRD-IV vom 26.6.2013.

970 BaFin, Mindestanforderungen an das Risikomanagement (MaRisk BA) vom 14.12.2012, BT 2.4 Nr. 5; vgl. *Wolfgarten* in Boos/Fischer/Schulte-Mattler KWG, § 25d Rn. 105.

971 Kritisch: *Dreher*, ZGR 2010, 496 (520 f.).

Schlüsselfunktionen gebührend zu berücksichtigen, gibt § 30 Abs. 2 S. 2 VAG vor, dass die interne Revision lediglich an den Vorstand zu berichten hat. Hierbei wird deutlich, dass der nationale Gesetzgeber nicht von den, im allgemeinen Aktienrecht vorgegebenen und ursprünglich auch in § 64a VAG a.F. festgesetzen, Grundstrukturen abweichen wollte[972].

(2) Stellungnahme

Ein direkter Informationsaustausch zwischen Aufsichtsrat und den Governancefunktionen ist für die Wahrnehmung der Kontrolltätigkeit sinnvoll.[973] Warum gleichwohl ein vom KWG konträrer Weg eingeschlagen wurde, ist nicht ersichtlich. Denn zumindest die gemeinschaftsrechtlichen Vorgaben der Solvency-II Richtlinie stehen einer internen Kommunikation zwischen Mitarbeitern der jeweiligen Funktionen und dem Aufsichtsrat nicht entgegen. So werden in Abs. 1 des Art. 46 der Solvency-II Richtlinie für die interne Kontrollfunktion „*angemessene Melderegelungen auf allen Unternehmensebenen*“ und in Abs. 2 die Beratung des Aufsichtsorgans gefordert[974]. Dies schließt nicht eine Informationspflicht der Compliancefunktion gegenüber dem Aufsichtsrat aus, sondern ist vielmehr befürwortend zu verstehen[975]. Dieselbe Richtung gibt auch Art. 47 Abs. 3 der Richtlinie für die interne Revision vor, indem er voraussetzt, dass diesbezüglich „*alle Erkenntnisse und Empfehlungen*“ der internen Revision dem Aufsichtsorgan mitgeteilt werden müssen. In dieselbe Richtung gehend lässt sich auch Art. 44 S. 2 der Solvency-II Richtlinie verstehen. Danach soll „*das Risikomanagementsystem [...] unter gebührender Berücksichtigung der Personen, die [...] andere Schlüsselfunktionen innehaben*“ in die Entscheidungsprozesse integriert sein. Hiermit drängt die gemeinschaftsrechtliche Ausführung zur Risikomanagementfunktion in dieselbe Richtung wie die bereits 2009 erlassene, ab dem 1.1.2016 nicht mehr geltende, MaRisk VA Richtlinie der BaFin, welche ausdrücklich von einem Informationsrecht des Aufsichtsrats ausging[976]. Zuletzt ist auch in Art. 48 Abs. 1 lit. e) der Solvency-II Richtlinie eine vergleichbare Regelung für die versicherungsmathematische Funktion aufzufinden.

Im Blickfeld der aufgeführten Vorgaben im Rahmen der Solvency-II Richtlinie erschließt es sich nicht, warum der Gesetzgeber, auf Ebene des nationalen

972 *Louven/Raapke*, VersR 2012, 257 (269 f.).
973 *Bürkle* in FS für Lorenz 2014, S. 115 f.
974 Richtlinie Solvency II vom 25.11.2009.
975 So auch *Dreher*, ZGR 2010, 496 (515 f.).
976 BaFin, Mindestanforderungen an das Risikomanagement (MaRisk VA) vom 22.1.2009, Ziff. 7.2.1.

Versicherungsaufsichtsrechts, weiterhin mit einer solchen Stringenz an den Grundsätzen und deren Ausläufen einer Organtrennung festhält und einen internen Informationsfluss, so wie er es zuvor im Rahmen des KWG getan hat, nicht etabliert hat. Denn letztlich ist bereits eine Annäherung der monistischen und dualistischen Organisationsstruktur zueinander im Gange[977]. Sinnbildlich steht gleichwohl der Widerspruch zwischen den Solvency-II Vorgaben und dem neu aufgesetzten VAG für die bereits aufgeführte Problematik des europäischen Harmonisierungsbestrebens. Auf gemeinschaftsrechtlicher Ebene werden keine oder nur unklare Vorgaben gemacht und auf nationale Besonderheiten wird nicht eingegangen. Dabei wird insbesondere die Diskrepanz zwischen dem monistischen und dualistischen System nicht ausreichend berücksichtigt[978]. Dieser *blinde Fleck* des europäischen Regelungsgebers lässt sich damit erklären, dass im monistischen System ein Direktkontakt zu Mitarbeitern und dem audit committee unproblematisch möglich ist[979].

b) Ausstrahlungswirkung der aufsichtsrechtlichen Vorgaben?

Im Spannungsverhältnis der aktien- und aufsichtsrechtlichen Regelungsmassen liegt der Gedanke nicht fern, die im KWG normierte Befürwortung eines internen Informationsflusses an den Aufsichtsrat auf allgemein gesellschaftsrechtliche Sachverhalte zu übertragen[980]. Dabei steht als primärer Anknüpfungspunkt wiederholt der Sinn und Zweck der in Betracht kommenden Regelungen im Vordergrund[981]. Im konkreten Fall dient ein direkter Informationsanspruch des Aufsichtsrats der Effizienzsteigerung seiner Kontrolltätigkeit. Dieses Ziel ist, auch durch die allgemein angestrebte Professionalisierung illustriert, dem AktG, KWG und VAG nicht fremd. Einer solchen Ausstrahlung, z.B. das Informationsrecht nach § 25d Abs. 8 S. 7 KWG auch für Aufsichtsräte nach dem AktG gelten zu lassen, steht die duale Organisationsstruktur der deutschen AG entgegen. An dem damit verknüpften Informationsmonopol des Vorstands hat der Gesetzgeber, trotz ausführlicher Diskussion in der Literatur[982], festgehalten. Dies ist

977 Vgl. dazu § 1 II. 4.

978 Vgl. *Leyens*, Information des Aufsichtsrats, S. 158 ff.

979 *Leyens*, Information des Aufsichtsrats, S. 182 ff.

980 Daneben hat der Gesetzgeber auch eine vergleichbare Regelung in § 33 Abs. 1 S. 1 Nr. 5 WpHG und § 12 Abs. 4 WpDVerOV getroffen; kritisch: *Hense/Renz*, CCZ 2008, 181 (184); *Schaaf*, Risikomanagement und Compliance in Versicherungsunternehmen, S. 199 ff.; *Spindler*, WM 2008, 905 (913 f).

981 Siehe hierzu oben, § 1 II., § 3 I. 2., 3.

982 Siehe oben, § 1 II. 4.

insoweit nachvollziehbar, als das allgemeine Aktienrecht im Vergleich zu aufsichtsrechtlichen Regelungen in einem deutlich abweichenden Umfang europäischen Harmonisierungsbestreben unterliegt. Weiterhin gilt es bei Beurteilung der Übertragung von Rechtssätzen oder deren Wertgehalt grundsätzlich zurückhaltend und umsichtig vorzugehen[983]. Dies gebieten der im Gesellschaftsrecht allgemein verankerte Verhältnismäßigkeitsgrundsatz, die Wahrung von nationalen Organisationsstrukturen, welche bei Abweichen eine Folge von weiteren potenziellen Problemstellungen mit sich bringen und verfassungsmäßige Bedenken. Die Schwierigkeit eines Richtungswechsels wird durch die Umsetzung der 10. VAG Novelle verdeutlicht, bei der sich der Gesetzgeber trotz der durch Solvency-II gemeinschaftsrechtlich eröffneten Möglichkeit für ein Beibehalten des allgemeinen Informationsmopols des Vorstands entschied. Als Schlussfolge ist anzunehmen, dass für den Fall, dass der Gesetzgeber unter solchen Voraussetzungen im spezielleren Versicherungsaufsichtsrecht an den Grundsätzen der funktionalen Organtrennung festhält, dies erst recht im allgemeinen Aktienrecht vorgesehen ist[984]. Zuletzt spricht auch gegen eine Ausstrahlung der Regelung, dass sie im Kern nur einen Spezialfall des Gesamtproblems der Direktkontakte anspricht und sich somit als nicht verallgemeinerbar darstellt[985]. Von der Übertragbarkeit des im KWG vorzufindenden Wertungsgedankens auf das allgemeine Aktienrecht ist somit abzusehen. Als Folge dessen bleibt es bei einem sich aufzwängenden lex specialis Verhältnis zwischen AktG und den einschlägigen KWG und VAG Normen in diesem Fall. Hieraus ergibt sich, dass im Spannungsfeld die aktienrechtlichen Vorgaben hinter denen des KWG derogieren.

3. Zusammenfassung

Das dem Vorstand zugeordnete Element der Risikoüberwachung beeinflusst als Reflex die Überwachungstätigkeit des Aufsichtsrats in erheblichem Umfang. Die in § 91 Abs. 2 AktG geforderte Risikoüberwachung erfordert nicht die Etablierung eines Risikoüberwachungssystems, so wie es nach KWG und VAG vorgesehen ist. Es besteht nach Aktienrecht lediglich eine *Bestandssicherungspflicht* für den Vorstand, die der Aufsichtsrat zu überwachen hat. Für den Aufsichtsrat eines Kreditinstituts oder eines Versicherungsunternehmens gleichen

983 Siehe oben, § 5 I. 3. lit. a) aa) (2).

984 Ein kohärentes gesetzliches Regelungssystem von KWG und VAG für identische Rechtsfragen mit identischem rechtstatsächlichen Hintergrund wäre diesbezüglich jedoch wünschenswert gewesen, *Dreher*, ZGR 2010, 496 (518).

985 So *Dreher* zum vergleichbaren § 12 Abs. 4 WpDVerOV, ZGR 2010, 496 (519).

sich aufgrund des Tatbestandsmerkmals der *Geeignetheit* nach § 91 Abs. 2 AktG die aktien- und aufsichtsrechtlichen Anforderungen an. Im Übrigen lassen sich die aufsichtsrechtlichen Vorgaben zur Risikoüberwachung nicht auf branchenfremde Aktiengesellschaften übertragen. Auf horizontaler Ebene können die jeweiligen Anforderungen der Risikoüberwachung aus § 25a KWG und § 26 VAG durch den im Versicherungsaufsichtsrecht bestehenden Proportionalitätsgrundsatz und die im KWG etablierte institutsspezifische Betrachtungsweise im Einzelfall gegenseitige Berücksichtigung finden. Im Rahmen der Auslegung von Generalklauseln mit unbestimmten Rechtsbegriffen besteht ebenfalls die Möglichkeit einer gegenseitigen Übertragung der jeweiligen Anforderungen.

Die Informationsbeschaffung durch den Aufsichtsrat bei internen Unternehmensmitarbeitern ist im allgemeinen Aktienrecht nicht geregelt und trotz eines grundsätzlichen Informationsmonopols des Vorstands im Einzelfall zulässig. Im KWG ist der Informationsaustausch zwischen Aufsichtsrat und Unternehmensmitarbeitern explizit normiert. Das VAG billigt dem Aufsichtsrat diese Möglichkeit nicht zu, obwohl im Rahmen der Solvency-II Richtlinienvorgaben der Informationsaustausch mit Mitarbeitern der Governance-Funktionen beabsichtigt ist. Die aufsichtsrechtlichen Vorgaben zum internen Kommunikationssystem nach dem KWG sind nicht auf das allgemeine Aktienrecht übertragbar. Ein Grund hierfür ist, dass das allgemeine Aktienrecht nicht unter einem europarechtlichen Harmonisierungseinfluss steht wie das nationale Aufsichtsrecht. Aufgrund dessen ist ein strengerer Standard diesbezüglich im allgemeinen AktG nicht zu rechtfertigen.

III. Problemstellungen bei persönlichen Anforderungen für Aufsichtsräte nach AktG, KWG und VAG

1. Einheitliche Anforderungen an die fachliche Kenntnis

a) Kriseninduzierte Angleichung der Vorgaben für die Kredit- und Versicherungsbranche

KWG und VAG zeichnen sich dadurch aus, dass sehr detaillierte Anforderungen an die fachlichen Qualifikationen von Aufsichtsratsmitgliedern geregelt sind. In vertikaler Hinsicht decken sich die allgemeinen aktienrechtlichen Mindestvoraussetzungen an die Sachkunde von Aufsichtsratsmitgliedern mit denen des § 25d Abs. 1 S. 1 KWG[986]. Aufgrund der institutsspezifischen Betrachtungsweise

986 *Hingst/Himmelreich/Krawinkel*, WM 2009, 2016 (2019); siehe oben, § 3 IV. 1. lit. a) f.; ebenso galt dies für den ursprünglich für Versicherungsaufsichtsräte geltenden § 7a Abs. 4 S. 1 VAG a.F.

und dem Proportionalitätsprinzip[987] werden jedoch regelmäßig höhere Anforderungen für beaufsichtigte Unternehmen zu erwarten sein. Auf horizontaler Ebene sind keine Abweichungen bei der Einführung aufsichtsrechtlicher Vorgaben im Versicherungs- und Kreditinstitutswesen zu erkennen. So orientierte sich bereits 2009 der Gesetzgeber bei der Formulierung der Vorgaben der fachlichen Kenntnis im Rahmen des VAG an den Ausführungen des KWG[988]. Dies ist damit zu erklären, dass sich der Gesetzgeber in Folge der Finanzkrise veranlasst sah[989], einen einheitlichen aufsichtsrechtlichen Maßstab für die Qualifikation von Mandatsträgern zu etablieren, der durch das FMVAStärkG[990] eingeführt wurde. Dabei wurde an ein Sachkundeerfordernis, welches in dem zuvor einzig für Kapitalanlagegesellschaften geltenden § 6 Abs. 3 S. 1 InvG normiert war, angeknüpft[991]. Im Rahmen einer einheitlichen Gesetzgebung durch das FMVA-StärkG ist von einer Gesamtintention des Gesetzgebers bezüglich der fachlichen aufsichtsrechtlichen Qualifikationsanforderungen für Aufsichtsräte auszugehen. Die teilweise in ihren Schwerpunktverlagerungen divergierenden Zielsetzungen[992] des KWG und VAG haben dabei geringeren Belang. Letztlich wird sich die gesteigerte Qualifikationsanforderung für Aufsichtsräte gleichermaßen auf den institutionellen Schutz des Finanzgewerbes, so wie auf den primär verfolgten Verbraucherschutz in der Versicherungsbranche auswirken. Dieser Umstand ist bei der jeweiligen Auslegung der Anforderungen an die fachliche Kenntnis zu berücksichtigen[993]. Bei der Etablierung der einheitlichen fachlichen Anforderungen sollte dem im Jahre 2008 angelaufenen *„Reformprozess auf europäischer und*

987 Siehe oben, § 3 IV. 1. lit. b), § 4 V 1. lit. b) cc).

988 Beschlussempfehlung zum Entwurf eines Gesetzes zur Stärkung der Finanzmarkt- und Versicherungsaufsicht vom 1.7.2009, BT-Drs. 16/13684, S. 31; vgl. *Emmenegger*, Bankorganisationsrecht, S. 111: *„indizierte Wechselwirkung"*.

989 Vgl. hierzu Entwurf eines Gesetzes zur Stärkung der Finanzmarkt- und Versicherungsaufsicht vom 27.4.2009, BT-Drs. 16/12783, S. 18, wo jedoch noch vom dem Anforderungserfordernis der *„fachlichen Eignung"* ausgegangen wurde; *Weber-Rey*, ZGR 2010, 543 (584).

990 Gesetz zur Stärkung der Finanzmarkt- und Versicherungsaufsicht vom 29.7.2009, BGBl I, S. 2305.

991 Dabei sollte die Wahrung der Interessen der Anteilseigner gewährleistet werden, die selbst keinen Einfluss auf die Besetzung des Aufsichtsrats haben, *Hasse*, VersR 2010, 18 (23). Eine Ausnahme für Arbeitnehmervertreter nach § 6 Abs. 4 InvG wurde dabei nicht übernommen.

992 Vgl. oben, § 3 I. 2., § 4 I. 3.

993 Vgl. so auch hinsichtlich der für Geschäftsleiter geltenden fachlichen Eignung: *Winter*, Winter VersicherungsaufsichtsR, S. 695.

internationaler Ebene" nicht vorgegriffen werden[994]. Die nationalen Anforderungen gehen daher mit denen der 2013 erlassenen europarechtlichen CRD-IV Richtlinie einher. Diese verlangt in Art. 91 Abs. 1, dass die Organmitglieder „*ausreichend Kenntnisse, Fähigkeiten und Erfahrungen für die Wahrnehmung ihrer Aufgaben besitzen*"[995]. Anders steht es derzeit im versicherungsaufsichtsrechtlichen Sektor. Nach den Vorgaben der 2009 erlassenen Solvency-II Richtlinie stellt der daraufhin umgesetzte § 24 Abs. 1 S. 1 VAG nunmehr auf die Notwendigkeit der *fachlichen Eignung* von Aufsichtsratsmitgliedern ab, die im Anforderungsprofil deutlich strenger als das bisherige Sachkundeerfordernis ist[996] und bislang nur für Geschäftsleiter galt. Jedoch ist bei genauerer Betrachtung, entgegen dem europarechtlichen und nationalen Wortlaut, weiterhin von dem Anforderungsmaßstab der Sachkunde auszugehen[997].

b) *§ 100 Abs. 5 AktG als Indiz für die Angleichung von Aktien- und Aufsichtsrecht*

Für eine fortlaufende horizontale Angleichung der fachlichen Anforderungen zwischen AktG und dem Aufsichtsrecht steht die durch das kürzlich erlassene Abschlussprüferreformgesetz[998] für Aufsichtsräte geforderte Sektorenkenntnis[999].

---

994 Entwurf eines Gesetzes zur Stärkung der Finanzmarkt- und Versicherungsaufsicht vom 27.4.2009, BT-Drs. 16/12783, S. 1.

995 Richtlinie 2013/36/EU vom 26.6.2013 über den Zugang zur Tätigkeit von Kreditinstituten und die Beaufsichtigung von Kreditinstituten und Wertpapierfirmen, zur Änderung der Richtlinie 2002/87/EG und zur Aufhebung der Richtlinien 2006/48/EG und 2006/49/EG, ABl. L 176 vom 27.6.2013, S. 385. Dabei sind in der Richtlinie die Anforderungen an Leitungsorgane gerichtet. Die Richtlinie geht dabei von einer monistisch ausgestalteten Gesellschaftsorganisation aus, bei der die Leitungsorgane auch Kontrollfunktionen wahrnehmen (Erwägungsgrund 56 der Richtlinie). Selbige Anforderungen gelten ebenso für das Kontrollorgan (Erwägungsgrund 55 der Richtlinie).

996 Siehe zur Definition der Sachkunde oben, § 4 V. 1. lit. b) bb).

997 Siehe oben, § 4 V. 1. lit. b) cc).

998 Gesetz zur Umsetzung der prüfungsbezogenen Regelungen der Richtlinie 2014/56/EU sowie zur Ausführung der entsprechenden Vorgaben der Verordnung (EU) Nr. 537/2014 im Hinblick auf die Abschlussprüfung bei Unternehmen von öffentlichem Interesse (Abschlussprüfungsreformgesetz – AReG) vom 10.5.2016, BGBl. I, 1142; vgl. hierbei auch zur Konvergenz der aufsichtsrechtlichen Organisationsanforderungen, *Binder*, ZGR 2015, 667 (696 f.).

999 Vgl. zur Annäherung von Aktien- und Aufsichtsrecht *Binder*, ZGR 2015, 667 (696 f.); *Dreher*, ZGR 2010, 496 (497 ff.).

Der dabei benannte Adressatenkreis der Unternehmen von öffentlichem Interesse[1000] beinhaltet neben allgemeinen Aktiengesellschaften auch Kreditinstitute[1001] und Versicherungsunternehmen[1002], die nicht kapitalmarktorientiert sein müssen. Obwohl die aktienrechtliche Regelung branchen- und die aufsichtsrechlichen Anforderungen unternehmensbezogen sind, werden die Regelungsbereiche in ihrer Gesamtheit angeglichen. Denn eine proportionale fachliche Kenntnis eines Kredit- oder Versicherungsunternehmens wird auch regelmäßig ein Verständnis der jeweiligen Branche erfordern. Die Regelungen bilden insoweit ein einheitliches Anforderungsprofil[1003]. Dies ist insoweit ein Novum, als das AktG konkrete Vorgaben für die Aufsichtsratsmitglieder von Kreditinstituten und Versicherungen normiert.

Es ist festzustellen, dass sich auf nationaler Ebene ein einheitlicher Anforderungsmaßstab für die fachliche Kenntnis von Aufsichtsräten etabliert hat. An diesem ist, solange im nationalen Gesellschaftsrecht eine dualistische Organisationsstruktur vorherrscht, festzuhalten.

2. Die Anforderungen an die Zuverlässigkeit und die Unabhängigkeit von Aufsichtsräten im Spannungsverhältnis

a) Relevanz der Fragestellung

Während sich mit den Einzelheiten der Unabhängigkeitskriterien bereits auseinandergesetzt wurde[1004], gilt es daneben zu klären, wie diese im Spannungsverhältnis regelungsübergreifend zueinander stehen. Ein vergleichender Überblick hat bislang noch kaum stattgefunden[1005]. Durch ein Wegfallen des Unabhängigkeitserfordernisses in § 100 Abs. 5 AktG hat zudem die Problematik der Unabhängigkeitsfrage – auch in Bezug auf Arbeitnehmervertreter – nicht an Bedeutung verloren[1006]. Weiterhin ist, auch angesichts einer für die Rechtssicherheit

---

1000 Im englischen: *Public Interest Entities*. Die hieraus resultierende Abkürzung *PIE* findet auch im deutschen Schrifttum Anklang, *Schüppen*, NZG 2016, 247 (249 Fn. 22).

1001 Mit Ausnahme der in § 2 Abs. 1 Nr. 1 und 2 KWG genannten Institute.

1002 Mit Ausnahme der in Art 2 Abs. 1 lit. a) der Richtlinie 91/674/EWG genannten Gesellschaften.

1003 A.A. *Hersch*, VersR 2017, 276 (263).

1004 Siehe oben, § 2 II. 3. ff.

1005 So auch *Hopt*, ZGR 2004, 1 (7 f.).

1006 So weist der Gesetzgeber ausdrücklich darauf hin, dass weiterhin außergesetzliche Empfehlungen zur Unabhängigkeit bestehen, Gesetzesentwurf zur Umsetzung der prüfungsbezogenen Regelungen der Richtlinie 2014/56/EU sowie zur Ausführung der entsprechenden Vorgaben der Verordnung (EU) Nr. 537/2014 im Hinblick auf die

erforderlichen Etablierung einheitlicher Prüfungsstandards, eine Auseinandersetzung notwendig[1007]. Dies illustrieren zuletzt die vom Basel Committee on Banking Supervision veröffentlichten Leitlinien „*corporate governance principles for banks*“[1008], welche auf das Thema der Unabhängigkeit eingehen und mit neuen Empfehlungen formulieren. Ein Spannungsfeld ergibt sich bei Aufsichtsratsmitgliedern, die gleichzeitig Mandate in einem börsennotierten Kreditinstitut und Versicherungsunternehmen innehaben[1009]. Diese Aufsichtsratsmitglieder unterliegen einer Vielzahl von Regulierungen und Empfehlungen: § 25d Abs. 1 S. 1 KWG und § 24 Abs. 1 S. 1 VAG[1010] geben vor, dass das Aufsichtsratsmitglied „*zuverlässig*“ sein muss. Nach Ziff. 5.4.2. des DCGK[1011] wird außerdem empfohlen, dass ein Aufsichtsratsmitglied einer börsennotierten Gesellschaft *unabhängig* und frei von *Interessenkonflikten* sein soll. Weitere Empfehlungen zu der *Unabhängigkeit* gibt zudem auf europarechtlicher Ebene die EU-Kommission vor[1012]. Für Aufsichtsräte von Kreditinstituten wird weiterhin nach Ziff. 52 der BCBS Guidelines[1013] eine *Unabhängigkeit* empfohlen. Auch die BaFin formuliert in ihren Merkblättern für Aufsichtsräte von Kreditinstituten[1014] und Versicherungen[1015] Anforderungen

---

Abschlussprüfung bei Unternehmen von öffentlichem Interesse (Abschlussprüfungsreformgesetz – AReG) vom 11.1.2016, BT-Drs. 18/7219, S. 46; vgl. zuletzt auch *Schulze/Schneider*, Aufsichtsräte müssen Politik fern bleiben, Frankfurter Allgemeine Zeitung, 3.5.2017, S. 102; *Staake*, NZG 2016, 853; *Strenger*, DKONZ 2012, 10.

1007 So auch *Nodoushani*, AG 2016, 381 (383 f.); *Staake*, NZG 2016, 853; *Weber-Rey/Gissing*, AG 2016, R5 (R7); vgl. auch *Schillha*, ZIP 2016,1316 (1317 ff.).

1008 BCBS, Guideline corporate governance principles for banks vom 7.2015; hierzu auch *Weber-Rey/Gissing*, AG 2016, R5 (R7).

1009 Vgl. *Staake*, NZG 2016, 853 (854 f.).

1010 Hierbei setzt der nationale Gesetzgeber Anforderungen aus EU Richtlinien um, vgl. Richtlinie Solvency II vom 25.11.2009, Art. 42.

1011 Regierungskommission DCGK, DCGK vom 7.2.2017.

1012 Europäische Kommission, Empfehlung der Kommission vom 15. Februar 2005 zu den Aufgaben von nicht geschäftsführenden Direktoren/Aufsichtsratsmitgliedern/börsennotierter Gesellschaften sowie zu den Ausschüssen des Verwaltungs-/Aufsichtsrats (2005/162/EG) ABl. L 52 vom 25.2.2005, Erwägungsgrund 7.

1013 BCBS, Guideline corporate governance principles for banks vom 7.2015

1014 BaFin, Merkblatt zu den Mitgliedern von Verwaltungs- und Aufsichtsorganen gemäß KWG und KAGB vom 4.1.2016 (zuletzt geändert am 31.1.2017), Ziff. II. 4. Hierbei wird zwischen der *Zuverlässigkeit* und dem Punkt der *Interessenkonflikte* differenziert.

1015 Ursprünglich fasste die BaFin in ihrem Merkblatt zur Kontrolle der Mitglieder von Verwaltungs- und Aufsichtsorganen gemäß KWG und VAG vom 3.12.2012. unter Ziff. I. 2. die Punkte *Interessenkonflikte* und *Unabhängigkeit* unter dem Punkt der

an die *Zuverlässigkeit* und *Interessenkonflikte.* Die für den Bankensektor bestimmten EBA-Leitlinien zur internen Governance[1016] und zur Beurteilung der Eignung von Leitungsorganen[1017] empfehlen wiederum die *Unabhängigkeit* von Aufsichtsratsmitgliedern. Im Versicherungsaufsichtsrecht fordern die EIOPA-Leitlinien zum Governance System[1018] in Ziff. 1.6 die *Zuverlässigkeit* von Aufsichtsräten in Versicherungsunternehmen[1019].

In der Gesamtschau dieser Anforderungen und Empfehlungen drängt sich das Bedürfnis der Klärung von Struktur und Systematik auf. Da die betreffenden Regelungssätze auf unbestimmte Tatbestandskriterien zurückgreifen und keine einheitliche Begriffsverwendung vollzogen wird, ist zu differenzieren, welche Bedeutungsinhalte den Begriffen der *Zuverlässigkeit*, der *Unabhängigkeit*[1020] und des *Interessenkonflikts* zuzumessen sind, oder ob diese Begriffe als Synonyme den gleichen Bedeutungsgehalt aufweisen[1021]. Eine einheitliche Zuordnung gibt es bislang nicht. Gleichwohl ergeben sich neue Erkenntnisse in Gesamtschau der Rechtsbegriffe. Dabei muss vorweg klargestellt werden, dass lediglich eine Annäherung angestrebt werden kann[1022]. Aufgrund der Vielfältigkeit möglicher Interessenkonflikte und potenzieller Anknüpfungspunkte ist die Herstellung einer absoluten in sich schlüssigen Ordnung unmöglich. Dies erkennt auch die Europäische Kodexkomission an, in dem sie klarstellt: *„Eine umfassende Auflistung*

Zuverlässigkeit zusammen; in den aktuellen Merkblättern wird zwischen Interessenkonflikten und Zuverlässigkeit differenziert. Gleichzeitig werden immer noch *Interessenkonflikte* im Abschnitt über die *Zuverlässigkeit* behandelt: BaFin, Merkblatt zur fachlichen Eignung und Zuverlässigkeit von Verwaltungs- und Aufsichtsorganen gemäß VAG vom 23.11.2016, Ziff. II. 2., 3.; BaFin, Merkblatt zu den Mitgliedern von Verwaltungs- und Aufsichtsorganen gemäß KWG und KAGB vom 4.1.2016 (zuletzt geändert am 31.1.2017), Ziff. II. 3., 4.

1016 EBA, Leitlinien zur internen Governance (GL 44) vom 27.9.2011.

1017 EBA, Leitlinien zur Beurteilung von Mitgliedern des Leitungsorgans und von Inhabern von Schlüsselfunktionen (EBA/GL/2012/06) vom 22.11.2012, Ziff. 15.

1018 EIOPA, Leitlinien zum Governance-System vom 14.9.2015.

1019 Die Leitlinie richtet sich dabei an *„Personen die andere Schlüsselfunktionen innehaben"*, hierunter sind auch Mitglieder des Aufsichtsrats zu zählen, siehe oben, § 4 V. 1. lit. a).

1020 Vgl. § 100 Abs. 5 AktG a.F.

1021 Vgl. so *Velte/Buchholz*: *„die Zuverlässigkeit [wird] im Sinne einer angemessenen Unabhängigkeit im Aufsichtsrat durch den Gesetzgeber verdeutlicht"*, in CG in Kreditinstituten, S. 304.

1022 Vgl. *Mutter* in Semler/v. Schenck Aufsichtsrat, § 100 Rn. 100: *„eine generelle Bestimmung [fällt] schwer"*.

aller Aspekte, die ein Risiko für die Unabhängigkeit von Mitgliedern der Unternehmensleitung darstellen können, ist nicht möglich"[1023].

b) Die Begriffseinordnung der Zuverlässigkeit, Unabhängigkeit und des Interessenkonflikts im Spannungsfeld

Bei Inaugenscheinnahme der aufgeführten Rechtssätze zueinander fällt es schwer, eine begriffliche Einheitlichkeit oder abgrenzbare Struktur der unbestimmten Tatbestandsmerkmale zu erkennen. Eine gewisse Unordnung und die damit einhergehende Rechtsunsicherheit ist symptomatisch für den prinzipienbasierten Regelungsansatz[1024].

aa) Die Bedeutsamkeit des gewerberechtlichen Charakters des Zuverlässigkeitsbegriffs

Der Zuverlässigkeitsbegriff innerhalb der deutschen Rechtsordnung hat einen gewerberechtlichen bzw. öffentlich-rechtlichen Hintergrund bzw. Charakter[1025]. Im Gegensatz dazu ist der Unabhängigkeitsbegriff gesellschaftsrechtlicher Natur. Dieser Begriff war bis vor kurzem in § 100 Abs. 5 AktG a.F. normiert. Vor diesem Hintergrund ist es unklar, ob die beiden Begriffe in methodischer Hinsicht vergleichbar sind. Denkbar ist, dass der öffentlich rechtliche Zuverlässigkeitsbegriff ein Aliud zu der gesellschaftsrechtlichen Unabhängigkeit ist und deshalb aufgrund seiner Andersartigkeit die Grundlage für einen Vergleich entzogen ist. Für letzteres spricht zunächst, dass der Zuverlässigkeitsbegriff besonders im nationalen Aufsichtsrecht verwendet wird. Dieses hat einen öffentlich rechtlich gefahrenabwehrenden Charakter[1026]. Gegen eine rein öffentlich-rechtliche Betrachtungsweise ist anzuführen, dass das nationale Aufsichtsrecht auf Strukturen des privatrechtlichen AktG aufbaut. Zweitens ist zu berücksichtigen, dass

---

1023 Europäische Kommission, Empfehlung der Kommission vom 15. Februar 2005 zu den Aufgaben von nicht geschäftsführenden Direktoren/Aufsichtsratsmitgliedern/börsennotierter Gesellschaften sowie zu den Ausschüssen des Verwaltungs-/Aufsichtsrats (2005/162/EG) ABl. L 52 vom 25.2.2005, Anhang II; vgl. auch *v. Schenck* in Semler/v. Schenck Arbeitshdb. für Aufsichtsratsmitglieder, § 5 Rn. 11.

1024 Siehe hierzu oben, § 5 I. 3. lit. c) cc); vgl. auch *Emmenegger*, Bankorganisationsrecht, S. 111; *Staake*: „*mannigfaltigen Abhängigkeiten*", NZG 2016, 853 (854 f.).

1025 Siehe hierzu schon ausführlich oben hinsichtlich der Begriffseinordnung im Rahmen des KWG und VAG, § 3 IV. 2., § 4 IV. 2.

1026 Siehe oben, § 3 I. 2., § 4 I. 3.; vgl. auch *Ernst*, Rechtsstaatlichkeit im Versicherungsrecht, S. 126; *Hersch*, Geschäftsleiter und Aufsichtsräte von Versicherungsunternehmen, S. 47 ff., 170 ff.

die Zuverlässigkeit ein Element der gemeinschaftsrechtlichen Richtlinien darstellt, welche in das nationale Recht zu übertragen und diesbezüglich autonom auszulegen ist[1027]. Daher ist ein öffentliches Verständnis nicht zwingend aus der gemeinschaftsrechtlichen Herkunft zu schließen. Zudem beruhen die öffentlich rechtliche Zuverlässigkeit und die privatrechtliche Unabhängigkeit auf einem vergleichbaren Wertegehalt. Diese Feststellung lässt sich beispielhaft an der Umsetzung der CRD-IV Vorgaben durch § 25d Abs. 1 S. 1 KWG illustrieren. So kann diesbezüglich Art. 91 Abs. 8 der CRD-IV herangezogen werden[1028]. Dabei wird vorausgesetzt, dass ein Aufsichtsratsmitglied „*integer*", „*unvoreingenommen*" und dementsprechend „*unabhängig*" ist. Bei Berücksichtigung des Umstands, dass der nationale Gesetzgeber bei der Festsetzung der Qualifikationsanforderungen für Aufsichtsräte grundsätzlich die europarechtlichen Vorgaben umsetzen wollte, muss davon ausgegangen werden, dass der Begriff der Zuverlässigkeit auch die europarechtlich geforderten Qualifikationserfordernisse, insbesondere der *Unvoreingenommenheit*, beinhaltet und sich nicht nur auf das öffentlich rechtliche Verständnis beruft. Für eine privatrechtliche Komponente des Zuverlässigkeitsbegriffs im Aufsichtsrecht spricht zudem, dass der öffentlich rechtliche Zuverlässigkeitsbegriff im Rahmen des § 35 GewO auch die fachliche Eignung und die vorhandene Sachkunde umfasst[1029]. Dagegen werden in KWG und VAG die fachlichen Anforderungen von der Zuverlässigkeit getrennt reguliert[1030]. Im Umkehrschluss ist davon auszugehen, dass der Zuverlässigkeitsbegriff, welcher im Aufsichtsrecht verwendet wird, nicht dem rein öffentlich rechtlichen Begriffsverständnis entspricht[1031]. Zuletzt ist anzuführen, dass sich das Wirtschaftsaufsichtsrecht in seiner Tradition aus dem Gewerbepolizeirecht entwickelt hat. Heutzutage spricht in – formeller Hinsicht – ein Wandel der Zuständigkeit zur BaFin hin und – in materieller Hinsicht – eine Loslösung vom allgemeinen Gefahrenbegriff für einen eigenständigen, nicht zwingendermaßen öffentlich rechtlichen Charakter[1032].

Dies führt zu dem Schluss, dass der im KWG und VAG verwandte Zuverlässigkeitsbegriff nur dem ersten Anschein nach einen rein öffentlichrechtlichen Charakter hat. Bei genauer Betrachtung ist zu erkennen, dass eine klare Konturierung diesbezüglich nicht möglich und eine privatrechtliche Komponente

---

1027 *Winter*, Winter VersicherungsaufsichtsR, S. 693.
1028 Richtlinie CRD-IV vom 26.6.2013.
1029 *Marcks* in Landmann/Rohmer GewO, § 35 Rn. 58.
1030 Siehe zur Sachkundeanforderung in KWG und VAG oben, § 3 IV. 1., § 4 V. 1.
1031 *Pohlmann* in Düsseldorfer Vorträge zum VersicherungsR 2012, S. 72.
1032 *Ludwig*, Branchenspezifische Wirtschaftsaufsicht, S. 227 ff.

mit dem aufsichtsrechtlichen Zuverlässigkeitsbegriff immanent verknüpft ist. Die Zuverlässigkeit ist folglich nicht dem Unabhängigkeitsbegriff wesensfremd. Ein Vergleich der Begrifflichkeiten ist somit nicht von vornherein ausgeschlossen.

bb) Begriffliche Zuordnung durch übereinstimmende Verknüpfungen

Die Verwendung von Begrifflichkeiten bietet einen ersten Anhaltspunkt, indem sie auf eine Verknüpfung verschiedener Rechtssätze hinweist[1033]. So wird in vertikaler Hinsicht der aufsichtsrechtlichen Ebene und auch im allgemeinen Aktienrecht auf verschiedene Begriffe zurückgegriffen. Dabei knüpfen einerseits an den *Unabhängigkeitsbegriff* das allgemeine Aktienrecht[1034], der DCGK, die EU-Kommissionsempfehlung aber auch die aufsichtsrechtlichen EBA und BCBS Leitlinien an. Andererseits gehen KWG, VAG, BaFin und die EIOPA vom Begriff der *Zuverlässigkeit* aus. Gleichzeitig knüpfen zudem auch die Kodexempfehlungen sowie die aufsichtsrechtlichen BaFin Rundschreiben an den Begriff des *Interessenkonflikts* an[1035]. Eine greifbare Struktur ergibt sich hierbei nicht. Auch hinsichtlich der Verbindlichkeit der jeweiligen Regelungssätze ist keine einheitliche Zuordnung feststellbar. Die Beachtung der nationalen oder internationalen Herkunft der Regelungssätze führt zu keiner weiterführenden Erkenntnis.

cc) Zuordnung durch Auslegung der einzelnen Rechtsbegriffe

Unter der Berücksichtigung der Tatsache, dass die aufgeführten Tatbestandsmerkmale durch ihren unbestimmten Charakter einen weiten Auslegungsspielraum eröffnen, besteht die Möglichkeit, ihnen einen einheitlichen Bedeutungsgehalt zuzumessen. Die Rechtsbegriffe würden dann eine gemeinsame ratio legis zugrunde legen und könnten auf einen grundsätzlichen Kernbereich reduziert werden[1036]. Hierbei soll nicht primär auf die detaillierten inhaltlichen

---

1033 So kann sich eine „*implizite Anordnung durch die Verwendung der selbigen sprachlichen Mittel*" ergeben. Dabei ist eine begriffsidentlische Normierung nicht zwingend notwendig, *Thaten*, Die Ausstrahlung des Aufsichts- auf das Aktienrecht, S. 113 f.

1034 Vgl. die bis noch vor kurzen geltende Fassung des § 100 Abs. 5 a.F. AktG.

1035 Vgl. hierzu *Viciano-Gofferje*, Unabhängigkeit als persönliche Voraussetzung für Aufsichtsratsmitglieder, S. 99 ff.

1036 Dass verschiedene Rechtsbegriffe identische inhaltliche Anforderungen formulieren, ist dem Aufsichtsrecht nicht fremd. Vgl. hierzu die Ausführungen zur fachlichen Anforderung an Aufsichtsräte nach dem VAG, siehe oben, § 4 V. 1. lit. b); dazu auch

Anforderungen[1037], sondern auf das methodische Verhältnis der Tatbestandsmerkmale eingegangen werden.

(1) Zuordnung nach Wortlaut

Zunächst ist am Wortverständnis anzusetzen[1038], was jedoch bei der vorliegenden Fragestellung keine weiterführenden Erkenntnisse offenbart. Die Begriffe der Unabhängigkeit, Zuverlässigkeit und des Interessenkonflikts weisen in dieser Hinsicht keine Verbindung auf.

(2) Systematische Auslegung

In systematischer Hinsicht ist festzustellen, dass der Zuverlässigkeitsbegriff am weitesten zu verstehen ist. Verglichen mit der Unabhängigkeit ist einerseits die Zuverlässigkeit zwingend im Falle der Abhängigkeit des Aufsichtsratsmitglieds ausgeschlossen. Andererseits ist es aber möglich, dass ein Aufsichtsratsmitglied unzuverlässig und gleichzeitig unabhängig ist[1039], da die Zuverlässigkeit auch durch andere Umstände ausgeschlossen werden kann[1040]. Ein ähnliches Verhältnis kann zwischen dem Tatbestandsmerkmal der Unabhängigkeit und dem Begriff des Interessenkonflikts erkannt werden[1041]. So kann einerseits ein Interessenkonflikt vorliegen, welcher jedoch nicht zwingend die Unabhängigkeit des Aufsichtsrats begründet. Andererseits wird, wenn eine Unabhängigkeit vorliegt, auch immer ein Interessenkonflikt vorliegen. Für diese Erkenntnis können auch teilweise die bereits aufgeführten Regelungssätze herangezogen werden. So gibt Ziff. 5.4.2. des DCGK[1042] vor, dass ein Interessenkonflikt erst

---

Gesetzesentwurf eines Gesetzes zur Modernisierung der Finanzaufsicht über Versicherungen vom 22.10.2014, BT-Drs. 18/2956, S. 240.

1037 Siehe zuletzt *Staake*, NZG 2016, 853 ff.

1038 *Larenz/Canaris*, Methodenlehre der Rechtswissenschaft, S. 141 ff.; *Zippelius*, Juristische Methodenlehre, S. 37 ff.

1039 Vergleiche hierzu die Differenzierung des BaFin Merkblatts zu den Mitgliedern von Verwaltungs- und Aufsichtsorganen gemäß KWG und KAGB vom 4.1.2016 (zuletzt geändert am 31.1.2017), Ziff. II. 4.

1040 So wird bei vergleichbaren Fällen des § 76 Abs. 3 Nr. 2 und 3 AktG, ebenfalls eine Unzuverlässigkeit, jedoch keine Unabhängigkeit des Mandatsträgers angenommen, siehe oben, § 3 IV. 2., § 4 IV. 2.

1041 So auch *Mutter* in Semler/v. Schenck Aufsichtsrat, § 100 Rn. 100; vgl. *Dieckmann/Fleischmann*, AG 2013, 141 (144); *Florstedt*, ZIP 2013, 337 (339); *Hasselbach/Jakobs*, BB 2013, 643 (645); *Kremer/v. Werder*, AG 2013, 340 (341 f.).

1042 Regierungskommission DCGK, DCGK vom 7.2.2017.

dann zur Unabhängigkeit führt, wenn dieser wesentlich und nicht nur vorübergehender Natur ist. Ähnlich geht die EU-Kommissionsempfehlung davon aus, dass der Interessenkonflikt *„signifikant“* sein muss[1043]. Weiterhin stellt die BaFin in ihrem Merkblatt fest, dass der Interessenkonflikt dauerhaft sein muss[1044]. Folglich ist der Begriff der Unabhängigkeit und des Interessenskonflikt nicht konvergent.

Mithin kann festgehalten werden, dass die drei unbestimmten Rechtsbegriffe einen differenzierten abgestuften Bedeutungsgehalt haben. Trotz einer wechselseitigen Verwendung in den angeführten Regelungssätzen können die Tatbestandsmerkmale nicht mit einem einheitlichen Verständnis bewertet werden. Der Zuverlässigkeitsbegriff ist weiter ausgefächert als der Unanbhängigkeitsbegriff. Gleichzeitig steht der Unabhängigkeitsbegriff wiederum als Oberbegriff für qualifizierte Interessenkonflikte, die nur in bestimmten Fällen zur Unabhängigkeit führen.

c) Wechselwirkung der Unabhängigkeitsanforderungen verschiedener Rechtssätze

aa) Rückgriff auf allgemeine methodische Grundsätze hinsichtlich der aktien- und aufsichtsrechtlichen Vorgaben

Wie steht es, wenn die Unabhängigkeitsanforderungen im Spannungsfeld aufeinander treffen? Bei der Beantwortung der Frage ist zunächst unter Berücksichtigung des Verständnisses der Normenhierarchie und der Spezialität[1045] davon auszugehen, dass die qualifikationskonkretisierenden Regelungen für Aufsichtsräte im Aufsichtsrecht die allgemein aktienrechtlichen Vorgaben überlagern oder im Einzelfall vorgehen[1046]. Ebenso werden mittelbare Rechtssätze verbindlichen Normen unterzuordnen sein[1047].

1043 Europäische Kommission, Empfehlung der Kommission vom 15. Februar 2005 zu den Aufgaben von nicht geschäftsführenden Direktoren/Aufsichtsratsmitgliedern/ börsennotierter Gesellschaften sowie zu den Ausschüssen des Verwaltungs-/Aufsichtsrats (2005/162/EG) ABl. L 52 vom 25.2.2005, Erwägungsgrund 7, Abschnitt II, Ziff. 6.1.

1044 BaFin, Merkblatt zu den Mitgliedern von Verwaltungs- und Aufsichtsorganen gemäß KWG und KAGB vom 4.1.2016 (zuletzt geändert am 31.1.2017), Ziff. II. 4.

1045 Zu der Kollisionsregel *lex specialis derogat legi generali* siehe oben, § 5 I. 1. lit. c).

1046 Arbeitskreis "Externe und interne Überwachung der Unternehmung", DB 2016, 1118 (1120).

1047 Vgl. auch *Weber-Rey*, ZGR 2010, 543 (567).

Anknüpfend ist zu fragen, wie die Zuverlässigkeitsbegriffe aus VAG und KWG im direkten Spannungsfeld zueinander stehen bzw. ob diese inhaltlich divergieren. Obwohl die beiden Tatbestandmerkmale inhaltliche Ähnlichkeiten aufweisen, ist daraus nicht im Umkehrschluss zu schließen, dass die beiden Regelungssätze im Spannungsfeld methodisch deckungsgleich ausgestaltet sind. Des Weiteren stellt sich die Frage, in welchem inhaltlichen Verhältnis die mittelbaren Regelungssätze der deutschen und europäischen Kodex Kommission, sowie die Leitlinien der EBA oder BCBS auf oder durch den aufsichtsrechtlichen Zuverlässigkeitsbegriff ausstrahlen.

bb) Das Verhältnis des Zuverlässigkeitserfordenisses aus § 25d KWG und § 24 VAG

KWG und VAG verwenden denselben tatbestandlichen Anknüpfungsbegriff der Zuverlässigkeit. Im Rahmen der jeweiligen Normen geht der Gesetzgeber jedoch nicht auf parallele Regelungen ein. Ob eine Bedeutungseinheit besteht, ist nicht ersichtlich.

(1) Gemeinschaftsrechtliche Intention

Anzeichen für eine Bedeutungseinheit sind auf europäischer Gesetzgebungsebene nicht aufzufinden. Die CRD-IV Richtlinie[1048], welche unter anderem durch das KWG in nationales Recht umgesetzt wurde, so wie die Solvency-II Richtlinie[1049] geht im Rahmen der Unabhängigkeitsvorgaben nicht auf gegenseitige branchenfremde Regelungen ein. Die EBA gibt lediglich eine brancheninterne inhaltliche Empfehlung zu der Zuverlässigkeit und Unabhängigkeit innerhalb ihrer Leitlinien ab[1050]. Die EIOPA geht nur auf die Zuverlässigkeit in Ziff. 1.6 ihrer Leitlinie ein[1051]. Der nationale Gesetzgeber hat in der Gesetzbegründung vom § 7a VAG a.F. auf horizontaler Ebene Verweise gegeben. So orientiert sich die Formulierung zur Zuverlässigkeit und der fachlichen Eignung an der Norm des § 36 Abs. 3 KWG a.F[1052].

1048 Richtlinie CRD-IV vom 26.6.2013.

1049 Richtlinie Solvency II vom 25.11.2009.

1050 EBA, Leitlinien zur Beurteilung von Mitgliedern des Leitungsorgans und von Inhabern von Schlüsselfunktionen (EBA/GL/2012/06) vom 22.11.2012, unter Ziff. 13 und 15.

1051 EIOPA, Leitlinien zum Governance-System vom 14.9.2015.

1052 Beschlussempfehlung zum Entwurf eines Gesetzes zur Stärkung der Finanzmarkt- und Versicherungsaufsicht vom 1.7.2009, BT-Drs. 16/13684, S. 31.

(2) Systematische Auslegung

In systematischer Hinsicht spricht für einen übereinstimmenden Bedeutungsgehalt, dass die Normen § 25d Abs. 1 S. 1 KWG und § 24 Abs. 1 S. 1 VAG n.F. eine ähnliche Aufbaustruktur haben[1053]. Sie regeln gleichermaßen neben der Zuverlässigkeit auch die Anforderungen der fachlichen Kenntnis. Im Rahmen der systematischen Auslegung gilt es zudem die gesetzgeberische Gesamtkonzeption zu erfassen und aus einem höher gelagerten Blickwinkel Zusammenhänge im Kontext zu erkennen und zu beurteilen[1054]. Bei Betrachtung der Finanz- und Versicherungsbranche ist eine herausragende Regelungsdichte zu erkennen, welche vom Umfang her mit keinem anderen gesellschaftsrechtlichen Bereich zu vergleichen ist[1055]. Dieser Umstand begründet sich dadurch, dass der Gesetzgeber eine außergewöhnliche Notwendigkeit gesehen hat, die branchenspezifischen Risiken[1056] einzugrenzen, um namentlich den institutionellen Finanzmarkt- und den Versicherungsnehmerschutz[1057] zu gewährleisten. Hieraus ist a contrario zu folgern, dass der Gesetzgeber in lediglich zwei Ausnahmen eine solche Bedeutsamkeit zugemessen hat und dementsprechend – aufgrund der insoweit einzigartigen Regulierungsintensität und Spezialität – auch ähnliche Qualifikationsmaßstäbe gelten sollten[1058].

(3) Sinn und Zweck der Normen

Zuletzt ist anknüpfend an die Zweckrichtung der Normen anzuführen, dass die Schutzziele der beiden Regelungen sich mit wechselseitiger Gewichtung überschneiden[1059]. Gründe, warum das Unabhängigkeitskriterium von Aufsichtsräten aufgrund von branchenspezifischen Faktoren differenziert angewendet werden sollte, sind nicht ersichtlich. Das Zulässigkeits- und das Unabhängigkeitserfordernis

---

1053 *Emmenegger*, Bankorganisationsrecht, S. 102 ff., 105 ff.; vgl. Hoffmann-Riem in Auffangordnungen, S. 273 ff.; „*Auch die Verwendung gleicher Begrifflichkeiten sowie die parallele Normierung ganzer Regelungsbereiche sind ein Indikator für die inhaltliche Verknüpfung zweier Rechtsgebiete*", *Thaten*, Die Ausstrahlung des Aufsichts- auf das Aktienrecht, S. 113 f.

1054 *Zippelius*, Juristische Methodenlehre, S. 36, 42 ff.

1055 Vgl. Arbeitskreis"Externe und interne Überwachung der Unternehmung", DB 2016, 1118.

1056 Siehe oben, § 3 I. 1., § 4 I. 2.

1057 Siehe oben, § 3 I. 2., § 4 I. 3.

1058 Zudem kann hierfür der Grundsatz der *Einheitlichkeit der Terminologie* angeführt werden. Dazu *Zippelius*, Juristische Methodenlehre, S. 43 f.

1059 Siehe oben; *Bürkle*, WM 2005, 1496 (1500).

weisen zudem keine branchenspezifische Gebundenheit auf, die einem übergreifenden Verständnis entgegenstehen würde.

Als Folge der in methodischer Hinsicht gleichwertigen Tatbestandsmerkmale der Zuverlässigkeit in KWG und VAG, können bei der Ausfüllung des Zulässigkeitsbegriffs im KWG und VAG die gleichen Standards angewendet werden[1060]. Dies führt dazu, dass gewerberechtliche und aktienrechtliche Grundsätze, BaFin- und Kodexempfehlungen jeweils mit gleicher Deutungsintensität heranziehbar sind.

d) Inhaltliche Fragestellungen hinsichtlich des Zuverlässigkeitsbegriffs im Spannungsfeld

aa) Berücksichtigung mittelbarer Rechtssätze im Rahmen der Auslegung des Zuverlässigkeitsbegriffs aus KWG und VAG

Zuverlässigkeit ist, wie oben dargelegt, als ein allgemeiner Oberbegriff zu verstehen. Der nationale Gesetzgeber hat hierbei für Aufsichtsratsmitglieder die dem KWG und VAG unterliegen, primär einen generellen prinzipienbasierten Ansatz gewählt, der einen weiten Interpretationsspielraum bietet[1061]. Dabei ist – durch den weiten Auslegungsspielraum[1062] des tatbestandlichen Anknüpfungspunkts der Zuverlässigkeit – die Möglichkeit eröffnet, dass generelle unverbindliche Regelungssätze, wie z.B. Kommissionsempfehlungen, unter dem Überbegriff der Zuverlässigkeit ausstrahlen können, indem sie bei der Auslegung des unbestimmten Rechtsbegriffs, welcher einen weiten Auslegungsspielraum begründet, herangezogen werden[1063]. Als Folge daraus ergibt sich ein offenes und unbestimmbares

---

1060 Insoweit auch von einer parallelen Ausgestaltung ausgehend: *Ernst*, Rechtsstaatlichkeit im Versicherungsrecht, S. 129.

1061 Siehe hierzu oben, § 5 I. 3. c) cc); vgl. Europäische Kommission: „*Detaillierte verbindliche Regeln [sind] nicht unbedingt der bestgeeignete und effizienteste Weg […], um die angestrebten Ziele zu erreichen*“, Empfehlung der Kommission vom 15. Februar 2005 zu den Aufgaben von nicht geschäftsführenden Direktoren/Aufsichtsratsmitgliedern/börsennotierter Gesellschaften sowie zu den Ausschüssen des Verwaltungs-/Aufsichtsrats (2005/162/EG) ABl. L 52 vom 25.2.2005, Erwägungsgrund 4; v. *Schenck* in Semler/v. Schenck Arbeitshdb. für Aufsichtsratsmitglieder, § 5 Rn. 11.

1062 Zur Möglichkeit der inhaltlichen Verknüpfung durch Generalklauseln: *Thaten*, Die Ausstrahlung des Aufsichts- auf das Aktienrecht, S. 114.

1063 *Emmenegger*, Bankorganisationsrecht, S. 111 ff.; vgl. hierzu zum prinzipienorientierten Ansatz im europäischen Versicherungsaufsichtsrecht, *Lüttring*, EuZW, 2011, 822 (823); *Wandt*, VersicherungsR, Einf. Rn. 95; *Wandt/Sehrbrock*, in Solvency II in der

Anforderungsprofil[1064]. Hierbei darf nicht gegen ursprüngliche Gesetzeszwecke oder aufsichtsrechtliche Regelungsansätze verstoßen werden. Eine direkte Überlagerung mittelbaren Rechts bringt regelmäßig verfassungsrechtliche Bedenken mit sich[1065].

Fraglich ist, ob die Auslegung des Zuverlässigkeitsbegriffs nach KWG und VAG einer *Beimessungspflicht* von unverbindlichen Rechtssätzen (wie z.B. Bafin Merkblätter) unterliegt. Das ist abzulehnen. Ein zwingender Rückgriff auf mittelbare Rechtssätze, auch unter Beachtung ihrer steigenden Geltung in der Rechtsanwendung, würde mit erheblichen rechtsstaatlichen Bedenken behaftet sein[1066]. Fremd ist dem Gesetzgeber ein solcher Verweis allerdings nicht. So hatte dieser bereits trotz kritischer Stimmen hinsichtlich der ehemaligen Unabhängigkeitsanforderung aus § 100 Abs. 5 AktG a.F. auf Kodexempfehlungen verwiesen[1067]. Unter Berücksichtigung des Umstands, dass der Aufsichtsrat immer weiteren Professionalisierungsansprüchen und damit einhergehenden Haftungsrisiken unterliegt, ist eine fast faktische Bindungswirkung von mittelbarem Recht im Rahmen der Zuverlässigkeitsauslegung nicht zu negieren. Das entsprechende Aufsichtsratsmitglied wird sich bei Fehlverhalten durch Unzuverlässigkeit mit dem Vorwurf konfrontiert sehen, dass unverbindliche Empfehlungen nicht berücksichtigt wurden. Eine rechtliche Haftung ergibt sich dabei schon aus der Zuverlässigkeits- oder der allgemeinen Sorgfaltspflicht.

Eine solche faktische Bindungswirkung von unverbindlichen Empfehlungen ist trotz verfassungsrechtlicher Bedenken nicht per se unangemessen. So ist eine Beachtung von europäischen Leitlinien und Kodexempfehlungen im Sinne des im Aufsichtsrecht immanenten gemeinschaftsrechtlichen Harmonisierungsgedankens, entweder durch den angestrebten Bankenaufsichtsmechanismus oder den Vollharmonisierungsgedanken von Solvency-II. Eine Berücksichtigung mittelbarer Empfehlungen spiegelt letztlich den prinzipienorientierten gemeinschaftsrechtlichen Regulierungsansatz wieder, der so in die nationale

---

Rechtsanwendung 2009, S. 15 ff.; *Weber-Rey*, ZGR 2010, 543 (563 ff); siehe bezüglich Generalklauseln: *Bydlinski*, Grundzüge, S. 92.

1064 *Leyens/Schmidt*, AG 2013, 533 (541).

1065 Vgl. zu der Kritik an der BaFin Rundschreibenpraxis, § 3 III.; vgl. zur Kritik an der Auslegung des Unabhängigkeitsbegriffs im allgemeinen Aktienrecht unter Rückgriff auf Kodex-Empfehlungen, siehe oben, § I. 3 b) bb); zur maßvollen Auslegung unter dem Aspekt der Ausstrahlung: Arbeitskreis "Externe und interne Überwachung der Unternehmung", DB 2016, 1118 (1120).

1066 Vgl. dazu oben § I. 3 b) bb).

1067 Siehe oben § I. 3 b); *Leyens/Schmidt*, AG 2013, 533 (541).

Rechtswirklichkeit übertragen wird. Zuletzt spricht der auf europäischer und nationaler Ebene verfolgte Leitgedanke – die Effizienzsteigerung der Aufsichtsratsarbeit – für eine derartige Berücksichtigung. In Folge dessen werden Unabhängigkeitsempfehlungen, wenn sie im Rahmen der Auslegung verbindlicher Normen berücksichtigt werden, durch ein strengeres Anforderungsbild die Qualität der Kontrollfunktion steigern. Ein grundsätzlicher Rückgriff auf die Kodexempfehlungen und Leitlinien ist somit auch im Rahmen der Auslegung des aufsichtsrechtlichen Zuverlässigkeitsbegriffs aus KWG und VAG zu begrüßen.

bb) *Annahme der Unzuverlässigkeit aus KWG und VAG durch das Verhältnis zum Mehrheitsaktionär*

Es ist ungeklärt, ob unter dem Zuverlässigkeitsbegriff nach KWG und VAG das von der DCGK- und der EU-Kommission eingeführte Kriterium des Kontakts zum Mehrheitsaktionär, mit der Folge der Möglichkeit der fehlenden Unabhängigkeit, substituiert werden kann. Dagegen können zunächst die bereits hinsichtlich der ehemaligen aktienrechtlichen Regelung aufgebrachten Argumente angeführt werden[1068]. Zudem ist zu berücksichtigen, dass die BaFin in ihren Merkblättern für Aufsichtsräte dieses Kriterium nicht unter dem Punkt der Interessenkollision aufgeführt hat[1069]. Dies kann als Indiz verstanden werden, dass ein Kontakt zum Mehrheitsaktionär nach Ansicht der BaFin keine Interessenkollision und somit auch keine Unzuverlässigkeit begründet. Dabei ist zu beachten, dass erstens den Merkblättern nur ein gewisser indizieller Wert zugesprochen werden kann[1070] und dieselben zweitens rechtlich nicht verbindlich sind[1071]. Gleichwohl spricht für eine Annahme der Unzuverlässigkeit im Aufsichtsrecht wiederum die dort vorherrschende Schwerpunktsetzung auf prinzipienbasierte Kodexempfehlungen. Auch, dass das Kriterium des Kontakts zum Mehrheitsaktionär bereits auf EU-Ebene in der Kommissionsempfehlung und im EBA-Leitfaden beachtet wird, spricht für eine Berücksichtigung[1072]. Diesbezüglich ist anzuführen, dass das Aufsichtsrecht im Vergleich stärker als das

---

1068 Siehe oben, § 2 II. 3. lit. b) cc).

1069 So zuletzt BaFin, Merkblatt zu den Mitgliedern von Verwaltungs- und Aufsichtsorganen gemäß KWG und KAGB vom 4.1.2016 (zuletzt geändert am 31.1.2017), Ziff. II. 4.

1070 Siehe zur BaFin und der Aussstrahlungswirkung unverbindlicher Rechtssätze oben, § 5 I. 3. lit. c) bb).

1071 Siehe oben, § 3 III.

1072 EBA, Leitlinien zur Beurteilung von Mitgliedern des Leitungsorgans und von Inhabern von Schlüsselfunktionen (EBA/GL/2012/06) vom 22.11.2012, Nr. 15.

allgemeine Aktienrecht unter EU-rechtlichem Einfluss steht und auf dieser Ebene eine Harmonisierung im Bankenaufsichts- sowie im Versicherungsaufsichtsrechtssektor angestrebt wird[1073]. Bei Berücksichtigung des im Aufsichtsrecht vorherrschenden gemeinschaftsrechtlichen Harmonisierungsansatzes, muss den europäischen Leitlinien und Kodizes bei der Beurteilung dieser Fragestellung besondere Bedeutung zugesprochen werden. Die gemeinschaftsrechtlichen Leitlinien und Kodizes sprechen sich gegen eine Beziehung geschäftlicher, familiärer oder sonstigen Art des Aufsichtsratsmitglieds zum Mehrheitsaktionär aus, wobei die Möglichkeit einer individuellen Bewertung zugebilligt wird[1074]. Demgemäß ist davon auszugehen, dass ein Kontakt zu einem Mehrheitsaktionär, so wie es sich aus den europäischen Leitlinien ergibt, zur Unzuverlässigkeit im Sinne des KWG und VAG führt.

3. Divergenz der Mandatsbeschränkungen von Aufsichtsräten

a) Bestimmung der Mandatsobergrenze

Während nach § 100 Abs. 2 S. 1 Nr. 1 AktG maximal zehn Mandate in Aufsichtsräten von Handelsgesellschaften, die gesetzlich einen Aufsichtsrat zu bilden haben, zulässig sind, wurden im Aufsichtsrecht niedrigere Grenzen gezogen[1075]. Daraus ergeben sich drei Fragen, erstens ob die aufsichtsrechtlichen Vorgaben das allgemeine Aktienrecht derogieren[1076] oder die Regelungssätze simultan nebeneinander wirken. Zweitens ist zu klären, in welcher Beziehung die Mandatsobergrenzen aus KWG und VAG auf vertikaler Ebene stehen. Drittens: Welche Regelung findet innerhalb des KWG-Spannungsfeldes Vorrang, wenn Mandate gleichzeitig in einem CRR-Institut und einem CRR-Institut von erheblicher Bedeutung wahrgenommen werden?

1073 Siehe oben, § 3 I. 3., § 4 I. 4.

1074 Europäische Kommission, Empfehlung der Kommission vom 15. Februar 2005 zu den Aufgaben von nicht geschäftsführenden Direktoren/Aufsichtsratsmitgliedern/börsennotierter Gesellschaften sowie zu den Ausschüssen des Verwaltungs-/Aufsichtsrats (2005/162/EG) ABl. L 52 vom 25.2.2005, Abschnitt III, Ziff. 13.1., 13.2.

1075 So dürfen Mandatsträger eines CRR-Instituts von erheblicher Bedeutung nach § 25d Abs. 3 S. 1 Nr. 4 KWG nur maximal vier Aufsichtsratsmandate wahrnehmen. Für Aufsichtsratsmitglieder eines CRR-Instituts von nicht erheblicher Bedeutung ist die Höchstzahl auf fünf Mandate festgesetzt (§ 25d Abs. 3a Nr. 3 KWG). Nach § 24 Abs. 4 S. 1 VAG ist für Aufsichtsratsmitglieder von Versicherungsunternehmen die zulässige Höchstzahl von Nebenmandaten auf fünf Mandate beschränkt.

1076 Zur Methodik: *Kelsen*, Allgemeine Theorie, S. 84 ff.

aa) *Verhältnis der aufsichtsrechtlichen Mandatsobergrenzen zu den allgemeinen aktienrechtlichen Vorgaben*

Hinsichtlich der Mandatsbegrenzungen aus Aktien- und Aufsichtsrecht wird teilweise von einem allgemeinen lex specialis Verhältnis in dem Sinne ausgegangen[1077], dass die aktienrechtlichen Regelungen entfallen. Ein derartiger Grundsatz besteht nicht. Vielmehr gilt es dies im Einzelfall sorgfältig abzuwägen. Allgemeine Rückschlüsse können diesbezüglich nicht gezogen werden[1078].

(1) Keine Derogation nach dem lex specialis Grundsatz

Die Mandatshöchstgrenzen, die in KWG und VAG festgesetzt sind, sind branchenspezifische Regelungen, die aufgrund einer besonderen Risikoexposition der betroffenen Unternehmen im Versicherungs- und Kreditgeschäft gerechtfertigt werden[1079]. Der verdrängende Spezialitätsgrundsatz entwickelt sich dabei aus dem Gedanken, dass der spezielleren Vorschrift Vorrang gebührt, da sie im umgekehrten Fall keinen Anwendungsbereich hätte[1080]. Übertragen auf die hier einschlägigen aufsichtsrechtlichen Vorschriften zeichnet sich gleichwohl ein anderes Bild ab. So gibt es neben einem breiten sachlichen Überschneidungsbereich auch Anwendungsbereiche der aufsichtsrechtlichen Mandatsbegrenzungen aus KWG und VAG, die nicht vom § 100 Abs. 2 S. 1 Nr. 1 AktG erfasst werden. Private Geschäftsbanken, welche als GmbH organisiert sind, bei denen nicht gesetzlich im Rahmen der Mitbestimmungsvorschriften, sondern lediglich kraft Satzung ein Aufsichtsrat gemäß § 52 Abs. 1 GmbHG zu bestellen ist[1081], fallen einzig unter die Mandatsbegrenzung des § 25d KWG. Auch im VAG sind die von der BaFin beaufsichtigten Versicherungsvereine auf Gegenseitigkeit (VVaG[1082]) aufgrund einer fehlenden Qualifikation als Handelsgesellschaft[1083] nicht bei der allgemein aktienrechtlichen Höchstzahlberechnung zu berücksichtigen[1084]. In beiden Fällen ist das Aktienrecht nicht anwendbar, auch nicht entsprechend. Somit bestehen grundsätzlich eigenständig Anwendungsbereiche der

---

1077 So *Ernst*, Rechtsstaatlichkeit im Versicherungsrecht, S. 137; *Mutter/Kruchen*, VersR 2011, 48.

1078 Siehe oben, § 5 I. 1., 2.; vgl. insb. *Emmenegger*, Bankorganisationsrecht, S. 102 ff., 105 ff.

1079 Siehe hierzu oben, § 3 I. 2., § 4 I. 3.

1080 *Thaten*, Die Ausstrahlung des Aufsichts- auf das Aktienrecht, S. 107.

1081 Vgl. *Brandi/Gieseler*, NZG 2012, 1321 (1322).

1082 Siehe hierzu *Lorenz* in Hdb. VersicherungsR, § 1 Rn. 60.

1083 *Benkel*, Der Versicherungsverein auf Gegenseitigkeit, S. 169; *Koch*, Hüffer/Koch AktG, § 100 Rn. 9.

1084 *Hasse*, VersR 2010, 18 (25).

Regelungen aus KWG und VAG, selbst wenn die aktienrechtlichen Regelungen einen Vorrang genießen würden. Eine Verdrängung aufgrund des *lex specialis derogat legi generali* Grundsatzes kommt nicht in Betracht. Eine verdrängende Wirkung des Aufsichtsrechts kann in Anbetracht der Kollisionsregeln auch nicht mit dem Argument begründet werden, dass die aufsichtsrechtlichen Regelungen den allgemeinen aktienrechtlichen Vorgaben hinsichtlich der zeitlichen Reihenfolge übergeordnet sind, da sie später erlassen wurden (*lex posterior derogat legi priori*[1085]). Es fehlt bereits an einer hierfür notwendigen indizierenden Äußerung des Gesetzgebers[1086], der eine Fortentwicklung erkennen ließe.

(2) Aufsichtsrechtliche Privilegierungen als Indiz für Derogation?

Für ein verdrängendes Verhältnis könnte gleichwohl angeführt werden, dass die aufsichtsrechtlichen Privilegierungen nach § 25d Abs. 3 S. 3 und Abs. 3a Nr. 3 KWG sowie § 24 S. 2 2. Hs. VAG bei bestimmten Konstellationen eine unbeschränkte Häufung von Mandaten zulassen und somit den aktienrechtlichen Vorgaben bezüglich der Mandatshöchstzahl und dem Konzernprivileg entgegenstehen, welches nach § 100 Abs. 2 S. 1 Nr. 1, S. 2 AktG maximal fünfzehn Mandate (zehn plus fünf) zulässt. Dieser Umstand könnte darauf hindeuten, dass der Gesetzgeber aufgrund dieses Widerspruchs eine Verdrängung der allgemeinen aktienrechtlichen Vorgaben beabsichtigt hat. Bei der Frage des Vorrangs der Mandatsobergrenze müssen die jeweiligen gesetzlichen Privilegien jedoch getrennt bewertet werden, da der Gesetzgeber die aufsichtsrechtlichen Privilegierungen im Gegensatz zu den Mandatsobergrenzen explizit an die jeweiligen branchenspezifischen Besonderheiten der Kredit- und Versicherungswirtschaft – und nicht an der Rechtsform – angepasst hat. So wird im VAG eine unbeschränkte Privilegierung mit der Homogenität der durch den Spartentrennungsgrundsatz geförderten Versicherungs- und Unternehmensgruppen begründet[1087]. Hinsichtlich des Institutsprivilegs im KWG wird aufgeführt, dass in den Fällen der in § 25d Abs. 3 S. 2 KWG aufgezählten Anbindungen eine wirtschaftliche und rechtliche Abhängigkeit bestehe, welche ein unbeschränktes Zusammenrechnen von Mandaten rechtfertige[1088]. Mithin können somit die aufsichtsrechtlichen Privilegierungen nicht vorrangig als Bewertungsgrundlage

1085 *Zippelius*, Juristische Methodenlehre, S. 33.

1086 *Zippelius*, Juristische Methodenlehre, S. 33.

1087 Siehe oben, § 4 VI. 3.

1088 Siehe oben, § 3 V. 2. lit. b); Beschlussempfehlung zum Entwurf eines Gesetzes zur Stärkung der Finanzmarkt- und Versicherungsaufsicht vom 1.7.2009, BT-Drs. 16/13684 S. 30.

einer möglichen Derogation der aufsichtsrechtlichen Mandatsobergrenzen herangezogen werden.

(3) Parallele Geltung trotz Rechtsfolgendivergenz

Für eine parallele Geltung spricht eine Vielzahl von weiteren Argumenten. Aus den Ausführungen des Gesetzgebers ist nicht zu folgern, dass eine allgemeine aktienrechtliche Lücke geschlossen werden sollte. Vielmehr wollte der Gesetzgeber bei aufsichtspflichtigen Unternehmen einer abstrakten Gefahr von Interessenkonflikten vorbeugen und im Rahmen der kriseninduzierten Professionalisierung die Effizienz der Aufsichtsräte stärken[1089]. Aus methodischer Sicht ist eine Rechtsfolgendivergenz per se möglich[1090]. Die Annahme einer parallelen Gültigkeit in allgemeinen aktien- und aufsichtsrechtlichen Regelungen stellt hinsichtlich des Telos der einschlägigen Normen keinen Wertungswiderspruch dar. Primäres Ziel aller aufgeführten Mandatsobergrenzen ist die Regulierung der zeitlichen Verfügbarkeit und die Vermeidung von Interessenkonflikten durch eine zu große Konzentration von Einfluss[1091]. Diese Kriterien entspringen primär branchenunabhängigen Überlegungen und sind nicht immanent mit dem Risikopotential der Kredit- und Versicherungsbranche verknüpft. Der Schutzzweck der jeweiligen Regelungen spricht vielmehr im Sinne einer maximalen Effektivität dafür, dass alle Regelungen nebeneinander Anwendung finden sollten[1092]. Die Normen können dabei – auch ohne inhaltliche Abstimmung[1093] – nebeneinander gelten[1094], solange die aufsichtsrechtlichen Vorgaben eingehalten werden und kein Widerspruch im Rahmen der Rechtsfolgen zum allgemeinen Aktienrecht besteht[1095].

1089 Beschlussempfehlung zum Entwurf eines Gesetzes zur Stärkung der Finanzmarkt- und Versicherungsaufsicht vom 1.7.2009, BT-Drs. 16/13684 S. 32; vgl. auch die insoweit übertragbaren Anführungen zu den Geschäftsleitern, Entwurf eines Gesetzes zur Stärkung der Finanzmarkt- und Versicherungsaufsicht vom 27.4.2009, BT-Drs. 16/12783, S. 18; Gesetzentwurf zum CRD-IV Umsetzungsgesetz vom 15.10.2012, BT-Drs. 17/10974, S. 84.

1090 Siehe oben, § 5 I. 2. lit. a).

1091 Siehe oben, § 2 III. 1. lit. a), § 3 V. 2., § 4 VI. 2.

1092 *Thaten*, Die Ausstrahlung des Aufsichts- auf das Aktienrecht, S.130 f.; vgl. *Armbrüster* hinsichtsichtlich des VAG, ZVersWiss 2011, 639 (653).

1093 *Hasse*, VersR 2010, 18 (25).

1094 So auch die BaFin, Merkblatt zu den Mitgliedern von Verwaltungs- und Aufsichtsorganen gemäß KWG und KAGB vom 4.1.2016 (zuletzt geändert am 31.1.2017) unter Ziff. II. 7.; *Emmenegger*, Bankorganisationsrecht, S. 95 f.

1095 *Emmenegger*, Bankenorganisationsrecht, S. 99; *Larenz/Canaris*, Methodenlehre der Rechtswissenschaft, S. 88 f.

Vorliegend kann eine aufsichtsrechtliche Höchstbeschränkung von vier oder fünf Mandaten neben der aktienrechtlichen Obergrenze von zehn Mandaten Geltung finden. Die grundsätzlich enger ausgestalteten Mandatsobergrenzen aus KWG und VAG werden ab einer bestimmten Anzahl von Mandaten vor den aktienrechtlichen Beschränkungen greifen. Mithin besteht ein Bedürfnis für die Geltung der aktienrechtlichen Regelung neben den aufsichtsrechtlichen Vorgaben. Eine Derogation findet nicht statt.

bb) *Gegenseitige Beziehung der Höchstbegrenzung von Aufsichtsratsmandaten aus KWG und VAG*

Eine Vorzugswürdigkeit anhand der Spezialität der Höchstgrenzen aus KWG und VAG herzuleiten, ist nicht erfolgsversprechend, da jeweils beide Normen einen gleichwertig besonderen Branchenbereich regulieren[1096]. Obwohl beide Regelungen einen eigenständigen speziellen Charakter haben, könnte sich ein Anknüpfungspunkt für eine differenzierte Behandlung am abweichenden Anwendungsbereich der versicherungsaufsichtsrechtlichen Regelung ergeben[1097]. So werden nach § 24 Abs. 4 VAG nur solche Unternehmen bei der Berechnung der Höchstzahl berücksichtigt, die unter der Aufsicht der BaFin stehen. Der Anwendungsbereich des § 25d Abs. 3 Nr. 4 KWG, der jegliche Unternehmen bei der Berechnung umfasst, ist somit enger – und gewissermaßen spezieller – als die parallele Regelung im § 24 Abs. 4 VAG. Gründe für diese abweichende Behandlung erschließen sich zunächst nicht[1098]. Denkbar erscheint es jedoch, dass der nationale Gesetzgeber hinsichtlich der KWG-Regelung stringent die Vorlage des Art. 91 Abs. 3 lit. b) der CRD-IV Richtlinie umgesetzt hat, welche sich nicht auf beaufsichtigte Institute beschränkt[1099]. Hierfür spricht auch der Umstand, dass sich der ursprünglich einschlägige § 36 Abs. 3 S. 6 KWG a.F. im Anwendungsbereich auf die von der BaFin beaufsichtigten Institute beschränkte[1100]. Aufgrund fehlender weiterer Anzeichen ist somit nicht von der Vorzugswürdigkeit einer

1096 Siehe oben, § 3 I. 1. f., § 4 I. 2. f.

1097 Zur „*Regelungsparallelisierung*" siehe *Emmenegger*, Bankorganisationsrecht, S. 105 ff.

1098 *Hasse*, VersR 2010, 18 (25).

1099 Richtlinie CRD-IV vom 26.6.2013.

1100 Ein Festhalten an der bisherigen aufsichtsbezogenen Regelung scheint insoweit auch nicht abwegig, da die europäische Kommission selbst in Art. 91 Abs. 6 der Richtlinie CRD-IV vom 26.6.2013, die nationale Aufsichtsbehörde berücksichtigt und dieser einen Handlungsspielraum zubilligt. Zudem wurde in § 25d Abs. 3a Nr. 3 KWG an dem Anknüpfungspunkt der beaufsichtigten Unternehmen festgehalten.

der beiden Normen auszugehen. Vielmehr sprechen für einen parallelen Anwendungsbereich der Sinn und Zweck der Regelungen. Dabei wollte der Gesetzgeber die Qualität der Aufsichtsratsarbeit einheitlich steigern[1101]. Einer parallelen Anwendung der Vorgaben aus KWG und VAG geht mit diesem Gesetzeszweck einher.

cc) Regelungsvorrang der Mandatsobergrenzen aus dem KWG für CRR-Institute von erheblicher Bedeutung

§ 25 d KWG differenziert hinsichtlich der Mandatsobergrenzen für Aufsichtsratsmitglieder in Abs. 3 und Abs. 3a zwischen Unternehmen, die CRR-Institute von erheblicher Bedeutung[1102] sind und CRR-Instituten von nicht erheblicher Bedeutung. Unklar ist, wie vorzugehen ist, wenn ein Aufsichtsratsmitglied mehrere Mandate in CRR-Instituten von erheblicher Bedeutung und anderen CRR-Instituten wahrnimmt. Daran anknüpfend ist zu hinterfragen, ob und wie zwischen Geschäftsleiter- und Aufsichtsratsmandaten unterschieden wird.

(1) Verhältnis zwischen § 25d Abs. 3 und Abs. 3a KWG im Spannungsfeld

Bezüglich der ersten Frage, dem Verhältnis im Spannungsfeld von § 25d Abs. 3 und Abs. 3a KWG, ist festzustellen, dass § 25d Abs. 3 KWG vom Anwendungsbereich enger und spezieller ist, da er sich auf CRR-Institute von erheblicher Bedeutung beschränkt, während Abs. 3a KWG für CRR-Institute ohne erhebliche Bedeutung und andere Nicht-CRR-Institute gilt. Bei Heranziehung des Kollisionsgrundsatzes *lex specialis derogat legi generali*[1103] ist ein Vorzug des § 25d Abs. 3 KWG naheliegend. Neben den allgemeinen Kollisionsregeln, die nicht zwingendermaßen eine befriedigende Argumentationsgrundlage bilden[1104], spricht aber auch der Telos des § 25d Abs. 3 KWG dafür. So soll die Effizienz und Qualität gesteigert und Interessenkollisionen vorgebeugt werden[1105]. In diesem

---

1101 Siehe oben, § 3 V. 2. lit a) aa), § 4 VI. 2.; vgl. Entwurf eines Gesetzes zur Stärkung der Finanzmarkt- und Versicherungsaufsicht vom 27.4.2009, BT-Drs. 16/12783.

1102 Die CRR-Institute von erheblicher Bedeutung definiert § 25d Abs. 3 S. 8 KWG; vgl. auch *Scholz* in Luz/Neus/Schaber/Schneider/Wagner/Weber KWG, § 25d Rn. 19 f.

1103 Siehe dazu oben, § 5 I. 1. lit. c)

1104 Zu dem Umstand, dass ein generalisierter argumentativer Rückgriff auf die lex-specialis Grundsätze nur in einzelnen Fällen möglich ist, siehe oben, § 5 I. 1., 2.

1105 Siehe oben, § 3 V. 2. lit. a)

Sinne gilt es der strengeren Norm den Vorzug zu gewähren[1106] und bei Überschneidungen grundsätzlich auf die striktere Regelung des § 25d Abs. 3 KWG zurückzugreifen.

(2) Berücksichtigung von Geschäftsleitermandaten im Fall des § 25d Abs. 3 oder Abs. 3a KWG

Bei der Frage, ob Geschäftsleiter und Aufsichtsräte gleichermaßen unter die Zurechnung gemäß § 25d Abs. 3 oder Abs. 3a KWG fallen, könnten praktische Erwägungen dafür sprechen, beide Positionen gleichermaßen im Spannungsfeld einer Norm zuzuordnen. So geht die BaFin davon aus, dass „*wenn eine Person in einem CRR- Institut, das von erheblicher Bedeutung ist, Mitglied des Verwaltungs- oder Aufsichtsorgans oder* ***Geschäftsleiter*** *ist*“, alle Mandate der betroffenen Person unter die Regelung des § 25d Abs. 3 KWG fallen[1107]. Eine solche Auslegung widerspricht jedoch dem Wortlaut des § 25d Abs. 3 und Abs. 3a KWG, der sich explizit in seinem Anwendungsbereich auf Mitglieder des Verwaltungs- oder Aufsichtsorgans beschränkt. Dementsprechend sind Geschäftsleitermandate als Adressat nach § 25d Abs. 3 oder Abs. 3a KWG nicht zu berücksichtigen.

b) Wechselwirkung der allgemein aktienrechtlichen und aufsichtsrechtlichen Privilegierungen

aa) Das Spannungsfeld der Privilegierungen aus AktG, KWG und VAG

Die Privilegierungsnormen aus dem allgemeinen Aktienrecht und dem Aufsichtsrecht haben allesamt einen speziellen Charakter. Sie sind auf die Besonderheiten der nationalen Konzernorganisation ausgelegt[1108]. Allerdings sind diffizile Unterschiede zu erkennen, die es verbieten, einem Privileg aufgrund seines spezielleren Charakters im Rahmen der *lex specialis* Auslegungslehre den Vorrang zu geben. Das aktienrechtliche Konzerprivileg aus § 100 Abs. 2 AktG knüpft als Tatbestandsvoraussetzung im Gegensatz zu seinem aufsichtsrechtlichem Pendanten an der Funktion des gesetzlichen Vertreters an. § 25d Abs. 3 S. 3 KWG und

---

1106 Dieser Ansicht folgt, jedoch ohne weitere Begründung, die BaFin in ihrem Merkblatt für Aufsichtsräte von Kreditinstituten, BaFin, Merkblatt zu den Mitgliedern von Verwaltungs- und Aufsichtsorganen gemäß KWG und KAGB vom 4.1.2016 (zuletzt geändert am 31.1.2017), Ziff. II. 7.

1107 BaFin, Merkblatt zu den Mitgliedern von Verwaltungs- und Aufsichtsorganen gemäß KWG und KAGB vom 4.1.2016 (zuletzt geändert am 31.1.2017), Ziff. II. 7.

1108 So auch hinsichtlich der Priveligierungen aus VAG und AktG, *Hersch*, Geschäftsleiter und Aufsichtsräte von Versicherungsunternehmen, S. 305.

§ 24 Abs. 4 S. 2 2. Hs. VAG richten sich jeweils an Aufsichtsratsmitglieder von Kreditinstituten oder Versicherungsunternehmen. Hinsichtlich des speziellen Regelungscharakters des KWG-Privilegs wird aufgeführt, dass in den Fällen der in § 25d Abs. 3 S. 3 KWG aufgezählten Anbindungen eine wirtschaftliche und rechtliche Abhängigkeit bestehe, welche ein unbeschränktes Zusammenrechnen von Mandaten rechtfertige[1109]. Ähnlich wird auch im VAG eine unbeschränkte Privilegierung mit der Homogenität, der durch den Spartentrennungsgrundsatz[1110] geförderten Versicherungs- und Unternehmensgruppen, begründet[1111]. Im Gegensatz zum KWG werden hierbei noch allgemeine Konzernmandate unter dem Anknüpfungspunkt der Unternehmensgruppe einbezogen[1112]. Gegen eine allgemein aktienrechtliche Derogation spricht, dass die aktienrechtliche Privilegierung am gesetzlichen Vertreter ansetzt, und so in ihrem Anwendungsbereich gegenüber den aufsichtsrechtlichen Regelungen enger ist[1113]. Grundsätzlich ist § 100 Abs. 2 S. 2 AktG nicht genereller, oder anders gewendet, nicht weniger speziell als diesbezügliche aufsichtsrechtliche Regelungen. Ein aussagekräftiges Spezialverhältnis lässt sich somit in vertikaler Hinsicht zwischen dem allgemeinen Gesellschafts- und dem Aufsichtsrecht[1114] sowie in horizontaler Hinsicht zwischen KWG und VAG nicht erkennen.

Vielmehr ist davon auszugehen, dass die betreffenden Normen trotz überschneidender Anwendungsbereiche gleichzeitig wirken. Eine wechselseitige Anrechnung zwischen den Privilegierungen ist praktisch nicht umsetzbar und unzulässig[1115]. Für solch eine Auslegung spricht zuletzt die Kenntnis des

---

1109 Siehe oben, § 3 V. 2. lit. b); Beschlussempfehlung zum Entwurf eines Gesetzes zur Stärkung der Finanzmarkt- und Versicherungsaufsicht vom 1.7.2009, BT-Drs. 16/13684, S. 30.

1110 Siehe oben, § 4. II.

1111 Siehe hierzu oben, § 4 VI. 3.

1112 Siehe dazu im Einzelnen, § 5 III. 3. lit. b) cc).

1113 So auch *Hersch*, Geschäftsleiter und Aufsichtsräte von Versicherungsunternehmen, S. 308; *Mutter/Kruchen*, VersR 2011, 48 (49).

1114 Ein allgemeiner Vorrang aufgrund des Spezialcharakters des Aufsichtsrecht kann per se nicht angenommen werden, siehe hierzu oben, §. 5 I. 1.; a.A. *Mutter/Kruchen*, die davon ausgehen, dass rechtsdogmatisch § 7a Abs. 4 S. 4 VAG a.F. lex specialis zu § 100 Abs. 2 AktG ist, VersR 2011, 48 f.

1115 So auch BaFin, Merkblatt zu den Mitgliedern von Verwaltungs- und Aufsichtsorganen gemäß KWG und KAGB vom 4.1.2016 (zuletzt geändert am 31.1.2017), Ziff. II. 7. lit. c) (1); BaFin, Merkblatt zur fachlichen Eignung und Zuverlässigkeit von Verwaltungs- und Aufsichtsorganen gemäß VAG vom 23.11.2016, Ziff. II. 6. lit. d); *Wolfgarten* in Boos/Fischer/Schulte-Mattler KWG, § 25d Rn. 47.

Gesetzgebers, der lediglich jeweils auf die konzernspezifischen Strukturen oder die branchenspezifischen Besonderheiten einging und nicht eine allgemeine Regelung erlassen wollte. Die Regelungen entfalten daher eigenständig nebeneinander Geltung[1116].

bb) Anpassung der aufsichtsrechtlichen Mandatsobergrenzen an die allgemein aktienrechtlichen Vorgaben

Bei paralleler Betrachtung der Privilegien ist zu erkennen, dass einerseits die aktienrechtliche Privilegierung auf eine Höchstzahl von bis zu fünf anzurechnenden Mandaten beschränkt ist, während im Aufsichtsrecht nach KWG und VAG theoretisch eine unbegrenzte Anzahl von Mandaten zusammengezählt werden könnte. Somit können im Aktienrecht maximal fünfzehn Mandate (zehn Mandate und bis zu fünf nicht anzurechnende Mandate) wahrgenommen werden. Andererseits ist aufgrund unbeschränkter Privilegierungsmöglichkeiten im Aufsichtsrecht eine deutlich höhere Zahl an zulässigen Mandaten möglich. Dabei ist gleichwohl zu berücksichtigen, dass ab einem bestimmten Umfang ein Konflikt mit der allgemeinen[1117] und der aufsichtsrechtlichen Pflicht[1118] zur sorgfaltsgemäßen Wahrnehmung in zeitlicher Hinsicht einer Mandatsbeschränkung gleichkommen wird.

(1) Zielsetzungen der Privilegierungen

Unklar ist, wie die aufsichtsrechtlichen Privilegierungen aus KWG und VAG mit § 100 Abs. 2 S. 2 und 3 AktG in Einklang zu bringen sind. *Mutter* und *Kruchen* gehen daher davon aus, dass die versicherungsrechtliche Privilegierung beschränkt werden muss. Nicht eine unbegrenzte Anzahl an Mandaten, sondern nur höchstens bis zu fünfzehn Mandate sollen zusammengerechnet werden[1119]. Obwohl das Privileg nach dem KWG entgegen der versicherungsaufsichtsrechtlichen Regelung keine allgemeinen Konzernaufsichtsmandate bei der Zusammenrechnung mit einbeziehe, müsse die Überlegung einer teleologischen Reduktion ebenso bei der KWG Privilegierung berücksichtigt werden. Primär ständen bei dieser Überlegung nicht nur branchenspezifische oder organspezifische Überlegungen

---

1116 Ebenso *Hersch*, Geschäftsleiter und Aufsichtsräte von Versicherungsunternehmen, S. 308.

1117 Siehe oben, § 1 II. 1. lit. b).

1118 Siehe oben, § 3 IV. 3.

1119 *Mutter/Kruchen*, VersR 2011, 48 (49); *Mutter* in Semler/v. Schenck Aufsichtsrat, § 100 Rn. 12.

im Vordergrund. Vielmehr ginge es dabei um eine davon unabhängige Sicherstellung der ausreichenden Zeit für das Mandat und Vermeidung von Interessenkonflikten angesichts der sich überschneidenden Anwendungsbereiche.

Gegen eine derartige Beschränkung ist anzuführen, dass die aufsichtsrechtlichen Regelungen an branchenspezifische Besonderheiten anknüpfen, während im Aktienrecht die Rechtsform im Fokus steht. In teleologischer Hinsicht spricht jedoch für eine Beschränkung der Mandatsobergrenze die Zielsetzung des europäischen und nationalen Gesetzgebers, die Aufsichtsratsarbeit qualitativ zu steigern und die Effizienz zu gewährleisten[1120]. Eine solche Qualität kann nur gewährleistet werden, wenn eine Beschränkung auf eine bestimmte Mandatszahl erfolgt. Zwar kann dem entgegengehalten werden, dass im KWG die ausreichende Zeit für das Mandat gefordert wird[1121] und daneben eine allgemeine diesumfassende Sorgfaltspflicht besteht. Gleichwohl handelt es sich hierbei um weiche, in der Praxis schwer greifbare Ansatzpunkte, die nicht denselben unmittelbaren Einfluss wie eine statische Höchstgrenze haben. Zudem ist für eine derartige Beschränkung anzuführen, dass der nationale Gesetzgeber im Hinblick auf die Finanzmarktstabilität die Anzahl der Aufsichtsratsmandate über § 100 Abs. 2 AktG hinaus begrenzen wollte[1122]. Konsequenterweise muss unter Gesichtspunkten dieses Zwecks eine einschränkende Wertung dann auch für die Anwendungsbereiche aus KWG und VAG gelten, die nicht unter das Konzernprivileg des § 100 Abs. 2 S. 2 AktG fallen[1123]. Hierzu zählen der VVaG[1124] und die nicht unter die Mitbestimmungsvorschriften fallende GmbH, die mit einem satzungsgemäßen Aufsichtsrat ausgestattet ist.

(2) Rückgriff auf die Zwei-Schranken-Theorie

Ob in diesem Zusammenhang unterstützend auf den Rechtsgedanken der sog. „*Zwei-Schranken-Theorie*“ zurückgegriffen werden kann, ist fraglich[1125]. Diese Theorie findet unter anderem im Kollektivarbeitsrecht[1126] und im Kartellrecht

1120 Siehe oben, § 1 II. 2.

1121 Vgl. § 25d Abs. 1 S. 1 KWG.

1122 Vgl. Entwurf eines Gesetzes zur Stärkung der Finanzmarkt- und Versicherungsaufsicht vom 27.4.2009, BT-Drs. 16/12783, S. 18; *Mutter/Kruchen*, VersR 2011, 48 (49).

1123 Siehe oben zu VVaG und GmbH, § 5 II. 3. lit. a) aa) (1).

1124 So auch *Mutter/Kruchen*, VersR 2011, 48 (49).

1125 So *Mutter* und *Kruchen*, die von der „*Doppelschranken-Theorie*“ sprechen, allerdings ohne weiter differenzierend hierauf einzugehen, VersR 2011, 48 (49).

1126 Die rückläufige betriebsverfassungsrechtliche Anwendung dieser Theorie wird primär von der herrschenden Literatur vertreten: *Richardi* in Richardi BetrVG, § 77

Anwendung[1127]. Sie besagt, dass Beschränkungen aus abweichenden Regelungssätzen, die jeweils auf denselben Lebenssachverhalt Anwendung finden, nebeneinander wirken können. Dieser Umstand wird dadurch gerechtfertigt, dass die Regelungen divergierende – jedoch gleichwertige – Schutzziele aufweisen und somit eine Verdrängung des einen Schutzziels unter Ausschuss eines anderen Regelungsziels nicht sachgerecht wäre. Die Höchstgrenzenregulierungen aus AktG, KWG und VAG weisen in ihrer Gesamtheit dieselben Schutzziele auf: Namentlich, die Vermeidung von Interessenkonflikten zwischen mehreren Aufsichtsratsmandaten und die Gewährleistung eines genügenden Zeitaufwands[1128]. Insoweit sind aufgrund einer einheitlichen Zielsetzung der Normen die Überlegungen der „*Zwei-Schranken-Theorie*" nicht auf die Frage der Anpassung einer einheitlichen Mandatsobergrenze übertragbar. Sie eignet sich folglich nicht als methodischer Anknüpfungspunkt. Die Privilegierungen aus KWG und VAG sind lediglich aus teleologischen Erwägungen auf maximal fünfzehn Mandate zu beschränken.

cc) Vertikale Erweiterung der KWG-Privilegierung

Mit den in § 25d Abs. 3 S. 3 Nr. 1 KWG normierten Privilegien gehen in der Praxis erhebliche Anwendungsprobleme einher. So sind die in der Realwirtschaft häufig auftretenden Konzernmandate in KWG-fremden Industrieunternehmen im Gegensatz zu Mandaten innerhalb einer Institutsgruppe nach dem Wortlaut des Gesetzestextes nicht zusammenzurechnen[1129]. Ein Grund für die Entscheidung des nationalen Gesetzgebers, welche sogar noch über die europarechtlichen Vorgaben hinausgeht[1130], ist nicht ersichtlich[1131]. Eine Reduktion der Anforderungen im Rahmen der Mandatsbeschränkung wurde lediglich durch die Unterteilung von CRR-Instituten von erheblicher und nicht erheblicher

---

Rn. 263; vgl. *Heinze*, NZA 1989, 41 (42); *Heither* in FS für Dieterich, S. 239 ff.; *Veit*, Zuständigkeit des Betriebsrats, S. 230 ff.

1127 Vgl. *Klaue* in FS für Steindorff, S. 980; *Rehbinder* in Immenga/Mestmäcker WettbewerbsR, Verordnung 1/2003, Art. 3 Rn. 46.

1128 Siehe oben, § 2 III. 1., § 3 V. 2., § 4 VI 2.; in diese Richtung auch *Ernst*, Rechtsstaatlichkeit im Versicherungsrecht, S. 136 ff.

1129 *Mimberg*, WM 2015, 1791 (1795); vgl. *Lackhoff*, ZfgK 2014, 663 (665).

1130 Art. 91 Abs. 4 lit. a) gibt lediglich vor, dass Aufsichtsratsmandate innerhalb derselben Gruppe zusammengerechnet werden, Richtlinie CRD-IV vom 26.6.2013.

1131 *Lackhoff*, ZfgK 2014, 663 (665).

Bedeutung korrigiert[1132]. Unter Berücksichtigung dieser Problematik und dem Umstand, dass die derzeitige Regelung das Ziel der CRD-IV Richtlinie, Gruppendenken von Aufsichtsorganen aufzubrechen und Diversität im Aufsichtsorgan zu fördern, widerspricht[1133], ist eine mögliche Erweiterung[1134] des Anwendungsbereiches der KWG Privilegierung auf allgemeine Konzernmandate ins Feld geführt worden.

(1) Analoge Anwendung des § 25d Abs. 3 S. 3 Nr. 1 KWG auf Mandate in branchenfremden Unternehmen

Die analoge Anwendung einer einschlägigen aufsichtsrechtlichen Rechtsnorm wie § 25d Abs. 3 S. 3 Nr. 1 KWG bietet einen methodischen Anknüpfungspunkt, um eine unbestimmte Zahl von Konzernmandaten als ein Mandat zusammenzurechnen. Hierfür bedarf es einer planwidrigen Regelungslücke[1135]. Es muss erkenntlich sein, dass der Normsetzer den bestimmten Sachverhalt im Rahmen der Gesetzgebung planwidrig nicht berücksichtigt hat. Vorliegend hat der Gesetzgeber bereits mehrere Regelungen getroffen, die möglicherweise den betreffenden Sachverhalt in ihrem Anwendungsbereich berücksichtigen.

(a) Divergierender Adressatenkreis der aufsichtsrechtlichen Regelungen

Zum einen regelt das in § 100 Abs. 2 S. 2 AktG normierte *Konzernprivileg*, dass auf die Anrechnung der aktienrechtlichen Höchstzahl von zehn Mandaten bis zu fünf Aufsichtsratsmandate nicht berücksichtigt werden, wenn die betreffende Person gesetzlicher Vertreter des herrschenden Unternehmens eines Konzerns ist und die Aufsichtsmandate in zum Konzern gehörenden Handelsgesellschaften, die gesetzlich einen Aufsichtsrat zu bilden haben, wahrgenommen werden. Zum anderen bezieht das versicherungsrechtliche Äquivalent zum

---

1132 Siehe hierzu den Entwurf eines Gesetzes zur Anpassung von Gesetzen auf dem Finanzmarkt vom 4.6.2014, BT-Drs. 18/1648, S. 62; Entwurf eines Gesetzes zur Anpassung von Gesetzen auf dem Finanzmarkt vom 11.4.2014, BR-Drs. 150/14, S. 44 f.

1133 Siehe Erwägungsgrund 60 der Richtlinie CRD-IV vom 26.6.2013; *Lackhoff*, ZfgK 2014, 663 (665).

1134 Eine Ausstrahlung auf die Auslegung des Konzernprivilegs nach § 100 Abs. 2 S. 2 AktG kommt insoweit nicht in Betracht, da hierbei im Gegensatz zur aufsichtsrechtlichen Regelung die Geschäftsleitertätigkeit Grundvoraussetzung ist und der Gesetzgeber durch die Grenzziehung von fünf zusammenrechenbaren Mandaten jeglichen Auslegungsspielraum diesbezüglich ausgeschlossen hat.

1135 Zu den Analogievoraussetzungen siehe oben, § 5 I. 3. lit. b) aa).

KWG-Institutsprivileg, die Privilegierung nach § 24 Abs. 4 S. 2 2. Hs. VAG, auch branchenfremde Konzernstrukturen bei der Zusammenrechnung von Mandatszahlen mit ein, wenn von „*Unternehmensgruppen*" gemäß § 7 S. 1 Nr. 13 lit. a) VAG gesprochen wird.

Bei Gegenüberstellung des aktienrechtlichen Konzernprivilegs neben den aufsichtsrechtlichen Privilegierungen fällt auf, dass bei Ersterem der Anknüpfungspunkt auf der Geschäftsleitertätigkeit bei dem herrschenden Unternehmen und nicht wie bei KWG und VAG in der Aufsichtsratstätigkeit an sich liegt. Somit wird im Aktienrecht schon ein anderer Regelungsbereich definiert. Aufgrund der abweichenden Voraussetzungen kann also das Konzernprivileg das Bestehen einer Regelungslücke nicht widerlegen.

(b) Strengere Regulierung im Aufsichtsrecht

Jedoch spricht der Umstand, dass der Gesetzgeber im KWG einen engeren Privilegierungsrahmen als in der CRD-IV Richtlinie gewählt hat, dafür, dass planmäßig allgemeine Konzernmandate bei der Zusammenrechnung nicht berücksichtigt werden sollten. Auch dass eine Zusammenrechnung im VAG stattfinden soll, spricht in systematischer Hinsicht gegen eine Annahme der planwidrigen Regelungslücke hinsichtlich der KWG-Privilegierung. In der Gesetzesbegründung zur Privilegierung nach dem VAG[1136] wird zwar auf die Regelungen des KWG verwiesen, insoweit könnte eine vergleichbare Regelungsbedürftigkeit angenommen werden. Jedoch handelte es sich bei dem Verweis um die alte Fassung des § 36 Abs. 3 S. 6 KWG, welcher lediglich eine Zusammenrechnung bei denselben zusammenhängenden institutsbezogenen Sicherungssystemen vorsah. Rückschlüsse, ob deshalb auch Unternehmensgruppen im Sinne des § 7 S. 1 Nr. 13 lit. a) VAG bei der Zusammenrechnung nach § 25d Abs. 3 S. 3 Nr. 1 KWG berücksichtigt werden sollten, ergeben sich somit nicht. Vielmehr ist davon auszugehen, dass der Gesetzgeber bei der zeitlich darauf folgenden Neufassung des § 25d Abs. 3 KWG, welche sich aus dem § 36 KWG a.F. zusammensetzt, in Kenntnis der dazwischen erlassenen versicherungsrechtlichen Privilegierung, gegen eine Zusammenrechnung in branchenfremden Konzernstrukturen entschieden hat. Eine planwidrige Regelungslücke liegt somit nicht vor. Eine Analogie scheidet aus.

1136 Beschlussempfehlung zum Entwurf eines Gesetzes zur Stärkung der Finanzmarkt- und Versicherungsaufsicht vom 1.7.2009, BT-Drs. 16/13684, S. 31; vgl. auch *Hasse*, VersR 2010, 18 (25).

(2) Teleologische Aspekte

Mitunter könnte jedoch ein Zusammenrechnen von Aufsichtsratsmandaten innerhalb eines allgemeinen Konzerns im Rahmen der Mandatsprivilegierung aus dem KWG unter teleologischen Gesichtspunkten angemessen erscheinen. So sieht die europäische Kommission angesichts der für das nationale Kreditaufsichtsrecht richtungsweisenden CRD-IV Richtlinie vor, dass Aufsichtsräte unter anderem in Bezug auf ihren Ausbildungs- und Berufshintergrund so zusammengesetzt sein sollten, dass vielfältige Auffassungen und Erfahrungen vertreten sind[1137]. Denn stärker diversifizierte Leitungsorgane dürften die Geschäftsleitung wirksamer überwachen und so zu einer verbesserten Risikokontrolle und zu größerer Widerstandsfähigkeit der Institute beitragen[1138]. Diese risikofokussierte europarechtliche Sichtweise geht mit dem Grundgedanken des nationalen Aufsichtsrechts einher, die Kreditbranche aufgrund ihrer besonderen Risikoanfälligkeit strenger zu regulieren[1139]. Bei Berücksichtigung des Umstands, dass in Bezug auf die Governance Ziel des einheitlichen Bankenaufsichtsmechanismus gerade die europaweite Vereinheitlichung ohne Rücksicht auf nationale Besonderheiten im Gesellschaftsrecht oder im Aufsichtsrecht ist[1140], spricht viel dafür, den § 25d Abs. 3 S. 3 Nr. 1 KWG so auszulegen, dass ebenso Mandate in allgemeinen Konzernen unter dem Begriff der „*Institutsgruppe*" zusammengerechnet werden, um somit die Vielfalt (Diversity[1141]) des Aufsichtsrats in Kreditinstituten zu gewährleisten, da sonst die Wählbarkeit für Industrievertreter regelmäßig ausgeschlossen ist[1142]. Hierfür kann zudem auch auf nationaler Ebene der allgemeine branchenunabhängige DCGK[1143] angeführt werden, der seit 2009 empfiehlt, dass bei der Zusammensetzung des Aufsichtsrats auch auf die Vielfalt der Aufsichtsratsmitglieder geachtet werden soll[1144]. Unter teleologischen Gesichtspunkten, allen voran den Erwägungsgründen der CRD-IV Richtlinie, ist eine erweiterte Auslegung sinnvollerweise vertretbar. Allerdings ist nicht darüber hinwegzusehen, dass der nationale Gesetzgeber sehenden Auges eine engere Regelung getroffen hat, da er gerade die Vorlagen nicht direkt übernommen, sondern verengt

---

1137 Erwägungsgrund 60 der Richtlinie CRD-IV vom 26.6.2013.

1138 Erwägungsgrund 60 der Richtlinie CRD-IV vom 26.6.2013.

1139 Siehe zu den Grundzügen des KWG oben, § 3 I. 1., 2.

1140 Schneider/Schneider, NZG 2016, 41.

1141 Vergleiche zu diesem Schlagwort statt vieler *Weber-Rey/Handt*, NZG 2011, 1 ff.; vgl. in Bezug auf eine internationale Besetzung, *Mader*, ZGR 2014, 430 (432 f.).

1142 *Lackhoff*, ZfgK 2014, 663 (665).

1143 Vgl. Regierungskommission DCGK, DCGK vom 7.2.2017, Ziff. 5.1.2 und 5.4.1.

1144 Vgl. oben § 2 II. 1. lit. a).

abgeändert hat[1145]. Aufgrund dessen ist von einer Zusammenrechnung von Mandaten in Industriekonzernen nach dem § 25d Abs. 3 S. 3 Nr. 1 KWG abzusehen.

c) Übertragbarkeit der Doppelanrechnung nach § 100 Abs. 2 S. 3 AktG auf die aufsichtsrechtlichen Vorgaben

Die Position des Aufsichtsratsvorsitzenden, welche mit einem gesteigerten Zeitaufwand einhergeht, wird in § 100 Abs. 2 S. 3 AktG berücksichtigt. Hinsichtlich der aufsichtsrechtlichen Mandatsbeschränkung ist unklar, ob eine derartige Sonderregelung auch für Aufsichtsratsvorsitzende von Kreditinstituten und Versicherungsunternehmen gelten kann[1146].

Für eine analoge Anwendung des § 100 Abs. 2 S. 3 AktG bedarf es einer planwidrigen Regelungslücke[1147]. Der betreffende Sachverhalt muss mit dem regulierten Anwendungsbereich vergleichbar sein. Ein vergleichender Blick auf den Aufbau der betreffenden aufsichtsrechtlichen Normen offenbart eine ähnliche Struktur der Mandatsbegrenzung nach §§ 25d Abs. 3, Abs. 3a KWG und § 24 Abs. 4 S. 2 VAG. So wird zwischen Höchstgrenzen und Privilegierungen differenziert. Insoweit stellt sich die Frage, ob der Gesetzgeber bei Erlass der aufsichtsrechtlichen Normen die aktiengesellschaftlichen Parallelbestimmungen berücksichtigt hat. Hinsichtlich der betreffenden Regulierung im KWG verweist der Gesetzgeber unter anderem auf die Umsetzung des Art. 91 Abs. 3, 4 der CRD-IV Richtlinie[1148] und die Umstrukturierung des § 36 KWG a.F.[1149]. Im Rahmen der Ersteinführung der Mandatsobergrenze im KWG durch § 36 KWG a.F. berief sich der Gesetzgeber im Entwurf eines Gesetzes zur Stärkung der Finanzmarkt- und der Versicherungsaufsicht auf die bereits 2009 diesbezüglich etablierten Vorgaben im DCGK[1150], der sich wiederum auf börsennotierte Aktiengesellschaften

---

1145 Siehe hierzu die soeben vorgebrachten Ausführungen zur Ablehnung einer planwidrigen Regelungslücke, § 5 III. 3. lit. b) cc) (1).

1146 *Mutter/Kruchen*, VersR 2011, 48 (49).

1147 Zu den Analogievoraussetzungen siehe oben, § 5 I. 3. lit. b) aa).

1148 Richtlinie CRD-IV vom 26.6.2013.

1149 Ursprünglich wurde sich im Gesetzesentwurf zu § 25d KWG auf den Art. 86 Abs. 1 c) der CRD-Richtlinie bezogen. Dieser Verweis ist jedoch nicht aktuell, da die CRD-IV Richtlinie im Nachhinein noch überarbeitet wurde. Die Vorgaben bezüglich der Mandatsobergrenzen befinden sich nunmehr in Art. 91 der finalen Fassung der Richtlinie, Gesetzentwurf zum CRD-IV Umsetzungsgesetz vom 15.10.2012, BT-Drs. 17/10974, S. 87.

1150 Entwurf eines Gesetzes zur Stärkung der Finanzmarkt- und Versicherungsaufsicht vom 27.4.2009, BT-Drs. 16/12783, S. 16.

bezieht. Insoweit ist hinsichtlich der KWG-Regelung festzustellen, dass der Gesetzgeber bei Erlass der Regelungen sich an dem für allgemeine Aktiengesellschaften geltenden DCGK orientiert hat. Folglich sollte in der KWG-Regelung von den allgemeinen Vorgaben aus § 100 Abs. 2 S. 3 AktG abgewichen werden. Noch deutlicher ergibt sich ein direkter Zusammenhang zwischen den aktienrechtlichen und versicherungsaufsichtsrechtlichen Regelungen aus der Gesetzesbegründung des § 24 VAG. Dabei erklärt der Gesetzgeber, dass die Vorgaben des § 7a VAG a. F. übernommen wurden[1151]. Auch bei Einführung des § 7a VAG a.F. bezüglich der Obergrenze hatte der Gesetzgeber den § 100 Abs. 2 AktG als Referenz herangezogen[1152]. Angesichts des Umstandes, dass der Gesetzgeber sich an § 100 Abs. 2 AktG orientiert und somit § 100 Abs. 2 S. 2 AktG explizit nicht berücksichtigt hat, muss davon ausgegangen werden, dass für eine analoge Anwendung der aktienrechtlichen Norm die planwidrige Regelungslücke fehlt[1153]. Dies verwundert bei Betrachtung des Gesetzeszwecks der aufsichtsrechtlichen Regelungen. Es wird die Förderung der Aufsichtsratsarbeit hinsichtlich der Steigerung der Effizienz der Arbeit durch Gewährleistung eines ausreichenden Zeitaufwands[1154] angestrebt. Zudem beabsichtigte der Gesetzgeber gerade wegen der Bedeutung der Kredit- und Versicherungsbranche, über die Anforderungen des AktG hinauszugehen[1155]. Gleichwohl ist über die Entscheidung des Gesetzgebers, eine solche Regelung nicht in das Aufsichtsrecht zu übertragen, nicht hinwegzusehen. Insoweit würde in systematischer Hinsicht angesichts der Privilegierungen aus KWG und VAG eine vergleichbare Regelung praktisch kaum Bedeutung entfalten. Durch die unbeschränkte Zahl an privilegierten Mandaten fällt eine doppelte Mandatszählung nicht ins Gewicht. Eine Anwendung der Doppelanrechnung gemäß § 100 Abs. 2 S. 3 AktG auf die aufsichtsrechtlichen Mandatsbegrenzungen ist daher ausgeschlossen[1156].

1151 Gesetzesentwurf eines Gesetzes zur Modernisierung der Finanzaufsicht über Versicherungen vom 22.10.2014, BT-Drs. 18/2956, S. 241.

1152 Entwurf eines Gesetzes zur Stärkung der Finanzmarkt- und Versicherungsaufsicht vom 27.4.2009, BT-Drs. 16/12783, S. 18

1153 So auch *Ernst*, Rechtsstaatlichkeit im Versicherungsrecht, S. 139 f.; a.A. ohne weitere Begründung, *Mutter/Kruchen*, VersR 2011, 48 (49).

1154 Vgl. *Mutter/Kruchen*, VersR 2011, 48 (49).

1155 So auch *Mutter/Kruchen*, VersR 2011, 48 (49).

1156 Ebenso im Ergebnis *Hersch*, Geschäftsleiter und Aufsichtsräte von Versicherungsunternehmen, S. 289 ff., 302 f.; ohne Begründung ablehnend, *Hasse*, VersR 2010, 18 (25).

4. Zusammenfassung

Die persönlichen Anforderungen an Aufsichtsräte im allgemeinen Aktienrecht, KWG und VAG weisen allesamt im Hinblick auf ihre Spezialität einen eigenständigen Charakter auf. Als Folge verbieten sich verallgemeinernde Rückschlüsse auf Kollisionsregeln, wie beispielsweise den *lex specialis* Grundsatz. Aufgrund der Nichtabstimmung der Regelungsmassen zeigt sich im Spannungsfeld ein Wechselspiel, welches Widersprüche und Problemstellungen mit sich bringt[1157]. Besonders ausschlaggebend sind diesbezüglich die Vollharmonisierungsbestreben im Aufsichtsrecht, die das nationale Aufsichtsrecht beeinflussen und es weiter von national etablierten Grundsätzen entfernen. Zur Lösung der Spannungsfelder kann daher nur eine individuelle Abstimmung durch Abwägung nationaler und europarechtlicher Aspekte im Einzelfall führen.

Erhebliche Angleichung ist im Bereich der Anforderungen von fachlicher Kenntnis zu erkennen. Dies wurde zuletzt durch die Einführung einer einheitlichen für Aufsichtsräte von Aktiengesellschaften, Kreditinstitute und Versicherungen vorgesehen Sektorenkenntnis verdeutlicht. Das Qualifikationsmerkmal der Zuverlässigkeit steht sinnbildlich für den europarechtlich verfolgten prinzipienorientierten Regelungsansatz. An die Anforderungen aus KWG und VAG sind dabei aufgrund der Systematik und des Sinns und Zwecks der Normen gleiche Standards zu setzen. Die Streichung des Unabhängigkeitskriterium aus § 100 Abs. 5 AktG a.F. wird nicht, wie erhofft, Rechtssicherheit bringen. Eine genaue Betrachtung gibt zu erkennen, dass sich die Anforderungen diesbezüglich aus Aktien- und Aufsichtsrecht angleichen. Zudem fließen im Rahmen der Auslegung des unbestimmten Tatbestandsmerkmals der Zuverlässigkeit aus KWG und VAG mittelbare Empfehlungen ein. Dies ist zu begrüßen, da erstens im Aufsichtsrecht eine stärkere Regulierung als im allgemeinen Aktienrecht gerechtfertigt ist. Zweitens wird durch die Berücksichtigung von europäischen Leitlinien die angestrebte Harmonisierung jeweils im Kredit- und Versicherungsaufsichtsrecht realisiert. Aus diesen Gründen kann auch im Aufsichtsrecht die Beziehung zu einem Mehrheitsaktionär die Unzuverlässigkeit nach KWG und VAG begründen. Die Übereinstimmung, welche sich im Rahmen der fachlichen Eignung und der Zuverlässigkeit aufzeigt, wirft die Frage auf – auch in Anbetracht der fortschreitenden Annäherung der Regelungsmaterien –, ob ein einheitliches Regelungswerk sinnvoll ist[1158]. Eine Befürwortung dieser Frage ist dabei nicht

1157 Vgl. *Emmenegger*, Bankorganisationsrecht, S. 106 f.

1158 So auch *Binder*, ZGR 2015, 667 (696 f.); vgl. dazu auch *Emmenegger*, Bankorganisationsrecht, S. 29 ff.

fernliegend. So wäre eine Konsolidierung der konvergenten Regelungen, als weitergehender Schritt nach Etablierung eines Ausstrahlungsmodells, konsequent.

Die Mandatsobergrenze und Privilegien aus AktG, KWG und VAG gelten jeweils unabhängig voneinander. Zwar sind diesbezüglich gemeinsame Strukturen zu erkennen, gleichwohl kann für die branchenausgerichteten Regelungen keine zusammenfassende Wertung getroffen werden. Alle Mandatsobergrenzen und Privilegierungen sind gleichermaßen speziell, so dass auf allgemeine Kollisionsregeln nicht zurückgegriffen werden kann. Die aufsichtsrechtlichen Privilegierungen aus KWG und VAG sind auf eine Höchstgrenze von fünfzehn Mandaten zu beschränken. Dies gebietet der Sinn und Zweck der Normen, namentlich ein ausreichendes Zeitpensum der Aufsichtsräte zu gewährleisten. Unter dem Begriff der *Institutsgruppe* nach § 25d Abs. 3 S. 3 Nr. 1 KWG sind – entgegen dafür sprechender teleologischer Aspekte – keine Konzernmandate zu berücksichtigen. Dies gebietet der Wille des Gesetzgebers. Aus demselben Grund sind Aufsichtsratsvorsitzendenmandate bei der Berechnung aufsichtsrechtlicher Mandatsobergrenzen nicht doppelt zu berücksichtigen.

§ 6 Fazit

I. Zusammenfassung und Ausblick

Die derzeitigen Anforderungen an Aufsichtsräte von Banken und Versicherungen sind vielfältig ausgestaltet. Angetrieben von dem Gedanken, dass eine Professionalisierung der Aufsichtsratstätigkeit ein Mittel sei, um weitere Wirtschaftskrisen zu verhindern oder zu erschweren, sind Aufsichtsräte nach dem AktG, KWG und VAG einem *Regulierungsfeuerwerk*[1159] unterworfen. Hinzu kommt eine Vielzahl mittelbarer Regelegungssätze, die in ihrer Bedeutsamkeit wachsen. Diese Bestrebungen haben zu einer begrüßenswerten Professionalität der Aufsichtsratsarbeit geführt, dieser Prozess ist noch lange nicht beendet[1160]. Während das tradierte AktG noch zu einem Großteil auf althergebrachten Grundsätzen beruht[1161], zeichnet sich schon seit längerer Zeit eine anbahnende Neuausrichtung des KWG[1162] und VAG[1163] ab. Das nationale Aufsichtsrecht ist primär gemeinschaftsrechtlich dominiert und wird sich diesem Einfluss nicht mehr entziehen können. So ist die CRD-IV Richtlinie hinsichtlich des Anforderungsprofils für Aufsichtsräte von Kreditinstituten und die Solvency-II Richtlinie für das Anforderungsprofil für Aufsichtsräte von Versicherungsunternehmen richtungsweisend. Die zunehmend prinzipienoriente Regelungssystematik und die steigende Bedeutung von mittelbar geltenden Regelungssätzen - wie Kodizes und Leitlinien auf nationaler und internationaler Ebene - sind einige Faktoren, welche die gemeinschaftsrechtliche Prägung bestimmen[1164]. Inwieweit der Transfer auf nationale Ebene systematisch befriedigende Ergebnisse mit sich bringt, bleibt abzuwarten. Dabei herrscht im Aufsichtsrecht anders als im Aktienrecht bereits die Akzeptanz vor, dass im Rahmen der gemeinschaftsrechtlichen Angleichung auf lange Sicht von national vorgeprägten gesellschaftsrechtlichen Leitbildern abgewichen werden muss.

Die Vielzahl an bereits etablierten und neuen Regelungsmaterien ist nicht durchgängig aufeinander abgestimmt. Dies ist unter anderem dem Umstand

1159 Vgl. *Bachmann*, in Referate und Beschlüsse zum 68. DJT 2010, P13, P14.
1160 Siehe oben, § 1 II. 2., 3.
1161 Vgl. oben, § 2 IV.
1162 Vgl oben, § 3 IV.
1163 Dazu oben, § 4 VII.
1164 Vgl. oben zum mittelbaren Recht, § 5 I. 3. lit. c) bb).

geschuldet, dass sich erstens auf nationaler Ebene gesellschafts- und aufsichtsrechtliche Aspekte gegenüberstehen. Die Professionalisierung begegnet zweitens dem entgegenstehenden Wunsch nach Diversity und dem damit historischen Verständnis des Aufsichtsrats als Nebenamt. Drittens muss der nationale Gesetzgeber zudem gleichsam national gesellschaftsrechtlichen Besonderheiten wie die der funktionalen Organtrennung[1165] gerecht werden, welcher Regelungsimpulsen auf EU-Ebene entgegensteht[1166]. An vierter Stelle besteht ein daraus resultierender Konflikt zwischen regelungs- und prinzipienbasierten Regulierungsansätzen. Zuletzt begegnet das an Bedeutung zunehmende soft-law einem divergierenden verbindlichen Regelungsansatz.

Aufsichts- und allgemeines Aktienrecht können sich branchenübergreifend aufeinander auswirken[1167]. Durch methodische Transferpunkte besteht die Möglichkeit Wertungsaspekte zu übertragen[1168]. Insbesondere kann die Rechtsfigur der Ausstrahlung einen Transmissionsfaktor darstellen. Dies ist einerseits zu begrüßen, da das in seiner Entwicklung stetig fortschreitende Aufsichtsrecht sinnvolle Impulse beinhalten kann, die hinsichtlich der Effektivitätssteigerung des Aufsichtsrats, auch im allgemeinen Gesellschaftsrecht, sinnvoll erscheinen. Andererseits wird durch diese Möglichkeit ein weitergehendes unübersichtliches Regulierungsumfeld geschaffen, ein *Chaos ohne Normen*[1169].

Auf die Frage, wie sich die Anforderungen in den Spannungsfeldern im Einzelfall zueinander verhalten, hat die Untersuchung erstens aufgezeigt, dass diesbezüglich kein verallgemeinerungsfähiger Schluss gezogen werden kann. Es ist festzustellen, dass, in Bezug auf die Anforderungen an Aufsichtsräte, kein allgemeines aufsichtsrechtliches Spezialitätsverhältnis zu den allgemein aktienrechtlichen Vorgaben besteht[1170]. Zweitens können bei der Lösung der Spannungsfelder wiederkehrende übergreifende Aspekte herausgehoben werden. Zum einen ist hierbei auf den im Kredit- und vor allem im Versicherungsaufsichtsrecht verfolgten Aspekt der Harmonisierung auf Gemeinschaftsebene hinzuweisen. Diese im Aufsichtsrecht allgegenwärtige Zielsetzung muss bei der Abgleichung einzelner Rechtssätze zueinander besondere Berücksichtigung finden. Zum anderen

1165 Vgl. hierzu die Ausführungen zu Mitarbeiterkontakten nach dem VAG, § 5 II. 2. lit. a) cc).

1166 Siehe oben, § 4 V. 1 lit. b).

1167 Siehe oben, § 5 I.

1168 Siehe oben, § 5 I. 3. lit. b)

1169 Siehe oben, § 5 I. 3. lit. b) cc) (1) (b) (ii).

1170 Siehe oben, § 5 I. 1., 2.

kommt dem Professionalisierungsbestreben, der gesteigerten Kontrollfunktion durch Effektivitätssteigerung der Arbeit des Aufsichtsrats, besondere Bedeutung zu. Diese Zielsetzung zieht sich von Gemeinschaftsebene durch das Aufsichtsrecht hin bis in das allgemeine Aktiengesellschaftsrecht und bildet – zumindest hinsichtlich der Corporate Governance von Aufsichtsräten – einen immanent verbindenden Systemgedanken[1171].

Die Untersuchung hat gezeigt, dass aufgrund der strukturellen Überschneidungen von AktG, KWG und VAG bei paralleler Betrachtung Rückschlüsse gezogen werden können[1172]. So ist zu beobachten, dass sich KWG und VAG einerseits, aber auch das Aktien- und Aufsichtsrecht andererseits[1173], immer weiter angleichen. Dies ist unter dem Aspekt der Effektivitätssteigerung, der Harmonisierung und auch der praktischen Umsetzbarkeit zu befürworten. Eine weitergehende Angleichung ist in dieser Hinsicht auch in der Zukunft zu erwarten. Mithin erscheint aufgrund der überschneidenden Zielsetzungen der qualitativen Anforderungen für Aufsichtsräte ein einheitliches branchenübergreifendes Regelungswerk zumindest hinsichtlich einzelner Aspekte nicht fernliegend[1174]. Dies ist im Blickfeld von AktG und Aufsichtsrecht sinnvoll, denn das nationale Aktienrecht wird bereits in bedeutsamem Umfang von einem international geprägten Corporate Governance Verständnis beeinflusst. Ein stringent abgegrenztes Regulierungsverständnis ist daher zukünftig, zumindest hinsichtlich der Qualifikationsanforderungen an Aufsichtsräte, kaum noch vorstellbar. Anknüpfend daran ist davon auszugehen, dass in Zukunft mit der Vereinheitlichung des Aufsichtsrechts vermehrt ein prinzipienorientierter Regelungsansatz Eingang in die nationale Rechtswirklichkeit finden wird[1175]. Ohne selbigen ist eine Harmonisierung nicht umzusetzen[1176]. Dies ist der flexiblen Anpassungsfähigkeit an unvorhersehbare Sachverhalte geschuldet. Desweiteren ist anzunehmen, dass etablierte regelungsbasierte Grundsätze aufgebrochen und weiterhin Widersprüche zwischen den Regelungsmaterien auftreten. Die Rechtsunsicherheit wird fortbestehen. Diesbezüglich ist zu wünschen, allerdings nicht zu erwarten, dass der europäische Gesetzgeber in

---

1171 Vgl. dazu *Emmenegger*, Bankorganisationsrecht, S. 43; *Schmidt-Assmann* in Auffangordnungen, S. 9.

1172 Vgl. dazu § 5 II). 3. lit. b) bb).

1173 Siehe dazu oben die Anforderungen an die Sektorenkenntnis und der fachlichen Kenntnis, § 5 III. 1.

1174 Siehe oben, § 5 III. 4.

1175 Siehe oben, § 5 I. 3. lit. c) bb).

1176 Vgl. dazu § 5 III. 2. lit.) aa).

Zukunft mehr Rücksicht auf nationale Besonderheiten nimmt. Bei alledem gilt zu berücksichtigen, dass letztlich vieles von der Persönlichkeit des Mandatsträgers abhängt[1177]. Auch wenn die Professionalisierung zielführend ist, können die Regulierungen nicht allumfänglich dem vielseitigen und stetig steigenden tatsächlichen Anforderungen gerecht werden. Die weichen Anforderungen, die es für ein effektiv arbeitendes Aufsichtsratsmitglied benötigt, müssen schon imvorhinein bei dem Vorschlag und der Bestellung des Mandats berücksichtigt werden. Dabei sind die Faktoren so weich und schwer zu greifen, dass es – vor allem auch unter dem Schlagwort der Diversity – auf die individuelle Menschenkenntnis ankommt[1178]. Ausreichende Qualifikation und Fortbildung sind daneben flankierende Elemente, die ein effektives Aufsichtsorgan gewährleisten. Diese Bedenken sollten zukünftig im Lichte einer stetig steigenden Masse an Vorgaben für Aufsichtsräte Berücksichtigung finden.

II. Ergebnisse und Zusammenfassung in 24 Thesen

1. Der Umfang der Rechte und Pflichten des Aufsichtsrats hat sich erheblich erweitert. Im Rahmen der Professionalisierung werden gesteigerte Anforderungen an Aufsichtsräte organisatorischer Art und hinsichtlich der Fachkenntnis, der Zuverlässigkeit, der ausreichenden zeitlichen Verfügbarkeit und der Geschlechterverteilung gestellt. Das Haftungsrisiko für Aufsichtsräte hat erheblich zugenommen.
2. Die Einbeziehung von Bank- und Versicherungsaufsichtsräten als Adressaten des § 100 Abs. 5 AktG steht sinnbildlich für die Annäherung von Aktien- und Aufsichtsrecht. Nicht jedes Mitglied des Aufsichtsrats muss über die notwendige Sektorenkenntnis verfügen.
3. Trotz Abkehr von einem kurzfristig eingeführten undefinierten Unabhängigkeitserfordenis im Rahmen des § 100 Abs. 5 AktG a.F. besteht weiterhin Rechtsunsicherheit. Der Verweis des Gesetzgebers auf die Ausführungen in den gängigen Kodizes zeigt die steigende Bedeutsamkeit von soft law auf. Gleichwohl begründet eine derartige Verweisung verfassungsrechtliche Bedenken.

1177 So auch *Hopt* in Hopt/Wohlmannstetter Hdb. CG Banken, S. 25 f.

1178 Vgl. hierzu *Leube*, der sechs essentielle persönliche Qualitäten von Aufsichtsratsmitgliedern aufführt: Intellektuelle Agilität, Teamorientierung, Urteilsvermögen, uneingeschränkte Bereitschaft, den ausgesprochenen Willen einen Beitrag zu leisten und Integrität, in Aufsichtsrat CG, S. 206 f.; *Lieder*, Aufsichtsrat im Wandel, S. 926.

4. Bei der Berechnung der Mandatsobergrenze sind aufgrund teleologischer Gesichtspunkte ausländische Mandate einzubeziehen: Zudem ist es sachgerecht von einer Neuausrichtung der Höchstgrenze abzusehen. Eine generelle Herabsetzung der bisherigen Obergrenze ist angesichts der mannigfaltigen Bandbreite an unterschiedlichen Aktiengesellschaften nicht erfolgsversprechend.
5. Die aktienrechtlichen Vorgaben dienen als Grundlage für eine Vielzahl von weiteren aufsichtsrechtlichen Regelungen, knüpfen jedoch an der Rechtsform und nicht wie im Aufsichtsrecht an dem Unternehmen an. Gleichwohl können aktienrechtliche Änderungen sich weitreichend auf aufsichtsrechtliche Regelungen auswirken.
6. Primäres Ziel des KWG ist der Schutz des Finanzmarkts und damit eingebunden dessen Akteuren. Banken haben aufgrund der Eigenart ihrer Geschäftstätigkeit ein erhöhtes Risikopotenzial. Daher kommt der Kontrollfunktion eine gesteigerte Bedeutung zu. Damit selbige effizient gewährleistet ist, werden strengere Anforderungen an Aufsichtsratsmitglieder als im allgemeinen Gesellschaftsrecht gestellt. Die Finanzkrise hat insbesondere im Bankensektor zu einer Verschärfung der Anforderungen geführt. Der Impuls geht international, besonders von EU-Ebene, aus.
7. Die Sachkundevoraussetzung gemäß § 25d Abs. 1 S. 1 KWG beinhaltet keine weitergehenden Anforderungen als im allgemeinen Aktienrecht. Regelmäßig wird jedoch die institutsspezifische Betrachtungsweise zu einem erhöhten Anforderungsprofil für Aufsichtsräte führen.
8. Bezüglich der Mandatsbeschränkung im KWG ergeben sich Problemstellungen, da einerseits vorherrschende Strukturen des AktG übernommen wurden. Andererseits sind die KWG Regelungen bei der Beschränkung strenger und bei der Privilegierung weniger strikt als das AktG. Diese Divergenz spricht gegen die Annahme einer – zumindest generell geltenden – „*Schrittmacherrolle*“[1179] des KWG gegenüber dem AktG.
9. Das VAG schützt primär den Versicherungsnehmer. Durch ein europarechtlich angestoßenes Professionalisierungsbestreben sind die Anforderungen an Aufsichtsräte nach dem VAG gestiegen. Eine Vollharmonisierung des gesamten Versicherungsaufsichtsrechts wird gemeinschaftsrechtlich angestrebt. Der erhebliche Einfluss auf die nationale Gesetzgebung äußert sich unter anderem in einem prinzipienorientierten Regelungsansatz, der dem national etablierten regelungsbasierten Ansatz entgegensteht.

1179 *Fleischer*, ZIP 2003, 1 (10).

10. Die Begriffe der *Schlüsselfunktionen* und *Schlüsselaufgaben* im Sinne der Solvency-II Richtlinie bilden eine Bedeutungseinheit. Der Aufsichtsrat unter dem VAG fällt weiterhin unter diese Begriffe und ist somit im Bereich der fachlichen Qualifikation reguliert. Entgegen des Wortlauts der Solvency-II Richtlinie und dem des VAG sind wegen des Sinns und Zwecks der Richtlinie die Anforderungen an die fachliche Kenntnis dabei nicht am Standard der *fachlichen Eignung*, sondern an dem der *Sachkunde* festzusetzen.
11. Im Verhältnis zwischen den aktien- und aufsichtsrechtlichen Regelungsmaterien können in Bezug auf eine Derogation im Spannungsfeld keine allgemeinen Schlussfolgerungen getroffen werden. Die aufsichtsrechtlichen Regelungen sind nicht grundsätzlich spezieller.
12. Es besteht die Möglichkeit, dass unterschiedliche Regelungen aus AktG, KWG und VAG auf denselben Sachverhalt parallel Anwendung finden. Hierbei gilt es den Grundsatz der Einheitlichkeit des Rechts und Bedenken hinsichtlich der Verfassungsmäßigkeit zu berücksichtigen.
13. Unter dem Begriff der Ausstrahlung ist primär die Übertragung des in der Norm immanent verknüpften Wertegehalts auf eine andere Regelung ohne konkrete Bezugnahme der jeweiligen Regelungen zueinander zu verstehen. Dies umfasst auch unverbindlich wirkende Regelungen. Als Übertragungsglied bieten sich primär die methodischen Rechtsfiguren der Analogie, des Gewohnheitsrechts sowie der systematischen und der teleologischen Auslegung an.
14. Die jeweiligen ausstrahlungsfähigen Rechtssätze haben keine einheitliche Ausstrahlungsintensität oder Bedeutsamkeit. Eine sorgfältige Abstimmung muss im Einzelfall unter Berücksichtigung gesellschafts- und verfassungsrechtlicher Grundprinzipien hergeleitet werden. Besondere Bedeutung wird diesbezüglich der für das Gemeinschaftsrecht signifikante prinzipienbasierte Regelungsansatz haben. Die Auseinandersetzung mit einer flexibleren Regelungsdogmatik bietet erheblichen Spielraum für die Übertragbarkeit sektorenfremder Regelungsimpulse.
15. Die Ausstrahlung bildet eine methodische Grundlage, um sinnvollen Wertungsaspekten gesetzesübergreifend Geltung zu verschaffen und damit effizient das allgemeine Gesellschafts- und Aufsichtsrecht auszuformen und weiterzuentwickeln, indem sie eine komplementäre und substituierende Wirkung aufweist. Hinsichtlich des Aufsichtsrats vereint AktG, KWG und VAG ein übergreifender Regulierungsgedanke: Die Effizienzssteigerung der Aufsichtsratsarbeit. Infolgedessen ist eine stetige wechselseitige Annäherung der Regelungsmassen auf lange Sicht unausweichlich und wird durch die Ausstrahlung realisiert und vorangetragen.

16. Das dem Vorstand zugeordnete Element der Risikoüberwachung betrifft als Reflex die Überwachungstätigkeit des Aufsichtsrats in erheblichem Umfang. Die in § 91 Abs. 2 AktG geforderte Risikoüberwachung erfordert nicht die Etablierung eines Risikoüberwachungssystems, so wie es nach KWG und VAG vorgesehen ist. Es besteht lediglich eine *Bestandssicherungspflicht* für den Vorstand, die der Aufsichtsrat zu überwachen hat.
17. Für den Aufsichtsrat eines Kreditinstituts oder eines Versicherungsunternehmens gleichen sich aufgrund des Tatbestandsmerkmals der *Geeignetheit* nach § 91 Abs. 2 AktG die aktien- und aufsichtsrechtlichen Anforderungen hinsichtlich des Risikomanagements an. Im Übrigen lassen sich die aufsichtsrechtlichen Vorgaben zur Risikoüberwachung nicht auf branchenfremde Aktiengesellschaften übertragen. Auf horizontaler Ebene zwischen KWG und VAG können die jeweiligen Anforderungen der Risikoüberwachung durch den im Versicherungsaufsichtsrecht bestehenden Proportionalitätsgrundsatz und die im KWG etablierte institutsspezifische Betrachtungsweise im Einzelfall gegenseitige Berücksichtigung finden.
18. Die unmittelbare Informationsbeschaffung durch den Aufsichtsrat bei internen Unternehmensmitarbeitern ist im allgemeinen Aktienrecht nicht geregelt, im Einzelfall ist sie jedoch zulässig. Im KWG ist der Informationsaustausch zwischen Aufsichtsrat und Unternehmensmitarbeitern normiert. Das VAG billigt dem Aufsichtsrat diese Möglichkeit nicht zu, obwohl im Rahmen der Solvency-II Richtlinienvorgaben sinnvollerweise der Informationsaustausch mit Mitarbeitern der Governance-Funktionen beabsichtigt ist. Die aufsichtsrechtlichen Vorgaben zum internen Kommunikationssystem nach dem KWG sind nicht auf das allgemeine Aktienrecht übertragbar.
19. Der im KWG und VAG verwendete Zuverlässigkeitsbegriff hat nur dem ersten Anschein nach einen rein öffentlich rechtlichen Charakter. Eine klare Konturierung zwischen den Rechtsbereichen ist nicht möglich. Eine privatrechtliche Komponente ist mit dem aufsichtsrechtlichen Zuverlässigkeitsbegriff immanent verknüpft. Die Begriffe der *Zuverlässigkeit*, der *Unabhängigkeit* und des *Interessenkonflikts* haben einen differenzierten abgestuften Bedeutungsgehalt.
20. Der Zuverlässigkeitsbegriff aus KWG und VAG hat aufgrund der Systematik und des Telos der Normen eine Bedeutungseinheit. Zudem fließen im Rahmen der Auslegung des unbestimmten Tatbestandsmerkmals der Zuverlässigkeit aus KWG und VAG mittelbare Empfehlungen mit ein. Dies ist zu begrüßen, da erstens im Aufsichtsrecht eine stärkere Regulierung als im allgemeinen Aktienrecht gerechtfertigt ist. Zweitens wird durch die

Berücksichtigung von europäischen Leitlinien die angestrebte Harmonisierung jeweils im Kredit- und Versicherungsaufsichtsrecht realisiert.

21. Die Mandatsobergrenze und Privilegien aus AktG, KWG und VAG sind gleichermaßen speziell und gelten trotz möglicher Rechtsfolgendivergenz jeweils parallel. Der in seinen Anforderungen strengere § 25d Abs. 3 S. 1 Nr. 4 KWG hat auf das Verhältnis dieser Regelungen zueinander keinen Einfluss.
22. Die aufsichtsrechtlichen Privilegierungen aus KWG und VAG sind auf eine Höchstgrenze von fünfzehn Mandaten zu beschränken. Dies gebietet der Sinn und Zweck der Normen um ein ausreichendes Zeitpensum der Aufsichtsräte zu gewährleisten.
23. Im Überblick sind fünf Paare diametraler Gesichtspunkte hervorzuheben, die das Gesamtbild der Anforderungen an Aufsichtsräte von PIE prägen. Erstens steht das Gesellschaftsrecht dem öffentlich rechtlich geprägten Aufsichtsrecht gegenüber. Die Professionalisierung begegnet an zweiter Stelle dem entgegengesetzen Wunsch nach Diversity und dem damit historischen Verständnis des Aufsichtsrats als Nebenamt. Drittens kollidieren nationale und gemeinschaftsrechtliche Regelungsimpulse miteinander. An vierter Stelle steht ein daraus resultierender Konflikt zwischen regelungs- und prinzipienbasierten Regulierungsansätzen. Zuletzt begegnet das an Bedeutung zunehmende soft-law den gegenüberstehenden verbindlichen Regelungen.
24. Die Vorgaben an Aufsichtsräte nach AktG, KWG und VAG gleichen sich stetig an. Dies ist unter dem Aspekt der Effektivitätssteigerung und Praktikabilität zu befürworten. Aufgrund der Angleichung und der überschneidenden Zielsetzungen in Bezug auf die qualitativen Anforderungen für Aufsichtsräte ist teilweise, beispielhaft hinsichtlich der Anforderung an die fachliche Kenntnis, ein einheitliches branchenübergreifendes Regelungswerk sinnvoll.

Literaturverzeichnis

Allmendiger, Christoph u.a. (Hrsg.), Corporate Governance nach der Finanz- und Wirtschaftskrise, Tübingen, 2011 (zitiert: *Verfasser* in Corporate Governance nach der Finanz- und Wirtschaftskrise).

Altmeppen, Holger, Der Prüfungsausschuss- Arbeitsteilung im Aufsichtsrat, ZGR 2004, S. 390–415 (zitiert: *Altmeppen*, ZGR 2004).

Apfelbacher, Gabriele / Metzner, Manuel, Mitglied im Aufsichtsorgan eines Kreditinstituts im Jahr 2013 – Aktuelle Rechtsentwicklungen bei den Anforderungen an die interne Organisation, die Qualifikation und die Überwachungsfunktion der Mitglieder des Aufsichtsorgans von Kreditinstituten, AG, 2013, S. 773–789 (zitiert: *Apfelbacher/Metzner*, AG 2013).

Arbeitsgruppe Europäisches Gesellschaftsrecht, Zur Entwicklung des Europäischen Gesellschaftsrechts: Stellungnahme der Arbeitsgruppe Europäisches Gesellschaftsrecht zum Report of the High Level Group of Company Law Experts on a modern Regulatory Framework for Company Law in Europe, ZIP, 2003, S. 863–880 (zitiert: Arbeitsgruppe Europäisches Gesellschaftsrecht, ZIP 2003).

Arbeitskreis „Externe und interne Überwachung der Unternehmung“ der Schmalenbach-Gesellschaft e.V., Zur Frage der Ausstrahlung branchenspezifischer Corporate Governance-Anforderungen auf das allgemeine Unternehmensrecht am Beispiel der Bankenregulierung, DB, 2016, S. 1118–1125 (zitiert: Arbeitskreis “Externe und interne Überwachung der Unternehmung“, DB 2016).

Armbrüster, Christian, Haftung der Geschäftsleiter bei Verstößen gegen § 64a VAG, VersR, 2010, S. 1293–1304 (zitiert: *Armbrüster*, VersR 2009).

Arnold, Michael, Verantwortung und Zusammenwirken des Vorstands und Aufsichtsrats bei Compliance-Untersuchungen, ZGR, 2014, S. 76–106 (zitiert: *Arnold*, ZGR 2014).

Bach, Wolfgang / Nguyen, Tristan, Zur normativ-ökonomischen Fundierung einer makroprudenziellen Versicherungsregulierung, ZVersWiss, 2012, S. 175–190 (zitiert: *Bach/Nguyen*, ZVersWiss 2012).

Bachmann, Gregor, Der „Deutsche Corporate Governance Kodex“: Rechtswirkungen und Haftungsrisiken, WM, 2002, S. 2137–2143 (zitiert: *Bachmann*, WM 2002).

ders., Zur Umsetzung einer Frauenquote im Aufsichtsrat, ZIP, 2011, S. 1131–1139 (zitiert: *Bachmann*, ZIP 2011).

BaFin, Merkblatt zur fachlichen Eignung und Zuverlässigkeit von Geschäftsleitern gemäß VAG vom 23.11.2016, Bonn, 2016, abrufbar unter: https://www.bafin.de/SharedDocs/Downloads/DE/Merkblatt/VA/dl_mb_161123_gl_va.pdf?__blob=publicationFile&v=5, zuletzt abgerufen am 7.3.2017 (zitiert: BaFin, Merkblatt zur fachlichen Eignung und Zuverlässigkeit von Geschäftsleitern gemäß VAG vom 23.11.2016).

dies., Jahresbericht der Bundesanstalt für Finanzdienstleistungsaufsicht 2002– Teil A vom 26.5.2003, Bonn, 2003, abrufbar unter: https://www.bafin.de/SharedDocs/Downloads/DE/Jahresbericht/dl_jb_2002_a.pdf?__blob=publicationFile&v=2, zuletzt abgerufen am 7.3.2017 (zitiert: BaFin, Jahresbericht der Bundesanstalt für Finanzdienstleistungsaufsicht 2002 vom 26.5.2003, Teil A).

dies., Merkblatt zu den Mitgliedern von Verwaltungs-und Aufsichtsorganen gemäß KWG und KAGB vom 4.1.2016 (zuletzt geändert am 31.1.2017), Bonn, 2016, abrufbar unter: https://www.bafin.de/SharedDocs/Downloads/DE/Merkblatt/dl_mb_170131_AR_KWG_KAGB.pdf?__blob=publicationFile&v=4, zuletzt abgerufen am 7.3.2017 (BaFin, Merkblatt zu den Mitgliedern von Verwaltungs-und Aufsichtsorganen gemäß KWG und KAGB vom 4.1.2016 (zuletzt geändert am 31.1.2017).

dies., Merkblatt zur fachlichen Eignung und Zuverlässigkeit von Mitgliedern von Verwaltungs- oder Aufsichtsorganen gemäß VAG vom 23.11.2016, Bonn, 2016, abrufbar unter: https://www.bafin.de/SharedDocs/Downloads/DE/Merkblatt/VA/dl_mb_161123_ar_va.pdf?__blob=publicationFile&v=4, zuletzt abgerufen am 7.3.2017 (zitiert: BaFin, Merkblatt zur fachlichen Eignung und Zuverlässigkeit von Verwaltungs- und Aufsichtsorganen gemäß VAG vom 23.11.2016).

dies, Merkblatt zur Kontrolle der Mitglieder von Verwaltungs- und Aufsichtsorganen gemäß KWG und VAG vom 3.12.2012, Bonn, 2012; abrufbar unter: https://www.bafin.de/SharedDocs/Veroeffentlichungen/DE/Merkblatt/mb_kontrolle_ar_vr_ba_va.html, zuletzt abgerufen am 7.3.2017 (zitert: BaFin, Merkblatt zur Kontrolle der Mitglieder von Verwaltungs- und Aufsichtsorganen gemäß KWG und VAG vom 3.12.2012).

dies, Mindestanforderungen an das Risikomanagement (MaRisk BA) vom 14.12.2012, Bonn, 2012, abrufbar unter: https://www.bafin.de/SharedDocs/Downloads/DE/Rundschreiben/dl_rs1210_marisk_pdf_ba.pdf?__blob=publicationFile&v=1, zuletzt abgerufen am 7.3.2017 (zitiert: BaFin, Mindestanforderungen an das Risikomanagement (MaRisk BA) vom 14.12.2012).

dies, Mindestanforderungen an das Risikomanagement (MaRisk VA) vom 22.1.2009, Bonn, 2009, abrufbar unter: https://www.bafin.de/SharedDocs/Downloads/DE/Rundschreiben/dl_rs_0903_als_pdf_va.pdf?__blob=publicationFile&v=1, zuletzt abgerufen am 7.3.2017 (zitiert: BaFin, Mindestanforderungen an das Risikomanagement (MaRisk VA) vom 22.1.2009).

Bähr, Gunne-W. (Hrsg.), Handbuch des Versicherungsaufsichtsrechts, München, 2011 (zitiert: *Verfasser* in Hdb. VersicherungsaufsichtsR).

ders., Die Missstandsaufsicht nach § 81 VAG unter besonderer Berücksichtigung der Inländerdiskriminierung, VersR, 2001, S. 1185–1197, (zitiert: *Bähr*, VersR 2001).

ders., Reichweite des aufsichtsrechtlichen Generalklauselsystems im Lichte der Verfassung, VW, 2001, S. 472 (zitiert: *Bähr*, VW 2001).

ders., Versicherungsaufsicht im Wandel, VW, 2001, S. 2016–2021 (zitiert: *Bähr*, VW 2001).

Baumann, Horst / Beckmann, Roland-Michael / Johannsen, Katharina / Johannsen, Ralf (Hrsg.), Bruck/Möller Versicherungsvertragsgesetz, Band 1, Einführung §§ 1–32, 9. Aufl., Berlin, 2008 (zitiert: *Verfasser* in Bruck/Möller VVG).

Baums, Theodor, Corporate Governance und Anlegerschutz, Tübingen, 2013 (zitiert: *Baums*, CG und Anlegerschutz).

ders., Risiko und Risikosteuerung um Aktienrecht, ZGR, 2011, S. 218–278 (zitiert: *Baums*, ZGR 2011).

ders., Stellungnahme zur Aktienrechtsreform 1997, AG-Sonderheft, 1997, S. 26–38 (zitiert: *Baums*, AG-Sonderheft 1997).

Baur, Georg / Boegl, Martin, Die neue europäische Finanzmarktaufsicht – der Grundstein ist gelegt, BKR, 2011, S. 177–186 (zitiert *Baur/Boegl*, BKR 2011).

Baur, Jürgen-F. / Hopt, Klaus-J. / Mailänder, K.-Peter (Hrsg.), Festschrift für Ernst Steindorff zum 70. Geburtstag, Berlin, 1990 (zitiert: *Verfasser* in FS für Steindorff).

Bayer, Walter / Habersack, Matthias (Hrsg.), Aktienrecht im Wandel, Band 2, Grundsatzfragen des Aktienrechts, Tübingen, 2007 (zitiert: *Verfasser* in Bayer/Habersack Aktienrecht im Wandel, Band 2).

Bayer, Walter / Habersack, Matthias (Hrsg.), Aktienrecht im Wandel, Band 1, Entwicklung des Aktienrechts, Tübingen, 2007 (zitiert: *Verfasser* in Bayer/Habersack Aktienrecht im Wandel, Band 1).

Bayer, Walter, Aktuelle Entwicklungen im Europäischen Gesellschaftsrecht, BB, 2004, S. 1–11 (zitiert: *Bayer*, BB 2004).

ders., Grundsatzfragen der Regulierung aktienrechtlicher Corporate Governance, NZG, 2013, S. 1–16 (zitiert: *Bayer*, NZG 2013).

BCBS, Guideline corporate overnance principles for banks vom 7.2015, abrufbar unter: http://www.bis.org/bcbs/publ/d328.pdf, zuletzt abgerufen am 14.2.2017 (zitiert: BCBS, Guideline corporate governance principles for banks vom 7.2015).

BDI / bankenverband / DAI / DIHK / GDV, Gemeinsame Stellungnahme zu den Entwürfen der Generaldirektion Binnenmarkt der Europäischen Kommission für eine Empfehlung zur „Stärkung der Rolle von nicht geschäftsführenden Direktoren und Aufsichtsratsmitgliedern“ sowie zur „Förderung einer geeigneten Regelung für die Vergütung von Direktoren“, NZG, 2004, S.1052–1053 (zitiert: BDI/bankenverband/DAI/DIHK/GDV, NZG 2004).

Beckmann, Roland-Michael / Matusche-Beckmann, Annemarie (Hrsg.), Versicherungsrechts-Handbuch, 3. Aufl., München, 2015 (zitiert: *Verfasser* in Hdb. VersicherungsR).

Behme, Caspar, Zickgraf, Peter, Anforderungen an die Qualifikation von Aufsichtsratsmitgliedern nach dem Abschlussprüfungsreformgesetz (AReG), AG 2016, R 132-R 135 (zitiert: *Behme/Zickgraf*, AG 2016).

Bender, Karl, Fortbildung des Aktienrechts: Verbesserung der Funktionsfähigkeit der Gesellschaftsorgane notwendig, DB, 1994, S. 1965–1968 (*Bender*, DB 1994).

Benkel, Gert-Andreas, Der Versicherungsverein auf Gegenseitigkeit, München, 2002 (zitiert: *Benkel*, Der Versicherungsverein auf Gegenseitigkeit).

Berger, Henning, Die neue Aufsicht über Aufsichtsräte nach dem VAG, VersR, 2010, S. 422–429 (zitiert: *Berger*, VersR 2010).

Berrar, Carsten, Zur Reform des AR nach den Vorschlägen der Regierungskommission „Corporate Governance“, NZG, 2001, S. 1113–1122 (zitiert: *Berrar*, NZG 2001).

Binder, Jens-Hinrich, Mittelbare Einbringung eigener Aktien als Sacheinlage und Informationsgrundlagen von Finanzierungsentscheidungen in Vorstand und Aufsichtsrat, ZGR, 2012, S. 757–775 (zitiert: *Binder*, ZGR 2012).

ders., Organisationspflichten und das Finanzdienstleistungs-Unternehmensrecht: Bestandsaufnahme, Probleme, Konsequenzen, ZGR, 2015 S. 667–708 (zitiert: *Binder*, ZGR 2015).

ders., Regulierungsinstrumente und Regulierungsstrategien im Kapitalgesellschaftsrecht, Tübingen, 2012 (zitiert: *Binder*, Regulierungsinstrumente).

Bitter, Georg u.a. (Hrsg.), Festschrift für Karsten Schmidt zum 70. Geburtstag, Köln, 2009 (zitiert: *Verfasser* in FS für K. Schmidt).

Boos, Karl-Heinz / Fischer, Reinfrid / Schulte-Mattler, Hermann (Hrsg.), Kreditwesengesetz - Kommentar zu KWG, VO (EU) NR. 575/2013 (CRR) und Ausführungsvorschriften, 5. Aufl., 2016 (zitiert: *Verfasser* in Boos/Fischer/Schulte-Mattler KWG).

Brandi, Tim-Oliver / Gieseler, Konrad, Persönliche Voraussetzungen, Sanktionen und Ausschlüsse nach geltendem Recht und CRD IV, NZG, 2012 S. 1321–1332 (zitiert: *Brandi/Gieseler*, NZG 2012).

Bürgers, Tobias / Körber, Torsten (Hrsg.), AktG Kommentar, 4. Aufl. Heidelberg, 2017 (zitiert: *Verfasser* in Bürgers/Körber AktG).

Burghof, Hans-Peter / Rudolph, Bernd, Bankenaufsicht, Wiesbaden, 1996 (zitiert: *Burghof/Rudolph*, Bankenaufsicht).

Bürkle, Jürgen (Hrsg.), Compliance im Versicherungsunternehmen, 2. Aufl., München, 2015 (zitiert: *Verfasser* in Compliance in Versicherungsunternehmen).

ders., Aufsichtsrechtliches Legal Judgement: Sachlicher Anwendungsbereich und prozedurale Voraussetzungen, VersR, 2013, S. 792–802 (zitiert: *Bürkle*, VersR 2013).

ders., Auswirkungen der Unternehmensaufsicht nach dem KWG auf organisatorische Pflichten von Versicherungsunternehmen, WM, 2005, S. 1496–1505 (zitiert: *Bürkle*, WM 2005).

ders., Die Neuregelungen zur Abschlussprüfung bei Versicherungsunternehmen aus Sicht des Aufsichtsrats, VersR, 2016, S. 1145–1154 (zitiert: *Bürkle*, VersR 2016).

ders., Die rechtliche Dimension von Solvency II, VersR, 2007, S. 1595 (zitiert: *Bürkle*, VersR 2007).

ders., Die rechtlichen Auswirkungen der MaRisk VA auf die Geschäftsorganisation von Versicherungsunternehmen, VersR 2010, S. 866–873 (zitiert: *Bürkle*, VersR 2010).

ders., Europarechtliche Vorgaben für die interne Governance im Versicherungssektor, WM, 2012, S.878–886 (zitiert: *Bürkle*, WM 2012).

ders., Neues Aufsichtsrecht für Aufsichtsräte durch den Regierungsentwurf zum 10. VAG-Änderungsgesetz, ZVersWiss, 2012, S. 493–516 (zitiert: *Bürkle*, ZVersWiss 2012).

Buschmann, Marko, EU-Grünbuch zur Corporate Governance: Alter Wein in neuen Schläuchen?, NZG, 2011, S. 87–91 (zitiert: *Buschmann*, NZG 2011).

Bydlinski, Franz, Grundzüge der juristischen Methodenlehre, Wien, 2005 (zitiert: *Bydlinksi*, Grundzüge).

Caliess, Christian / Ruffert, Matthias (Hrsg.), EUV/AEUV Kommentar, 5. Aufl., München, 2016 (zitiert: *Verfasser* in Caliess/Ruffert AEUV).

Canaris, Claus-Wilhelm, Systemdenken und Systembegriff in der Jurisprudenz, 2. Auflage, 1983, Berlin (zitiert: *Canaris*, Systemdenken).

CEIOPS, Advice for Level 2 Implementing Measures on Solvency II: System Governance vom 10.2009, abrufbar unter: https://eiopa.europa.eu/CEIOPS-Archive/Documents/Advices/CEIOPS-L2-Final-Advice-on-System-of-Governance.pdf, zuletzt abgerufen am 14.2.2017 (zitiert: CEIOPS, Advice for Level 2 Implementing Measures on Solvency II: System Governance vom 10.2009).

dies., Implementing Measures on System of Governance vom 3.11.2008, abrufbar unter: https://eiopa.europa.eu/CEIOPS-Archive/Documents/Issues%20papers/IssuesPaper-on-Governance.pdf#search=Implementing%20Measures%20on%20System%20of%20Governance, zuletzt abgerufen am 14.2.2017 (zitiert: CEIOPS, Implementing Measures on System of Governance vom 3.11.2008).

dies., Risk Management and other Corporate Issues vom 17.7.2007, abrufbar unter: https://eiopa.europa.eu/CEIOPS-Archive/Documents/Discussion%20paper/CEIOPS-PII-11-07onRiskManagementandOtherCorporateIssues.pdf#search=Risk%20Management%20and%20other%20Corporate%20Issues, zuletzt abgerufen am 14.2.2017 (zitiert: CEIOPS, Risk Management and other Corporate Issues vom 17.7.2007).

Claussen, Carsten, Aktienrechtsreform 1997, AG, 1996, S. 481–494 (zitiert: *Claussen*, AG 1996).

Committee on Corporate Governance, The Combined Code Principles of Good Governance and Code of Best Practice vom 5.2000, abrufbar unter: http://www.ecgi.org/codes/documents/combined_code.pdf, zuletzt abgerufen am 27.2.2017.

Damm, Reinhard / Heermann, Peter-W. / Veil, Rüdiger (Hrsg.), Festschrift für Thomas Raiser zum 70. Geburtstag am 20. Februar 2003, Berlin, 2005, (zitiert: *Verfasser* in FS für Raiser).

Davies, Paul, Struktur der Unternehmensführung in Großbritannien und Deutschland: Konvergenz oder Divergenz?, ZGR, 2001, S. 268–293 (zitiert: *Davies*, ZGR 2001).

Dewatripont, Mathias / Tirole, Jean, The Prudential Regulation of Banks, Lausanne, 1993 (zitiert: *Dewatripont/Tirole*, The Prudential Regulation of Banks).

Dieckmann, Hans / Fleischmann, Dermot, Umgang mit Interessenkonflikten in Aufsichtsrat und Vorstand der Aktiengesellschaft, AG, 2013, S. 141–150 (zitiert: *Dieckmann/Fleischmann*, AG 2013).

Diekmann, Hans / Bidmon, Katja, Das „unabhängige" Aufsichtsratsmitglied nach dem BilMoG – insbesondere als Vertreter des Hauptaktionärs, NZG, 2009, S. 1087–1092 (zitiert: *Diekmann/Bidmon*, NZG 2009).

Dreher, Meinrad / Häußler, Hendrik, Die Aufsicht über Versicherungsunternehmen durch die BaFin und die Überwachungsaufgabe des Aufsichtsrats, ZGR 2011, S. 471–515 (zitiert: *Dreher/Meinrad*, ZGR, 2011).

Dreher, Meinrad / Lange, Martin, Die Qualifikation der Aufsichtsratsmitglieder von Versicherungsunternehmen nach VAG und Solvency II, ZVersWiss, 2011, S. 211–229 (zitiert: *Dreher/Lange*, ZVersWiss 2011).

Dreher, Meinrad / Lange, Martin, Die Vollharmonisierung der Versicherungsaufsicht durch Solvency II, VersR, 2011, S. 825–834 (zitiert: *Dreher/Lange*, VersR 2011).

Dreher, Meinrad / Wandt, Manfred (Hrsg.), Solvency II in der Rechtsanwendung 2012, Karlsruhe, 2012 (zitiert: *Verfasser* in Solvency II in der Rechtsanwendung 2012).

Dreher, Meinrad / Wandt, Manfred (Hrsg.), Solvency II in der Rechtsanwendung 2009, Karlsruhe, 2009 (zitiert: *Verfasser* in Solvency II in der Rechtsanwendung 2009).

Dreher, Meinrad, Ausstrahlungen des Aufsichtsrechts auf das Aktienrecht, ZGR, 2010, S. 496–542 (zitiert: *Dreher*, ZGR 2010).

ders., Begriff und Inhaber der Schlüsselfunktionen nach Solvency II und VAG 2012, VersR, 2012, S. 933–942 (zitiert: *Dreher*, VersR 2012).

ders., Begriff, Aufgaben und Rechtsnatur der versicherungsaufsichtsrechtlichen Compliance nach Solvency II, VersR, 2013, S. 929–944 (zitiert: *Dreher*, VersR 2013).

ders., Die Zulässigkeit von Unternehmensverträgen unter Beteiligung von Versicherungsgesellschaften, ZVersWiss, 1988, S. 619–654 (zitiert: *Dreher*, ZVersWiss 1988).

Drygala, Tim / Drygala, Anja, Wer braucht ein Frühwarnsystem?, ZIP, 2000, S. 297–305 (zitiert: *Drygala/Drygala*, ZIP 2000).

Drygala, Tim, Harte Quote, weiche Quote und die Organpflichten von Vorstand und Aufsichtsrat, NZG, 2015, S. 1129–1168 (zitiert: *Drygala*, NZG 2015).

EBA, Leitlinien zur Beurteilung von Mitgliedern des Leitungsorgans und von Inhabern von Schlüsselfunktionen (EBA/GL/2012/06) vom 22.11.2012, abrufbar unter: https://www.eba.europa.eu/documents/10180/106695/EBA_2012_00220000_DE_COR.pdf, zuletzt abgerufen am 14.2.2017 (zitiert: EBA, Leitlinien zur Beurteilung von Mitgliedern des Leitungsorgans und von Inhabern von Schlüsselfunktionen (EBA/GL/2012/06) vom 22.11.2012).

dies., Leitlinien zur internen Governance (GL 44) vom 27.9.2011, abrufbar unter: http://www.eba.europa.eu/documents/10180/103861/EBA_2012_00210000_DE_COR.pdf, zuletzt abgerufen am 14.2.2017 (zitiert: EBA, Leitlinien zur internen Governance (GL 44) vom 27.9.2011).

Ebenroth, Carsten-Thomas / Hesselberger, Dieter / Rinne, Manfred-Eberhard (Hrsg.), Verantwortung und Gestaltung – Festschrift für Karheinz Boujong zum 65. Geburtstag, München, 1996 (zitiert: *Verfasser* in FS für Boujong).

Ehren, Thomas / Gros, Marius, Anmerkungen zur Professionalisierung der Aufsichtsratstätigkeit, Der Konzern, 2011, S. 277–286 (zitiert: *Ehren/Gros*, DKONZ 2011).

EIOPA, Leitlinien zum Governance-System vom 14.9.2015, abrufbar unter: https://eiopa.europa.eu/GuidelinesSII/EIOPA_Guidelines_on_System_of_Governance_DE.pdf, zuletzt abgerufen am 14.2.2017 (zitiert: EIOPA, Leitlinien zum Governance-System vom 14.9.2015).

Emmenegger, Susan, Bankorganisationsrecht als Koordiantionsaufgabe, Bern, 2004 (zitiert: *Emmenegger*, Bankorganisationsrecht).

Ernst, Xenia, Rechtsstaatlichkeit im Versicherungsaufsichtsrecht, Karlsruhe, 2013 (zitiert: *Ernst*, Rechtsstaatlichkeit im Versicherungsrecht).

Ettinger, Jochen / Grützediek, Elke, Haftungsrisiken im Zusammenhang mit der Abgabe der Corporate Governance Entsprechenserklärung gemäß § 161 AktG, AG, 2003, S. 353–366 (zitiert: *Ettinger/Grützediek*, AG 2003).

Europäische Kommission, Empfehlung der Kommission vom 15. Februar 2005 zu den Aufgaben von nicht geschäftsführenden Direktoren/Aufsichtsratsmitgliedern/börsennotierter Gesellschaften sowie zu den Ausschüssen des Verwaltungs-/Aufsichtsrats (2005/162/EG) ABl. L 52 vom 25.2.2005, abrufbar unter: http://eur-lex.europa.eu/legal-content/DE/TXT/PDF/?uri=CELEX:32005H0162&from=DE, zuletzt abgerufen am 14.2.2017 (zitiert: Europäische Kommission, Empfehlung der Kommission vom 15. Februar 2005 zu den Aufgaben von nicht geschäftsführenden Direktoren/Aufsichtsratsmitgliedern/börsennotierter Gesellschaften sowie zu den Ausschüssen des Verwaltungs-/Aufsichtsrats (2005/162/EG) ABl. L 52 vom 25.2.2005).

dies., European Commission Feedback Statement Summary of Responses to Commission Green Paper on Corporate Governance in Financial Institutions vom 11.11.2010, abrufbar unter: http://ec.europa.eu/internal_market/consultations/docs/2010/governance/feedback_statement_en.pdf, zuletzt abgerufen am 28.2.2017 (zitiert: Europäische Kommission, European Commission Feedback Statement Summary of Responses to Commission Green Paper on Corporate Governance in Financial Institutions vom 11.11.2010).

dies., Grünbuch Corporate Governance in Finanzinstituten und Vergütungspolitik (KOM (2010) 284) vom 2.6.2010, abrufbar unter: http://ec.europa.eu/internal_market/company/docs/modern/com2010_284_de.pdf, zuletzt abgerufen am 14.2.2017 (zitiert: Europäische Kommission, Grünbuch Corporate Governance in Finanzinstituten und Vergütungspolitik (KOM (2010) 284) vom 2.6.2010).

dies., Grünbuch europäischer Corporate Governance Rahmen (KOM (2011) 164) vom 5.4.2011, abrufbar unter: http://ec.europa.eu/internal_market/company/docs/modern/com2011-164_de.pdf, zuletzt abgerufen am 8.3.2017 (zitiert: Europäische Kommission, Grünbuch europäischer Corporate Governance Rahmen (KOM (2011) 164) vom 5.4.2011).

dies., Richtlinienvorschlag zur Gewährleistung einer ausgewogeneren Vertretung von Frauen und Männern unter den nicht geschäftsführenden Direktoren/Aufsichtsratsmitgliedern börsennotierter Gesellschaften und über damit zusammenhängende Maßnahmen (COM (2012) 614) vom 14.11.2012; abrufbar unter: http://ec.europa.eu/justice/gender-equality/files/womenonboards/directive_quotas_de.pdf, zuletzt abgerufen am 8.3.2017 (zitiert: Europäische Kommission, Richtlinienvorschlag zur Gewährleistung einer ausgewogeneren Vertretung von Frauen und Männern (COM (2012) 614) vom 14.11.2012).

Fekonja, Benjamin, BaFin-Verlautbarungen, Baden-Baden, 2014 (zitiert: *Fekonja*, BaFin-Verlautbarungen).

Fest, Alexander, Zwecke, Ansätze und Effizienz der Regulierung von Banken, Berlin, 2008 (zitiert: *Fest*, Regulierung von Banken).

Fey, Gerrit, Banken zwischen Wettbewerb, Selbstkontrolle und staatlicher Regulierung, Stuttgart, 2006 (zitiert: *Fey*, Regulierung).

Financial Reporting Counsil, The UK Corporate Governance Code vom 9.2014, abrufbar unter: https://frc.org.uk/Our-Work/Publications/Corporate-Governance/UK-Corporate-Governance-Code-2014.pdf, zuletzt abgerufen am 27.2.2017 (zitiert: Financial Reporting Counsil, The UK Corporate Governance Code vom 9.2014).

Fleischer, Holger / Schmolke, Ulrich, Klumpenrisiken im Bankaufsichts-, Investment- und Aktienrecht, ZHR, Band 173, 2009 (zitiert: *Fleischer/Schmolke*, ZHR 173 (2009)).

Fleischer, Holger, Corporate Governance in Europa als Mehrebenensystem, ZGR, 2012, S. 160–196 (zitiert: *Fleischer*, ZGR 2012).

ders., Handbuch des Vorstandsrechts, 1. Aufl., München, 2006 (zitiert: *Verfasser* in Fleischer Hdb. Vorstandsrecht).

ders., Zukunftsfragen der Corporate Governance in Deutschland und Europa: Aufsichtsräte, institutionelle Investoren, Proxy Advisors und Whistleblowers, ZGR, 2011, S. 155–181 (zitiert: *Fleischer*, ZGR 2011).

ders., Zur Leitungsaufgabe des Vorstands im Aktienrecht, ZIP, 2003, S. 1–11 (zitiert: *Fleischer*, ZIP 2003).

Florstedt, Tim, Die Unabhängigkeit des Aufsichtsratsmitglieds vom kontrollierenden Aktionär, ZIP, 2013, S. 337–344 (zitiert: *Florstedt*, ZIP 2013).

Forschner, Julius, Wechselwirkungen von Aufsichtsrecht und Zivilrecht, Tübingen, 2013 (zitiert: *Forschner*, Wechselwirkungen).

Gall, Lothar, Der Bankier Hermann Josef Abs – Eine Biografie, 3. Aufl., München, 2004 (zitiert: *Gall*, Der Bankier Hermann Josef Abs – Eine Biografie).

Gernoth, Jan-P., Die Überwachungspflichten des Aufsichtsrats im Hinblick auf das Risiko-Management und die daraus resultierenden Haftungsfolgen für den Aufsichtsrat, DStR, 2001, S. 299–309 (zitiert: *Gernoth*, DStR 2001).

Gerrit, Fors, Zum Verordnungsvorschlag der Kommission über eine europäische Versicherungsaufsicht, VersR, 2010, S. 155–162 (zitiert: *Gerrit*, VersR).

Gesamtverband der deutschen Versicherungswirtschaft e.V., Stellungnahme zum Referentenentwurf des zehnten Gesetzes zur Änderung des Versicherungsaufsichtsgesetzes vom 21.9.2011, abrufbar unter http://www.gdv.de/wp-content/uploads/2011/11/GDV_Stellungnahme_zum_VAG_Entwurf_2011.pdf, zuletzt abgerufen am 7.3.2017.

Gesell, Harald, Prüfungsausschuss und Aufsichtsrat nach dem BilMoG, ZGR, 2011, 361–397 (zitiert: *Gesell*, ZGR 2011).

Geßler, Jörg-H. (Hrsg.), Geßler AktG Kommentar, Loseblattsammlung, 72. Aktualisierungslieferung, Köln, 2014 (zitiert *Verfasser* in Geßler AktG).

Gödeke, Sönke, Das (neue) Governance-System nach Solveny II, VersR, 2010, S. 10–18 (zitiert:*Gödeke*, VersR 2010).

Goette, Wulf / Habersack, Mathias / Kalss, Susanne (Hrsg.), Münchener Kommentar zum Aktiengesetz, Band 2, §§ 76–117, MitbestG, DrittelbG, 4. Aufl., München, 2014 (zitiert: *Verfasser* in MüKo AktG).

Goette, Wulf / Habersack, Mathias / Kalss, Susanne (Hrsg.), Münchener Kommentar zum Aktiengesetz, Band 7, Europäisches Aktienrecht, 4. Aufl., München, 2017 (zitiert: *Verfasser* in MüKo AktG).

Grigoleit, Hans-Cristoph (Hrsg.), Aktiengesetz Kommentar, München, 2013 (zitiert: *Verfasser* in Grigoleit AktG).

Grote, Joachim / Schaaf, Martin, Zum Referentenentwurf der 10. VAG-Novelle zur Umsetzung der Solvency-II-Richtlinie in deutsches Recht – Eine erste Analyse, VersR, 2012, S. 17–28 (zitiert: *Grote/Schaaf*, VersR 2012).

Grote, Rainer / Marauhn, Thilo (Hrsg.), The Regulation of International Financial Markets, Cambridge, 2006 (zitiert: *Verfasser* in The Regulation of International Financial Markets).

Gruber, Johannes, Der unabhängige Finanzexperte im Aufsichtsrat nach dem Referentenentwurf des Bilanzrechtsmodernisierungsgesetzes, NZG, 2008, S. 12–15 (zitiert: *Gruber*, NZG 2008).

Grundei, Jens / Zaumseil, Peter (Hrsg.), Der Aufsichtsrat im System der Corporate Governance, Wiesbaden, 2012 (zitiert: *Verfasser* in Aufsichtsrat CG).

Grundmann, Stefan u.a (Hrsg.)., Festschrift für Klaus J. Hopt zum 70. Geburtstag, Band 2, Berlin, 2010 (zitiert: *Verfasser* in FS für Hopt, Band 2).

Grunewald, Barbara, Interne Aufklärungspflichten von Vorstand und Aufsichtsrat, NZG, 2013, S. 841–846 (zitiert *Grunewald*, NZG 2013).

Gurlit, Elke, Handlungsformen der Finanzmarktaufsicht, ZHR, Band 177, 2013, S. 862–901 (zitiert: *Gurlit*, ZHR, 177 (2013)).

Habersack, Mathias / Hommelhoff, Peter (Hrsg.), Festschrift für Wulf Goette zum 65. Geburtstag, München, 2011 (zitiert: *Verfasser* in FS für Goette).

Habersack, Mathias / Joeres, Hans-Ulrich / Krämer, Achim (Hrsg.), Entwicklungslinien im Bank-und Kapitalmarktrecht – Festschrift für Gerd Nobbe, Köln, 2009 (zitiert: *Verfasser* in FS für Nobbe).

Habersack, Mathias (Hrsg.), Festschrift für Peter Ulmer zum 70. Geburtstag, Berlin, 2003 (zitiert: *Verfasser* in FS für Ulmer).

ders., Der Aufsichtsrat im Visier der Kommission, ZHR, Band 168, 2004, S. 373–381 (zitiert: *Habersack*, ZHR 168 (2004)).

ders., Grund und Grenzen der Compliance-Verantwortung des Aufsichtsrats der AG, AG, 2014, S. 1–8 (zitiert: *Habersack*, AG 2014).

ders., Perspektiven der aktienrechtlichen Organhaftung, ZHR, Band 177, 2013, S. 782–806 (zitiert: *Habersack*, ZHR 177 (2013)).

Hanau, Peter, / Heither, Friedrich / Kühling, Jürgen (Hrsg.), Richterliches Arbeitsrecht – Festschrift für Thomas Dieterich zum 65. Geburtstag, München, 1999 (zitiert: *Verfasser* in FS für Dieterich).

Handelsrechtsausschuss des Deutschen Anwaltsvereins DAV, DAV-Handelsrechtsausschuss: Stellungnahme zu den Änderungen des Deutschen Corporate Governance Kodex in 2015, NZG, 2015, S. 508–510 (zitiert: Handelsrechtsausschuss DAV, NZG 2015).

ders., DAV-Handelsrechtsausschuss: Stellungnahme zum Referentenentwurf des Abschlussprüfungsreformgesetzes (AReG) vom 27.3.2015, NZG, 2015, S. 752–754 (zitiert: Handelsrechtsausschuss DAV, NZG 2015).

ders., Stellungnahme zum Aktionsplan der EU-Kommission zur Modernisierung des Gesellschaftsrechts und Verbesserung der Corporate Governance in der Europäischen Union, NZG, 2003, S. 1008–1014 (zitiert: DAV, NZG 2003).

ders., Stellungnahme zum Referentenentwurf eines Gesetzes für die gleichberechtigte Teilhabe von Frauen und Männern an Führungspositionen in der Privatwirtschaft und im öffentlichen Dienst, NZG, 2014, S. 1214–1229 (zitiert: Handelsrechtsausschuss DAV, NZG 2014).

Harbarth, Stephan / Jaspers, Philipp, Verlängerung der Verjährung von Organhaftungsansprüchen durch das Restrukturierungsgesetz, NZG, 2011, S. 368–376 (zitiert: *Harbarth/Jaspers*, NZG 2011).

Hasse, Andreas, Auswirkungen des Gesetzes zur Stärkung der Finanzmarkt- und Versicherungsaufsicht auf die Corporate Governance von Versicherungsunternehmen, VersR 2010, S. 18–26 (zitiert: *Hasse,* VersR 2010).

Hasselbach, Kai / Jakobs, Janis, Die Unabhängigkeit von Aufsichtsratsmitgliedern, BB, 2013, S. 643–652 (zitiert: *Hasselbach/Jakobs*, BB 2013).

Hauschka, Christoph-E, / Moosmayer, Klaus / Lösler, Thomas (Hrsg.), Corporate Compliance – Handbuch der Haftungsvermeidung im Unternehmen, 3. Aufl., München, 2016 (zitiert: *Verfasser* in Hauschka/Moosmayer/Lösler Hdb. CC).

Häuser, Franz u.a. (Hrsg.), Festschrift für Walther Hadding zum 70. Geburtstag, Berlin, 2004 (zitiert: *Verfasser* in FS für Hadding).

Häusler, Gerd, Bankenaufsichtsrat: quo vadis?, WPg, 2017, S. 30–34 (zitiert: *Häusler*, WPg 2017).

ders., Bankenaufsichtsräte in der Regulierungszwickmühle, Der Aufsichtsrat, 2015, S. 175–177 (zitiert: *Häusler*, Aufsichtsrat 2015).

Heidel, Thomas, Aktienrecht und Kapitalmarktrecht, 4. Aufl., Baden-Baden, 2014 (zitiert: *Verfasser* in Heidel AktG).

Heinze, Meinhard, Betriebsvereinbarung versus Tarifvertrag?, NZA, 1989, S. 42–48 (zitiert: *Heinze*, NZA 1989).

Henn, Günther / Frodermann, Jürgen / Jannott, Dirk (Hrsg.), Handbuch des Aktienrechts, 8. Aufl., Heidelberg, 2009 (zitiert: *Verfasser* in Henn Handbuch AktG).

Hennsler, Martin / Strohn, Lutz (Hrsg.), Gesellschaftsrecht, 3. Aufl., München, 2016 (zitiert: *Verfasser* in Hennsler/Strohn GesellschaftsR).

Hense, Dirk / Renz, Hartmut, Die Wandlung der Compliance-Funktion in Wertpapierdienstleistungsunternehmen unter besonderer Beachtung der neuen Berichtspflicht an das Senior-Management, CCZ, 2008, S. 181–185 (zitiert: *Hense/Renz*, CCZ 2008).

Hersch, Hans-Gerd, Aufsichtsrechtliche Anforderungen an die Geschäftsleiter und Aufsichtsräte von Versicherungsunternehmen, Frankfurt, 2015 (zitiert: *Hersch*, Geschäftsleiter und Aufsichtsräte von Versicherungsunternehmen).

ders., Aufsichtsrechtliche Anforderungen an die Geschäftsleiter und Aufsichtsräte von Versicherungsunternehmen nach dem Gesetz zur Modernisierung der Finanzaufsicht über Versicherungen, VersR, 2016, S. 145–154 (zitiert: *Hersch*, VersR 2016).

ders., Neue Anforderungen an die Aufsichtsräte von Versicherungsunternehmen durch das Abschlussprüfungsreformgesetz, VersR, 2017, S. 257–266 (zitiert: *Hersch*, VersR 2017).

Heukamp, Wessel, Das neue Versicherungsaufsichtsrecht nach Solvency II, München, 2016 (zitiert: *Heukamp*, VersicherungsaufsichtsR nach Solvency II).

Heun, Werner, Finanzaufsicht im Wandel, JZ, 2012, S. 235–242 (zitiert: *Heun*, JZ 2012).

Hilgers, Hans Anton / Kurta, Linda, Die fachlichen und persönlichen Anforderungen an Mitglieder von Verwaltungs- und Aufsichtsräten, ZBB, 2010, S.471–479 (zitiert: *Hilgers/Kurta*, ZBB 2010).

Hingst, Kai-Michael / Himmelreich, Thomas / Krawinkel, Arne-C, Neue rechtliche Rahmenbedingungen für die Kontrollorgane von Banken und Sparkassen, WM, 2009, S. 2016–2022 (zitiert: *Hingst/Himmelreich/Krawinkel*, WM 2009).

Hoffmann, Martin, Staatliche Wirtschaftsregulierung und grundrechtlicher Schutz der Unternehmensfreiheit nach Art. 12 Abs. 1 GG und Art. 2 Abs. 1 GG, BB, 1995, S. 53–58 (zitiert: *Hoffmann*, BB 1995).

Hoffmann-Becking, Michael (Hrsg.), Münchener Handbuch des Gesellschaftsrechts, Band 4, Aktiengesellschaft, 4. Aufl., München, 2015 (zitiert: *Verfasser* in MHdB AG).

ders., Das Recht des Aufsichtsrats zur Prüfung durch Sachverständige nach § 111 Abs. 2 S. 2 AktG, ZGR, 2011, S. 136–154 (zitiert: *Hoffmann-Becking*, ZGR 2011).

ders., Organe: Strukturen und Verantwortlichkeiten, insbesondere im monistischen System, ZGR, 2004, S. 355–382 (zitiert: *Hoffmann-Becking*, ZGR 2004).

ders., Unabhängigkeit im Aufsichtsrat, NZG, 2014, S. 801–809 (zitiert: *Hoffmann-Becking*, NZG 2014).

ders., Zehn kritische Thesen zum Deutschen Corporate Governance Kodex, ZIP, 2011, S. 1173–1176 (zitiert: *Hoffmann-Becking*, ZIP 2011).

Hoffmann-Riem, Wolfgang / Schmidt-Assmann, Eberhard (Hrsg.), Öffentliches Recht und Privatrecht als wechselseitige Auffangordnungen, Baden-Baden, 1996 (zitiert: *Verfasser* in Auffangordnungen).

Hohenstatt, Klaus-Stefan, Das Gesetz zur Angemessenheit der Vorstandsvergütung, ZIP, 2009, S. 1349–1358 (zitiert: *Hohenstatt*, ZIP 2009).

Hohl, Patrick, Private Standardsetzung im Gesellschafts- und Bilanzrecht, Berlin, 2007 (zitiert: *Hohl*, Private Standardsetzung im Gesellschafts- und Bilanzrecht).

Hölscher, Reinhold / Altenhain, Thomas (Hrsg.), Handbuch Aufsichts- und Verwaltungsräte in Kreditinstituten, 1. Aufl., Berlin, 2013 (zitiert: *Verfasser* in Hdb. AR Kreditinstitute).

Hölters, Wolfgang / Buchta, Jens, Die „kleine" AG – geeignet für Mittelstand und Konzerne?, DStR, 2003, S. 79–85 (zitiert: *Hölters/Buchta*, DStR 2003).

Hommelhoff, Peter / Hopt, Klaus-J. / v. Werder, Axel (Hrsg.), Handbuch Corporate Governance, 2. Aufl., Köln, 2009 (zitiert: *Verfasser* in Hommelhoff/Hopt/v. Werder Hdb. CG).

Hommelhoff, Peter / Mattheus, Daniela, Corporate Governance nach dem KonTraG, AG, 1998, S. 249–259 (zitiert: *Hommelhoff/Mattheus*, AG 1998).

Hommelhoff, Peter, Unabhängige Aufsichtsratsmitglieder in börsennotierten Familienunternehmen, ZIP, 2013, S. 953–961 (zitiert: *Hommelhoff*, ZIP, 2013).

Höpfner, Clemens, Zur Praxis der Gesetzesauslegung der Justiz, DÖV, 2006, S. 820–824 (zitiert: *Höpfner*, DÖV 2006).

Hopt, Klaus J. / Wohlmannstetter, Gottfried (Hrsg.), Handbuch Corporate Governance von Banken, München, 2011 (zitiert: *Verfasser* in Hopt/Wohlmannstetter Hdb. CG Banken).

Hopt, Klaus-J. / Wiedemann (Hrsg.), Herbert, Aktiengesetz Großkommentar, Band 3, §§ 76–94, 4. Aufl., Berlin, 2008 (zitiert: *Verfasser* in Großkomm AktG).

Hopt, Klaus-J. / Wiedemann, Herbert (Hrsg.), Aktiengesetz Großkommentar, Band 4, §§ 95–117, 4. Aufl., Berlin, 2006 (zitiert: *Verfasser* in Großkomm AktG).

Hopt, Klaus-J. u.a. (Hrsg.), Comparitive Corporate Governance, Oxford, 1998 (zitiert: *Verfasser* in Comparative Corporate Governance).

Hopt, Klaus-J., Auf dem Weg zu einer neuen europäischen Finanzarchitektur, NZG, 2009, S. 1401–1408 (zitiert: *Hopt*, NZG 2009).

ders., Board oder Vorstand und Aufsichtsrat?, EuZW, 2016, S. 201–202 (zitiert: *Hopt*, EuZW 2016).

ders., Der Kapitalanlageschutz im Recht der Banken, München, 1975 (zitiert: *Hopt*, Der Kapitalanlageschutz im Recht der Banken).

ders., Die Verantwortlichkeit von Vorstand und Aufsichtsrat: Grundsatz und Praxisprobleme – unter besonderer Berücksichtigung der Banken, ZIP, 2013, S. 1793–1806 (zitiert: *Hopt*, ZIP 2013).

ders., ECLR Gemeinsame Grundsätze der Corporate Governance in Europa?, ZGR, 2000, S. 779–818 (zitiert: *Hopt*, ZGR 2000).

ders., ECLR Interessenwahrung und Interessenkonflikte im Aktien-, Berufs- und Bankenrecht, ZGR, 2004, S. 1–52 (zitiert; *Hopt*, ZGR 2004).

ders., Vergleichende Corporate Governance – Forschung und Internationale Regulierung, ZHR, Band 175, 2011, S. 444–526 (zitiert: *Hopt*, ZHR, 175 (2011)).

Horn, Norbert, Einführung in die Rechtswissenschaft und Rechtsphilosophie, 5. Aufl., Heidelberg, 2011 (zitiert: *Horn*, Rechtswissenschaft und Rechtsphilosophie).

Hübner, Ulrich / Helten, Elmar / Albrecht, Peter (Hrsg.), Recht und Ökonomie der Versicherung – Festschrift für Egon Lorenz zum 60. Geburtstag, Karlsruhe, 1994 (zitiert: *Verfasser* in FS für Lorenz 1994).

Hüffer, Uwe / Koch, Jens (Hrsg.), Aktiengesetz – Kommentar, 13. Aufl., München, 2018 (zit.: *Koch*, Hüffer/Koch AktG).

Hüffer, Uwe, Die Unabhängigkeit von Aufsichtsratsmitgliedern nach Ziffer 5.4.2. DCGK, ZIP, 2006, S. 637–648 (zitiert: *Hüffer*, ZIP 2006).

Van Hulle, Karel, „Solvency könnte ein Modell für die Welt werden", VW, 2011, S. 14 (zitiert: *Van Hulle*, VW 2011).

Hüpkes, Eva, The International Financial Cooperation – Recent Reforms, ECLR, 2012, S. 179–193 (zitiert: *Hüpkes*, ECLR 2012).

Immenga, Ulrich / Mestmäcker, Ernst-Joachim (Hrsg.), Wettbewerbsrecht, Band 1, Teil 1, EU: Kommentar zum Europäischen Kartellrecht, 5. Aufl., München, 2012 (zitiert: *Verfasser* in Immenga/Mestmäcker WettbewerbsR).

Jaspers, Philipp, Höchstgrenze für Aufsichtsratsmandate nach Aktienrecht und DCGK, AG, 2011, 154–164 (zitiert: *Jaspers*, AG 2011).

ders., Voraussetzungen und Rechtsfolgen der Unabhängigkeit eines Aufsichtsratsmitgliedes nach dem BilMoG, AG, 2009, S. 607–615 (zitiert: *Jaspers*, AG, 2009).

Joost, Detlev / Strohn, Lutz (Hrsg.), HGB Kommentar, Band 1, §§ 1–342e, 3. Aufl., München, 2014 (zitiert: *Verfasser* in Ebenroth/Boujong/Joost/Strohn HGB).

Kaetzler, Joachim / Hoops, Christian, Der Aufsichtsrat in der Finanzbranche: Ein Ausnahmemodell von der gesellschaftlichen Grundkonzeption, BKR, 2013, S. 192–197 (zitiert: *Kaetzler/Hoops*, BKR 2013).

Kaulbach, Detlef u.a. (Hrsg.), Versicherungsaufsichtsgesetz – VAG – Kommentar, 5. Aufl., München, 2012 (zitiert: *Verfasser* in Kaulbach/Bähr/Pohlmann/Bürkle VAG).

Keller, Bettina, Änderungen der Überwachung in Kapitalgesellschaften – Der Entwurf eines Gesetzes zur Kontrolle und Transparenz im Unternehmensbereich, DStR, 1997, S. 1986–1992 (zitiert: *Keller*, DStR 1997).

Kelsen, Hans, Allgemeine Theorie der Normen, Wien, 1979 (zitiert: *Kelsen*, Allgemeine Theorie).

Kießling, Axel / Kießling, Erik, Kontrolle durch interne Revision in den Kreditinstituten, WM 2003, S. 513–523 (zitiert: *Kießling/Kießling*, WM 2003).

Kiethe, Kurt, Die zivil- und strafrechtliche Haftung von Aufsichtsräten für Geschäftsrisiken, WM, 2005, S. 2122–2130 (zitiert: *Kiethe*, WM 2005).

ders., Falsche Erklärung nach § 161 AktG – Haftungsverschärfung für Vorstand und Aufsichtsrat?, NZG, 2003, S. 559–567 (zitiert: *Kiethe*, NZG 2003).

Kley, Karl-Ludwig, Eine schlechte Kommission, Frankfurter Allgemeine Zeitung, 19.6.2015, Nr. 139, S. 22 (zitiert: *Kley*, Eine schlechte Kommission, Frankfurter Allgemeine Zeitung, 19.6.2015, S. 22).

Klöhn, Lars, Interessenkonflikte zwischen Aktionären und Gläubigern der Aktiengesellschaft im Spiegel der Vorstandspflichten, ZGR, 2008, S. 110–158 (zitiert: *Klöhn*, ZGR 2008).

Koch, Jens, Begriffe und Rechtsfolgen von Interessenkonflikten und Unabhängigkeit im Aktienrecht, ZGR, 2014, S. 697–730 (zitiert: *Koch*, ZGR 2014).

ders., EU-Kompetenz für eine Frauenquote in den Führungsgremien von Aktiengesellschaften, ZHR, Band 175, 2011, S. 827–850 (zitiert: *Koch*, ZHR 175 (2011)).

Kolhosser, Helmut (Hrsg.), Prölss Versicherungsaufsichtsgesetz, 12. Aufl., München, 2005 (zitiert: *Verfasser* in Prölss VAG 12. Aufl.).

Kolhosser, Helmut (Hrsg.), Prölss Versicherungsaufsichtsgesetz, 13. Aufl., München, 2018 (zitiert: *Verfasser* in Prölss VAG).

Körnert, Jan, Paradigmenwechsel in der deutschen Bankenregulierung, ZHR, Band 176, 2012, S. 96–127 (zitiert: *Körnert*, ZHR 176 (2012)).

Kort, Michael, Verhaltensstandardisierung durch Corporate Compliance, NZG, 2008, S. 81–86 (zitiert: *Kort*, NZG 2008).

Köstler, Roland / Müller, Matthias / Sick, Sebastian, Aufsichtsratspraxis, 10. Aufl. Frankfurt a.M., 2013 (zitiert: *Köstler/Müller/Sick*, Aufsichtsratspraxis).

Krauel, Wolfgang / Broichhausen, Thomas, Auswirkungen von Solvency II auf die Vergütungsstrukturen im Versicherungssektor, VersR, 2015, S. 1189–1197 (zitiert: *Krauel/Broichhausen*, VersR 2015).

Kraus, Heinz, Versicherungsaufsichtsrecht, Wien, 1971 (zitiert: *Kraus*, Kraus Versicherungsaufsichtsrecht).

Kremer, Thomas / v. Werder, Axel, Unabhängigkeit von Aufsichtsratsmitgliedern: Konzept, Kriterien und Kandidateninformationen, AG, 2013, S. 340–348 (zitiert: *Kremer/v. Werder*, AG 2013).

Krieger, Gerd / Lutter, Marcus / Schmidt, Karsten (Hrsg.), Festschrift für Michael Hoffmann-Becking zum 70. Geburtstag, München, 2013 (zitiert: *Verfasser* in FS für Hoffmann-Becking).

Kropff, Bruno, Aktiengesetz – Textausgabe des Aktiengesetzes vom 6.9.1965 und des Einführungsgesetzes zum Aktiengesetz vom 6.9.1965, Düsseldorf, 1965 (zitiert: *Kropff*, RegBegr. AktG 1965).

ders., Zur Information des Aufsichtsrats über das interne Überwachungssystem, NZG, 2003, S. 346–350 (zitiert: *Kropff*, NZG 2003).

Laars, Reinhard (Hrsg.), Versicherungsaufsichtsgesetz Kommentar, 2. Aufl., Baden-Baden, 2013 (zitiert *Laars*, Laars VAG).

Labbé, Marcus, Die Personalkompetenz des Aufsichtsrats als wichtiges Instrument der Risikovorsorge, ZGC, 2009, S. 101–104 (zitiert: *Labbé*, ZCG 2009).

Lackhoff, Klaus, Neue Vorgaben des KWG für die Mandatshöchstzahl von Aufsichtsratsmitgliedern, ZfgK, 2014, S. 663–666 (zitiert: *Lackhoff*, ZfgK 2014).

Lange, Oliver, Der Wechsel aus dem Vorstand in den Aufsichtsrat, NZG, 2004, 265–270 (zitiert: *Lange*, NZG 2004).

Langenbucher, Katja, Aktien- und Kapitalmarktrecht, 4. Aufl., München, 2018 (zitiert: *Langenbucher*, Aktien- und Kapitalmarktrecht).

dies., Bausteine eines Bankengesellschaftsrechts, ZHR, Band 176, 2012, S. 652–668 (zitiert: *Langenbucher*, ZHR, 176 (2012)).

dies., Zentrale Akteure der Corporate Governance: Zusammensetzung des Aufsichtsrats, ZGR, 2012, S. 312–342 (zitiert: *Langenbucher*, ZGR 2012).

Langheid, Theo / Wandt, Manfred, Münchener Kommentar zum Versicherungsvertragsgesetz, Band 1, Systematische Darstellungen – §§ 1–99, München, 2010 (zitiert: *Verfasser* in MüKo VVG 1. Aufl.).

Langheid, Theo / Wandt, Manfred, Münchener Kommentar zum Versicherungsvertragsgesetz, Band 3, Nebengesetze – Systematische Darstellungen, 2. Aufl., 2017 (zitiert: *Verfasser* in MüKo VVG).

Larenz, Karl / Canaris, Klaus, Methodenlehre der Rechtswissenschaft, 3. Aufl., Heidelberg / Berlin, 1995 (zitiert: *Larenz/Canaris*, Methodenlehre der Rechtswissenschaft).

Lehrl, Thorsten, Sachkunde – Zuverlässigkeit – persönliche Ausschlussgründe von Aufsichtsräten gemäß § 36 Abs. 3 KWG, BKR, 2010, S. 485–500 (zitiert: *Lehr*l, BKR 2010).

Leyendecker-Langner, Benjamin E. / Huthmacher, David, Kostentragung für Aus- und Fortbildungsmaßnahmen von Aufsichtsratsmitgliedern, NZG, 2012, S. 1415–1420 (zitiert: *Leyendecker-Lagner/Huthmacher*, NZG 2012).

Leyens, Patrick-C. / Schmidt, Frauke, Corporate Governance durch Aktien-, Bankaufsichts- und Versicherungsrecht – Ausgewählte Einflüsse, Impulse und Brüche, AG, 2013, S. 533–547 (zitiert: *Leyens/Schmidt*, AG 2013).

Leyens, Patrick-C., Information des Aufsichtsrats, Tübingen, 2006 (zitiert: *Leyens*, Information des Aufsichtsrats).

Lieder, Jan, Das unabhängige Aufsichtsratsmitglied – Zu den Änderungen des Deutschen Corporate Governance Kodex, NZG, 2005, S. 569–574 (zitiert: *Lieder*, NZG 2005).

ders., Der Aufsichtsrat im Wandel der Zeit, Jena, 2006 (zitiert: *Lieder*, Aufsichtsrat im Wandel).

ders., The German Supervisory Board on its Way to Professionalism, German Law Journal, 2010, S. 115–158 (zitiert: *Lieder*, 10 German Law Journal).

Looschelders, Dirk / Michael, Lothar (Hrsg.), Düsseldorfer Vorträge zum Versicherungsrecht 2012, Karlsruhe, 2013 (zitiert: *Verfasser* in Düsseldorfer Vorträge zum VersicherungsR 2012).

Looschelders, Dirk / Pohlmann, Petra (Hrsg.), VVG-Kommentar, 3. Aufl., Köln, 2016 (zitiert; *Verfasser* in Looschelders/Pohlmann VVG).

Loritz, Karl-Georg / Wagner, Klaus-R., Haftung von Vorständen und Aufsichtsräten, DStR, 2012, S. 2189–2195 (zitiert: *Loritz/Wagner*, DStR 2012).

Louven, Cristoph / Raapke, Julius, Aktuelle Entwicklungen in der Corporate Governance von Versicherungsunternehmen, VersR, 2012, S. 257–270 (zitiert: *Louven/Raapke*, VersR 2012).

Ludwig, Jan, Branchenspezifische Wirtschaftsaufsicht und Corporate Governance, Berlin, 2012 (zitiert: *Ludwig*, Branchenspezifische Wirtschaftsaufsicht).

Luhmann, Niklas, Rechtssystem und Rechtsdogmatik, Stuttgart, 1974 (zitiert: *Luhmann*, Rechtssystem und Rechtsdogmatik).

Lutter, Marcus / Krieger, Gerd / Verse, Dirk-A, Rechte und Pflichten des Aufsichtsrats, 6. Aufl., Köln, 2014 (zitiert: *Lutter/Krieger/Verse*, Rechte und Pflichten des Aufsichtsrats).

Lutter, Marcus, Die Erklärung zum Corporate Governance Kodex gemäß § 161 AktG – Pflichtverstöße und Binnenhaftung von Vorstands- und Aufsichtsratsmitgliedern, ZHR, Band 166, 2002, S. 523–543 (zitiert: *Lutter*, ZHR, 166 (2002)).

ders., Professionalisierung des Aufsichtsrats, Der Betrieb, 2009, S. 775–779 (zitiert: *Lutter*, DB 2009).

ders., Professionalisierung des Aufsichtsrats, NJW, 1995, 1133 (zitiert: *Lutter*, NJW 1995)

Lüttringhaus, Jan, Solvency-II – Grundlagen der Reform des europäischen Versicherungsaufsichtsrechts und Auswirkungen der neuen Eigenmittelvorschriften, EuZW, 2011, S. 822–828 (zitiert: *Lüttringhaus*, EuZW 2011).

ders., Solvency-II – Neue Governance- und Aufsichtsregeln für die europäische Versicherungswirtschaft nach Solvency II, EuZW, 2011, S. 856–860 (zitiert: *Lüttringhaus*, EuZW 2011).

Luz, Günther u.a. (Hrsg.), KWG und CRR Kommentar, Band 1, Kommentar zu KWG, CRR u.a., 3. Aufl., Stuttgart, 2015 (zitiert: *Verfasser* in Luz/Neus/Schaber/Schneider/Wagner/Weber KWG).

Mader, Florian, Die internationale Besetzung des Aufsichtsrats einer deutschen Aktiengesellschaft, ZGR, 2014, 430–451 (zitiert: *Mader*, ZGR 2014).

Marcelli, Riccarda, Das Governance-System in der Versicherungsgruppe nach Solvency II, Karlsruhe, 2015 (zitiert: *Marcelli*, Governance-System Solvency II).

Marcks, Peter u.a. (Hrsg.), Landmann/Rohmer GewO Kommentar, Band 1, 72. Ergänzungslieferung, München, 2016 (zitiert: *Verfasser* in Landmann/Rohmer GewO).

Martens, Sebastian-A.-E., Methodenlehre des Unionsrechts, Tübingen, 2013 (zitiert: *Martens*, Methodenlehre des Unionsrechts).

Massari, Philipp, Das Wettbewerbsrecht der Banken, Berlin, 2006 (zitiert: *Massari*, Das Wettbewerbsrecht der Banken).

Maul, Silja / Lanfermann, Georg, EU-Kommission nimmt Empfehlungen zu Corporate Governance an, DB, 2004, S. 2407–2409 (zitiert: *Maul/ Lanfermann*, DB 2002).

Maul, Silja / Lanfermann, Georg, Europäische Corporate Governance – Stand der Entwicklungen, BB, 2004, S. 1861–1868 (zitiert: *Silja/Lanfermann*, BB 2004).

Maurer, Hartmut, Allgemeines Verwaltungsrecht, 18. Aufl., München, 2011 (zitiert: *Maurer*, Allgemeines Verwaltungsrecht).

Meder, Manuel-M., Die persönliche Unabhängigkeit der Aufsichtsratsmitglieder und Directors in börsennotierten Aktiengesellscahften, Frankfurt a.M., 2010 (zitiert: *Meder*, Persönliche Unabhängigkeit des Aufsichtsrats).

Mense, Christian / Klie, Marcus, Geplante Kodex Änderungen für 2015 – Weitere Professionalisierung der Aufsichtsratsarbeit im Fokus der Kodex-Kommission, GWR, 2015, S. 92–97 (zitiert: *Mense/Klie*, GWR 2015).

Merkelbach, Matthias, Professionalisierung des Aufsichtsrats – CRD IV wirft ihre Schatten voraus, Der Konzern, 2013, S. 227–298 (zitiert: *Merkelbach*, DKONZ 2013).

Merkt, Hanno, Die Zusammenarbeit von Aufsichtsrat und Abschlussprüfer nach der EU-Reform: Mut zur Erwartungslücke?, ZHR, Band 179, 2015, S. 601–644 (zitiert: *Merkt*, ZHR 179 (2015)).

Meyer, Mathieu / Mattheus, Daniela, Das Abschlussprüferreformgesetz (AReG) – Neuerungen für Prüfungsausschüsse, DB, 2016, S. 695–699 (zitiert: *Meyer/ Mattheus*, DB 2016).

Meyer, Thomas, Der unabhängige Finanzexperte im Aufsichtsrat, München, 2011 (zitiert: *Meyer*, Der unabhängige Finanzexperte).

Michael, Lothar, Rechts- und Außenwirkung sowie richterliche Kontrolle der MaRisk VA, VersR 2010, S. 141–148 (zitiert: *Lothar*, VersR 2010).

Mickel, Corinna / Fleischmann, Dermot, Die Höchstmandatszahl für Aufsichtsräte – Einberechnung des ausländischen Mandats, NZG, 2010, S. 54–56 (zitiert: *Mickel/Fleischmann*, NZG 2010).

Mimberg, Jörg, Nichtigkeit der Aufsichtsratswahl in der Kreditinstituts-AG wegen unzulässiger Ämterhäufung nach § 25d, WM, 2015, S.1791–1798 (zitiert: *Mimberg*, WM 2015).

Möllers, Thomas / Fekonja, Benjamin, Private Rechtssetzung im Schatten des Gesetzes, ZGR, 2012, S. 777–816 (zitiert: *Möllers/Fekonja*, ZGR 2012).

Möschel, Wernhard, Das Wirtschaftsrecht der Banken, Frankfurt a.M., 1972 (zitiert: *Möschel*, Wirtschaftsrecht).

ders., Die Finanzkrise – Wie soll es weitergehen?, ZRP, 2009, S. 129–133 (zitiert: *Möschel*, ZRP 2009).

Mülbert, Peter-O. / Wilhelm, Alexander, Risikomanagement und Compliance im Finanzmarktrecht – Entwicklung der aufsichtsrechtlichen Anforderungen, ZHR, Band 178, 2014, S. 502–546 (zitiert: *Mülbert/Wilhelm*, ZHR 178 (2014).

Mülbert, Peter-O., Bankenaufsicht und Corporate Governance – Neue Organisationsanforderungen im Finanzdienstleistungsbereich, BKR, 2006, S. 349–360 (zitiert: *Mülbert*, BKR 2006).

ders.., Regulierungstsunami im europäischen Kapitalmarktrecht, ZHR, Band 176, 2012, S. 369–379 (zitiert: *Mülbert*, ZHR 176 (2012)).

Müller, Reinhold, „Teaching Lessons" über die amerikanische Sicht auf Solvency II, VW, 2011, 360 (zitiert: *Müller*, VW 2011).

Müller, Welf / Rödder, Thomas (Hrsg.), Beck'sches Handbuch der AG, 2. Aufl., München, 2009 (zitiert: *Verfasser* in Beck AG Handbuch).

Mutter, Stefan / Kruchen, Carsten, Wie viele Ämter dürfen Aufsichtsräte haben?, VersR, 2011, S.48–49 (zitiert: *Mutter/Kruchen*, VersR 2011).

Nodoushani, Manuel, Das neue Anforderungsprofil für Unternehmen von öffentlichem Interesse, AG, 2016, S. 381–388 (zitiert: *Nodoushani*, AG 2016).

ders., Der unabhängige Finanzexperte und die Belange der Marktteilnehmer, NZG, 2015, S. 1186–1191 (zitiert: *Nodoushani*, NZG 2015).

ders., Gute und schlechte Nachrichten zum unabhängigen Finanzexperten, Aufsichtsrat, 2016, S. 69–71 (zitiert: *Nodoushani*, Aufsichtsrat 2016).

o.V., Rover the regulator – Simple rule may be best for monitoring banks, The Economist, 8.9.2012, S. 60 (zitiert: o.V., Rover the regulator – Simple rule may be best for monitoring banks, The Economist, 8. 9. 2012).

Ohler, Christoph, Die Einheitlichkeit der europäischen Aufsichtsarchitektur und die Besonderheit der Versicherungswirtschaft, ZVersWiss, 2012 S. 431–445 (zitiert: *Ohler*, ZVersWiss 2012).

Paetzmann, Karsten / Schöning, Stephan (Hrsg.), Corporate Governance von Kreditinstituten, Berlin, 2014 (zitiert: *Verfasser* in CG von Kreditinstituten).

Papier, Hans-Jürgen / Heidebach, Martin, Die Einführung einer gesetzlichen Frauenquote für die Aufsichtsräte deutscher Unternehmen unter verfassungsrechtlichen Aspekten, ZGR, 2011, S. 305–333 (zitiert: *Papier/Heidebach*, ZGR 2011).

Paschos, Nikolaos / Goslar, Sebastian, Unabhängigkeit von Aufsichtsratsmitgliedern nach den neuesten Änderungen des Deutschen Corporate Governance Kodex, NZG, 2012, S. 1361–1366 (zitiert: *Paschos/Goslar*, NZG 2012).

Peltzer, Martin, Das Grünbuch der EU-Kommission vom 5.4.2011 und die deutsche Corporate Governance, NZG, 2011, S. 961–968 (zitiert: *Peltzer*, NZG 2011).

ders., Der Bericht der Corporate Governance Kommission an die Bundesregierung, NZG, 2011, S. 281–286 (zitiert: *Peltzer*, NZG 2011).

Pfitzer, Norbert / Oser, Peter, Deutscher Corporate Governance Kodex, 2. Aufl. Stuttgart, 2005 (zitiert: *Pfitzer/Oser*, Hdb. DCGK).

Pikó, Rita/ Redenius-Hövermann, Julia, Professionelle Aufsichtsrats-Qualifizierung, Aufsichtsrat, 2015, S. 170–171 (zitiert: *Pikó/Redenius-Hövermann*, Aufsichtsrat 2015).

Plagemann, Nikolaus, Die zeitliche Verfügbarkeit von Organmitgliedern von Banken und Finanzdienstleistungsinstituten, WM, 2014, S. 2345–2350 (zitiert: *Plagemann*, WM 2014).

Präve, Peter, Aufsicht auf neuem Fundament, VW, 2007, S. 1380–1385 (zitiert: *Präve*, VW 2007).

Preußner, Joachim / Zimmermann, Dörte, Risikomanagement als Gesamtaufgabe des Vorstands, AG, 2002, S. 657–662 (zitiert: *Preußner/Zimmermann*, AG 2002).

Preußner, Joachim, Deutscher Corporate Governance Kodex und Risikomanagement, NZG, 2004, S. 303–307 (zitiert: *Preußner*, NZG 2004).

ders., Risikomanagement im Schnittpunkt von Bankaufsichtsrecht und Gesellschaftsrecht – Zur Schrittmacherrolle des Aufsichtsrechts am Beispiel der Organisation des Risikomanagements in Kreditinstituten, NZG, 2004, S. 57–61 (zitiert: *Preußner*, NZG 2004).

Raiser, Thomas / Veil, Rüdiger, Recht der Kapitalgesellschaften, 6. Aufl., München, 2015 (zitiert: *Raiser/Veil*, Kapitalgesellschaften).

Raiser, Thomas, Empfehlen sich gesetzliche Regelungen zur Einschränkung des Einflusses der Kreditinstitute auf Aktiengesellschaften?, NJW, 1996, S. 2257–2262 (zitiert: *Raiser*, NJW, 1996).

Regierungskommission DCGK, Deutscher Corporate Governance Kodex (DCGK) vom 7.2.2017, abrufbar unter: in aktueller, sowie in sämtlichen früheren Fassungen unter: http://www.dcgk.de/de/kodex.html, zuletzt abgerufen am 4.11.2017 (zitiert: Regierungskommission DCGK, DCGK vom 7.2.2017).

Regierungskommission DCGK, Deutscher Corporate Governance Kodex (DCGK) vom 5.5.2015, abrufbar unter: in aktueller, sowie in sämtlichen früheren Fassungen unter: http://www.dcgk.de/de/kodex.html, zuletzt abgerufen am 4.11.2017 (zitiert: Regierungskommission DCGK, DCGK vom 5.5.2015).

dies., Deutscher Corporate Governance Kodex (DCGK) vom 5.5.2012, abrufbar unter: in aktueller, sowie in sämtlichen früheren Fassungen unter: http://www.dcgk.de/de/kodex.html, zuletzt abgerufen am 14.2.2017 (zitiert: Regierungskommission DCGK, DCGK vom 5.5.2012).

dies., Deutscher Corporate Governance Kodex (DCGK) vom 26.5.2010, abrufbar unter: in aktueller, sowie in sämtlichen früheren Fassungen unter: http://www.dcgk.de/de/kodex.html, zuletzt abgerufen am 20.3.2017 (zitiert: Regierungskommission DCGK, DCGK vom 26.5.2010).

dies., Deutscher Corporate Governance Kodex (DCGK) vom 14.7.2007, abrufbar unter: in aktueller, sowie in sämtlichen früheren Fassungen unter: http://www.dcgk.de/de/kodex.html, zuletzt abgerufen am 14.2.2017 (zitiert: Regierungskommission DCGK, DCGK vom 14.7.2007).

dies., Pressemitteilung vom 11.5.2015, abrufbar unter: http://www.dcgk.de/de/kommission/die-kommission-im-dialog/deteilansicht/kodexaenderungen-2015-beschlossen.html, zuletzt abgerufen am 11.7.2016 (zitiert: Regierungskommission DCGK, Pressemitteilung vom 11.5.2015).

dies., Pressemitteilung vom 17.2.2017, abrufbar unter: in aktueller, sowie in sämtlichen früheren Fassungen unter: http://www.dcgk.de/kommission/die-kommission-im-dialog/deteilansicht/kodexaenderungen-2017-beschlossen-vorsitzwechsel-zum-1-maerz.html, zuletzt abgerufen am 3.4.2017 (zitiert: Regierungskommission DCGK, Pressemitteilung vom 17.2.2017).

Reichert, Jochen / Ott, Nicolas, Die Zuständigkeit von Vorstand und Aufsichtsrat zur Aufklärung von Non Compliance in der AG, NZG, 2014, S. 241–251 (zitiert: *Reichert/Ott*, NZG 2014).

Reimer, Franz, Juristische Methodenlehre, 1. Aufl., Baden-Baden, 2016 (zitiert: *Reimer*, Methodenlehre).

Richardi, Reinhard (Hrsg.), Betriebsverfassungsgesetz mit Wahlordnung Kommentar, 16. Aufl., München, 2018 (zitiert: *Verfasser* in Richardi BetrVG).

Riesenhuber, Karl (Hrsg.), Europäische Methodenlehre, 3. Aufl., Berlin, 2015 (zitiert: *Verfasser* in Riesenhuber Europäische Methodenlehre).

Ringleb, Henrik-Michael u.a. (Hrsg.), Kommentar zum Deutschen Corporate Governance Kodex, 6. Aufl., München, 2016 (zitiert: *Verfasser* in Kommentar DCGK).

Rittner, Fritz / Dreher, Meinrad, Europäisches und deutsches Wirtschaftsrecht, 3. Aufl., Heidelberg, 2008 (zitiert: *Rittner/Dreher*, Europäisches und deutsches WirtschaftsR).

Roe, Mark-J., A Political Theory of American Corporate Finance, 91 Columbia Law Review, 1991, S. 10–67 (zitiert: *Roe*, 91 Columbia Law Review).

Röhl, Klaus-F. / Röhl, Hans-Christian, Allgemeine Rechtslehre, 3. Aufl., Köln, 2008 (zitiert: *Röhl/Röhl*, Allgemeine Rechtslehre).

Romeike, Frank (Hrsg.), Rechtliche Grundlagen des Risikomanagements, Berlin, 2009 (zitiert: *Verfasser* in Romeike Rechtliche Grundlagen des Risikomanagements).

v. Rosen, Rüdiger, Fehlentwicklungen bei Compliance und Risikomanagement – Zugleich eine Anmerkung zum Regierungsentwurf des BilMoG, AG, 2008, S. 537–538 (zitiert: *Von Rosen*, AG 2008).

Roth, Markus, Möglichkeiten vorstandsunabhängiger Information des Aufsichtsrats, AG, 2004, S. 1–13 (zitiert: *Roth*, AG 2004).

Rother, Frederik, Die zivilrechtliche Haftung von Mitgliedern des Aufsichtsrats einer AG im Überblick, NJ, 2012, S. 14–18 (zitiert *Rother*, NJ 2012).

Rubner, Daniel / Fischer, Jan-Benedikt, Erneut: Professionalisierung des Aufsichtsrats, NZG, 2015, S. 782–791(zitiert: *Rubner/Fischer* NZG, 2015).

Rubner, Daniel / Fischer, Jan-Benedikt, Unabhängigkeit des Aufsichtsrats nach Corporate Governance Kodex, NJW-Spezial, 2012, S. 399–400 (zitiert: *Rubner/Fischer*, NJW-Spezial 2012).

Ruhwedel, Peter / Thiel, Dirk, Aufsichtsräte in die Pflicht genommen – Handlungsbedarf für die Banken, S. 141–143 (zitiert: *Ruhwedel/Thiel*, Aufsichtsrat 2015).

Rüthers, Bernd / Fischer, Christian / Birk, Axel, Rechtstheorie, 9. Aufl., München, 2016 (zitiert: *Rüthers/Fischer/Birk*, Rechtstheorie).

Säcker, Franz-Jürgen / Rehm, Christian, Grenzen der Mitwirkung des Aufsichtsrats an unternehmerischen Entscheidungen in der Aktiengesellschaft, Der Betrieb, 2008, S. 2814–3821 (zitiert *Säcker/Rehm*, DB 2008).

Säcker, Franz-Jürgen, Gesellschaftsrechtliche Grenzen spekulativer Finanztermingeschäfte, NJW, 2008, S. 3313–3317 (zitiert: *Säcker*, NJW 2008).

ders., Rechtliche Anforderungen an die Qualifikation und Unabhängigkeit von Aufsichtsratsmitgliedern, AG, 2004, S. 180–186 (zitiert: *Säcker*, AG 2004).

Schaaf, Martin, Risikomanagement und Compliance im Versicherungsunternehmen, aufsichtsrechtliche Anforderungen und Organverantwortung, Karlsruhe, 2010 (zitiert: *Schaaf*, Risikomanagement und Compliance im Versicherungsunternehmen).

Scheffler, Eberhard, ECLR Aufgaben und Zusammensetzung von Prüfungsausschüssen (Audit Committees), ZGR, 2003, S. 236–263 (zitiert: *Scheffler*, ZGR 2003).

v. Schenck, Kersten (Hrsg.), Der Aufsichtsrat – Kommentar, München, 2015 (zitiert: *Verfasser* in Semler/v. Schenck Aufsichtsrat).

ders., Arbeitshandbuch für Aufsichtsratsmitglieder, 4. Aufl., München, 2013 (zitiert: *Verfasser* in Semler/v. Schenck Arbeitshdb. für Aufsichtsratsmitglieder).

Schimansky, Herbert / Bunte, Hermann-Josef / Lwowski, Hans-Jürgen (Hrsg.), Bankrechts-Handbuch, Band 2, 5. Aufl., München, 2017 (zitiert: *Verfasser* in *Schimansky/Bunte/Lwoski* Hdb. Bankrecht).

Schmidt, Karsten / Lutter, Marcus (Hrsg.), Aktiengesetz Kommentar, Band 1, §§ 1–149, 3. Aufl., Köln, 2015 (zitiert: *Verfasser* in Schmidt/Lutter AktG).

Schmidt, Karsten, Gesellschaftsrecht, 4. Aufl., Köln, 2002 (zitiert: *Schmidt*, GesellschaftsR).

Schmolke, Klaus-Ulrich, Der Lamfalussy-Prozess im europäischen Kapitalmarktrecht – Eine Zwischenbilanz, NZG, 2005, S. 912–919 (zitiert: *Schmolke*, NZG 2005).

Schnabel, Julia-Marit, Der Aufsichtsrat – Kontrollorgan oder (Mit)geschäftsführungsorgan – Eine Betrachtung der Entwicklungen im Recht des Aufsichtsrats unter besonderer Berücksichtigung der Entwicklungen seit Ende der 1990er Jahre, Hagen, 2015 (zitiert: *Schnabel*, Der Aufsichtsrat).

Schneider, Dieter, Schriften des Vereins für Socialpolitik – Band 165: Kapitalmarkt und Finanzierung, Berlin, 1986 (zitiert: *Verfasser* in Kapitalmarkt und Finanzierung).

Schneider, Uwe / Scheider, Sven-H, Der Aufsichtsrat zwischen Kontinuität und Veränderung – Ein wohlwollender Rückblick auf 50 Jahre Aufsichtsrat und ein Ausblick auf die Herausforderungen der nächsten 50 Jahre, AG, 2015, S. 621–627 (zitiert: *Schneider/Schneider*, AG 2015).

Schneider, Uwe-H. / Schneider, Sven-H., Der Aufsichtsrat der Kreditinstitute zwischen gesellschaftsrechtlichen Vorgaben und aufsichtsrechtlichen Anforderungen, NZG, 2016, S. 41–47 (zitiert: *Schneider/Schneider*, NZG 2016).

Schneider, Uwe-H., Die Überlagerung des Konzernrechts durch öffentlich-rechtliche Strukturnormen und Organisationspflichten, ZGR, 1996, S. 225–246 (zitiert: *Schneider*, ZGR 1996).

Schnyder, Anton-K., Europäisches Banken- und Versicherungsrecht, Heidelberg, 2005 (zitiert: *Schnyder*, Europäisches Banken- und Versicherungsrecht).

Scholderer, Frank, Unabhängigkeit und Interessenkonflikte der Aufsichtsratsmitglieder, NZG, 2012, S. 168–176 (zitiert: *Scholderer*, NZG 2012).

Schulze, Jörn-Christian / Schneider, Christof, Aufsichtsräte müssen Politik fern bleiben, Frankfurter Allgemeine Zeitung, 3.5.2017, Nr. 102, S. 16 (zitiert: *Schulze/Schneider*, Aufsichtsräte müssen Politik fern bleiben, Frankfurter Allgemeine Zeitung, 3.5.2017, S. 102).

Schüppen, Matthias, Die europäische Abschlussprüfungsreform und ihre Implementierung in Deutschland – Vom Löwen zum Bettvorleger?, NZG, 2016, 247–256 (zitiert: *Schüppen*, NZG 2016).

ders., Kein Cooling-off der Cooling-off-Debatte?, Der Aufsichtsrat, 2012, S. 34–35 (zitiert: *Schüppen*, Aufsichtsrat 2012).

ders., To comply or not to comply – that's the question! „Existenzfragen" des Transparenz- und Publizitätsgesetzes im magischen Dreieck kapitalmarktorientierter Unternehmensführung, ZIP, 2002, S. 1269–1279 (zitiert: *Schüppen*, ZIP 2002).

Schwark, Eberhard / Zimmer, Daniel (Hrsg.), Kapitalmarktrechtskommentar, 4. Aufl., München, 2010 (zitiert: *Verfasser* in Schwark/Zimmer KMRK).

Schweitzer, Michael / Hummer, Waldemar / Obwexer, Walter, Europarecht: Das Recht der Europäischen Union, Wien, 2007 (zitiert: *Schweitzer/Hummer/Obwexer*, Europarecht).

Schwennicke, Andreas / Auerbach, Dirk (Hrsg.), Kreditwesengesetz (KWG) mit Zahlungsdienstaufsichtsgesetz (ZAG) und Finanzkonglomerate-Aufsichtsgesetz (FKAG), 3. Aufl., München, 2016 (zitiert: *Verfasser* in Schwennicke/Aucherbach KWG).

Sehrbrock, David / Gal, Jens, Solvency-II – Europäischer Rechtsrahmen einer neuen Versicherungsaufsicht, Corporate Finance Law, 2012, S.140–148 (zitiert: *Sehrbrock/Gal*, Corporate Finance Law 2012).

Spindler, Gerald / Stilz, Eberhard (Hrsg.), Kommentar zum Aktiengesetz, Band 1, §§ 1–149, 3. Aufl., München, 2015 (zitiert: *Verfasser* in Spindler/Stilz AktG).

Spindler, Gerald, Compliance in der multinationalen Bankengruppe, WM, 2008, S. 905–918 (zitiert: *Spindler*, WM 2008).

Staake, Marco, Arbeitnehmervertreter als unabhängige Aufsichtsratsmitglieder?, NZG, 2016, S. 853–857 (zitiert: *Staake*, NZG 2016).

Ständige Deputation des Deutschen Juristentages (Hrsg.), Verhandlungen des 61. Deutschen Juristentages, Band 1, Gutachten, Karlsruhe, 1996 (zitiert: *Verfasser* in Gutachten zum 61. DJT 1996).

dies. (Hrsg.), Verhandlungen des 68. Deutschen Juristentages, Band 2, Teil 1, Sitzungsberichte – Referate und Beschlüsse, Berlin, 2010 (zitiert: *Verfasser* in Referate und Beschlüsse zum 68. DJT 2010).

dies. (Hrsg.), Verhandlungen des 69. Deutschen Juristentages, Band 1, Gutachten, München, 2012 (zitiert: *Verfasser* in Gutachten zum 69. DJT 2012).

Stein, Ekkerhart, Die Wirtschaftsaufsicht, Tübingen, 1967 (zitiert: *Stein*, Wirtschaftsaufsicht).

Stöbener, Patricia-Sarah / Böhm, Annika, Kompetenzen ohne Grenzen – Der Vorschlag der EU-Kommission zur Frauenquote in Aufsichtsräten, EuZW, 2013, S. 371–377 (zitiert: *Stöbener/Böhm*, EuZW 2013).

Strenger, Christian, Prüfungsausschuss zunehmend gefordert, WPg, 2016, S. 313 (zitiert: *Strenger*, WPg 2016).

ders., Unabhängigkeit des Aufsichtsrats – mehr denn je relevant, Der Konzern, 2012, S. 10–15 (zitiert: *Strenger*, DKONZ 2012).

Sünner, Eckart, Die Wahl von ausscheidenden Vorstandsmitgliedern in den Aufsichtsrat, AG, 2010, S. 11–119 (zitiert: *Sünner*, AG 2010).

Szeny, André-M. / Kuthe, Thorsten (Hrsg.), Kapitalmarkt Compliance, Heidelberg, 2014 (zitiert: *Verfasser* in Kapitalmarkt Compliance).

Teichmann, Christoph, ECLR – Corporate Governance in Europa, ZGR, 2001, S. 645–679 (zitiert: *Teichmann*, ZGR 2001).

Thaten, Marlen, Die Ausstrahlung des Aufsichts- auf das Aktienrecht am Beispiel der Corporate Governance von Banken und Versicherungen, Berlin, 2016 (zitiert: *Thaten*, Die Ausstrahlung des Aufsichts- auf das Aktienrecht).

The Financial Inquiry Commission, The financial Crisis Inquiry Report, Final Report of the National Commission on the Causes of the Financial and Economic Crisis in the United States, 2011, abrufbar unter https://www.gpo.gov/fdsys/pkg/GPO-FCIC/pdf/GPO-FCIC.pdf, zuletzt abgerufen am 2.5.2016 (zitiert: The Financial Inquiry Commission, The financial Crisis Inquiry Report, Final Report of the National Commission on the Causes of the Financial and Economic Crisis in the United States vom 1.2011).

Thümmel, C.-Roderich, Aufsichtsräte in die Pflicht? – Die Aufsichtsratshaftung gewinnt an Konturen, DB, 1999, S. 885–888 (zitiert: *Thümmel*, DB 1999).

Tödtmann, Ulrich / Schauer, Michael, Der Corporate Governance Kodex zieht scharf, ZIP, 2009, S. 995–1000 (zitiert: *Tödtmann/Schauer*, ZIP 2009).

Trescher, Karl, Aufsichtsratshaftung zwischen Norm und Wirklichkeit, DB, 1995, S.661–665 (zitiert: *Trescher*, DB 1995).

Tröger, Tobias, Konzernverantwortung in der aufsichtsunterworfenen Finanzbranche, ZHR, Band 177, 2013, S. 475–517 (zitiert: *Tröger*, ZHR, 177 (2013)).

Ulmer, Peter, Der Deutsche Corporate Governance Kodex – ein neues Regulierungsinstrument für börsennotierte Aktiengesellschaften, ZHR, Band 166, 2002, S. 150–181 (zitiert: *Ulmer*, ZHR, 166 (2002)).

Veil, Rüdiger (Hrsg.), Europäisches Kapitalmarktrecht, 2. Auflage, Tübingen, 2014 (zitiert: *Verfasser* in Veil Eur. KapitalmarktR).

Veit, Barbara, Die funktionelle Zuständigkeit des Betriebsrats, München, 1998 (zitiert: *Veit*, Zuständigkeit des Betriebsrats).

Velte, Patrick / Buchholz, Antje, Regulierung der Aufsichtsratstätigkeit durch das CRD-IV Umsetzungsgesetz, ZBB 2013, S. 400–408 (zitiert: *Velte/Bucholz*, ZBB 2013).

Velte, Patrick, Der Referentenentwurf für ein Abschlussprüferreformgesetz, WPg, 2015, S. 482–491 (zitiert: *Velte*, WPg 2015).

ders., Direktzugriff des Aufsichtsrats auf die Interne Revision – Ausnahme- oder Regelfall?, NZG, 2011, S. 1401–1403 (zitiert: *Velte*, NZG 2011).

ders., Wechsel vom Vorstand in den Aufsichtsrat mit oder ohne Cooling Off als „gute" Corporate Governance?, WM, 2012, S. 537–542 (zitiert: *Velte*, WM 2012).

Viciano-Gofferje, Martin, Unabhängigkeit als persönliche Voraussetzung für Aufsichtsratsmitglieder, Baden-Baden, 2008 (zitiert: *Viciano-Gofferje*, Unabhängigkeit als persönliche Voraussetzung für Aufsichtsratsmitglieder).

Wachter, Thomas (Hrsg.), Kommentar zum Aktiengesetz, 2. Aufl., Köln, 2014 (zitiert: *Verfasser* in Wachter AktG).

Wallkamm, Andreas, Generalklauseln – Normen im Spannungsfeld von Flexibilität und Rechtsstaatswidrigkeit – Über das Verhältnis von Recht und Politik, Rechtstheorie, 2008, S. 507–519 (zitiert: *Walkamm*, Rechtstheorie 2008).

Wandt, Manfred / Reiff, Peter / Looschelders, Dirk / Bayer, Walter (Hrsg.), Kontinuität und Wandel des Versicherungsrechts – Festschrift für Egon Lorenz zum 70. Geburtstag, Karlsruhe, 2004 (zitiert: *Verfasser* in FS für Lorenz 2004).

Wandt, Manfred / Sehrbrock, David, Regelungsziele der Solvency II-Rahmenrichtlinie, ZVersWiss, 2011, S. 193–206 (zitiert: *Wandt/Sehrbrock*, ZVersWiss 2011).

Wandt, Manfred u.a. (Hrsg.), Versicherungsrecht, Haftungs- und Schadensersatzrecht – Festschrift für Egon Lorenz zum 80. Geburtstag, Karlsruhe, 2004 (zitiert: *Verfasser* in FS für Lorenz 2014).

ders., Versicherungsrecht, 6. Aufl., Frankfurt a.M., 2016 (zitiert: *Wandt*, VersicherungsR).

Wank, Rolf, Die Auslegung von Gesetzen, München, 2011 (zitiert: *Wank*, Auslegung).

Waschbusch, Gerd, Bankenaufsicht – Die Überwachung der Kreditinstitute und Finanzdienstleistungsinstitute nach dem Gesetz über das Kreditwesen, München, 2000 (zitiert: *Waschbusch*, Bankenaufsicht).

Weber-Rey, Daniela / Gissing, Evgenia, Die aktualisierten supranationalen Corporate Governance Regelwerke, Teil 1 – Der Aufsichtsrat, AG, 2016, R5-R8 (zitiert: *Weber-Rey/Gissing*, AG 2016).

Weber-Rey, Daniela / Handt, Friederike, Vielfalt/Diversity im Kodex – Selbstverpflichtung, Bemühenspflicht und Transparenz, NZG, 2011, S. 1–5 (zitiert: *Weber-Rey/Handt*, NZG 2011).

Weber-Rey, Daniela, Ausstrahlungen des Aufsichtsrechts (insbesondere für Banken und Versicherungen) auf das Aktienrecht – oder die Infiltration von Regelungssätzen?, ZGR, 2010, S. 543–590 (zitiert: *Weber-Rey*, ZGR 2010).

Wegener, Ekkehard, Stellungnahme zur Aktienrechtsreform 1997, AG-Sonderheft, 1997, S. 57–64 (zitiert: *Baums*, AG-Sonderheft 1997).

Weller, Marc-Philippe, Internationales Unternehmensrecht 2010, ZGR, 2010, S. 679–709 (zitiert: *Weller*, ZGR 2010).

v. Werder, Axel / Bernd-J., Wieczorek, Anforderungen an die Aufsichtsratsmitglieder und ihre Nominierung, DB, 2007, S. 297–303 (zitiert: *v. Werder/Wieczorek*, DB, 2007).

Wiebke, Harald, Das neue Aufsichtsrecht für Finanzdienstleistungsunternehmen, DStR, 1998, S. 491–498 (zitiert: *Wiebke*, DStR 1998).

Wiedemann, Herbert, Organverantwortung in der Aktiengesellschaft – Doppel- und Mehrfachorgane, ZIP, 1997, S. 1565–1568 (zitiert: *Wiedemann*, ZIP 1997).

Wilsing, Hans-Ulrich / Von der Linden, Klaus, Personalwechsel, Zeitplanung und Bericht des Aufsichtsrats – Gedanken zur Kodexnovelle 2015, DStR, 2015, S. 1980–1982 (zitiert: *Wilsing/von der Linden*, DStR 2015).

Wilsing, Hans-Ulrich / von der Linden, Klaus, Unabhängigkeit, Interessenkonflikte und Vergütung von Aufsichtsratsmitgliedern – Gedanken zur Kodexnovelle 2012, DStR, 2012 S. 1391–1394 (zitiert: *Wilsing/von der Linden*, DStR 2012).

Winter, Gerrit (Hrsg.), Versicherungsaufsichtsrecht – Kritische Betrachtungen, Karlsruhe, 2013 (zitiert: *Verfasser*, Winter VersicherungsaufsichtsR).

ders., Zielsetzung der Versicherungsaufsicht, ZVersWiss, 2005, S. 105–156 (zitiert: *Winter*, ZVersWiss 2005).

Wirth, Gerhard, Anforderungsprofil und Inkompatibilitäten für Aufsichtsratsmitglieder, ZGR, 2005, S. 327–347 (zitiert: *Wirth*, ZGR 2005).

Wissenschaftlicher Beirat beim Bundesministerium für Wirtschaft und Technologie, Gutachten zur Reform von Bankenregulierung und Bankenaufsicht nach der Finanzkrise, Berlin, 2010, abrufbar unter https://www.bmwi.de/BMWi/Redaktion/PDF/Publikationen/Studien/reform-von-bankenregulierung-und-bankenaufsicht-wissenschaftlicher-beirat,property=pdf,bereich=bmwi2012,sprache=de,rwb=true.pdf, zuletzt abgerufen am 14.2.2016 (zitiert: Wissenschaftlicher Beirat beim Bundesministerium für Wirtschaft und Technologie, Gutachten „Reform von Bankenregulierung und Bankenaufsicht nach der Finanzkrise" vom April 2010).

Wittmann, Martin, Zur Erfordernis eines Bankführerscheins für Aufsichtsräte, DB, 2007, S. 2579–2582 (zitiert: *Wittmann*, DB 2007).

Wolf, Martin, Persönlich zuverlässig und fachlich qualifiziert – Eignungsvoraussetzungen für Leitungsorgane und Schlüsselfunktionen im Rahmen von Solvency II nach den Eiopa-Leitlinien, VW, 2014, S. 62–65 (zitiert: *Wolf*, VW 2014).

ders., Zur Aufgabenverteilung zwischen den Governance-Funktionen von Versicherungsunternehmen nach der Solvency-II-Richtlinie – Überlegungen am Beispiel der Funktionen Compliance, Risikomanagement und interne Revision, VersR, 2013, S. 678–685 (zitiert: *Wolf*, VersR 2013).

Wolf-Wacker, Elizabeth, Zur Begründung und Ausgestaltung von Bankenaufsicht, Krefeld, 1987 (zitiert: *Wolf-Wacker*, Zur Begründung und Ausgestaltung von Bankenaufsicht).

Wundenberg, Malte, Compliance und die prinzipiengeleitete Aufsicht über Bankengruppen, Tübingen, 2012 (zitiert: *Wundenberg*, Compliance).

Zippelius, Reinhold, Juristische Methodenlehre, 11. Aufl., München, 2012 (zitiert: *Zippelius*, Juristische Methodenlehre).

Zöllner, Wolfgang / Noack, Ulrich (Hrsg.), Kölner Kommentar zum Aktiengesetz, Band 2, Teil 2, §§ 95–117, 3. Aufl., Köln, 2013 (zitiert: *Verfasser* in KK-AktG).

Zöllner, Wolfgang / Noack, Ulrich (Hrsg.), Kölner Kommentar zum Aktiengesetz, Band 8, Teil 1, Art. 1-42 SE-VO, 3. Aufl., Köln, 2012 (zitiert: *Verfasser* in KK-AktG).

www.ingramcontent.com/pod-product-compliance
Ingram Content Group UK Ltd.
Pitfield, Milton Keynes, MK11 3LW, UK
UKHW021845290926
8980IPUK00005B/669

9 783631 775677